Thomas Hauser
Christian Hodeige
(Hg.)

Der Zeitungsmensch
Auf den Spuren von
Ralf Dahrendorf
in Südbaden

Thomas Hauser

Christian Hodeige

(Hg.)

Der Zeitungsmensch

Auf den Spuren von
Ralf Dahrendorf
in Südbaden

ROMBACH VERLAG

Die Texte wurden typografisch vereinheitlicht und folgen in Orthografie und Interpunktion der neuen deutschen Rechtschreibung (2006). Offensichtliche Druckfehler wurden stillschweigend getilgt.

Auf dem Umschlag:
Vorne: Lord Ralf Dahrendorf, Köln 2006, © laif
Hinten: Lord Ralf Dahrendorf, Freiburg 1983, © dpa

Bibliografische Information der Deutschen Nationalbibliothek
Die Deutsche Nationalbibliothek verzeichnet diese Publikation in der Deutschen Nationalbibliografie; detaillierte bibliografische Daten sind im Internet über http://dnb.d-nb.de abrufbar.

© für die Buchausgabe:
2010. Rombach Verlag KG, Freiburg i.Br./Berlin/Wien
1. Auflage. Alle Rechte vorbehalten
Umschlaggestaltung: Wolfgang Grabherr
Satz: TIESLED Satz & Service, Köln
Herstellung: Poppen & Ortmann KG, Freiburg i.Br.
Printed in Germany
ISBN 978-3-7930-9633-7

Inhalt

Einleitung 7

THOMAS HAUSER
Global Denker
Von einem der auszog, alles Mögliche zu werden 9

THOMAS HAUSER
Ein Mann des Wortes
Als Autor in vielen Zeitungen gefragt, besonders verbunden
mit der *Badischen Zeitung* 15

WOLFGANG JÄGER
Meine Bewunderung für Ralf Dahrendorf 21

AXEL KREMP
Ein Professor in der Provinz
Wie Ralf Dahrendorf das Leben in Bonndorf beeinflusste
und von ihm beeinflusst wurde 25

THOMAS HELD
Magische Wirkung
Persönliche Bescheidenheit und messerscharfer Intellekt
Wie Ralf Dahrendorf die Schweizer Denkfabrik
»Avenir Suisse« beriet 41

CHRISTIAN HODEIGE
Mein Freund Ralf Dahrendorf 45

Der Zeitungsmensch

RALF DAHRENDORF
Regionalzeitungen, die prägende Kraft
Sie stiften Identität und sind ein Spiegel der Gesellschaft –
Lobrede auf ein tägliches Brot 51

I. Die Leitartikel 61

II. Reden, Interviews und Essays 281

III. Artikel über Ralf Dahrendorf 327

Bibliografie (Auszug) 355

Bildnachweis 357

Einleitung

Ralf Dahrendorf, der gebürtige Hamburger, war in den Metropolen zu Hause. In Berlin ist er groß geworden, dorthin hat es ihn gegen Ende seines Lebens auch wieder verstärkt gezogen. London war seine Stadt. Bis zuletzt hat er damit gehadert, dass er seine Londoner Wohnung einige Jahre vor seinem Tode aus gesundheitlichen Gründen hatte aufgeben müssen. In weiten Teilen der Welt war er gerngesehener Gesprächspartner. Aber der Sozialwissenschaftler fühlte sich nicht nur in der Großstadt wohl. Jahrzehnte seines Lebens besaß er ein Haus in Bonndorf im Schwarzwald. Hier ›tankte‹ er Kraft, hier machte er aber auch immer wieder seine soziologischen Studien. Viele Jahre pflegte er auch eine freundschaftliche Beziehung zur *Badischen Zeitung* in Freiburg im Breisgau und ihrem Herausgeber Dr. Christian Hodeige. Ergebnis dieses besonderen Verhältnisses waren auch regelmäßige Artikel in dieser Regionalzeitung für Südbaden.

Das vorliegende Buch dokumentiert die Artikel Ralf Dahrendorfs in der *Badischen Zeitung* und ihre Entstehungsgeschichte. Darüber hinaus kommen Weggefährten Dahrendorfs aus der Region zu Wort. Die Beiträge beschreiben nicht nur die Wertschätzung für einen großen Intellektuellen, sondern geben auch einen Einblick in die Arbeitsweise des Sozialwissenschaftlers. Schließlich wird die Geschichte Dahrendorfs als Grenzgänger zwischen Wissenschaft und Journalismus erzählt. Denn als Journalist – so erfahren wir – ist Dahrendorf nach dem Krieg gestartet und das Journalistische hat ihn Zeit seines Lebens nicht mehr losgelassen. Dahrendorf war eben, wie er in seiner ebenfalls hier dokumentierten ›Zeitungsrede‹ bekannte, immer ein Zeitungsmensch.

Thomas Hauser
Global Denker
Von einem der auszog, alles Mögliche zu werden

Ralf Dahrendorf entzieht sich jeder Einordnung. Der Mann, der wie kaum ein anderer die Dinge auf den Punkt zu bringen wusste, passte in keine Schublade. Der Begriff ›Weltbürger‹ würde noch am ehesten stimmen. Aber auch der wäre auf seinen Widerspruch gestoßen, setzte er doch voraus, dass es so etwas wie eine Weltgemeinschaft gibt. Die aber konnte der Sozialwissenschaftler Dahrendorf bei seiner Beobachtung der Wirklichkeit nicht erkennen, auch wenn der Sozialphilosoph in ihm allgemeine Werte und Regeln durchaus für erstrebenswert hielt. Vor allem dann, wenn es die Werte der Freiheit sind. Denn ein Liberaler war Dahrendorf gewiss, auch wenn er mit der FDP als Partei der organisierten Liberalität zuletzt lediglich noch über die Friedrich-Naumann-Stiftung verbunden war, der er einige Jahre vorstand.

Wer Dahrendorf auf die Spur kommen will, muss sich auf seine Lebenserinnerungen einlassen. Programmatisch ist da nicht nur der Titel *Über Grenzen*. Wichtiger fast noch der erste Satz: »Manchmal kommt es mir vor, als ob jeder von uns ein bestimmtes Alter zeitlebens mit sich herumträgt.« Dahrendorf starb am 17. Juni 2009 im Alter von 80 Jahren. In Wahrheit, so vertraute er uns in seinen Lebenserinnerungen an, sei er immer 28 gewesen. Als Erklärung zitierte er Ingeborg Bachmann:

> Denn bisher hatte er einfach von einem Tag zum anderen gelebt, hat jeden Tag etwas anderes versucht und ist ohne Arg gewesen. Er hat so viele Möglichkeiten für sich gesehen und er hat, zum Beispiel, daran gedacht, dass er alles Mögliche werden könne […].

Ralf Dahrendorf ist alles Mögliche geworden. Mit 28 – seinem Alter – war der Krieg schon einige Jahre zu Ende und der Sohn des SPD-Reichstagsabgeordneten und Widerstandskämpfers Gustav Dahrendorf hatte als 15-Jähriger einige Monate der Gestapohaft überstanden und nach der Befreiung in seiner Geburtsstadt Hamburg und in London studiert. 1957 bereitete er sich an der Universität des damals selbstständigen Saarlandes auf die Habilitation vor und forschte im kalifornischen Palo Alto zusammen mit einer ganzen Reihe akademischer Himmelsstürmer. Seine Doktorarbeit hatte Ralf Dahrendorf schon mit 23 verfasst.

An der Grenze zwischen Deutschland und Frankreich wie in den USA stand dem jungen Soziologen die Welt offen – privat und beruflich. Seine Habilitationsschrift *Soziale Klassen und Klassenkonflikt in der industriellen Gesellschaft* wurde bald zum Klassiker. Und vor der Fakultät in Saarbrücken hielt er einen Vortrag darüber, wie es gelingen könne, die wertfreie Sozialwissenschaft mit praktischer, auf Werturteile gestützter Politik zu verbinden, ohne die Unterschiede zu verwischen. Was da sehr akademisch klingt, war die Handlungsanleitung zu Dahrendorfs Lebensthema: Er zeigte, dass es möglich ist, zwischen Theorie und Praxis hin- und herzuwechseln – ohne die Unterschiede zu verwischen – und dass man auch rittlings auf der Grenze von Sozialwissenschaft und Werturteil sitzen kann, zum Beispiel als politischer Berater.

Dahrendorf hat von dieser Erkenntnis ausgiebig Gebrauch gemacht, obschon er zunächst an seiner Karriere als Wissenschaftler feilte. In den USA hatte er nicht nur den *Homo sociologicus* geschrieben – bis heute Pflichtlektüre für angehende Sozialwissenschaftler in Sachen Rollentheorie –, sondern auch den Historiker Fritz Stern – einen seiner besten Freunde – kennen gelernt. Danach lehrte und forschte er als Professor an der Hochschule für Gemeinwirtschaft in Hamburg, später in Tübingen und dann in Konstanz. Dabei entstand unter anderen mit *Gesellschaft und Demokratie in Deutschland* seine eigene Interpretation der jüngeren deutschen Geschichte.

Politisch war er quasi von Kindesbeinen an. In den 1960er Jahren aber wurde der Drang zum Grenzübertritt übermächtig. Er wollte Politik machen, nicht in der SPD, der er nach dem Krieg kurze Zeit angehört hatte, auch nicht beim SDS, dem er als Student beigetreten war, sondern bei den Liberalen. 1967 begann die Zeit der Umbrüche, auch in der FDP. Dahrendorf gehörte mit Karl-Hermann Flach zu jenen, die Erich Mende und seine Altliberalen aus dem Amt jagten, um die sozialliberale Ära zu begründen. Wobei sozial für den Liberalen Dahrendorf weniger Verteilungs- als Chancengerechtigkeit bedeutete. Insbesondere forderte er schon damals ein Bürgerrecht auf Bildung ein. Nur sah er zu der Zeit Mädchen und Jugendliche vom Land benachteiligt. Gegen Ende seines Lebens ging es um Migranten oder die Kinder aus bildungsfernen Milieus, nachzulesen in der 2009 erschienenen Zukunftsstudie für Nordrhein-Westfalen.

Aber Dahrendorf war ein Mann der Ideen und Worte, nicht der Apparate. Unvergessen seine Debatte mit Studentenführer Rudi Dutschke auf einem Autodach auf dem Freiburger Messplatz 1968 am Rande des damaligen FDP-Bundesparteitages. Dahrendorf hatte sich der Diskussion gestellt, obschon ihm fast alle aus der Parteiführung abgeraten hatten. Sein Mandat als Abgeordneter im Stuttgarter Landtag währte dagegen kurz. Auch in Bonn hielt es ihn nicht lange, weder im Bundestag noch als Staatssekretär der ersten Regierung Brandt. Seine Lust auf aktive Politik endete vorerst mit seiner Zeit als Kommissar für Außenbeziehungen und Außenhandel in der Europäischen Union. Das Amt hatte er von 1970 bis 1974 inne. Aus dieser Zeit stammte wohl auch seine Abneigung gegen die EU-Bürokratie. Europa ohne Brüssel war für ihn eine gern gehegte Vision.

Nicht nur in dieser Hinsicht war er ganz Brite. Die vielen Jahre als Leiter der *London School of Economics and Political Science* (LSE) und Rektor des *St. Antony's College* in Oxford hatten aus der ohnehin vorhandenen Anlage das Musterbeispiel eines britischen Gentleman wachsen lassen, klassisch konservativ in Kleidung und Auftreten, liberal im Denken, unerschrocken und mit trockenem Humor. Als ihn die Königin adelte und ihn damit auch zum Mitglied des britischen Oberhauses machte – was ihn wieder in die Politik zurückbrachte –, ließ er sich den Titel »Baron of Clare Market in the City of Westminster« geben. Clare Market ist ein Platz in der Nähe der *LSE*. Genutzt wird er vor allem als Parkplatz.

London, wo er seit den 1950er Jahren immer wieder lebte, war seine Stadt, noch vor Berlin, wo es ihn vor allem in seinen letzten Jahren wieder verstärkt hinzog, und Köln, wo er mit seiner dritten Frau lebte. In der britischen Hauptstadt und im dortigen Oberhaus atmete er die Tradition und Weltläufigkeit, die ihn aufblühen ließen. Zugleich zog es ihn regelmäßig in den Schwarzwald nach Bonndorf-Holzschlag, wo er fast 50 Jahre ein Haus besaß. Hier tankte er die Bodenständigkeit und Nähe, die der Sozialwissenschaftler für seinen Blick auf die Wirklichkeit brauchte. Dahrendorf hat Glokalisierung – die Symbiose von global und lokal – gelebt, lange bevor dieser Begriff erfunden war.

Nicht nur von hier fand er auch immer wieder den Weg zur *Badischen Zeitung*. Der Freund von Verleger Christian Hodeige war bald ein väterlicher Freund der Redaktion geworden. Einer, dem man gerne zuhörte, obschon er eigentlich selbst gerne zuhörte, hinsah. Dahrendorf war einer, der lieber lobte als zu kritisieren, der dieser Redaktion nicht die Welt erklären wollte, sondern mit präzisen Fragen half, die eigenen Gedanken zu entwickeln. Und der gerne schrieb. Unzählige Bücher wie sein Essay *Der neue soziale Konflikt* von 1992, in dem er seine sozialwissenschaftlichen Erkenntnisse zusammengefasst hat. Viele Reden, aber auch Leitartikel, Kolumnen und Analysen für Zeitungen und Zeitschriften. Er schrieb für die Wochenzeitung *Die Zeit*, war an der Entwicklung der britischen Zeitung *The Independent* beteiligt, schrieb regelmäßig für die Schweizer Zeitung *Finanz und Wirt-*

schaft und nutzte auch darüber hinaus viele Gelegenheiten, seine Gedanken in zahlreichen führenden Zeitungen der Welt zu publizieren. Der *Badischen Zeitung* blieb er bei aller Weltläufigkeit immer besonders verbunden.
Dabei war sein Rat weltweit gefragt, waren die Anfragen für Vorträge und die Mitarbeit in Kommissionen und Gremien Legion, häuften sich die Ehrungen. Mehr als 25 Ehrendoktortitel wurden ihm verliehen. Dahrendorf genoss dies, auch wenn es ihm gelegentlich über den Kopf wuchs. Ruhestand war für ihn keine Option. So lange er arbeitete, lebte er. Zugleich wusste er das Leben zu genießen. Eigen und selbstbewusst. Und mit britischem Understatement, der liebenswürdigsten Form der Eitelkeit. In seinen Lebenserinnerungen zum Beispiel hat er einen Großteil seiner einzigartigen Karriere schlicht unterschlagen. Wenn es der Rede wert sein sollte, so begründete er dieses Vorgehen, werde vielleicht einmal jemand darüber reden.
Kurz vor seinem Tod hatte man den Eindruck, er wolle ihm durch besondere Emsigkeit noch einmal ein Schnippchen schlagen. Seinen 80. Geburtstag am 1. Mai 2009 hatte er, von der Krankheit schon gezeichnet, inmitten akademischer Freunde in Oxford verbracht. Mit Jürgen Habermas, Fritz Stern, Anthony Giddens, Timothy Garton Ash und anderen diskutierte er dort über die Freiheit. Wenige Tage später war er als Festredner auf Einladung der liberalen Friedrich-Naumann-Stiftung zu deren 60. Geburtstag in Berlin. Am 7. Mai nahm er in Darmstadt den Schader-Preis entgegen. Mit ihm werden Gesellschaftswissenschaftler für ihren Beitrag zur Lösung gesellschaftlicher Probleme ausgezeichnet. Es sollte sein letzter öffentlicher Auftritt gewesen sein.
In seiner Dankesrede hatte er noch einmal sein Lebensthema reflektiert: die Verantwortung des Wissenschaftlers als Grenzgänger zwischen Geist und Tat. Er brachte noch einmal auf den Punkt, was diesen Weltbürger im Laufe seiner 80 Jahre vorangebracht hatte, von der Jugend in Opposition zum Nationalsozialismus über das Studium und die Wissenschaft in die Politik und zurück in Forschung, Lehre und Publizistik: Er wollte den Dingen auf den Grund gehen. Und er konnte wie kaum ein anderer einen komplexen Sachverhalt auf seinen wesentlichen Kern reduzieren. Das machte ihn zu einem gefragten Gesprächspartner und Ratgeber. Vor allem aber war er ein Intellektueller, der sich einmischte. In einer Zeit, in der Geist mit Politik eher nichts zu tun haben will, gibt es davon nicht viele in Deutschland, auch wenn Menschen wie er angesichts der tief greifenden gesellschaftlichen Umbrüche zur Orientierungssuche dringend gebraucht werden: scharfzüngig und direkt, ohne zu verletzen, grenzenlos neugierig und undogmatisch, aber strukturiert und präzise im Denken.

Als Ratgeber wird er nicht nur der *Badischen Zeitung* fehlen. Als einer, dem es Spaß machte, mit der Redaktion weniger über Gott als über die Welt zu diskutieren, der zuhörte und mit präzisen Fragen half, die eigenen Gedanken zu klären. Als einer, der sich mit Leitartikeln zu Wort meldete. Und als einer, den man einfach anrufen konnte, wenn man einen Rat brauchte, jemand, der einem half, ein Thema zu durchdringen. Dass ihm der Krebs zunehmend die Kraft nahm, hat er durch seinen starken Willen zu kompensieren vermocht. Als er ihm mehr und mehr die Stimme raubte, musste er letzlich klaren Verstandes kapitulieren.

THOMAS HAUSER

Ein Mann des Wortes
Als Autor in vielen Zeitungen gefragt, besonders verbunden
mit der *Badischen Zeitung*

Wenn einer von sich denkt, er könne alles Mögliche werden, dann ist er als Journalist gerade richtig. Ralf Dahrendorf ist Zeit seines Lebens Journalist gewesen. Sein erstes Geld, so vertraute er den Teilnehmern des Lokaljournalistenkongresses 2003 in Freiburg i.Br. an, habe er am 23. April 1946 als Journalist beim damaligen Nordwestdeutschen Rundfunk in Hamburg verdient. Wissenschaftler ist er erst später geworden.
Doch am Anfang stand bei ihm nicht das gedruckte, sondern das gesprochene Wort. Die Premiere fand in einer Radio-Diskussionsrunde statt. Und, so erfahren wir in seinen Lebenserinnerungen *Über Grenzen*, es ging um das Thema *Jugend und Kirche*. Ausgerechnet. Jugendlicher war er mit damals knapp 17 Jahren zwar gewiss. Und dass er damals schon eloquent war, mag die Tatsache unterstreichen, dass die Rolle des Jugendlichen danach in vielen weiteren Diskussionen erneut mit ihm besetzt wurde. Aber die Welt des Glaubens war ihm eher suspekt. Sie passte nicht zu der eines rational denkenden Intellektuellen.
Schon damals faszinierte ihn die britische Art. In Hamburg war Hugh Carleton Green Intendant, der später Generaldirektor der BBC werden sollte. Er brachte dem jungen Dahrendorf die Werte und Erfahrungen der Mutter aller Radiosender nahe, wie die BBC von Generationen von Journalisten empfunden wurde. Später fand er lange auch die britischen Zeitungen vorbildhaft. Sie gehörten bis zuletzt zu seiner regelmäßigen Lektüre, obschon die Boulevardisierung der britischen Medien in den vergangenen 15 Jahren ihn gegen Ende wieder lieber zu deutschsprachigen Zeitungen greifen ließ. Selbst die *Times*, nicht nur für ihn viele Jahrzehnte ein Inbegriff für seriösen Journalismus, irritierte ihn zuletzt. Aber er, der Mann des Wortes, hatte auch damit Probleme, dass die *Neue Zürcher Zeitung*, eine seiner Leib- und Magenlektüren, plötzlich mit einem farbigen Bild auf der Titelseite erschien.
Die Zahl der Zeitungen, in denen er als Autor auftauchte, ist kaum zu übersehen. Es gab aber gewiss ein paar, zu denen er eine intensivere Beziehung pflegte. Zuvörderst natürlich die Wochenzeitung *Die Zeit*, nicht nur deshalb, weil sie in seiner Geburtsstadt Hamburg erscheint. Dort publizierte er seit

Beginn der 1960er Jahre regelmäßig Artikel, zunächst, da er sich damals vor allem mit Bildungspolitik beschäftigte, im Feuilleton, später in der Politik und zuletzt auch in der Wirtschaft. 1978, damals war er Direktor der *London School of Economics and Political Science* (LSE), wäre er fast Herausgeber in Hamburg geworden. *Die Zeit* spielte damals mit dem Gedanken, die Leitung des Blattes nach dem Muster der *Frankfurter Allgemeinen Zeitung* als ein Herausgebergremium zu organisieren. Dahrendorf sollte einer dieser Herausgeber werden, obschon er, wie er später schrieb, in seiner damaligen Funktion in London »ausgefüllt und zufrieden« gewesen sei. Das Projekt zerschlug sich, aber irgendwie trauerte Dahrendorf dieser Aufgabe bis zu seinem Tode hinterher. Helmut Schmidt, der später Herausgeber werden sollte, hat er deshalb immer ein wenig beneidet. Auch wenn er das, darauf angesprochen, wahrscheinlich brüsk zurückgewiesen hätte.
Seine, wie er selbst schrieb, zweite journalistische Versuchung ereilte ihn 1992 in England in Form der neu gegründeten sozialliberalen Zeitung *The Independent*. Dahrendorf wurde dort, im Gefolge alter Freunde, wie dem Chef der italienischen Zeitung *La Repubblica*, Eugenio Scalfari, und Juan Luis Cebrian von der Zeitung *El Pais* in Madrid, die dem finanziell kränkelnden Londoner Blatt halfen, Vorsitzender des Aufsichtsrates. Die Aufgabe währte freilich nur ein Jahr. Dann wurde die Zeitung verkauft. Und die neuen Eigentümer hatten andere Pläne als Ralf Dahrendorf.
Geschrieben hat er danach weiter, für viele Blätter in Europa, auch in den neuen Demokratien. Insbesondere zu polnischen Medien unterhielt er bis zuletzt enge Kontakte. Aber vor allem in seinem letzten Jahrzehnt lernte er die deutschen Regionalzeitungen schätzen. Das mag daran liegen, dass er beobachtete, wie die wachsende Globalisierung viele Menschen dazu bringt, sich ihrer lokalen Wurzeln zu versichern. Das hatte gewiss auch damit zu tun, dass er in seinem Bonndorfer Domizil, in das es ihn seit seiner Zeit an der Universität Konstanz regelmäßig zog, den Stellenwert der Regionalzeitung erspürte. Erst spät hat er sich freilich intensiver damit beschäftigt, dann aber wiederholt das Hohe Lied auf diese deutsche Zeitungsgattung gesungen, zuletzt bei der Jahrestagung des Verbandes Südwestdeutscher Zeitungsverleger e.V. (VSZV) 2006 am 28. April 2006 in Freiburg i.Br.
Dass es ihn zur Regionalzeitung zog, lag gewiss auch daran, dass er mit Christian Hodeige einen Schüler an der *LSE* kennen lernte, den er später, als dieser Gesellschafter und Herausgeber der *Badischen Zeitung* geworden war, als Freund beriet und der ihm, vor allem in den gesundheitlich schwierigen letzten Jahren, eine wichtige Stütze war.

Aus freundschaftlichen Gesprächen mit dem Gesellschafter wurde Ende der 1990er Jahre zunächst ein intellektueller Diskurs mit dem damaligen Chefredakteur Jürgen Busche und später eine väterliche Freundschaft zu dessen Nachfolger und größeren Teilen der Redaktion. Dahrendorf war regelmäßig Gast in der Redaktionskonferenz im Freiburger Pressehaus. Dort und beim Essen im »Colombi« oder im »Hirschen« in Merzhausen diskutierte er gerne und neugierig über die Themen der Zeit und die Situation der Zeitung. Stets wollte er dabei zuerst die Neuigkeiten aus der Zeitung erfahren. Er stellte Fragen, bevor er sich befragen ließ. Und seine Einschätzung war gefragt. Auch die als regelmäßiger Autor von Leitartikeln.
Die entstanden meist nach einem strengen Ritual. Dahrendorf drängte sich nie auf, sondern wartete stets auf den Anruf des Chefredakteurs. An der Begrüßung war meist schon zu erahnen, ob ihm selbst ein Thema auf den Nägeln brannte, oder ob er darauf gespannt war, was man von ihm erwartete. Auch ob er Zeit und Lust hatte zu plaudern, konnte man der Art der Begrüßung meist entnehmen. Dann entspann sich ein Gespräch über die wichtigsten aktuellen Themen, aus dem er meist plötzlich zu der Frage kam, was er denn schreiben solle. Nicht, dass er für jedes Thema zu haben gewesen wäre, beileibe nicht. Gerne erklärte er den Lesern in Südbaden die Eigenarten seiner geliebten Wahlheimat Großbritannien. Ungern beschäftigte er sich mit dem dortigen Königshaus. Gerne schrieb er über Europa, auch wenn er an der Brüsseler Bürokratie fast verzweifelte und ein Europa ohne Brüssel immer mehr zu einem fixen Traum wurde. Gerne blickte er aus seiner Inselperspektive auf die deutsche Innenpolitik. Zur FDP und deren Entwicklung aber wollte er sich am liebsten überhaupt nicht öffentlich äußern. Mit ihr, für die er lange Politik gemacht hatte, fühlte er sich zuletzt nur noch über die Friedrich-Naumann-Stiftung verbunden. Wichtig war ihm Zeit seines Lebens immer die Bildungspolitik. Ihr widmete er sich auch in wesentlichen Teilen seiner letzten großen Untersuchung als Chef einer Zukunftskommission für den nordrhein-westfälischen Ministerpräsidenten Jürgen Rüttgers und zuvor in seiner Rede auf einem Symposium des baden-württembergischen Wissenschaftsministeriums im Februar 2009. Auch nahm er gerne Amerika zuzeiten in Schutz, als weite Teile der Öffentlichkeit an der Politik des Verbündeten verzweifelten. Was nicht heißt, dass er ein blinder Verehrer der USA gewesen wäre. Aber er schätzte den Optimismus, die Fähigkeit zur Selbstkritik und die Kraft, aus Krisen immer wieder gestärkt hervorzugehen. Zu Israel dagegen schwieg er am liebsten, zumindest als Autor. Obschon er sich als Freund des Volkes fühlte und in zweiter Ehe mit einer Jüdin verheiratet war. Immer mehr

Freunde Israels seien in den letzten Jahrzehnten verstummt, sagte er einmal. Er selbst sah sich wohl in dieser Reihe.
Was beschäftigte ihn noch? Natürlich alle Fragen die sich mit den Institutionen und der Verfasstheit von Gesellschaften auseinandersetzten. Spannend war für ihn zum Beispiel die Einführung des Euro. Persönlich hielt er die europäische Währung bis zuletzt für eine falsche Entscheidung. Da war er ganz Brite. Und durch die aktuelle Entwicklung in Griechenland würde er sich wahrscheinlich bestätigt sehen. Aber die Einführung dieser Gemeinschaftswährung weckte in ihm zugleich die Neugier des Sozialwissenschaftlers. In den ersten Tagen des Geldumtausches hatte er deshalb in der Bonndorfer Sparkasse einen Beobachtungsposten bezogen, um zu ergründen, wie die Menschen auf die neue Währung reagierten. Unvergessen seine Schilderung von einer älteren Dame, die ein Sparschwein mit D-Mark-Beständen zum Umtausch brachte und am Ende schüchtern nachfragte, ob sie denn noch mehr davon bringen dürfe.
Dahrendorf war bei der Wahl seiner Themen also durchaus wählerisch. Meist musste man deshalb wenigstens zwei in petto haben, um ihn zumindest von einem zu überzeugen. Manchmal entwickelte sich aus dem Gespräch auch ein gänzlich anderes. Wiederholen wollte sich Dahrendorf dabei ungern. Ein Thema, über das er in einer anderen Zeitung schon geschrieben hatte, war für ihn meist erledigt. Dann war es schwer, ihn davon zu überzeugen, dass dies die Leserinnen und Leser der *Badischen Zeitung* womöglich völlig anders sahen, weil die wenigsten seine Arbeiten für andere Zeitungen regelmäßig verfolgten.
Ob er ein Thema mochte oder nicht, war im Gespräch rasch klar. Es zeigte sich dann auch im Tempo der Umsetzung und in der Brillanz des Artikels. Manchmal kam der Text schon wenige Stunden später aus dem Fax, getippt auf der manuellen Schreibmaschine, allfällige Korrekturen säuberlich zwischen die Zeilen getippt. Manchmal dauerte es aber auch Tage. Und in einem Fall wurde einem erst Tage später bewusst, dass man ihn zu einem Thema überredet hatte, zu dem er eigentlich keine Lust hatte. Wir haben uns dann auf ein anderes Thema verständigt.
Im Laufe der Zeit gab es dann auch zunehmend Telefonate, bei denen es nicht um seine Leitartikel ging. Sie fanden vor allem dann statt, wenn der Autor mal wieder über einem Thema grübelte und nicht so recht vorankam. Nicht dass Dahrendorf den Text dann diktiert hätte. Gewiss nicht. Er drängte seine Meinung niemandem auf. Er half im Gegenteil durch gezielte Fragen, die eigene Position zu verklaren. Dass man dann vielleicht zu einer anderen Position kam als er, hat er registriert und zuweilen dann

auch angemerkt. Kritisiert hat er nur, wenn ihm die Begründung zu dünn erschien.

So angenehm und unprätentiös er als Gesprächspartner war, eine spitze Zunge und kleine Eitelkeiten waren ihm nicht fremd. Nicht nur dann, wenn man *Understatement* als liebenswürdigste Form der Eitelkeit betrachtet. Wie wichtig es ihm zum Beispiel war, eigenständig zu sein und möglichst ohne Hilfe auszukommen, mag eine Szene bei einem seiner letzten Besuche in Freiburg verdeutlichen. Dahrendorf war nach einer längeren Krankheit wieder einigermaßen zu Kräften gekommen und saß nach einer anregenden Diskussion mit einigen Journalisten bei einem guten Essen im »Drexlers« in der Freiburger Rosastraße. Am Ende wollte er sich verabschieden, um zu Fuß ins nahe »Colombi« zu gehen. Die Journalisten boten an, ihn zu begleiten. Er willigte ungern ein, um sich an der Ecke Rotteckring erneut von ihnen zu verabschieden. Es war ihm einfach wichtig, alleine ins Hotel zurückzukehren. Gebracht zu werden hätte er in diesem Moment als Schwäche empfunden.

Für die *Badische Zeitung* hat er bis kurz vor seinem Tode geschrieben. Sein letzter Leitartikel hatte den Titel *Apathie und Volkszorn* und beschäftigte sich mit den Folgen der Finanzkrise auf die Gesellschaft. Seine These, dass es 2009 unwillige Wahlen geben werde, auf deren Ergebnis sich keine stabile Regierung aufbauen lasse, erfüllte sich anders, als er erwartet hatte. Die Frage, ob die Folgen der Finanzkrise die Menschen in Apathie oder Rebellion treiben würden, hat ihn bis zuletzt umgetrieben, auch wenn er das revolutionäre Potenzial als gering erachtete. Seine letzte öffentliche Rede widmete sich dieser Frage und der Rolle des »Straddler«, jener Menschen, die wie Dahrendorf es formulierte, »rittlings auf der Grenze zwischen Geist und Tat« sitzen. Er beschrieb damit auch seine Rolle, die des Intellektuellen, der sich einmischt in die Gesellschaft. Dazu muss er nicht nur Wissenschaftler oder Politiker sein, sondern auch Journalist, einer, der die Dinge übersetzt für ein interessiertes Publikum. Dahrendorf war alles drei. Viele wie ihn gab es in Deutschland nicht. Und es kommen immer weniger nach.

WOLFGANG JÄGER
Meine Bewunderung für Ralf Dahrendorf

Als ich im Frühjahr 1960 mein Studium an der Albert-Ludwigs-Universität in Freiburg i.Br. begann, war mir Ralf Dahrendorf noch kein Begriff. Bei Arnold Bergstraesser, der damals noch die Doppeldisziplin Wissenschaftliche Politik und Soziologie vertrat, interessierte mich weniger die Soziologie als vielmehr die Politikwissenschaft. Bergstraesser verstand sie als eine praktische Wissenschaft, also eine – wie sein Schüler Dieter Oberndörfer formulierte – »das politische Handeln kritisch bedenkende und vordenkende Wissenschaft von der Politik«.
Das neue, noch im Aufbau befindliche Fach wurde von charismatischen Persönlichkeiten geprägt, die – häufig aus der Emigration zurückgekehrt – vor allem dazu beitragen wollten, in Deutschland eine demokratieadäquate politische Kultur zu schaffen. Arnold Bergstraesser war eine dieser strahlenden Persönlichkeiten. Er lehrte nicht nur das Fach, sondern stellte sich für viele öffentliche Ämter und für die Gründung zahlreicher Institutionen der politischen Bildung und Beratung zur Verfügung. Es war faszinierend, als Student am Freiburger Seminar für Wissenschaftliche Politik in eine liberale und weltläufige Atmosphäre gelebter »Demokratiewissenschaft« einzutauchen.
Ralf Dahrendorf hätte gut in das Freiburger Milieu der Sozialwissenschaften gepasst. Aber allzu weit war sein Wirkungsort ja nicht entfernt, nachdem er 1960 einen Ruf an die Universität Tübingen und 1966 an die Universität Konstanz angenommen hatte. Dahrendorf sorgte in Baden-Württemberg für Furore, nicht nur als neuer Stern am Himmel der Soziologie, sondern bald auch als »politischer Professor«. Politisch im Sinne des Freiburger Staatsrechtslehrers Horst Ehmke, der 1963 in seiner Antrittsvorlesung den Freiburger Historiker und Rechtswissenschaftler Karl von Rotteck (1775–1840) als einen Wissenschaftler charakterisierte, der die Legitimation aller Wissenschaft im »Praktischwerdenkönnen« sah.

Ich selbst bewunderte Dahrendorf aus zwei Gründen:

Erstens: Er wagte offensichtlich ganz unbefangen den Schritt vom »politischen Intellektuellen« zum »intellektuellen Politiker« – so Dahrendorf in seinen Lebenserinnerungen *Über Grenzen*. Er konnte Wissenschaft und praktische Politik verbinden, ohne sich selbst untreu zu werden. Dies führte freilich dazu, dass er nicht allzu lange in einem politischen Amt verharrte. Berufspolitiker wollte er nicht werden. Er handelte als Politiker sehr projektorientiert: als Berater der baden-württembergischen Landesregierung und als FDP-Abgeordneter im Landtag Baden-Württembergs für die Umsetzung des »Bürgerrechts auf Bildung«, als Bundespolitiker für den sozialliberalen Regierungswechsel und als Europapolitiker für weitere konkrete Schritte von der »Europäischen Gemeinschaft zur Europäischen Union«.

Zweitens: Dahrendorf war ein großer Lehrmeister der Demokratie.

Der Leitfaden meiner eigenen politikwissenschaftlichen Arbeit war von Anfang an die Frage nach einem angemessenen Parlamentarismusverständnis. Ich orientierte mich dabei an der jahrhundertelangen Geschichte des britischen Regierungssystems und verglich die Geschichte der angelsächsischen und deutschen politischen Kulturen. Vorbildlich betrieb dies in der Politikwissenschaft Ernst Fraenkel, welcher im Jahre 1951 aus der amerikanischen Emigration zurückgekehrt war und in brillanten Büchern und Aufsätzen den Deutschen das Wesen der westlichen Demokratie erklärte. Mitte der 1960er Jahre lehrte der Berliner Politologe zeitweise auch in Freiburg, wo ich ihn persönlich kennen lernte. Fraenkel fragte nach den »historischen Vorbelastungen« der Deutschen und den Gründen für den deutschen »Sonderweg«, der in einer Katastrophe mündete. Vor allem ging es ihm darum aufzuzeigen, dass Partikularinteressen im politischen Prozess legitim seien und dass das Gemeinwohl »keine soziale Realität sei«, sondern allenfalls eine »regulative Idee« sein könne. Fraenkel war der Theoretiker eines wohlverstandenen Pluralismus.
Dahrendorf schloss sich hier nahtlos an. Während Fraenkel vor allem demokratie- und verfassungstheoretisch argumentierte, untermauerte Dahrendorf die Analyse der deutschen Fehlentwicklung soziologisch, und das hieß sozialgeschichtlich, sozialstrukturell und sozialkulturell. In all seinen Arbeiten stellte er den Konflikt als das Salz der Demokratie in den Mittelpunkt seines Denkens. »Politische Institutionen dienen der Kanalisierung und damit der Erhaltung der Konkurrenz von Entwürfen. Dies bedeutet immer auch die Kontrolle derer, die die Mittel der Gewalt kontrollieren, also der Mächtigen.« So Dahrendorf in seinem Klassiker *Gesellschaft und Demokratie in Deutschland* (1965).

Sein eigenes Wirken wird in einer Passage der Lebenserinnerungen exemplarisch beleuchtet:

> Politik heißt für viele die Beschäftigung mit staatlichen Angelegenheiten; mein Verständnis war von Anfang an angelsächsisch. Politik heißt Wahlkampf, öffentliche Debatte, vor allem aber Parlament, Auseinandersetzung mit anderen [...].

Dahrendorf folgte dieser Maxime in allen öffentlichen Rollen seines Lebens: als Gelehrter, als Journalist und als Politiker. Auch wenn er selbst nicht in der rousseauschen Tradition des politischen Denkens einzuordnen ist, so trifft ein zentraler Begriff Rousseaus vorbehaltlos auf ihn zu. Dahrendorf war ein »citoyen«, der sich mit Leidenschaft für ein freies Gemeinwesen einsetzte. Er war ein großes Vorbild – als brillanter Wissenschaftler, der sich theoretisch und praktisch für das Ganze verantwortlich fühlte.

In seiner wohl letzten Rede – bei der Verleihung des Schader-Preises am 7. Mai 2009 – verglich Dahrendorf sich mit Jürgen Habermas und bezeichnete ihn und sich als »öffentliche Intellektuelle«, die »reine Wissenschaft und öffentliche Verantwortung« immer zu verbinden suchten und zwischen »Geist und Tat« hin und her pendelten.

Diese für die Meinungsbildung in einer Demokratie so wichtige Kunst verdient Bewunderung.

Der Autor ist Politologe und regelmäßiger Gastkommentator der Badischen Zeitung. *Er war Rektor der Albert-Ludwigs-Universität Freiburg i.Br.*

AXEL KREMP

Ein Professor in der Provinz
Wie Ralf Dahrendorf das Leben in Bonndorf beeinflusste
und von ihm beeinflusst wurde

Am Anfang stand der Zufall. Ralf Dahrendorf, damals Rektor der *London School of Economics and Political Science* (LSE), suchte für sich ein Häuschen. Irgendwo im Schwarzwald sollte es stehen. Davon wusste ein Manager der Landesbausparkasse in Konstanz, wo Dahrendorf 1984 eine Professur an der dortigen Universität annahm. Dieser LBS-Mann kannte den damaligen Bonndorfer Bürgermeister Peter Folkerts und fragte diesen eher beiläufig, ob er Dahrendorf vielleicht helfen könne. Folkerts konnte. Die Stadt suchte zu jener Zeit einen Käufer für den zwischenzeitlich umgebauten ehemaligen Farrenstall im kleinen Ortsteil Holzschlag.
Folkerts bot dem Professor den Farrenstall an und der griff zu. Dies war 1983 zugleich der Beginn einer tiefen Männerfreundschaft zwischen dem Professor und dem Bürgermeister. »Die Chemie hat von Anfang an gestimmt«, erinnert sich Regina Folkerts, die Witwe des am 16. Juni 1992 beim Absturz eines Sportflugzeugs in den Alpen ums Leben gekommenen Bürgermeisters. Es war eine Freundschaft, die Dahrendorfs Wirken in Bonndorf in den folgenden Jahren nachhaltig beeinflussen sollte. Und es war eine Freundschaft, die den Weltenbürger Dahrendorf in Bonndorf heimisch werden ließ. »Heimat ist da, wo meine Freunde sind«, hatte er immer wieder gesagt und damit insbesondere Familie Folkerts gemeint. Ihr blieb Dahrendorf bis zu seinem Tod aufs Engste verbunden. Der Anruf bei Regina Folkerts am 16. Juni jeden Jahres, dem Todestag von Peter Folkerts, gehörte für ihn zum Jahreslauf wie für andere das Weihnachtsfest. Und der Professor war Patenonkel des Folkerts-Sohns Christof.
Ralf Dahrendorf und Peter Folkerts, das waren zwei Männer, wie sie unterschiedlicher nicht sein konnten. Da der stets zurückhaltende, Würde ausstrahlende und ganz im Stile eines britischen Gentleman auftretende und damit stets betulich und ruhig wirkende Professor, dort der vor Tatendrang und unkonventionellen Ideen nur so strotzende Bürgermeister, der mit seinen breiten Schultern, seinem athletischen Körper und seinem selbstbewussten und bestimmten Auftreten sowie dem stets verschmitzten Blick jedermann auf den ersten Blick zu verstehen gab: »Der Chef hier bin

ich.« Vielleicht waren es gerade dieser Typus Mensch an der Spitze des Städtchens und der von ihm eingeschlagene durch und durch unkonventionelle ›Bonndorfer Weg‹, der Dahrendorf so faszinierte. Zu sagen jedenfalls hatten sich die beiden Männer viel. Nächtelang, so erinnert sich Regina Folkerts, saßen Ralf Dahrendorf und Peter Folkerts am kleinen Esstisch im Reihenhaus der Folkerts.
In Bonndorf war die Welt damals in Ordnung. Und sie war in Unordnung zugleich. Wohl deshalb war es für den Soziologen Dahrendorf eine hoch spannende Zeit. Die Kreis- und Gemeindereform in den 1970er Jahren hatte tiefe Wunden gerissen. Wunden, die längst noch nicht verheilt waren, als Dahrendorf 1982 zum ersten Mal den Farrenstall in Holzschlag besichtigte, in den er wenige Monate danach einzog. Auch fast zehn Jahre nach der Kreisreform hatten die Menschen die Angst noch nicht abgelegt, im neuen Landkreis Waldshut an den Rand gedrängt zu werden.
Folkerts steuerte einen tripolaren Landkreis an. Neben Waldshut-Tiengen und Bad Säckingen müsse auch Bonndorf zentrale Funktionen übernehmen. Anders sei die Zuneigung der Menschen für WT nicht zu gewinnen. Seine Rechnung ging auf. Folkerts gewann den Landkreis als Untermieter für das Schloss Bonndorf, das die Stadt vom Land angemietet hatte. Und der Kreis richtete dort sein Kulturzentrum und sein Kreismuseum ein und trat damit den Beweis an, dass große Kultur und ländlicher Raum keine Gegensätze sein müssen.
Der von Peter Folkerts gerne als »gute Stube der Stadt Bonndorf« bezeichnete Saal des Schlosses war auch für Ralf Dahrendorf Ort etlicher Auftritte. Dort referierte er über die deutsche Erfolgsgeschichte *50 Jahre Grundgesetz*, dort ließ er im Dialog mit dem Publizisten Hellmuth Karasek die 1950er Jahre aufleben, dort diskutierte er mit Gernot Erler, dem damaligen außenpolitischen Sprecher der SPD-Bundestagsfraktion, über das Verhältnis Europas und Deutschlands zu den Vereinigten Staaten von Amerika, dort stellte er seine Autobiografie *Über Grenzen* vor. Und dort stand Ralf Dahrendorf dreimal hintereinander im Mittelpunkt der großen Empfänge der Stadt Bonndorf.
Dass es für Sozialwissenschaftler spannend war, die Entwicklung des Gemeinwesens vor dem Hintergrund dieser jüngeren Geschichte zu beobachten und zu studieren, liegt auf der Hand. Dies insbesondere, weil Peter Folkerts die parallel laufende Operation »Eingliederung der acht Ortsteile« mit damals gänzlich unorthodoxen Methoden und einer eigenwilligen Strategie in Angriff nahm. Einen Ortschaftsrat bekam keines der Dörfer. Für das 200-Seelen-Dorf Holzschlag und das sich ebenfalls heftig gegen die

Eingemeindung wehrende noch kleinere Brunnadern gab es gar noch nicht einmal einen garantierten Sitz im Bonndorfer Gemeinderat.

Derweil schritt die Entwicklung von Bonndorf-Stadt rasch voran. Das Bildungszentrum wurde ausgebaut, die Stadthalle gebaut und der Einstieg ins Landessanierungsprogramm war der Impuls für millionenschwere kommunale und private Investitionen in die Infrastruktur, die Wohn- und Gebäudesubstanz sowie ins Stadtbild. Unterm Strich führte der von Peter Folkerts eingeschlagene Weg bis Ende der 1980er Jahre nur in eine Richtung – nach vorne. Die Stadt entwickelte sich prächtig, Folkerts stand auf dem Höhepunkt seiner Macht, seinen Freund Ralf Dahrendorf dabei stets im Hintergrund an seiner Seite wissend. Aktiv in die Stadtpolitik eingemischt hatte sich der Professor nie, ein wichtiger Rat- und Impulsgeber für Peter Folkerts aber war er gleichwohl. Intensiv, so erinnert sich Regina Folkerts, dachten die beiden Männer am Esszimmertisch des Reihenhauses darüber nach, wie sich Bonndorf weiterentwickeln könnte.

An einem dieser Abende muss die Idee entstanden sein, die altehrwürdige Badeanstalt aus den 1930er Jahren durch ein modernes Spaß- und Erlebnisbad zu ersetzen. 1991 scheiterte diese Mission. Es war ein Wendepunkt im politischen Wirken des Bürgermeisters. Und es war eine Phase, in der sich Ralf Dahrendorf in persönlichen Gesprächen noch mehr als zuvor jeglicher Kommentierung der aktuellen kommunalpolitischen Ereignisse enthielt, aber noch wissbegieriger als zuvor alles aufsog, was er an Informationen aus der in heftige politische Turbulenzen geratenen Stadt in Erfahrung bringen konnte. Es war aber auch die Zeit, in der Dahrendorf seinem Freund Peter Folkerts durch eine auffällige Häufung von öffentlichen Auftritten in der Stadt den Rücken stärkte. »Wenn die Stadt ihn brauchte, war Ralf Dahrendorf stets da«, erinnert sich Regina Folkerts.

Das Ritual

Wenn Ralf Dahrendorf da war, lebte er meist zurückgezogen in seinem Haus in Holzschlag. Dort schrieb er seine Bücher, dort dachte er nach, von dort startete er seine Reisen zu Beratertätigkeiten, etwa in Italien oder in Stuttgart, wo ihn die damalige baden-württembergische Kultusministerin Annette Schavan zu einem ihrer Impulsgeber gemacht hatte. Das Bad in der Menge war sein Ding nicht und seine Gesprächspartner suchte er sich mit Bedacht aus. So galt sein erster Besuch selbstredend den Nachbarn, der Familie Böhler, die sich während seiner Abwesenheiten stets liebevoll

um sein Haus kümmerte. Dann ging es von Holzschlag zu den Folkerts. Bei seinen Besuchen in Bonndorf-Stadt lagen seine festen Anlaufstellen alle im Umkreis von wenigen Metern. Zunächst besuchte er Eugen Ketterer, stellvertretendes Vorstandsmitglied der Sparkasse und örtlicher FDP-Vorsitzender, danach den Direktor, genauer die Direktoren der Sparkasse. Dahrendorf nämlich erlebte deren drei. Bei ihnen informierte er sich über die wirtschaftliche Entwicklung in der Region und das Wohl und Wehe der ortsansässigen Firmen. Weiter ging es – nach dem Tod von Peter Folkerts – ins Rathaus nebenan zu Bürgermeister Michael Scharf, von dort über die Straße in die Lokalredaktion der *Badischen Zeitung*, dann wieder zurück über die Bundesstraße ins Friseurgeschäft »Hany« und schließlich zum Essen ins Gasthaus »Kranz«. Bei Wirtin Claudia Ketterer fand Dahrendorf auch so etwas wie Familienanschluss. Diese wenigen Kontakte reichten dem Professor aus, um seine Studien des Lebens im ländlichen Raum weiter zu entwickeln. Das Netz war engmaschig genug gestrickt. Keine Frage: Ralf Dahrendorf schätzte und achtete alle seine Gesprächspartner auf diesem immer wiederkehrenden Rundkurs. Doch ohne dass sie es merkten, geschweige denn je einmal auch nur ansatzweise als unangenehm empfanden, zapfte er sie auch an und speicherte deren Antworten in den eigens dafür vorbereiteten Kästchen im Gehirn ab.
Diese Faszination Dahrendorfs blieb auch Bürgermeister Michael Scharf nicht verborgen. In seiner Eigenschaft als Vorsitzender des Verwaltungsrats der Sparkasse nahm Scharf den Professor einmal – es war schon in diesem Jahrtausend – mit zu einer Sparkassensitzung nach Stuttgart. Dort, so erinnert sich Scharf, habe Dahrendorf am Beispiel der Sparkasse Bonndorf-Stühlingen eine flammende Rede für die Bildung kleiner Einheiten gehalten. Dahrendorf sei es mit dieser Rede gelungen, den verbandsinternen Fusionsdruck auf die Sparkasse Bonndorf-Stühlingen und die noch kleineren benachbarten Institute St. Blasien und Todtnau-Schönau zu nehmen. Für Scharf ist dies übrigens nur ein Beispiel von vielen dafür, dass Dahrendorf immer wieder Erfahrungen und Eindrücke aus Bonndorf unmittelbar in sein politisches und soziologisches Handeln hat einfließen lassen.
Mit Bedacht gewählt hatte Ralf Dahrendorf auch seinen Friseur. Dort, im »Friseursalon Hany« an der Brunnenstraße, ging es ihm nicht nur um das Zurechtstutzen und Zurechtrücken der lichter gewordenen Haarpracht. Dort ging es ihm auch um das Zusammenleben in der kleinen Stadt, um das Vereinsleben und die von den Vereinen geschaffenen und erhaltenen sozialen Strukturen. Darüber wussten Theo Hany und dessen Sohn Günter Bescheid wie ganz wenige sonst in der Stadt. Beide nämlich

sind oder waren Repräsentanten der ›Pflumeschluckerzunft‹, also des örtlichen Fasnachtsvereins. Ein richtiger Bonndorfer nämlich ist an höchstens 359 Tagen eines Jahres ein Bonndorfer. An sechs Tagen des Jahres ist er »Pflumeschlucker«, also Narr. Das Wort »Massenbewegung« beschreibt nur unzulänglich, was zwischen dem Schmutzigen Donnerstag und dem Fasnachtsdienstag in Bonndorf geschieht.

Ein ähnliches Phänomen ist der TuS, mit mehr als 1 000 Mitgliedern der weitaus größte Verein in Bonndorf. Zwar dümpelten die Kicker des TuS in den 1980er und 90er Jahren chronisch erfolglos in den Niederungen der Kreisliga dahin. Dem hohen Ansehen und der Wertschätzung, die der Verein in der Bevölkerung genoss, tat dies aber keinen Abbruch. Das Rot und Schwarz des TuS stand und steht ebenso für Bonndorf wie das Blau und Weiß der offiziellen Stadtfahnen. Ein dritter Verein, der das Interesse und die Aufmerksamkeit Dahrendorfs fand, war die auf böhmische Blasmusik spezialisierte Blaskapelle Grünwald-Holzschlag. Deren Jahreskonzerte mit Christbaumversteigerung in der dabei stets überfüllten »Krone« in Holzschlag hatte Dahrendorf wann immer möglich besucht. Und in einem weiteren – wenngleich nicht im klassischen Sinne Bonndorfer – Verein arbeitete er gar engagiert mit. Von 1988 an gehörte Ralf Dahrendorf dem Beirat der Gesellschaft zur Förderung der deutsch-amerikanischen Freundschaft an. Das ist eine vom damaligen CDU-Bundestagsabgeordneten Werner Dörflinger und von Peter Folkerts ins Leben gerufene politische Gruppe, die ihren Ursprung in Bonndorf hatte und die ihren Sitz im ehemaligen Schulhaus des Ortsteils Boll hat. Das Schulhaus heißt heute »Peter-Folkerts-Haus« und dient unter anderem in Deutschland stationierten amerikanischen Soldaten als Urlaubsdomizil.

Bliebe noch der Gasthof »Kranz« von Claudia Ketterer. Ein stattliches Anwesen an der Bundesstraße, das mit dem Rathaus, dem annähernd so großen Gasthaus »Sonne« und der *Badischen Zeitung* ein Viereck bildet. Der »Kranz« war und ist Treffpunkt der Bonndorfer. Dort sitzt man am Stammtisch, dort ist die Nachrichtenumschlagsbörse Bonndorfs. Ralf Dahrendorf war Stammgast im »Kranz«, an den Stammtisch aber zog es ihn eher selten. Meist saß er abseits und genoss das Essen und das Gespräch mit Wirtin Claudia, mit einer ihrer im Betrieb mitarbeitenden Schwestern oder einem ihrer Söhne oder deren Partnerinnen. Bei Ketterers im »Kranz« fühlte sich Dahrendorf auch zu Hause. Nahe zusammengerückt waren die Familie und er nach dem Flugzeugabsturz im Juni 1992. Denn neben Peter Folkerts fanden dabei auch ein Sohn Claudia Ketterers und ein kanadischer Gast der Familie den Tod.

> Lord Dahrendorf zeigt immer wieder auf unkomplizierte Art, dass er zum Kreis der ›Bonndorfer‹ gehört. Für mich ist er ein guter Freund, ein Mensch, der sich, obwohl auf internationalen Bühnen zu Hause, über ein gutbürgerliches Essen freuen kann.

So hatte Claudia Ketterer Ralf Dahrendorf 2004 per Interview in der *BZ* zum 75. Geburtstag gratuliert.

Die *Badische Zeitung* in Bonndorf

Meine erste Begegnung mit Ralf Dahrendorf war zufällig. Es war an einem herbstlichen Sonntagnachmittag Mitte der 1980er Jahre bei einem der traditionellen Weinfeste der Stadtmusik in der Stadthalle. Nach getaner Arbeit wollte ich dort ein Gläschen zu mir nehmen. Mehr nicht. Doch dann sah ich mitten im Publikum – weit entfernt von den eigentlich für die Prominenz reservierten Plätzen direkt an der Bühne – Bürgermeister Peter Folkerts und Ralf Dahrendorf sitzen. Ich ging hin und Folkerts bat mich, doch bei ihnen Platz zu nehmen. Richtig unterhalten aber konnten wir uns nicht. Dafür war die Blasmusik zu laut. »Kommen Sie doch einfach einmal bei uns vorbei«, sagte ich deshalb zu Dahrendorf. Und der antwortete zu meiner Verblüffung freundlich: »Sehr gerne.« Noch verblüffter war ich, als Ralf Dahrendorf Tage später dann tatsächlich in der Redaktionstüre stand. Und er kam danach immer wieder. Ein ums andere Mal entwickelten sich dabei Gespräche, in denen die Stunden vergingen als seien es Minuten. Geradezu geadelt fühlte ich mich 1989, als Dahrendorf einer Bitte von mir entsprach und als Gastautor einen Beitrag für den Lokalteil Bonndorf der *Badischen Zeitung* schrieb: *Weltwirtschaft findet auf dem Dorfe statt* war der Beitrag überschrieben. Dahrendorf spannte darin einen Bogen vom kleinen Bonndorf hinaus in die weite große Welt. »Die herzhafte Mischung«, so beschrieb er die Wirtschaftsstruktur Bonndorfs aus Landwirtschaft, Tourismus, mittelständischer Industrie, Handwerk und Dienstleistungsbetrieben, diese Mischung sei heute gefährdet.

> [U]nd zwar nicht zuletzt durch die Tatsache, dass die Weltwirtschaft einerseits auf dem Dorfe, andererseits indes in der Stratosphäre stattfindet. Firmen werden gekauft und verkauft ohne Rücksicht auf die, die in ihnen beschäftigt sind. Firmenzentralen wechseln von einer Stadt in die andere […]. Wenn die Zentrale erst weit genug weg ist, kümmert sich niemand mehr um die Produktionsstätte. Es wird »rationalisiert«, also gespart und geschlossen. Da kann es wohl sein, dass das Dorf, die kleine Stadt, den kürzeren zieht.

So stolz ich damals war, so irritiert war ich 1994, als ich in den *Europäischen Tagebüchern* einen Beitrag Dahrendorfs über Bonndorf zu lesen bekam. Darin schrieb er über mich: »Der örtliche Redakteur kennt sich besonders bei der Opposition zur Stadtverwaltung aus und liefert daher allerlei zweifelnde Argumente, hinter denen doch seine Liebe zur Stadt deutlich wird.« Er hatte ja Recht, der Dahrendorf, irgendwie. Und schön war auch, dass er von »zweifelnden Argumenten« schrieb und nicht von »zweifelhaften«. Dummerweise aber hatte ich es bis dahin noch nie so gesehen. Folglich stieß mir dieser Satz merkwürdig auf. So merkwürdig, dass ich mich veranlasst sah, Dahrendorf Tage später zu dessen 65. Geburtstag einen Glückwunschbrief der etwas anderen Art zu schreiben.

In jenem Beitrag in den *Europäischen Tagebüchern* spielt Dahrendorf an auf die letzten Amtsjahre seines Freundes Peter Folkerts. Es waren für den Bürgermeister keine glücklichen Jahre und es waren für Bonndorf keine guten Jahre. Es waren Jahre der Stagnation und des Verzettelns in Stilfragen und in Atmosphärischem.

Und so sah ich mich im April 1994 veranlasst, im Glückwunschschreiben an Ralf Dahrendorf zum 65. Geburtstag meine Sicht der Dinge mitzuteilen:

> Anstatt diese Kritik [der beschriebene neue Geist im Gemeinderat] bei der Sache einzuordnen, sie aufzunehmen und dann gewinnbringend zu verarbeiten, nahm er [Folkerts] sie persönlich. Die Folge: Zunächst bildeten sich Fronten, die dann zu allem Unglück auch noch immer härter und härter wurden. Jene Krise damals war also aus meiner Sicht in allererster Linie eine Krise der Kommunikation. In zweiter Linie war sie eine Krise des politischen Stils und allenfalls als Folge daraus eine Krise der Politik selbst.

So hatte ich es nach Oxford geschrieben, wo der Professor zu der Zeit wirkte, und Dahrendorf widersprach nicht. »Der Brief hat mich seltsam stark berührt, und ich nehme alles, was Sie darin sagen, nachdenklich auf«, antwortete er.

2001 wechselte ich nach Bad Säckingen. Aber auch meine Nachfolgerin Juliane Kühnemund besuchte er regelmäßig.

Auftritte in Bonndorf

Wer Ralf Dahrendorf fragte, warum er so gerne in Bonndorf und Holzschlag lebe, der erhielt gerne eine simple Antwort: »Ich fühle mich hier einfach wohl.« Dieses Bekenntnis legte Dahrendorf 1995 auch in seinem Beitrag im *Europäischen Tagebuch* ab. Eine Begründung lieferte er gleich mit. »Das etwas langsamere Tempo des Lebens hält dennoch Schritt mit den Entwicklungen der Zeit. Gäste sind willkommen, das Neue ist keine Bedrohung, das Eigene kein Grund zur Beschämung.« Bonndorf, das ist für Ralf Dahrendorf ein Ort gewesen, an dem die Welt noch in Ordnung war. Zitat aus dem *Europäischen Tagebuch*:

> Eine heile Welt? Ja, man kann es so nennen. Hier werden Menschen noch vom Netz der Gemeinschaft getragen, was sie besonders spüren, wenn das Schicksal so hart zuschlägt wie beim Tod meines Freundes [Peter Folkerts]. Natürlich wird viel geschwätzt, und dabei fällt manches gehässige Wort, aber noch trägt das Gerede diejenigen, die andernorts in luftlose Soziallöcher fallen würden.

Und weiter:

> Bonndorf ist sicherlich Provinz; niemand würde es leugnen. Die Stadtkapelle ist keine Philharmonie, die Volkshochschule keine Universität, und wenn Bonndorf auch zur Einkaufsstadt geworden ist, muss man manches doch im nahen Zürich suchen. Aber die Provinz – will sagen die echte Provinz, die nicht vorgibt, etwas zu sein, was sie nicht ist – hat auch ihre Vorzüge. Von der Gemeinschaft war schon die Rede. Mancher mag sie bedrängend finden, und viele junge Leute suchen ihr zumindest auf Zeit zu entfliehen; doch ist sie in anderer Hinsicht dem Traum der modernen linken »Kommunitarier« durchaus nahe. Hier können sogar Asylanten gedeihen. Sodann wissen die Menschen das gelegentliche Auftreten der Welt zu schätzen. Sie reisen nicht nur nach Rom und nach London, sondern hören auch Vorträge und Konzerte an, die von Leuten aus den großen Städten geboten werden. Dafür sind sie dankbar, viel dankbarer als das Snob-Publikum der großen Städte.

So wohl sich Dahrendorf in Bonndorf auch fühlte und so stolz die Bonndorfer auch waren, den Lord in ihren Reihen zu wissen, so eindeutig auch der Rollenwechsel, wenn der Wissenschaftler, Publizist und Politiker hinters Pult im Saal des Schlosses trat. Dann agierte er als Weltenbürger. Dahrendorf hatte Freude daran, den Menschen den Horizont zu weiten, ohne dabei auch nur ein einziges Mal oberlehrerhaft oder besserwisserisch zu wirken. Einen Absolutheitsanspruch erhob er nie und wirkte doch – oder vielleicht gerade deswegen – stets überzeugend. Dahrendorf blieb seiner Überzeugung treu: »Niemand weiß alle Antworten; zumindest weiß niemand, welche Antworten richtig sind.« Dahrendorfs Themenspektrum war breit. Mal referierte er über die Dritte Welt, mal über die segensreichen Errungenschaften des Grundgesetzes, mal über das deutsch-amerikanische Verhältnis und mal über die 1950er Jahre und ein anderes Mal über den Zusammenhang zwischen Freiheit und Verantwortung. Doch ging es gelegentlich auch um Dahrendorf selbst. So folgte er im Sommer 2003 der Einladung von Kreiskulturreferent Jürgen Glocker zum Dialog über seinen Lebensrückblick *Über Grenzen*.

Drei Auftritte Ralf Dahrendorfs in Bonndorf aber verdienen es, besonders herausgehoben zu werden. Dies, weil es Auftritte waren, in denen er sich einreihte in den Kreis der Bonndorfer, in denen er als einer der ihren agierte. Die Rede ist von den Neujahrsempfängen der Stadt in den Jahren 1989 und 1990 und vom großen Stadtfest am 3. Oktober 1991. Und die Rede ist von der Ehrenplakette der Stadt. Das ist hinter der Ehrenbürgerschaft die höchste Auszeichnung, welche die Stadt Bonndorf zu vergeben hat. Zweimal, beim Neujahrsempfang 1989 und beim Stadtfest 1991, hielt Ralf Dahrendorf die Laudatio auf den Ehrenplakettenträger, dazwischen, beim Neujahrsempfang 1990, war er es selbst, der die Plakette in Empfang nehmen durfte.

1989 lag es an Ralf Dahrendorf, den Ehrenplakettenträger Willi Studer und damit eine höchst interessante Unternehmerpersönlichkeit zu würdigen. Willi Studer, ein Schweizer Tüftler, hatte aus kleinen Anfängen heraus ein Unternehmen aufgebaut, das in seiner Blütezeit mit Werken in der Schweiz und in Deutschland (Löffingen, Bonndorf, Wutach-Ewattingen und Bad Säckingen) mehr als 2 000 Menschen Brot und Arbeit gab. Studers Tonbandgeräte, seine Hi-Fi-Anlagen und insbesondere seine Tonstudios für professionelle Aufnahmen gehörten lange zum Besten, was es auf den Weltmärkten zu kaufen gab. Rückblickend ist man geneigt, Ralf Dahrendorf prophetische Gaben zu attestieren. In seiner Laudatio auf den großen Schweizer Unternehmer Willi Studer nämlich sagte er voraus, was Studer und dessen Unternehmen einige Jahre später widerfahren sollte. Dahrendorf sprach beim Neujahrsempfang von einem Glück für Bonndorf, gleich mehrere Unternehmen in der Größe der Studer-Werke zu beherbergen. Dies biete Sicherheit und Zukunftschancen für die Bevölkerung und garantiere die Lebensfähigkeit der Stadt. Und dann ergänzte er, dass solch ein Unternehmen mit 230 Beschäftigten in Bonndorf nicht mehr selbstverständlich sei. Dahrendorf stellte in den 1980er Jahren eine ›neue Gigantonomie‹ in der Wirtschaft fest. Große Firmen würden von größeren aufgekauft, wobei das Interesse der Unternehmen an den örtlichen Verbindungen und damit viel an langfristigen Chancen der Menschen verloren gehe. Gerade ein Unternehmer wie Willi Studer sei ein wichtiges Hindernis auf dem Weg weg von der örtlichen Bindung.

Beim Neujahrsempfang im folgenden Jahr erlebten die Bonndorfer einen zunächst ratlosen Ralf Dahrendorf. Ratlos darüber, warum ausgerechnet er an jenem Tag die Ehrenplakette der Stadt erhalten sollte. Wenn er sie verdient habe, dann allenfalls dadurch, bekannte er, dass er diese Stadt mag und sich in ihr zu Hause fühle. Bonndorf sei ein gutes Städtchen, eigenwillig und doch nicht abgeschieden, selbstbewusst und doch nicht anmaßend, geprägt durch eine Mischung von Industrie, Handwerk und Gastgewerbe und durch einen Bürgersinn, der Widrigkeiten überwinden helfe. Diese Stadt und die Frage, wie sie »im großen Strom der Zeit« bestehen könne, stellte Dahrendorf bei jenem Empfang in den Mittelpunkt seiner Rede. Zuvor aber hielt der damalige baden-württembergische Minister für Wissenschaft und Kunst, Helmut Engler, die Laudatio auf Dahrendorf und nahm dabei eine Anleihe bei Marion Gräfin Dönhoff:

> Dahrendorf ist Zeit seines Lebens ein unruhiger Geist geblieben. Umgetrieben von Auflehnung, Neugier, Widerspruch strebt er immer zu neuen Ufern. Er ist so ungefähr alles gewesen, was ein Mensch im öffentlichen Leben sein kann […]. Sein Kompass war und ist immer auf das gleiche Ziel gerichtet, auf politische Freiheit und geistige Liberalität.

Wie schon im Jahr zuvor zeigte Dahrendorf auch bei diesem Neujahrsempfang seine prophetischen Gaben. »Kein Land kann für sich alleine Demokratie und Wohlstand garantieren, auch nicht ein vereintes Deutschland, wie es vielleicht schneller als die meisten meinen entstehen wird«, sagte Dahrendorf am 8. Januar 1990 im Bonndorfer Schloss. Weniger als zehn Monate später war die deutsche Einheit dann besiegelt. Dahrendorf sprach vom »großen Strom der Zeit«, von »bewegten Zeiten« und verglich die Revolution des Jahres 1989 mit jener des Jahres 1789.
Und auch mit folgender Erkenntnis war Dahrendorf im Januar 1990 der Zeit voraus: Es müsse alles getan werden, um zu verhindern, dass die neuen Demokratien Ost- und Mitteleuropas im Widerspruch von politischen Hoffnungen und wirtschaftlichen Realitäten scheitern. Rasch fand er den Weg vom »großen Strom der Zeit« zum Leben im beschaulichen Bonndorf. Europa, so meinte er, werde nur leben können, wenn seine Vielfalt, einschließlich seiner kleinen Gemeinden mit ihrer bunten schöpferischen Eigenart eine Zukunft haben. Angesichts der Konzentrationsprozesse in der Wirtschaft, die Dahrendorf schon ein Jahr zuvor beschrieben hatte, sei die Frage, wie Bonndorf bestehe könne, auch Sache der Unternehmen. Gleichwohl sei mittelständisches Unternehmertum heute weniger denn je ein sanftes Ruhekissen. Unternehmen in kleinen Orten würden mit Sicher-

heit untergehen, wenn sie nicht ständig alles tun, um auf der Höhe der Zeit zu sein. Schließlich würdigte Dahrendorf die antizyklische Kraft des Handwerks und sprach vom Glücksfall, dass Bonndorf seine Schulen behalten habe. Letztlich aber seien es die Menschen, die gefordert seien, Bonndorf zukunftsfähig zu machen. Da könne die Stadt stolz sein auf die Vereine und die Bereitschaft zur freiwilligen Mitarbeit. Stolz sein könne die Stadt aber auch auf den Gemeinderat, der trotz unterschiedlicher Meinungen und der Existenz von fünf Fraktionen an einem Strang ziehe. »Es geht allen um die Wohlfahrt der Bürger. Das ist ein unbezahlbarer Standortvorteil für diese Stadt«, schloss der frisch gekürte Ehrenplakettenträger seine Rede.
Das folgende Jahr 1991 stand in Bonndorf im Zeichen der Diskussionen um das neue Schwimmbad. Es stand aber auch im Zeichen des großen Stadtfests. Drei Dinge galt es an diesem 3. Oktober zu feiern. Zum einen feierte auch Bonndorf den ersten Jahrestag der deutschen Einheit, zum zweiten die 100. Wiederkehr der Verleihung der Stadtrechte. Und zum dritten wurde der neue Ehrenplakettenträger gefeiert: Bürgermeister Peter Folkerts.
Keine der 20 Verleihungen zuvor war in der Stadt so umstritten wie diese. Weil es Folkerts war, der die Ehrenplakette 1974 schuf, unterstellten manche, der Bürgermeister wolle sich selbst ehren. Dem war nicht so. Es war der Gemeinderat, der entschied, aus Anlass des großen Stadtfestes den Bürgermeister zu ehren. Dass Peter Folkerts eine Auszeichnung verdient hatte, war unumstritten. Heftig diskutiert wurde aber, ob es angebracht ist, den Stadtchef inmitten einer Amtsperiode zu ehren. Keiner konnte zu diesem Zeitpunkt wissen, dass die Amtszeit des Bürgermeisters nur wenige Monate später in den bayerischen Alpen ein jähes Ende finden würde.
Ralf Dahrendorf hielt eine Rede, die es wert ist, in den Geschichtsbüchern der Stadt festgehalten zu werden. Die Stadt, so meinte er, gehe durch eine bemerkenswert glückliche Phase der Geschichte. Sollten die Dinge einmal nicht so rosig sein, werde man sich dieser Jahre erinnern. Sie seien untrennbar mit dem Namen Peter Folkerts verbunden. Wenigstens drei Gründe gebe es, dass sich Bonndorf an diesem Tag der deutschen Einheit selbst feiere. Unmittelbar mit den nun 100 Jahre alten Stadtrechten zu tun habe der erste dieser Gründe, die kommunale Selbstverwaltung, die Gemeindeautonomie. Die Wurzel der politischen Freiheit liege in den Gemeinden. Bonndorf – dies sei der zweite Grund – sei aber nicht nur Gemeinwesen, sondern auch Gemeinde im besten Sinne des Wortes. Es gebe in der Stadt ein Gefühl von Zusammengehörigkeit füreinander und für das Ganze, wie man es vielerorts vergebens suche. Und schließlich feiere die Stadt mit der

Verleihung der Ehrenplakette an Bürgermeister Peter Folkerts auch sich selbst. Folkerts habe in seiner Amtszeit beträchtliche Probleme bravourös gelöst. Die erste Amtszeit sei geprägt gewesen von der Ansiedlung von Wirtschaftsunternehmen, der Erschließung von Bauland und der Fähigkeit von Folkerts, im Zuge der Gemeindereform so unterschiedliche Gemeinden zu integrieren. Periode II habe dann im Zeichen der Stadtsanierung und des Kläranlagenbaus gestanden und die dritte Amtsperiode sei geprägt von der Verschönerung des Stadtbilds. Bonndorf, so meinte Dahrendorf mit Blick auf die angespannte Finanzlage der öffentlichen Hand, habe diese Verschönerung gerade noch rechtzeitig geschafft.

Die aktuelle Stimmung jener Wochen blieb dem Professor nicht verborgen. Und so erzählte er auch von der Gefahr des Abstumpfens gegenüber neuen Erfordernissen und des Missbrauchs von Autorität, die nach 19-jähriger Amtszeit eines Bürgermeisters entstehen könne. Beides sei in Bonndorf nicht geschehen, was auch daran liege, dass Gemeinderat und Presse Fehlentwicklungen aufzeigten. Es liege aber auch an den Qualitäten von Peter Folkerts. Er trage gerne Verantwortung, packe Probleme an. Folkerts mache aber auch Fehler, beuge sich dann aber »mit ein bisschen Zähneknirschen« den besseren Argumenten. Dahrendorfs Fazit an diesem Festtag: »Wir ehren einen Mann, dem Ehre gebührt.«

Peter Folkerts übrigens ist bis heute der letzte Ehrenplakettenträger der Stadt. Sein Nachfolger Michael Scharf hat die Auszeichnung bislang noch nie ausgesprochen. Und auch die Tradition der Neujahrsempfänge wurde von ihm nicht fortgesetzt.

Der neue Bürgermeister

Seit Herbst 1992 heißt Bonndorfs Bürgermeister Michael Scharf. Der damals 28 Jahre alte Diplom-Verwaltungswirt und Hauptamtsleiter unter Peter Folkerts setzte sich im ersten Wahlgang gegen fünf Konkurrenten mit sensationellen 67,3 Prozent der gültigen Stimmen durch. Es war eine Wahl, die gleich aus mehreren Gründen das gesteigerte Interesse Ralf Dahrendorfs fand. Zum einen wollte er natürlich wissen, wen die Bonndorfer zum Nachfolger seines Freundes Peter Folkerts wählen. Zum zweiten waren unter den Bewerbern zwei gute Bekannte. Neben Scharf, der in seiner Funktion als Hauptamtsleiter Kontakt mit Ralf Dahrendorf hatte, warf wenige Minuten vor Ende der Bewerbungsfrist auch Eugen Ketterer seinen Hut in den Ring. Ketterer war damals stellvertretendes Vorstandsmitglied der

Sparkasse Bonndorf-Stühlingen und Vorsitzender des FDP-Ortsvereins. Er gehörte zu jenen, die Ralf Dahrendorf bei seinen Rundgängen durch die Stadt stets besuchte.

Dahrendorf schaute genau hin, was der Neue da so trieb. Und er fand Worte höchster Anerkennung: »Der neue Bürgermeister, selbst erst 28 Jahre alt, verwaltet sein schweres Erbe mit Geschick. Beim Morgenkaffee reden wir über Asylanten und Freizeitmöglichkeiten für junge Leute«, schrieb Dahrendorf im *Europäischen Tagebuch*.

Das Verhältnis zwischen Dahrendorf und Scharf war von Anfang an ein gänzlich anderes als jenes zwischen Dahrendorf und Peter Folkerts. Kaum anzunehmen, dass Dahrendorf und Folkerts bei einem ihrer ersten Treffen über Themen wie Asylpolitik und die Freizeitmöglichkeiten für junge Leute geredet haben. Zwischen Dahrendorf und Scharf ging es stets distanzierter zu als zwischen Dahrendorf und Folkerts. Schlecht war das Verhältnis zwischen den beiden aber zu keinem Zeitpunkt. Es war nur anders.

Dass sich der Professor und der junge Bürgermeister in dessen Amtsstube über Themen wie die Asylpolitik und die Freizeitangebote für junge Menschen unterhielten, störte Scharf nicht. Ihm wurde rasch klar, was Dahrendorf von ihm wollte. Und so überraschte er ihn einmal gleich zu Beginn eines Besuches mit der recht frechen Frage: »Was wollen Sie heute wissen, woran arbeiten Sie gerade?« Dahrendorf interessierte sich eigentlich für alles. Bis ins Detail wollte er wissen, wie es denn funktioniert, das »Bonndorfer Modell«. »Von der kleinen Einheit nach oben denken«, so beschreibt Regina Folkerts das Denkmodell des Ralf Dahrendorf. Michael Scharf stimmt da zu. Dahrendorf habe für seine Arbeit im britischen Oberhaus und für seine Tätigkeit als Berater viele Impulse aus Bonndorf mitgenommen.

Es gab aber auch den umgekehrten Weg. In Bonndorf fand der Professor Möglichkeiten zum Praxis-Check seiner theoretischen Überlegungen. Michael Scharf fällt ein besonders eindrucksvolles Beispiel ein. Als Berater der damaligen baden-württembergischen Kultusministerin Annette Schavan hatte Dahrendorf am Konzept mitgearbeitet, den Unterricht projektbezogen zu gestalten. Die Schüler sollten lernen, fächerübergreifend zu denken, sie sollten lernen, ein Thema selbst zu arbeiten, und sie sollten lernen, das Erarbeitete dann selbst zu präsentieren. Da fügte es sich gut, dass Scharf zu solch einer Präsentation seines Sohnes in die Bonndorfer Realschule geladen war. Der Bürgermeister schleppte den Professor kurzerhand mit. Geschockt, so sagt Scharf, sei Dahrendorf gewesen. Mit dem neuen Konzept sei exakt das Gegenteil dessen erreicht worden, was erreicht werden sollte.

Für die redegewandten selbstbewussten Schüler gab es eine locker eingefahrene Eins, und die schwächeren, schüchternen Schüler seien noch weiter abgefallen, weil alleine schon das Auftreten vor der Klasse und den Eltern für sie eine fast nicht zu meisternde Herausforderung dargestellt habe.

Ein anderes Thema, das Dahrendorf stets interessiert habe, sei die innere Sicherheit gewesen. Insbesondere alle Fragen rund um die Unterbringung von Asylbewerbern, so erinnert sich Scharf, hätten Dahrendorf brennend interessiert. Und Wahlen habe Dahrendorf stets als Pflichttermine in Bonndorf verstanden. Da sei er von Wahllokal zu Wahllokal gefahren und habe die Stimmung eingefangen. Das Ergebnis und die Zahlen vor Ort seien ihm zweitrangig gewesen, wichtiger schien es ihm, wie die Menschen in Bonndorf und damit im ländlichen Raum fernab der Ballungszentren auf den Wahlausgang reagierten. Zweimal sei der Professor der Soziologie sehr erstaunt gewesen. Zutiefst überrascht habe ihn die Genugtuung, mit welcher die Menschen nach der Bundestagswahl im Dezember 1990 auf den Sieg der schwarz-gelben Regierungskoalition reagiert hätten. Dies war die erste Wahl nach der deutschen Einheit. In Bonndorf landete die CDU damals bei 47,5 Prozent und die SPD bei 27,6 Prozent. Noch mehr überrascht sei Dahrendorf gewesen, als Gerhard Schröder 1998 Helmut Kohl als Bundeskanzler ablöste. »Stellen Sie sich vor, die Leute haben über Bonndorfer Themen geredet und nicht über diese Wahl«, sagte er dem Bürgermeister. Dahrendorf, so erinnert sich Scharf, staunte, mit welcher Gelassenheit die Menschen im konservativen ländlichen Raum das Ende der schwarz-gelben Koalition und die bevorstehende Bildung der ersten rot-grünen Koalition zur Kenntnis nahmen. Die damalige Wechselstimmung hatte auch den Schwarzwald erreicht. Das Wahlergebnis in Bonndorf entsprach der Stimmung. Die Union landete bei 40,2 Prozent, die SPD bei 34,7 Prozent, die FDP brachte es in ihrer Hochburg Bonndorf nur noch auf 8,3 Prozent und die Grünen landeten bei 7,9 Prozent. Nur noch 40 Prozent für die Union, solch ein Ergebnis wäre zehn, zwölf Jahre vorher unvorstellbar gewesen.

Fazit

Von 1983 bis zu seinem Tod im Jahr 2009, also mehr als ein Vierteljahrhundert lang, hatte Lord Ralf Dahrendorf einen Wohnsitz in Holzschlag, einem kleinem Ortsteil von Bonndorf am Rande des Hochschwarzwaldes. Aktiv in die Gemeindepolitik eingemischt hat sich Ralf Dahrendorf nie, und doch hinterlässt er Spuren. Alleine durch seine Anwesenheit und seine

Auftritte prägte er mehr als zwei Jahrzehnte lang die Geisteshaltung, die Kultur und auch die Streitkultur in der Stadt mit.

Dahrendorf erlebte in Bonndorf eine bewegte Zeit mit einem rasanten Aufstieg, einer an Selbstzerfleischung grenzenden Zeit des Sich-nicht-Verstehens, und ein Epochen-Ende, wie es jäher nicht hätte sein können. Er erlebte, wie die Stadt mit einem neuen Bürgermeister das Bewährte weiterführte und weiterentwickelte und sich dabei auch Neuem aufgeschlossen zeigte. Und er erlebte eine Stadt, in der »das etwas langsamere Tempo des Lebens« auch an der Jahrtausendwende »Schritt gehalten hat mit den Entwicklungen der Zeit«.

Axel Kremp war von 1983 bis 2001 Redaktionsleiter der Badischen Zeitung *in Bonndorf und leitet seither die Redaktion in Bad Säckingen.*

THOMAS HELD

Magische Wirkung
Persönliche Bescheidenheit und messerscharfer Intellekt
Wie Ralf Dahrendorf die Schweizer Denkfabrik
»Avenir Suisse« beriet

Nach der letzten Sitzung in Zürich im März 2009 wollte er partout alleine zurück nach Köln reisen, in Basel war zudem ein Zwischenhalt für ein Interview vorgesehen. Meine Begleitung beschränkte sich also auf ausdrücklichen Wunsch bis zum Zürcher Hauptbahnhof, wo das hektische Menschengewühl, gleich wie am Reiseziel Köln oder auf manchmal nicht vermeidbaren Umsteigebahnhöfen, akute Gefahren für den fragilen Körper barg. Lord Dahrendorfs einzige Bitte war, ihm als Reiselektüre noch den geliebten *Guardian* zu besorgen, der aber am Kiosk in der Haupthalle nicht auflag. Als ich dies dem kurz Wartenden entschuldigend mitteilte, hatte dieser aber hinter dem Zeitungsstand schon das angelieferte, aber noch verschnürte Bündel mit der Auslandspresse entdeckt und bestand darauf, dass die Verkäuferin das Paket unverzüglich aufschnitt und den *Guardian* heraussuchte. Dann verabschiedeten wir uns, und Ralf Dahrendorf ging alleine, sehr zerbrechlich, aber sehr willensstark zum Bahnsteig. Die Reisebegleitungen von Köln nach Zürich und zurück, meist mit der Bahn, auf Teilstrecken manchmal auch mit dem Auto, begannen mit Dahrendorfs Genesung nach dem schweren gesundheitlichen Einbruch 2006. Nach einem Erkundungsbesuch in Zürich und wiederholt in London vorgetragenen Bitten war Lord Dahrendorf im Herbst 2004 Mitglied der Programmkommission des liberalen *Think Tanks* »Avenir Suisse« geworden. Dieses Gremium legt die Themenschwerpunkte der Arbeit fest und unterstützt die Studien und Projekte im Sinne einer wissenschaftlichen, aber auch politikberatend-praktischen *Peer-Review*. Lord Dahrendorf hat zu dieser Aufgabe als *Elder Statesman* nicht nur beigetragen, sondern die Funktion der Programmkommission wesentlich definiert. »Seine Wirkung«, so schrieb der Soziologe Helmuth Willke letztes Jahr in einer Würdigung zum 80. Geburtstag von Ralf Dahrendorf,

> lässt sich angemessen nur damit beschreiben, dass er mit seinen Beiträgen, Anregungen und Reflexionen über das gesamte Spektrum der Themen von »Avenir Suisse« hinweg der Programmkommission Sternstunden des liberalen

Denkens beschert. Das Faszinierende seines Stils liegt wohl vor allem darin, dass er große persönliche Bescheidenheit einerseits mit einem messerscharfen Intellekt verknüpft, gleichzeitig aber mit herzlichem Humor und einer anspringenden Bereitschaft zum Lachen jede Schärfe vermeidet – und gerade so eine geradezu magische Wirkung im Kollegenkreis erzielt.

Diese »magische Wirkung« haben das Gremium und damit »Avenir Suisse« insgesamt über die kritischen frühen Jahre davor bewahrt, Ressourcen auf interne methodische oder ideologische Grabenkämpfe oder kollegiale Hahnenkämpfe zu verschwenden. Er verkörperte nicht nur für die Wissenschaftler in der Programmkommission, sondern auch für die Projektmitarbeiter und externen Autoren eine Kontinuität des liberalen Denkens, die einen produktiven Respekt verlangte. Als Vertreter der Politischen Ökonomie im angelsächsischen Sinn verhinderte er unproduktive Polemiken zwischen sozialwissenschaftlichen Fachrichtungen und Schulen schon im Keime.
Der liberale Ökonom Silvio Borner hob in der bereits erwähnten Würdigung zu Dahrendorfs 80. Geburtstag hervor, dass Ralf Dahrendorf – im Gegensatz zu den meist marktkritischen, nach ›Dritten Wegen‹ suchenden Soziologen, Politologen oder politischen Philosophen –

> stets konsequent für eine offene Gesellschaft mit der Freiheit des Individuums im Zentrum eingetreten [ist]. Dahrendorf ist aber nicht nur oder nicht primär ein Wirtschaftsliberaler, sondern mehr noch einem politischen liberalen Credo verpflichtet [...]. Sein Liberalismus ist weder dogmatisch noch elitär. Die (gelebte) Freiheit darf nicht ein Privileg der oberen Bildungsschichten und Wohlhabenden bleiben. Sozialisten aller Schattierungen wollen diese Ungleichheiten durch Zwangsumverteilungen lösen, Dahrendorf durch eine echte Demokratisierung von Politik und Wirtschaft auf der Basis von Vernunft, Verantwortung und Partizipation.

Deswegen war Ralf Dahrendorf geradezu das ideale Gewissen für eine Organisation, deren Statut und Leitbild verlangen, dass für die aufgezeigten Problembereiche »in aller Regel marktwirtschaftliche Lösungsansätze« entwickelt bzw. vorgeschlagen werden sollten. Vorschläge zur »Weltverbesserung«, gegenüber denen gerade *Think Tanks* nicht immun sind, begegneten deshalb seiner äußersten Skepsis. Und bei allem Interesse und aller Sympathie für die Schweiz stand Dahrendorf auch der Tendenz zur Idealisierung der Demokratie, gerade auch der direkten Demokratie kritisch gegenüber. Eine liberale freiheitliche Gesellschaft wird nicht durch Wahlen allein garantiert, sondern in erster Linie durch die Herrschaft des Rechts.

Diese Bindung an Institutionen als Korrelat zur Freiheit im dahrendorfschen Denken und Wirken betonte die Philosophin Katja Gentinetta in der schon erwähnten Geburtstags-Sondernummer:

> Es sind Institutionen, die diese Bindungen schaffen, neben der Herrschaft des Rechts und einer funktionierenden Bürgergesellschaft auch eine Wachstum und Wettbewerb garantierende Wirtschaftspolitik sowie eine bindende Sozialpolitik – allerdings eine ohne unerschwingliche Versprechungen. Wir brauchen also eine freie Marktwirtschaft, genauso wie eine ordnende Hand – allerdings keine zu machtvolle.

Bis zur letzten Sitzung bei »Avenir Suisse« war Dahrendorfs klarer und freier Blick nach vorne gerichtet, antizipierte er die Brüche und Verwerfungen, die heute die westliche Welt aufs Äußerste herausfordern. Seine Diagnose vom Kapitalismus auf Pump – zwei Jahre vor der Verschuldungskrise und gemünzt nicht nur auf die Staaten, sondern auch auf die Haushalte in der entwickelten Welt – erwies sich als Kern der aktuellen Problematik.
Höchste disziplinübergreifende Kompetenz und Erfahrung, ein konsequent der individuellen Freiheit verpflichtetes Denken, ein kritisches und praktisches Interesse für die Institutionen – einen besseren programmatischen Kompass als Dahrendorf konnte man sich für einen liberalen *Think Tank* nicht denken. Mit der sich ankündigenden Finanz- und Wirtschaftskrise wurde Ralf Dahrendorf für »Avenir Suisse« immer lebensnotwendiger, und er wollte seinerseits trotz krankheitsbedingten Beschwernissen sein Engagement wahrnehmen. Die Reisebegleitungen wurden so zur festen Einrichtung bei »Avenir Suisse«: Eine Mitarbeiterin oder ein Mitarbeiter, nicht selten der Chef selbst, flog mit dem letzten Kurs von Germanwings von Zürich nach Köln, übernachtete dort, holte Ralf Dahrendorf am nächsten Morgen ab, fuhr mit ihm mit dem ICE via Basel nach Zürich zur Sitzung, und am Abend ging es mit einer anderen Mitarbeiterin oder einem anderen Mitarbeiter in der umgekehrten Richtung zurück. »Avenir Suisse« profitierte von reichen Ergebnissen der Programmkommission und unvergesslichen Begegnungen für die Mitarbeitenden.
Für das *Annual Dinner* am 1. April 2009 kam Lord Dahrendorf das letzte Mal zu »Avenir Suisse«. In einer brillanten, humor- und liebevollen, aber leise vorgetragenen Tischrede würdigte er den abtretenden Präsidenten des Stiftungsrates, den Banker Walter Kielholz, den er schon zwei Jahre zuvor eindringlich auf die legitimatorischen Folgen der Übernahme der Lohnsysteme aus der US-Finanzwirtschaft aufmerksam gemacht hatte. Am 1. Mai durfte ich Lord Ralf Dahrendorf vor dem Festakt zum 80. Geburtstag am

St. Antony's College in Oxford die erwähnte Spezialausgabe von *avenir aktuell* übergeben. Seine Stimme war zu einem Flüstern geworden.

Vor dem kaum überschaubaren Werk, vor der Prägung einer ganzen Generation von aufgeklärten Sozialwissenschaftlern, vor dem Hintergrund des von ihm mitverantworteten Sieges der Freiheit im Jahr 1989 war seine Arbeit für uns nur eine kleine Episode. Für die Institution »Avenir Suisse« hatte sie eine immense, vielleicht existenzielle Bedeutung. Seine überragende Persönlichkeit, sein freier Geist, sein glasklarer Intellekt und sein feiner Humor haben »Avenir Suisse« auf jeden Fall über alle Maßen bereichert.

Dr. Thomas Held war 1994/95 Geschäftsführer des Badischen Verlags und ist Direktor der Stiftung »Avenir Suisse«, einer Denkfabrik für die gesellschafts- und wirtschaftspolitische Entwicklung in der Schweiz mit Sitz in Zürich.

CHRISTIAN HODEIGE
Mein Freund Ralf Dahrendorf

Er fehlt! So ist meine schlichte, wenig überraschende und immer noch sehr schmerzhafte Empfindung ein Jahr nach seinem Tod. Ralf Dahrendorf war ein Wegbegleiter, ein Ratgeber und Freund, wie er besser nicht vorstellbar war. Neben unserer sehr persönlichen, Vater-Sohn-ähnlichen Beziehung der letzten Jahre waren es die vielen Felder gemeinsamer Interessen und Zuneigungen, manchmal auch Begeisterungen, aber auch gemeinsamer Kritik und Antipathien, die uns verbanden. Aber, es gab daneben immer noch ein weiteres Feld: der Sinn für hintergründigen Humor, die englische Lust am feinen Spott, der Spaß über das reale Kabarett des Lebens, das Ralf, meine Frau Regine und mich in einer Art anglophilen Seelenverwandtschaft eng verband.
Ralf machte es einem nicht gerade leicht, ein wirklicher Freund zu werden, da er meisterlich stets Distanz wahrte und wenig Lust verspürte, andere an seinem Innersten teilhaben zu lassen. Diese Nähe entstand erst nach reiflichem Überlegen – länger schien er die »Passung« zu prüfen – und als er uns im Jahr 2000 das Du anbot, hatten wir die Prüfung bestanden. Es begann alles an seinem Lieblingsort in London, der alt-ehrwürdigen *London School of Economics and Political Science* (LSE). Im Oktober 1977 saß ich, neben vielen anderen, furchtbar aufgeregten Erstsemestern, in einer Mischung aus großem Stolz und noch größerer Verunsicherung im *Old Theatre* der *LSE* und erwartete den Rektor. Prof. Dr. Dr. mult. Ralf Dahrendorf – die Liste seiner Ehrendoktorwürden zierte schon damals mehrere Zeilen – sprach in gestochenem, vollkommen akzentfreiem Englisch zu uns, er beeindruckte durch sein zurückhaltend würdevolles Auftreten und einer im Ton freundlichen, im Inhalt unmissverständlichen Ausdrucksweise. Magnifizenz machte uns klar, dies sei eine »Universitas magistrorum et scholarium«, für solche, die zum Lernen, und für andere, die zum Forschen und Lehren da seien, wenig Platz also für studentischen »Spaß und Müßiggang«.
So war es dann auch bis zum *Bachelor*- und *Master-Degree*, vier unvergessene, arbeitsreiche Jahre an einer Eliteuniversität im Herzen Londons. Über die heutige Diskussion solcher Studiengänge in Deutschland hätten die Professoren der *LSE* schon damals milde gelächelt. Dahrendorf bei Vorträgen, Dahrendorf im Fernsehen, Dahrendorf auf allen nur denkbaren Diskus-

sionspodien, Dahrendorf als engagierter Londoner Bürger, Dahrendorf, der 1981 zum »Knight Commander of the Order of the British Empire« geschlagen wurde. Sir Ralf war omnipräsent und aus dem intellektuellen Leben Englands und Londons nicht wegzudenken.
Ein Seminar über die jüngere deutsche Geschichte machte mich mit Dahrendorfs frühem Werk *Gesellschaft und Demokratie in Deutschland* von 1965 bekannt, einem Geschichtsbuch, das meine Sichtweise bis heute geprägt hat und dessen Kapitel *Deutsche Antworten* vieles bisher Gelernte in einem anderen Licht erscheinen ließ. Hier schrieb ein deutscher Soziologe über die jüngere deutsche Geschichte aus einer nicht deutschen, eher angelsächsischen Sicht. Ich war fasziniert. Dann war es *Der moderne soziale Konflikt* von 1992, das Werk nannte Dahrendorf »die Summe meiner Sozialwissenschaften«, das zur wichtigsten Quelle meines eigenen Politikansatzes wurde, einer Politik der Freiheit und der menschlichen Lebenschancen.

> Wir leben in einer Welt der Ungewissheit. Niemand weiß genau, was wahr und was gut ist. Darum müssen wir immer neue und bessere Antworten suchen. Das geht aber nur, wenn Versuch und Irrtum erlaubt sind, ja ermutigt werden, also in einer offenen Gesellschaft. Sie wenn nötig zu verteidigen und sie jederzeit zu entwickeln, ist daher die erste Aufgabe.

So Dahrendorf, der hier ganz im Sinne eines anderen großen *LSE*-Lehrers und Freundes Dahrendorfs, des Philosophen Karl Popper, argumentiert.

> Sinn der Demokratie ist es, die Möglichkeiten zu schaffen, Regierungen abzulösen, ohne dass Blut fließt oder unnötiges Leid verursacht wird. Sinn der Marktwirtschaft ist es, das Angebot auf die Nachfrage und ihre wechselnden Präferenzen zu beziehen. Sinn der Bürgergesellschaft ist es, vielen Gruppen Luft zum Atmen und zum Wirken zu eröffnen, so dass sich keine zum Tyrannen aufspielen kann.

Die Bürgergesellschaft und Angebote an Lebenschancen, das sind zentrale Thesen Dahrendorfs:

> Es geht im Leben um Tätigkeit und Sinn, und für beide ist Bürgerschaft wie der Volkswohlstand nur Bedingung. Wenn man das alles recht bedenkt, dann sind moderne Bürgergesellschaften kein schlechter Ort zum Leben, solange wir den Elan zur Verbesserung der Dinge wach halten.

So begegneten wir uns über die Jahre dann an verschiedenen Orten, oft in Freiburg bei seinen zahlreichen Vorträgen und privat bei meinen Eltern. Aus dem verehrten Lehrer wurde ein wichtiger Ratgeber und Wegbegleiter. Ralf Dahrendorf liebte Zeitungen und das journalistische Handwerk. Er ist als regelmäßiger Essayist und Kolumnist in der Wochenzeitung *Die Zeit* und anderen großen deutschen und Schweizer Zeitungen, auch während seiner Jahre in London und Oxford, stets in Deutschland präsent gewesen. Er unterhielt auch ein schönes altes Holzhaus in Bonndorf im Schwarzwald. Dort sind nicht nur viele seiner Bücher entstanden, er sah sich auch als aktives Mitglied der Dorfgemeinde, saß oft stundenlang in Gasthäusern und studierte die beiden in Bonndorf vertretenen Regionalzeitungen mit großem Interesse. So war er über Jahrzehnte ein wohlwollender und kritischer Begleiter der *Badischen Zeitung*.

Dahrendorf wurde 1993 von der Königin zum Lord Dahrendorf, Baron of Clare Market in the City of Westminster, ernannt. Diese große Ehre für den Deutschen mit englischem Pass wurde zur Erfüllung seiner Karriere als Politiker, das von ihm heiß geliebte *House of Lords* wurde sein Ort der persönlichen Einmischung und seines Fechtens für die Ideen der Freiheit und der Bürgergesellschaft.

Ende des Jahres 1997 zeichnete sich dann in Freiburg ein, schnell von großem öffentlichem Interesse getragener, Konflikt zwischen dem Leiter des Kulturressorts der *Badischen Zeitung* und dessen Chefredakteur ab. Er wurde zu einer grundsätzlichen Auseinandersetzung über den Zukunftskurs der Zeitung, die dem Kulturchef nahestehenden Kritiker befürchteten in vielen öffentlichen Kundgebungen und Anzeigen eine »Boulevardisierung« und »Verflachung« der Zeitung. Ralf Dahrendorf bot spontan seine persönliche Unterstützung an, da er »die *Badische*« über Jahre schätzen gelernt hatte, und wurde Anfang 1998 offizieller Berater der Herausgeber und der Redaktion. Er schrieb regelmäßig Leitartikel, gab Interviews, äußerte sich in vielen Diskussionen über die Zukunft der Regionalzeitungen und über seine besondere Wertschätzung der *Badischen Zeitung*.

In dieser hektischen Zeit, die auch mit vielen persönlichen Angriffen auf mich, meine Familie, meinen Kollegen und Freund Wolfgang Poppen verbunden war, wuchs unsere Freundschaft und Ralf wurde zu einem wertvollen Gesprächspartner in turbulenten Zeiten. Für die liberale *Badische Zeitung* war es eine ganz besondere Auszeichnung, einen der großen Intellektuellen Europas und einen Vordenker des deutschen Nachkriegsliberalismus an ihrer Seite zu wissen.

Für mich persönlich war er die prägende Figur der letzten 20 Jahre, der ich sehr viel verdanke. Dahrendorf war ein echter Weltbürger, der sich aber immer auch um die Legitimation des Nationalstaates sorgte. Er war im klassischen Sinne des Wortes liberal und stand seiner deutschen FDP, wie den englischen *Liberal Democrats* oft mehr als skeptisch gegenüber. Er verurteilte den politischen Totalitarismus wie den dann folgenden fundamentalistischen, nationalen wie religiösen Totalitarismus und sah seine Liberalen, seine Erasmus-Menschen einmal mehr in der Defensive. Wir stritten uns privat herrlich über den Euro, dessen Einführung er sehr kritisch sah, über die Rolle Chinas in der Welt, dessen politisches System er natürlich rundweg ablehnte, und über die Europäische Union in Brüssel, die er, der ehemalige EWG-Kommissar, sehr mit Missfallen und -trauen verfolgte. Diskussionen mit Dahrendorf waren immer spannend und fordernd, aber auch von einer herzlichen Emotionalität und, wie oben schon angedeutet, von viel Humor getragen.

Sein vielleicht persönlichstes Buch von 2002 ist *Über Grenzen*. Es ist seine ungewöhnliche »*Patchwork*-Biografie«, wie er sie selbst bezeichnet, sein Buch der Erinnerungen, das viel von ihm preisgibt. Er hat ein Leben lang, oft rastlos, Grenzen überschritten, und stand oft »mit einem Fuß in zwei, für die meisten unvereinbaren Lagern«. Ralf Dahrendorf hatte immer auch die Gabe einer zeitgleichen Innen- und Außensicht, einer Betrachtung aus englischer und deutscher Sicht, er konnte die Rolle des Beobachters und des Betroffenen zeitgleich annehmen. Er nennt diese Haltung den »Straddler«, den Grenzgänger zwischen Geist und Leben, zwischen reiner Wissenschaft und öffentlicher Verantwortung. Zwischen den Philosophen und den Königen ist seiner Meinung nach Platz für eine eigene Kategorie, er nennt sie die »öffentlichen Intellektuellen«, die mal die Grenze in diese, mal in jene Richtung überschreiten.

> Ich bin ein Straddler, den die Überzeugung nicht verlassen hat, dass wir die menschlichen Dinge mit immer neuen Versuchen – und Irrtümern – voranbringen können. Opportunity und Diversity, Chancen für alle in einer bunten Vielfalt des Daseins: So etwas schwebt mir vor.

Wir verneigen uns vor Ralf Dahrendorf und drücken seine Frau Christiane fest ans Herz. Er fehlt!

1968

Ein Bild, das Geschichte schrieb: Ralf Dahrendorf diskutiert mit dem Anführer der Studentenproteste, Rudi Dutschke, am 30. Januar 1968 auf einem Autodach vor der Freiburger Stadthalle, in der zu diesem Zeitpunkt die FDP ihren Bundesparteitag abhielt

1983

Immer wieder Freiburg: Ralf Dahrendorf beim
Bundesparteitag der FDP 1983

2002

Zum Wohl: Lord Dahrendorf mit seiner Lebensgefährtin Dr. Christiane Klebs und dem Herausgeber der *Badischen Zeitung*, Dr. Christian Hodeige, am Rande des Freiburger Presseballs

2003

Im Takt der Musik: auf dem Freiburger Presseball

2004

Vor der Universität: Lord Dahrendorf mit Freiburgs Oberbürgermeister Dieter Salomon (rechts) und dem Chefredakteur der *Badischen Zeitung*, Thomas Hauser

2004

Ist Politik noch machbar? Lord Dahrendorf diskutiert mit Freiburgs Oberbürgermeister Dieter Salomon (rechts) und dem Chefredakteur der *Badischen Zeitung*, Thomas Hauser

2006

Im lockeren Gespräch: Lord Dahrendorf mit Willi Stächele, damals Staatsminister in der baden-württembergischen Landesregierung, und dem Chefredakteur der *Badischen Zeitung*, Thomas Hauser, am Rande der Tagung des Verbandes der Südwestdeutschen Zeitungsverleger 2006 in Freiburg

2006

Abstimmung: Lord Dahrendorf und
BZ-Chefredakteur Thomas Hauser

2009

Der Berater: Lord Dahrendorf übergibt den Bericht der Zukunftskommission an den Ministerpräsidenten von Nordrhein-Westfalen, Jürgen Rüttgers, am 20. April 2009

2009

Einer der letzten öffentlichen Auftritte: Lord und Lady Dahrendorf bei einem Empfang aus Anlass seines 80. Geburtstages in der Britischen Botschaft in Berlin am 5. Mai 2009

Der Zeitungsmensch

RALF DAHRENDORF

Regionalzeitungen, die prägende Kraft
Sie stiften Identität und sind ein Spiegel der Gesellschaft –
Lobrede auf ein tägliches Brot

Ich bin ein lebenslanger Zeitungsmensch. Mein erstes Geld habe ich vor 57 Jahren als Journalist verdient, beim Nordwestdeutschen Rundfunk und dann bei diversen Zeitungen – in Hamburg zunächst, dann darüber hinaus. Bis heute lese ich gerne viele Zeitungen, darunter eine Regionalzeitung. Das Beste, was ich Ihnen bieten kann, sind also ein paar Betrachtungen eines Regionalzeitungslesers, genauer, sieben solcher Betrachtungen.

Erstens: In Deutschland sind fast alle Tageszeitungen Regionalzeitungen. Auch die so genannten überregionalen Zeitungen haben ihr zentrales Absatzgebiet rings um eine Stadt. Die deutsche Presse ist eine regional geprägte Presse. Das gilt auch in manchen anderen Ländern, zum Beispiel in der Schweiz, auch in den Vereinigten Staaten. Wer je Zeit in San Francisco zugebracht hat und versucht hat, die *New York Times* zu kriegen, weiß, dass das eine gewisse Anstrengung erfordert, und einen ziemlich hohen Preis. Es gibt auch Länder, in denen das nicht gilt. Zum Beispiel das Land, in dem ich lebe: England. Ich sage nicht Großbritannien, denn die Londoner Zeitungen sind in Edinburgh und Glasgow eher Fremdkörper, die dann auch mit etwas anderen Ausgaben dort erscheinen. In Frankreich gilt es nur in begrenztem Maße, dass Zeitungen Regionalzeitungen sind. Dort gibt es regionale Unterschiede. Und in Italien sind Zeitungen eigentlich nationale Zeitungen, die dann versuchen, durch einen Teil über Mailand oder über Rom einen gewissen regionalen Akzent zu setzen.

Die Tatsache, dass fast alle Zeitungen in Deutschland Regionalzeitungen sind, spiegelt die Zugehörigkeit zum Gemeinwesen, die die Menschen im Land empfinden. In Deutschland sind Menschen zunächst geprägt durch die regionale Umwelt, in der sie leben. Es ist ja auffällig, dass Regionalzeitungen in Ländern verbreitet sind, in denen es keine tonangebende Hauptstadt gibt. Deutschland hat keine tonangebende Hauptstadt und hatte in seiner Geschichte fast durchweg keine. Eigentlich ist die einzige Periode, in der es eine wirklich tonangebende Hauptstadt gab, die Nazizeit gewesen, in der es daher auch, wenn man so will, nationale Zeitungen gab. Aber

im angeblichen »deutschen Zeitungsparadies«, der Weimarer Republik, kann man keine *Berliner Zeitung* finden, die hier in Freiburg ebenso wie in Hamburg oder in Köln oder in Leipzig die beherrschende Zeitung gewesen wäre. Es gibt also einen Zusammenhang zwischen einem hohen Maß an Dezentralisierung mit auch dezentralisierten Zugehörigkeitsempfindungen der Menschen und der Struktur der Zeitungslandschaft, die diese politisch-gesellschaftliche Landschaft reflektiert.
Daraus kann man schließen: Regional geprägte Zeitungen sind in Deutschland nötig und bleiben es. Jedenfalls, so lange man nicht davon ausgeht, dass sich an diesem Bild etwas völlig ändert. Obwohl ich wie viele andere zu denen gehöre, die gerne nach Berlin fahren, und obwohl ich weiß, dass im Ausland – gerade auch in Großbritannien – das neue Berlin eine magnetische Anziehungskraft hat, sehe ich keine Anzeichen dafür, dass Berlin in dem Maße zu einem prägenden Zentrum der deutschen Dinge wird, wie es London für England und in weitem Maße für Großbritannien oder Paris für Frankreich ist. Also: Regionalzeitungen sind einfach das Spiegelbild einer bestimmten Struktur des Landes.

Zweite Betrachtung: Tiefe Zugehörigkeiten von Menschen sind auch heute noch sowohl regional als auch national. Wir sind hier in einem Dreiländereck, und es gibt mancherlei Zusammenarbeit zwischen Freiburg, Straßburg und Basel: Die für die Erhaltung der großen Münster oder Kathedralen Verantwortlichen arbeiten eng zusammen, dasselbe gilt für viele andere Gruppen. Und trotzdem: Die *Badische Zeitung*, die *Basler Zeitung* und die *Dernières Nouvelles d'Alsace* sind drei Welten. Zwar kann man in ihnen manches lesen über die angrenzenden Gebiete, und unter den Veranstaltungshinweisen findet sich manches aus allen drei Ländern. Aber im Kern sind sie drei Welten. An den Medien jedenfalls kann man nicht ablesen, dass es ein einheitliches Europa gibt. In der Tat sind Medien vielleicht sogar der stärkste Ausdruck der spezifischen Eigenschaften der verschiedenen Länder und Regionen. Die einzigen wirklich europäischen Tageszeitungen sind die *Herald Tribune* und vielleicht noch die *Financial Times*. Sie sehen aber Europa aus einer gewissen Vogelperspektive, die manches verwandt scheinen lässt, was dort, wo Menschen leben, so verwandt gar nicht ist. Das heißt, es gibt nach wie vor die tief sitzenden kulturellen Unterschiede. Insofern würde ich sagen, die wahren Volkszeitungen sind in Deutschland die Regionalzeitungen. Und das scheint mir ein weiterer wichtiger Aspekt zu sein, auch in einer Zeit, in der die politische Thematik diese regionale Bindung weit überschreitet.

Das führt mich zur dritten Bemerkung: Diese Regionalzeitungen haben unzweifelhaft eine hohe Qualität. Es gibt viele Leser übrigens, für die die Regionalzeitung die einzige Zeitung ist – ein Aspekt, der in manchen Kreisen nicht genug berücksichtigt wird. Wenn man das bedenkt, ist die Breite der Informationen, die Regionalzeitungen liefern, schlicht erstaunlich. Ich habe mir vor ein paar Tagen einmal eine Ausgabe der Zeitung, die ich täglich lese, genau angesehen. Auf den Auslandsseiten waren größere Stücke über Brasilien, Nord-Korea, Spanien und Israel, kleinere über die USA und die Türkei. Dazu kommen der Inlandsteil, der im engeren Sinn regionale Teil sowie Kultur, Sport und das wichtige Lokale, das allein schon eine Zeitung füllen könnte. Jedenfalls dann, wenn man dem Prinzip folgt, das ich gelegentlich für Lokalzeitungen formuliert habe – Herr Hauser mag dem nicht so ganz zustimmen –, dass nämlich im Grunde genommen jeder zehnte Name in den Gemeinden, in denen die Zeitung gelesen wird, einmal im Jahr in der Zeitung erscheinen sollte, und zwar vorzugsweise schon bevor die Nachrufe kommen. Noch besser ist es natürlich, wenn eine beträchtliche Zahl nicht nur mit Namen, sondern auch mit einem Foto erscheint.

Das alles in einer Zeitung – das ist nach meiner Meinung eine enorme Leistung. Ich sage das als jemand, der in London als erste Zeitung morgens eine der britischen »broad sheets« liest, in denen vieles, was ich jetzt hier gesagt habe, natürlich überhaupt nicht erscheint, sondern in denen zunehmend etwas dominiert, das man »human interest stories« nennt, Geschichten, die jemanden wie mich nicht sehr interessieren. »Human interest stories« sind der Ort, wo der Starkult betrieben wird, wo die Berühmtheiten, die »Celebrities«, mit ihrem Leben erscheinen. Von der Londoner *Times* lese ich die erste Seite und schaue mir auf der zweiten noch einiges an, aber dann lese ich erst auf Seite neun oder zehn weiter, weil dazwischen keineswegs Informationen der Art kommen, die für die deutschen Regionalzeitungen prägend sind. Das ist es, was ich meine, wenn ich von der Qualität der Regionalzeitungen spreche, die nach meiner Meinung außerordentlich und bemerkenswert ist.

Vierte Betrachtung: In dieser Funktion und in dieser Qualität liegen besondere Aufgaben für Journalisten. Sie müssen etwas leisten, das sehr schwer, wenn nicht unmöglich ist. Sie müssen Teil der Debatten sein, die sich in der weiteren Welt vollziehen, und verstehen, was da vor sich geht, und sie müssen dennoch wissen, dass sie für eine Welt schreiben, in der dieser Bezug keineswegs selbstverständlich ist, in der er überhaupt erst hergestellt werden muss. Das gelingt nicht immer. Und es ist manchmal eine schwierige Frage, ob eine Zeitung, die sich bewusst auf eine Region konzentriert, dort mehr belehrend über die weitere Welt schreiben soll, oder sich in noch stärkerem Umfange konzentrieren soll auf das Regionale und Lokale. Wichtig ist hier, wie so oft, die richtige Mischung, und das bedeutet wahrscheinlich, für Journalisten die richtige Mischung von ehrgeizigen Jüngeren und erfahrenen Älteren. Da haben Regionalzeitungen eine besondere Funktion. Umso mehr, als man nicht davon ausgehen kann, dass der redaktionelle Stab einer Zeitung über lange Zeiträume hin stabil ist. Vielleicht sollte er es auch gar nicht sein. Vielleicht ist diese spezielle Mischung von Talenten auch eine Leistung, die nur erbracht werden kann, wenn es einen gewissen Wechsel gibt.

Fünfte Beobachtung: Im ursprünglichen Titel dessen, was ich hier sagen wollte, war die Rede von der Besitzgesellschaft. Es ist kein Begriff, den ich sehr häufig verwende, insbesondere bin ich nicht der Meinung, dass der Begriff der Besitzgesellschaft in angemessener Weise die zentralen Veränderungen unserer Gesellschaft beschreiben kann. Für mich ist etwas anderes auffällig, nämlich das Ausmaß, in dem in unseren Gesellschaften zwei Dinge auseinander fallen, die wir beide brauchen. Der britische Ökonom Adair Turner hat sie mit zwei englischen Ausdrücken sehr gut beschrieben. Wir brauchen Hightech, und wir brauchen das, was er Hightouch nennt. Das eine sind die Bereiche, in denen ein gesteigertes Maß an Information und Fähigkeit zur Aufnahme weiterer Informationen vorhanden ist, das andere die weiten Bereiche, in denen Menschen nach wie vor Hand anlegen müssen.
Es ist übrigens daher auch ein fundamentaler Irrtum, eine öffentliche Bildungspolitik nur darauf anzulegen, dass die Hightech-Bedürfnisse befriedigt werden. Ein solches Programm führt am Ende dazu, dass viele der Hightouch-Bedürfnisse gar nicht mehr befriedigt werden. Oder an diesem Punkt setzt ein Prozess der Zuwanderung ein, der generell wünschenswert sein mag, der aber aus diesem Grunde nur sehr begrenzt Sinn hat. Ich bin mir darüber im Klaren, dass in Deutschland auch die Zuwanderung mit Hightech-Erfordernissen begründet worden ist, das habe ich aber immer für eine eher abwegige Einstellung gehalten, die sehr wenig hergibt, die tatsächliche Zuwanderung befriedigt die Hightouch-Bedürfnisse, die Berufe, bei denen man Hand anlegen muss, und die Einheimische sehr oft nur mit Zögern oder gar nicht mehr annehmen. Das wird oft unterschätzt – außer wenn man einen Klempner braucht oder gerne ein bisschen mehr

Flexibilität in der örtlichen Gaststätte hätte oder im Krankenhaus ist oder sonst wo. Es wird oft unterschätzt, in welchem Maße Menschen Dinge tun müssen, die nötig sind und in keiner Weise durch Maschinen ersetzt werden können. Das bedeutet, dass neben der Welt des Internets viel Raum für andere Tätigkeiten bleibt. Das wiederum bedeutet, dass das Mehr von Informationen, das prinzipiell verfügbar ist, tatsächlich zugänglich gemacht werden muss. Es ist nicht genug zu sagen, »man kann ja alles erfahren und alles wissen«, wenn man die technischen Möglichkeiten der heutigen Informationswelt sich zunutze macht. Vielleicht ist überhaupt eine Kernaufgabe derer, die zwischen den Informationen Schaffenden und den Informationen Konsumierenden stehen, das Zugänglichmachen aus dieser Fülle der Informationen, die Aufbereitung. Ich glaube, dass hier die für viele einzige Zeitung eine ganz enorme Funktion und Verantwortung hat – eine Funktion und Verantwortung, die auch nicht schwinden wird, sondern eher stärker werden wird, in dem Maße, in dem man alles irgendwie erfahren kann. Und so würde ich meinen, dass in dieser halb Wissens- und halb Tuns-Gesellschaft die Aufbereitung von Information, die Schaffung von Strukturen des Verständnisses, eine Kernaufgabe, aber auch eine enorme Verantwortung ist, und natürlich ganz besonders dann, wenn Zeitungen die einzigen sind, die an ihrem Ort verfügbar sind.

Sechste Bemerkung, und die mache ich ganz kurz: Zeitungen leben nicht nur von dem, was in ihnen geschrieben wird. Gerade die Situation, in der wir jetzt sind, zeigt ja, dass steigende Auflagen unter Umständen mit sinkender Wirtschaftlichkeit Hand in Hand gehen können. Zweifellos haben Anzeigen in Zeitungen da eine besondere Rolle. Ich bin in dieser Frage kein Experte, aber es ist mein Eindruck aus vielen Gesprächen mit anderen Zeitungslesern, dass trotz aller Gratisblätter und anderer verfügbarer Medien, insbesondere auch trotz des Internets, Anzeigen, gerade Kleinanzeigen, wichtig bleiben, dass Zeitungen hier eine ganz besondere Aufgabe haben und dass viele davon typischerweise regional sind. Ich sehe also in einer gezielten Anzeigenpolitik – die sich nicht darauf verlässt, dass es noch einmal eine große Seifenblase der neuen Ökonomie gibt, sondern auf die tatsächlichen Bedürfnisse der Menschen eingeht – einen Erfolg versprechenden Weg. Auf dieser Grundlage könnten die Regionalzeitungen, deren Loblied ich hier singe, auch auf lange Sicht Bestand haben.

Dennoch, und dies ist meine siebte und letzte Bemerkung, ist evident, dass viele Regionalzeitungen heute unter Druck sind. Das gilt insbesondere für

Familienunternehmen, die schlicht ein, zwei Jahre hoher Verluste nicht auffangen können. Und das hat zur Folge, dass im Zeitungsbereich wie in anderen Bereichen ein Prozess der Allianzen und der Übernahmen eingesetzt hat.

Manchmal habe ich die Vision, dass es nur noch ganz wenige in Deutschland gibt, die den Mantelteil der Zeitung produzieren, ergänzt um lokale Monopole, also eine Art Generalanzeiger-Presse mit wenigen Generälen. Das ist durchaus nicht ideal. Ich bin jedenfalls ganz froh, wenn ich – wie ich das neulich an einem Tag erlebt habe – unter den »Stimmen der Anderen« in einer überregionalen Zeitung Zitate finde aus der *Südwestpresse Ulm*, der *Thüringer Allgemeinen*, der *Neuen Osnabrücker Zeitung*, der *Allgemeinen Zeitung Mainz*, dem *Darmstädter Echo* und der *Hannoverschen Allgemeinen Zeitung*. Und ich würde es sehr bedauern, wenn in zehn Jahren das, was zitierwürdig ist, nur noch an zwei, drei Stellen erscheint und dann überall reproduziert wird.

Mir scheint die Aufrechterhaltung der regionalen Selbstständigkeit und Unabhängigkeit von Zeitungen ein Stück der Aufrechterhaltung jener spezifischen, in sich dezentralen – und übrigens dadurch auch innerlich kräftigen – Gesellschaft, die es in Deutschland gibt. Jedenfalls ist zu vermeiden, dass die Zeitungen einer Mode folgen, die viele andere Wirtschaftsbereiche jahrelang ergriffen hatte, nämlich der Wende von der Zeit vor 30 Jahren, als man sagte »small is beautiful«, hin zu der Vorstellung »big is beautiful«, einer ganz merkwürdigen modischen Wendung, die auch wieder ein Ende nehmen wird und die im Falle der Zeitungen nach meinem Eindruck nur bedauerliche Folgen haben kann.

Mein Resümee also ist: Die Regionalzeitung ist nach wie vor die prägende Kraft einer Gesellschaft, die in bestimmter Weise dezentral strukturiert ist. Wenn sie verloren ginge oder schwächer würde, würde das diffusere gesellschaftliche Ordnungen einerseits dokumentieren und andererseits schaffen. Vergessen wir nie, dass in einer globalisierten Marktumwelt Differenzierung ein eher größerer Wert ist und dass daher das, was manchmal »Glokalisierung« genannt wird – also der gleichzeitige Prozess der Globalisierung bestimmter Entscheidungen und wirtschaftlicher Initiativen und der Lokalisierung anderer Tätigkeiten – ein Gewinn für alle ist. Was mich betrifft, so möchte ich nicht nur bis ans Ende meiner Tage, sondern auch für die nächste und übernächste Generation wissen, dass starke Regionalzeitungen das Bild der Presselandschaft prägen.

Dies ist eine sprachlich leicht geglättete Fassung der Rede, die Ralf Dahrendorf anlässlich des Forums Lokaljournalismus *der Bundeszentrale für politische Bildung am 22. Januar 2003 in Freiburg gehalten hat, an dem Vertreter von Regionalzeitungen aus ganz Deutschland teilnahmen.*

I. Die Leitartikel

Die Leitartikel

Apathie und Volkszorn
Ratlosigkeit und Angst können zu
gesellschaftlichen Eruptionen führen 71

Zeit und Verantwortung
Manager müssen wieder lernen, in längeren Zeiträumen
zu denken und Maß zu halten 73

Das Superwahljahr
Die Volksparteien werden Mühe haben, sich den Wählern
als Problemlöser anzubieten 75

Krise und Kooperation
Trotz hehrer Absichten wird die Weltunordnung noch
eine ganze Weile anhalten 77

Pump-Kapitalismus
Die Abkehr vom Prinzip des Sparens hat die Welt
an den Rand des Abgrundes gebracht 79

Neue Sozialdemokratie?
Die Tradition verpflichtet sie zu progressiven Positionen,
die Wirklichkeit macht sie ratlos 81

Unsanfte Macht
Sanfte Macht funktioniert nur, wenn hinter ihr die eiserne Faust
harter Macht steht 83

Bildungsrepublik Deutschland
Die Politik muss sich mehr um die kümmern, die weder Abitur
noch Studium erreichen 85

Die Zauberkünstler
Die komplexer werdenden Herausforderungen begünstigen
Antipolitiker, aber nur kurzfristig 87

Embryonen sind keine Menschen
Die Forschung an Stammzellen bleibt für bestimmte
Fälle unerlässlich 89

Das hessische Dilemma
Ein Mehrheitswahlrecht wäre die passende Antwort
auf die Veränderungen im Parteiensystem 91

Friedfertige Deutsche
Das Land ist pazifistisch geworden, aber das sollte nicht
mit Feigheit verwechselt werden 94

Die Pflege-Gesellschaft
Der Umgang mit Hilfsbedürftigen zeigt, wie zivilisiert
eine Gesellschaft ist 96

Bitte umdenken!
Ein Beitritt der Türkei zur EU ist ein Beitrag gegen
die Radikalisierung des Islam 98

Militär und Moral
Es reicht nicht aus, Übergriffe von Soldaten zu verurteilen,
man muss die Ursachen identifizieren 100

Das afghanische Trilemma
Sicherheit, stabile Regierung und funktionierende Wirtschaft
bedingen sich gegenseitig 102

Verletztes Vertrauen
Der Schock des islamistischen Terrorismus gefährdet
die Integrationspolitik in Großbritannien 104

Der Staat auf Diät
Die Infrastruktur ist Ausdruck der öffentlichen Verantwortung
in Hoheitsbereichen 106

Vertrauen ist besser
Das nötige Gleichgewicht von Freiheit und Sicherheit
ist zu Ungunsten der Freiheit gestört 108

Die neue Ungleichheit
Die Gesellschaft hat eine Verantwortung gegenüber
den Verlierern der Wirtschaftsdynamik 110

Sieg der weichen Themen
Der harte Kern der weichen Werte ist der Schlüssel
zu einer neuen Bürgergesellschaft 112

Bürgerrechte privatisieren?
Der Staat muss Mindeststandards garantieren,
aber viele Wahlchancen eröffnen 114

Kleine Schritte, lange Wege
Regierungen, die sich zuviel vornehmen, können die dafür
nötige Energie oft nicht mobilisieren 116

Sächsische Verhältnisse
Die Zersplitterung der Parteienlandschaft ist nicht unbedingt
eine Krise der Demokratie 118

Ach, Europa!
Die EU muss sich abgewöhnen, immerfort nach neuen Projekten
zu rufen 120

Verantwortungslose Politik
Die Regierenden müssen dem Gemeinwesen zu neuem Vertrauen
verhelfen 122

Solidarität und Freiheit
Die polnische Geschichte könnte ein einigendes Band Europas
von großer Symbolkraft sein 124

Hiroshima bleibt lebendig
Die Verwendung von nuklearen Waffen ist heute wahrscheinlicher
als vor 60 Jahren 126

Unflexible Deutsche
Wer Schwarzarbeit bekämpfen will, sollte fragen,
warum sie so verbreitet ist 128

Meilenweit entfernt
Der Europäische Verfassungsprozess ist den Bürgern
nicht zu erklären 130

Berechenbare Größe
Deutschland hat nach dem Ende des Krieges viel erreicht,
es sollte nicht zuviel wollen 132

Neues von der Insel
Der britische Wahlkampf zeigt dort eine völlig andere Problemlage
als auf dem Festland 134

Angelsachsen wundern sich
Die personelle Verflechtung von Politik und Wirtschaft
droht zur Verfilzung zu werden 136

Gedenken für die Zukunft
Der Blick zurück darf nicht zum Hindernis werden,
dem Land eine neue Dynamik zu verleihen 138

Unvollkommene Globalisierung
Die Welt wächst zusammen, aber sie weiß noch nicht,
wie sie das bewältigen soll 140

Wählen nach Werten
Politik ist die Kunst des Machbaren,
nicht ein Kampf der Kulturen 142

Sieg der Werte
Die Amerikaner haben nicht Bush gewählt,
sondern die Werte, an die er glaubt 144

Die Türkei und die Wahrheit
Der europäische Einigungsprozess krankt an
der Lücke zwischen Realität und Vision 146

Frei, nicht reich
Demokratie schafft politische Wahlmöglichkeiten,
aber nicht zwingend Wohlstand 148

Der deutsche Weg
Politik wird hierzulande in abnehmendem Maße
im Schatten einer historischen Schuld betrieben 150

Große Verantwortung
Wahlen reichen auch im Irak allein nicht aus,
um Demokratie zu begründen 152

Nicht nur Erinnerung
Das Fünfmächtetreffen in der Normandie ist auch ein Schritt
in eine Zukunft der Allianzen für den Frieden 154

Rückhaltlose Aufklärung
Die Fälle von Folterung und Demütigung im Irak sind
eine Katastrophe für die Intervenierenden 156

Wer einmal lügt…
Es gibt eine Grenze zwischen Wahrheit und Unwahrheit,
die keiner ungestraft überschreitet 158

Elite statt Elfenbeinturm
Attraktive, leistungsstarke Hochschulen sind nicht allein
eine Frage des Geldes 160

Nur ein Pendelschlag
Die deutsche Wirtschaft wird auch in Zukunft
eine starke soziale Komponente haben 162

Das überflüssige Projekt
Die Europäische Union braucht den vorgelegten
Verfassungsvertrag nicht 164

Muffelige Stimmung
Der Kunde ist nicht König, zumindest nicht in Deutschland 166

Grundrechte und Wahlchancen
Eine Bürgerversicherung im Krankheitsfall ist kein Sozialismus,
aber schwer zu erreichen 168

Wozu noch Gewerkschaften?
Die Zukunft gehört denen, die den Fortschritt nicht verhindern,
sondern ihn sozial abfedern 170

Das Ende der Gewissheiten
Arbeitsplätze werden unsicherer, die Ansprüche der Vergangenheit
lassen sich nicht mehr halten 172

Reformen im guten Sinne
Wie können wir eine neue und nachhaltige Form
der Grundsicherung für alle schaffen? 174

Von Luftballons und Macht
Es reicht nicht aus, die unangenehmen Dinge in der Welt
den Amerikanern zu überlassen 176

Vergangene Größe
Europa als Union ist der größte Kollateralschaden der Irak-Krise 178

Wider die reine Lehre
In der Geschichte der amerikanischen Außenpolitik
war Realpolitik eher die Ausnahme 180

Wie eine Quadratur des Kreises
Der Schlüssel zur neuen Sozialökonomie könnte in
der Bildungspolitik liegen 182

Die Wende von innen
Die Welt, die die Gründer der Bundesrepublik geschaffen haben,
wird so nicht bleiben 184

Große Worte, kleine Taten
Europa tut gut daran, vom Brüsseler Verfassungskonvent
nicht zu viel zu erwarten 186

Über den Rand hinaus
Die FDP schwankt zwischen rechtspopulistischer Bewegung
und liberalem Zünglein an der Waage 188

Das Dilemma des Angriffskrieges
Es kann Situationen geben, in denen man Diktatoren
gewaltsam bekämpfen muss 190

Wahl ohne viel Wahl
Schröder oder Stoiber – so richtig weiß man nicht,
was man damit wählt 192

Ein halbes Jahr Euro
Die Einführung einer gemeinsamen Währung hat Europa
nicht wesentlich vorangebracht 194

Das Parlament ist erste Instanz
Die Beschwörung von Volksbefragungen heißt,
dass die Parteien sich vor ihrer Arbeit drücken 196

Wirklich ein Rechtsrutsch?
Die Außenseiter sprechen Themen an, die viele beschäftigen,
die von den etablierten Parteien aber gemieden werden 198

Wer verteidigt Institutionen?
Die Aufgabe ist es, an gesellschaftlichen Symbolen festzuhalten,
ohne sie erstarren zu lassen 200

Ein britisches Europa?
Der alte Kontinent lebt durch seine Vielfalt und kein Land hat
bisher den Stein der Wirtschaftsweisen gefunden 202

Uneinige Union
Kein Bild der wechselseitigen Liebe und der Harmonie:
In Europa stehen derzeit alle gegen alle 204

Friede von unten
Basisinitiativen können Friedensverhandlungen
im Nahen Osten nicht ersetzen 206

Getrennt, aber im Frieden
London könnte Modell für das friedliche Zusammenleben
vieler verschiedener ethnischer Gruppen sein 208

Im Zweifel für die Freiheit
Im Kampf gegen den Terrorismus braucht es nicht immer neue
und schärfere Gesetze 210

Die Briten und ihr Militär
In England gilt es als normal, das nationale Interesse
auf den gesamten Globus auszuweiten 212

Führer ohne Parteien
Ein Regierungschef kann nicht auf Dauer ohne
die Unterstützung seiner Partei regieren 214

Bedrohter Friedensprozess
In Nordirland muss man befürchten, dass ein neuer Zirkel
der Gewalt beginnt 216

Sind Parlamente noch zu retten?
Die Regierenden neigen zunehmend dazu, das Volk
an der Volksvertretung vorbei zu suchen 218

Gefragt: moralische Urteile
Die klassischen Institutionen reichen bei komplexen Entscheidungen
von großer ethischer Tragweite nicht aus 220

Erfolgreicher Landtag
Die FDP sollte nicht aus parteitaktischen Gründen das Wahlrecht
im Land verändern wollen 222

Wenn die Chemie stimmt
Wenn Regierungschefs nicht miteinander können,
schrumpft der Sektor möglicher Entscheidungen 224

Reden und Realität
Wer sich in seinem Nationalstaat nicht wohl fühlt,
kann auch kein guter Europäer sein 226

Auf der Suche nach Ideen
Die Anhänger des dritten Weges haben ihren Wählern
nicht erklären können, was sich hinter ihrer Idee versteckt 228

Visionäre und Klempner
Für die Zukunft der Europäischen Union sind Kleinmut
und Wolkenkuckucksheim gleichermaßen hinderlich 230

Der David-Komplex
Um Frieden in Nahost zu erlangen, muss Israel ermutigt werden,
sein Selbstbild zu korrigieren 232

Halbzeit – Halbwertzeit?
Keine demokratische Verfassung hat mit Wählern gerechnet,
die so untreu sind wie die zurzeit 234

Internationale Nothilfe
Die viel beschworene Weltgemeinschaft ist eine Kraft,
die zunächst und vor allem von unten nach oben wirkt 236

Die Königinmutter wird 100
Sie hat in England den Prozess verlangsamt, dass fast alles zum
alten Zopf erklärt werden kann, der abzuschneiden ist 238

Die Geschichtsbücher
Politiker schielen auf ihr Bild in der Historie,
doch die schreibt oft ihre eigene Geschichte 240

Groß ist schön
Fusionen sind in Mode, doch sie sind nicht unbedingt immer
ein Weg zum Erfolg 242

Britannien ohne Euro
London braucht die Einheitswährung nicht, die Differenzierung
bietet im Gegenteil Gewinnchancen 244

Die Sparkassen zum Beispiel
Wie sich die neue Ökonomie von Schröder und Blair
mit der alten Gesellschaft verträgt, ist eine offene Frage 246

Kritische Begleiter
Tony Blair ist unter Druck geraten, erhält aber Unterstützung
von britischen Intellektuellen 248

Der gestörte Kontakt
Die Politik hat am Stammtisch einen so schlechten Ruf,
dass ihre Untaten die meisten dort nicht überraschen 250

Mehr Demokratie wagen
Die neuen Affären um Parteispenden zeigen:
Information kann wehtun, vor allem den Mächtigen 252

Öffentliche Tugend
Man kann die Grenzen der Verwendung öffentlicher Mittel
für Privatzwecke gar nicht klar und eng genug ziehen 255

Prekäre Strategien
Eine reine Funktionspartei kann auf Dauer nicht überleben,
sie muss inhaltliche Akzente setzen 257

Europa und die deutsche Frage
Deutschland hat sich für jedermann sichtbar verändert,
das hat die Vereinigung ermöglicht 259

Zukunft ohne Partei
Die Blairs und die Schröders hätten sich deutlicher
als Vertreter der Zukunft darstellen sollen 261

Auf leisen Sohlen
Die demokratischen Institutionen verlieren an Kraft,
die Mächtigen agieren zunehmend selbstherrlich 263

Föderalismus made in Germany
In Europa steigt der Druck zur Dezentralisierung.
Könnte Deutschland ein Modell sein?
Sechs Anmerkungen zum deutschen Föderalismus 265

Baden-Württemberg – Modell für Blair?
Direktwahl der Bürgermeister als »Fundament der Verfassung
der Freiheit« 269

Ein liberaler Punktsieg gegen Rudi Dutschke 272

Weltwirtschaft findet auf dem Dorfe statt
Chancen kleiner Städte in Zeiten sich immer mehr ballender
wirtschaftlicher Kräfte 276

Apathie und Volkszorn
Ratlosigkeit und Angst können zu gesellschaftlichen Eruptionen führen

Bundespräsident Köhler hat recht mit seiner Mahnung, die Krise nicht für politische Schaukämpfe zu missbrauchen. Hinzufügen könnte man, dass derlei Schaukämpfe außerdem ihre Wirkung verfehlen: Viele Wähler trauen den Politikern grundsätzlich nicht mehr. All die »Pakete« zur Stützung der Finanzmärkte und der Konjunktur werden mürrisch akzeptiert, nützen aber keiner politischen Gruppe. Es wird unwillige Wahlen geben dieses Jahr, auf deren Ergebnissen sich keine stabilen Regierungen bauen lassen. Begrüßen kann man vielleicht, dass zwar die »alten« Volksparteien wenig Begeisterung wecken, dass es aber auch keine erkennbare Stärkung der Extreme gibt. Patentlösungen haben gerade nicht Konjunktur. Doch ist das nur die Hälfte der Wahrheit. Die andere Hälfte besagt, dass neben und unter der Abkehr von den Parteien eine gefährliche Stimmung wächst. In ihr mischen sich Ratlosigkeit und Angst, und das Gebräu führt zu Eruptionen von etwas, das mit Volkszorn noch vorsichtig beschrieben ist.
An Zeichen fehlt es ja nicht. Der Volkszorn sucht sich Opfer, und er findet diese zunächst bei den Herren der Finanzwelt, den Bonus-Gewinnlern. In Großbritannien ist der mit einer Mammutpension abgefundene Zerstörer der Royal Bank of Scotland, Sir Fred Goodwin, ein Hauptobjekt dieses Zorns. In seinem Wohnhaus haben Demonstranten Scheiben eingeschlagen, die Fassade beschmiert, sein Auto beschädigt. Das war nur der Anfang; für die Zeit des Londoner Finanzgipfels sind Angestellte von ihren Firmen gewarnt worden, keine Nadelstreifen und Schlipse zu tragen und aus Furcht vor Randalierern am besten ganz zu Hause zu bleiben. In Frankreich nimmt die Lust am Verbrennen von Autos zu, in Lettland oder Ungarn braut sich gar gänzlich undifferenzierte Wut zusammen.
Ratlosigkeit und Angst führen in aller Regel zu Apathie. Die Apathie täuscht aber, denn hinter ihr lauert der Wunsch, den Ärger kundzutun, den viele spüren. Wo immer sich Situationen dafür ergeben, bricht sich der Volkszorn in bösen, oft zumindest am Rande gewaltsamen Demonstrationen Bahn. Übrigens wächst auch die Bereitschaft, Recht und Ordnung im Kleinen zu ignorieren; Diebstähle und Überfälle und Messerstechereien mehren sich. Das gilt natürlich nicht für die Mehrheit, aber auch diese ist mobilisierbar.

Für die politisch Führenden schafft dieses Klima Herausforderungen. Die Proteste beginnen mit den Managern, können sich aber bald auch gegen Politiker wenden. Die »Vorbereitungen« für den Nato-Gipfel geben einen Vorgeschmack von den Gefahren, die einerseits von Protestierenden, aber andererseits auch von öffentlichen Instanzen drohen. Man muss hoffen, dass die Verantwortlichen die Grenze zwischen dem notwendigen Schutz der Bürger und der Freiheit der Meinungen respektieren. Gewaltsame Auseinandersetzungen zwischen Polizei und Demonstranten würden den Volkszorn eher noch anheizen.

Was ist sonst zu tun, um eine explosive Situation zu entschärfen? Leicht ist es nicht, eine Antwort zu finden. Viel hängt von der Persönlichkeit der Handelnden ab. Ein paar Vorbilder könnten nicht schaden. Es ist jedenfalls bedauerlich, dass es außer dem amerikanischen Präsidenten kaum eindrucksvolle Führungsgestalten unter den G20 gibt.

Doch ist die Qualität der handelnden Personen nur eines. Sie müssen auch etwas tun. Bei den Manager-Einkommen anzusetzen, ist zum Teil nur symbolisch wichtig. Doch ist die Symbolik nicht zu unterschätzen. Ein deutliches »bis hierhin und nicht weiter«, zumindest bei den mit Steuergeldern aufrechterhaltenen Banken und Unternehmen, ist nötig.

Dann aber gibt es noch ein Erfordernis, das man vor allem für Deutschland erhoffen kann. Die Verantwortlichen müssen die Krise besser erklären, als sie das bisher getan haben. Hier lag in der Vergangenheit eine der Stärken etwa von Helmut Schmidt (der übrigens noch mit 90 Jahren ein besserer Erklärer ist als die heute Regierenden). Hier hat Bundespräsident Köhler mit seiner Rede einen Anfang gemacht. Erklärungen besänftigen den Volkszorn nicht, aber sie können dazu beitragen, zwischen begründeten und abwegigen Objekten der Wut zu unterscheiden. Sie sind im Übrigen der Anfang einer Antwort auf die wichtige Frage, wie eigentlich die Welt nach der Krise aussehen soll.

(28.3.2009)

Zeit und Verantwortung
Manager müssen wieder lernen, in längeren Zeiträumen
zu denken und Maß zu halten

Zu den wenigen Lichtblicken dieser sonst eher düsteren Zeit der Krise gehören erste Andeutungen eines Wandels der Einstellungen. Das gilt für fast alle Bürger. Vor allem über die Anlage des Ersparten wird gründlich nachgedacht. Fast wichtiger noch sind die Änderungen im Verhalten der Verantwortlichen. Sogar Bankdirektoren haben sich öffentlich entschuldigt und Besserung gelobt. Das war und ist allerdings auch nötig.
Die Seifenblase der Gewinne aus Spekulation mit geborgtem Geld, die jetzt geplatzt ist, hatte mehrere Ursachen und Folgen. Zu diesen gehört das Verschwinden eines verantwortlichen Kapitalismus. Dieser ist sozusagen die andere Seite der sozialen Marktwirtschaft: Die Interessen aller Bürger, und insbesondere die der Benachteiligten, gehen in das Wirtschaften ein, das seinerseits das Gewinnstreben dämpft durch verantwortliches Handeln der Beteiligten. Das sind zunächst schöne Worte. Doch lassen sie sich in Verhaltensweisen übersetzen, die dringend (wieder) zu entdecken sind. Zwei davon sind besonders wichtig.
In den zurückliegenden Jahren haben wir erleben müssen, dass Unternehmer, mehr noch Manager und andere Führungskräfte, sich von den Menschen, für die sie Verantwortung tragen, zunehmend entfernt haben. Nicht alle, aber doch viele haben aufgehört, die von ihnen Beschäftigten ins Zentrum ihres Handels zu rücken und stattdessen einen Wettbewerb mit ihresgleichen angetreten. Nicht was einer für sein Unternehmen leistet, sondern was andere in vergleichbarer Position »verdienen«, wurde ihr Maßstab. So ist die außerordentliche Öffnung der Schere zwischen Spitzeneinkommen und dem Durchschnittsverdienst der Beschäftigten zustande gekommen. Manager, ja Vorsitzende von allerlei Gremien, – nicht nur in der Wirtschaft – sahen sich in einer abgesonderten Welt fern von den Realitäten ihrer eigentlichen Tätigkeit.
An Beispielen fehlt es da leider nicht; doch kann man hoffen, dass die Krise Führungskräfte zurückholt zu ihren Aufgaben. Das verlangt auch eine Redimensionierung von Einkommen, und sei es nur auf das Niveau von vor zwei Jahrzehnten. Das ist ein erster nötiger Wandel. Der zweite hat mit der Verantwortung der Führenden zu tun. Auch sie ist keineswegs nur ein frommer Wunsch. Verantwortliches Handeln lässt sich vielmehr festma-

chen an der Fähigkeit und Bereitschaft, in langen Zeiträumen zu denken. Zumindest muss die mittlere Frist Entscheidungen bestimmen.

Politik wird ja oft dafür kritisiert, dass die Handelnden immerfort die nächste Wahl im Sinn hätten. Wirtschaftliche Führungskräfte sollten da indes vorsichtig sein. Eine Ursache der Krise liegt nämlich in der zunehmenden Dominanz des kurzfristigen Denkens in der Wirtschaft. Die mit strukturierten Finanzprodukten umgingen, wussten vielfach nicht einmal, womit sie handelten. Geld war immer nur geborgt und auf kürzeste Fristen angelegt; erst als Bonuszahlung wurde es sichtbar. Solche Zahlungen waren entsprechend für kurzfristige »Erfolge« angesagt. Was Manager über längere Zeiträume geleistet – oder nicht geleistet – haben, kam kaum in Betracht.

Das kurzfristige Denken reichte übrigens bis in die Anstellungsverträge der Manager. Sie waren auf Jahre angelegt, aber jederzeit durch neue Höchstgebote aufhebbar. Abgehobenheit und Kurzfristigkeit gingen ein Bündnis ein. In dieser Atmosphäre war es dann auch nicht selten, dass Führende nach relativ kurzer Zeit, unter wenig transparenten Umständen und mit einem goldenen Händedruck ihrer Wege gingen.

Was Nachfolgeregelungen betrifft, ist die Politik der Wirtschaft allemal überlegen. Das gilt auch für den Bezug auf die Wähler, die Politiker zum Unterschied von Managern haben. Eine Rückkehr zum mittelfristigen Denken ist in der Wirtschaft, aber auch in manchen anderen Lebensbereichen dringend nötig.

Gewiss verlangt die gegenwärtige Krise neue Regeln und andere Maßnahmen. Ebenso wichtig aber ist es, dass die Einstellungen der Handelnden sich ändern. Es geht nicht darum, ein neues Wirtschafts- und Sozialsystem zu erfinden. Es geht vielmehr darum, ein prinzipiell gutes System verantwortlich zu gestalten. Dazu müssen die Führenden zu den Realitäten ihrer Aufgabe zurückkehren und dort nicht nur an heute, sondern an morgen und übermorgen denken.

(28.2.2009)

Das Superwahljahr
Die Volksparteien werden Mühe haben, sich den Wählern
als Problemlöser anzubieten

Mit der Hessenwahl beginnt nun also das deutsche »Super-Wahljahr« 2009. Viele Wähler werden außer für den Bundestag und das Europäische Parlament auch noch für ihren Landtag oder ihren Gemeinderat die Stimme abgeben können. Wie aufregend! Oder ist doch nur die politische Klasse aufgeregt, während viele Wähler sich das Ganze wie durch eine dicke Glasscheibe betrachten, durch die die Stimmen nicht dringen?
Bei solchen Verallgemeinerungen ist Vorsicht geboten. Die Hessenwahl entscheidet darüber, ob ein Projekt – der »Politikwechsel« mit Rosa-Grün-Rot – auf absehbare Zeit als gescheitert gelten muss. Zahlen gar die Linken den höchsten Preis, weil sie nicht ein zweites Mal in den Landtag kommen? Ende August steht dann die Wahl in Oskar Lafontaines Heimat an, dem Saarland, die dasselbe Thema aus einer besonderen Perspektive aufwirft. Und die vielen Kommunalwahlen dazwischen haben immer ihre zumeist lokalen Sensationen und Sensatiönchen.
Blickt man auf die Bundesrepublik als Ganzes, so wird indes vor allem eine Beobachtung wichtig. Es sieht so aus, als seien die Bürger sich wohl bewusst, dass die noch namenlose Krise dieser Monate tiefgreifende Veränderungen verlangt. Was genau getan werden muss, weiß niemand so recht, aber wir wollen von unseren Politikern nicht hören, dass sie auch keine Ahnung haben. Also werden die gigantischen Stützungsmaßnahmen der Staaten schweigend hingenommen, obwohl viele nicht überzeugt sind, dass es mit den Staatsschulden ein gutes Ende nimmt. Droht da nicht eine Inflation?
Die diversen Pakete, die Land, Bund, Europa und die Welt schnüren, stoßen also nicht auf Widerstand, wohl aber auf Skepsis. Diese Skepsis trifft auf Parteien, die nicht gerade einen Heiligenschein der Beliebtheit genießen. Vor allem die bisher großen »Volksparteien« werden Mühe haben, sich ihrem Publikum als Löser von Problemen anzubieten. Es hat aber nicht viel Sinn, prinzipiell lokal verankerte Freie Wähler in Landtage zu wählen. Von den bayerischen Freien Wählern wird man vermutlich nicht mehr viel hören. Wenn man aber die Stimmung der Wähler betrachtet, dann gibt es da manche – sicher mehr als fünf Prozent –, die am liebsten auch Freie Wähler nach Berlin schicken würden.

Mindestens ebenso viele werden gar nicht wählen. Das ist bedauerlich. Die Parteiendemokratie hat viele Vorzüge. Dass in ihr programmatische Vielfalt gebündelt wird, hilft den Wählern und entspricht der Kompliziertheit politischer Probleme. Oder ist vielen Wählern am Ende die Bündelung selbst zuwider? Würden sie eher in Stimmlokale gehen, wenn sie sich nicht für die Programmpakete von Parteien entscheiden müssten, sondern zu einzelnen Themen ihre Meinung kundtun könnten? An Interesse fehlt es ja nicht bei Themen wie der Erweiterung von Flughäfen, der Dauer der Schulzeit oder auch des Steuersystems. Vielleicht würde es die Teilnahme an Wahlen erhöhen, wenn es mehr Abstimmungen zu Einzelthemen gäbe. Auch ohne den ganzen Weg zur schweizerischen Verfassungspraxis zu gehen, gibt es hier Spielraum für Reformen.

Tatsache ist jedenfalls, dass die Wähler nicht nur in Deutschland den Parteien wenig zutrauen. Es ist daher durchaus in Ordnung, wenn Parteien und staatsbürgerliche Organisationen, Schulen und Hochschulen für stärkere Bürgerbeteiligung werben. Dennoch sollte man die relativ geringe Wahlbeteiligung nicht dramatisieren. Sie bedeutet nicht das Ende der Demokratie. Wahlpflicht wäre jedenfalls der falsche Weg. Das Wahlrecht ist eine Chance. Freiheitliche Verfassungen suchen stets vor allem Chancen zu eröffnen. Nicht alle wollen solche Chancen zu einem gegebenen Zeitpunkt, zum Beispiel an einem Wahltag, wahrnehmen. Solche Nichtwähler erzählen ihre eigene, wichtige Geschichte.

Wer selbst in der Politik war, weiß, dass das Wichtigste an Wahlen ihre Interpretation ist. Sie kann Siege in Niederlagen und Niederlagen in Siege verwandeln. Sie kann auch aus der Stimmenthaltung wichtige Schlüsse ziehen. Im Übrigen aber darf die Rede vom Super-Wahljahr nicht darüber hinwegtäuschen, dass Bürgerteilnahme zu allen Zeiten gefragt ist. »Super« sind neben Wahlen also vor allem die täglichen Bewährungsproben der Demokratie in der Gemeinde und am Arbeitsplatz, bei öffentlichen Demonstrationen und privaten Gesprächen.

(17.1.2009)

Krise und Kooperation
Trotz hehrer Absichten wird die Weltunordnung noch
eine ganze Weile anhalten

In all den Ungewissheiten dieser Tage und Wochen ist eines doch positiv zu vermerken: Alle Teilnehmer der Weltwirtschaft haben sich mehr oder minder spontan darauf geeinigt, dass gemeinsame Lösungen gesucht werden müssen. Die Geißel des Protektionismus ist uns also dieses Mal – im Unterschied zu der großen Weltwirtschaftskrise 1929 – erspart geblieben. Es dürfte selten so viele Gipfeltreffen in so kurzer Zeit gegeben haben wie in diesen Wochen. Und an diesen Treffen sind auch Länder beteiligt, die in der Vergangenheit eher abseits standen.
Die erklärte Absicht, gemeinsam zu handeln, und das Handeln selbst sind dann allerdings doch zwei paar Schuhe. Der französische Präsident Nicolas Sarkozy will rasch etwas tun, während die deutsche Bundeskanzlerin Angela Merkel erst einmal abwarten möchte. Der britische Premierminister Gordon Brown hat schon etwas getan; seine Bereitschaft, sein Land hoch zu verschulden, um Steuersenkungen und öffentliche Ausgaben gleichzeitig einzuleiten, stößt keineswegs überall auf Gegenliebe. Die Europäische Union hat auch einen Beitrag geleistet, der sich bei näherer Betrachtung allerdings weitgehend als bloße Summierung der nationalen Maßnahmen erweist. Nichts von alledem führt überdies zu jenem »neuen Finanzsystem«, von dem alle reden und das manche sogar in einem »neuen Bretton Woods« suchen.
Der Mangel ist nicht überraschend. Die nationalen politischen und wirtschaftlichen Kulturen sind eben doch durchaus verschieden. Der deutsch-französische Dissens über die Wünschbarkeit einer europäischen »Wirtschaftsregierung« ist nur ein Beispiel. Hinzu kommt, dass es durchaus heimliche Hoffnungen gibt, einen Sonderweg zu finden. Die OECD hat für Spanien und Großbritannien eine weit tiefere Rezession vorhergesagt als für Deutschland. Ist es da wirklich nötig, ähnliche »Pakete« für alle Länder zu schnüren?
Die Antwort ist wahrscheinlich ja. Noch besser wäre sogar ein gemeinsames europäisches, wenn nicht weltweites Konjunkturpaket. Hier allerdings stoßen wir auf ein entscheidendes Hindernis jeder internationalen Kooperation: Diese ist leider nicht ein Ergebnis herrschaftsfreier Kommunikation, sondern sie funktioniert nur, wenn es Garantiemächte gibt. Auch das

Währungssystem von Bretton Woods war ja nicht ein von Gleichen frei geschlossener Vertrag. Es war vielmehr das Zeugnis des Endes der Vorherrschaft des Pfundes Sterling (und damit Großbritanniens) und der Beginn der US-amerikanischen Ära. Der Dollar wurde die Reservewährung und blieb es bis zu den Nixon-Schocks von 1971, wenn nicht noch länger.

Die Europäische Union spricht nicht gerne von Garantiemächten. Die Fiktion der Gleichrangigkeit aller Mitglieder gehört zu ihren Grundannahmen. Dennoch wissen alle, dass immer dann, wenn Deutschland und Frankreich sich einigen, Fortschritte möglich sind. In Fragen der Finanz- und Wirtschaftsordnung sind sie sich aber nicht einig. Der britische Premierminister Gordon Brown hat versucht, die Lücke zu füllen, aber nicht einmal der Beitritt zum Euro liegt in seiner Hand.

Weltweit ist das Machtvakuum noch deutlicher. Die Vereinigten Staaten haben unter Präsident George W. Bush viel Anerkennung verloren. Noch ist nicht sicher, ob Präsident Barack Obama diese zurückgewinnen kann oder will. Nach wie vor sind indes die USA die einzige Macht, die ein neues Regelsystem anregen und durchsetzen könnte. Ohne diese Bereitschaft sind Weltgipfel der G20 nur von begrenzter Bedeutung.

Unter diesen Umständen ist die Wiederbelebung der Doha-Runde wichtig, in der Regeln für den Welthandel vereinbart werden sollen. Es muss als Minimalprogramm jeder Rückfall in Protektionismus vermieden werden. Wichtig ist auch Europas Rolle bei der Suche nach neuen Regeln. Die deutsch-französische Zusammenarbeit ist kein Luxus, sondern eine elementare Notwendigkeit. Hier aber fehlt es derzeit – jenseits vom Austausch der Freundlichkeiten – etwas an Substanz. Im Übrigen aber werden wir uns wahrscheinlich darauf einstellen müssen, dass die Weltunordnung noch einige Zeit andauert. Eine Gründerzeit ist dies nicht. Es sollte indes eine Zeit sein, in der lange nachwirkende Fehler vermieden werden.

(29.11.2008)

Pump-Kapitalismus
Die Abkehr vom Prinzip des Sparens hat die Welt an den Rand des Abgrundes gebracht

Der Kapitalismus – die auf Privateigentum und Märkten beruhende Ordnung von Wirtschaft und Gesellschaft – hat schon mehrere Phasen und Formen erlebt. Es könnte sein, dass die so genannte Finanzmarktkrise, die wir derzeit erleben, das Ende einer weiteren Phase des Kapitalismus einläutet.

Am Anfang stand der Spar-Kapitalismus. Als Menschen begannen, das von ihnen Erwirtschaftete zum Teil auf die hohe Kante zu legen, also zu sparen, begann der Prozess des Wachstums, der die Hauptwirkung des Kapitalismus ausmacht. Dieses Sparen war eine erstaunliche Erscheinung. Max Weber hat sie bekanntlich auf die »protestantische Ethik« zurückgeführt. Genauer geht es um die Ethik der Calvinisten, denen ihr Glaube einen bevorzugten Platz in der anderen Welt verspricht, wenn sie in dieser auf die möglichen Freuden verzichten.

Tatsächlich hat der Spar-Kapitalismus in vielen Formen stattgefunden und längst auch die Katholiken erreicht. Nachzügler des Kapitalismus haben oft nicht aus freien Stücken gespart, sondern sind von herrschenden Gruppen zum Sparen gezwungen worden. Das gilt in relativ milder Form für den Staatskapitalismus vom kaiserlichen Deutschland bis zu den autoritären Staaten des heutigen Asien. Es gilt in weit härterer Form für diejenigen staatskapitalistischen Länder, die diese Wirtschaftsform als Sozialismus verbrämen. Der real existierende Sozialismus ist nichts anderes als eine Wachstumspolitik durch Zwangssparen.

In einigermaßen freien Gesellschaften folgte dem Spar-Kapitalismus der Konsum-Kapitalismus. Das bedeutet, dass Menschen nicht mehr um höherer Weihen willen sparten, sondern um sich bestimmte Dinge leisten zu können: ein Auto, eine Weltreise, ein Haus. Nach wie vor galten Schulden als unfein. Die Finanzinstitutionen waren darauf angelegt, Ersparnisse gewinnbringend anzulegen, damit sie dann ausgegeben werden konnten. Gewinnbringend waren Anlagen, die eine Rendite von drei bis vier, gelegentlich auch fünf Prozent erbrachten.

Der Konsum-Kapitalismus dauerte indes nicht. Statt seiner begann die Zeit, in der Menschen zunehmend Schulden machten, um ihre Wünsche und Träume zu befriedigen. Damit war eine moralische Wende verbunden, die bis heute die Wirtschaftswelt der Einzelnen und ihrer Haushalte kennzeichnet. Man ging zum Beispiel auf eine Weltreise und zahlte dann die dadurch entstandenen Schulden jahrelang ab. Der Pump-Kapitalismus war geboren.

Die Finanzinstitutionen begannen sich auf den Pump-Kapitalismus einzustellen. Sie boten den pumpwütigen Bürgern immer reizvollere Methoden des Schuldenmachens an. Nur ganz altmodische Gemüter blieben noch dabei, zuerst zu sparen und dann ihre Wünsche zu befriedigen. Altmodische Finanzinstitutionen – wie die Sparkassen und Volksbanken – taten es ihnen gleich und blieben bei guten alten Sitten. Die Mehrheit der Banken und bankartigen Einrichtungen stellte sich aber auf die Schuldenbereitschaft der Bürger ein und baute ihrerseits Kartenhäuser eines Wohlstandes, von dem manche seit längerem vermuten, dass es sich dabei um eine optische Täuschung handelt.

Man könnte – und wird gewiss – diesen Prozess im Einzelnen beschreiben. Die Informationsrevolution, die wir Globalisierung nennen, hat ihn beschleunigt. Sie hat ihn am Ende aber auch an jenen Abgrund geführt, vor dem wir heute stehen. Dieser kann durchaus noch zu weiteren Abstürzen führen. So groß ist der Abstand zwischen der Fantasiewelt der Finanzinstitutionen und der so genannten realen Ökonomie ja nicht. Er ist es vor allem nicht, wenn man der hier angedeuteten Analyse folgt.

Es ist nämlich ein Irrtum zu glauben, nur die bösen Bankiers an der Wallstreet und anderswo seien an dem bedrohlichen Dilemma dieser Monate schuld. Wir sind es vielmehr alle. Der Pump-Kapitalismus hat zwar auf den Finanzmärkten extreme Formen angenommen, aber jeder, der ohne Sicherheiten große Ausgaben tätigt, ist mitschuldig. Heilung ist daher erst möglich, wenn nicht nur die Finanzmärkte sinnvoller reguliert worden sind, sondern wenn sich die Grundeinstellung aller geändert, ja man möchte sagen, normalisiert hat. Der Kapitalismus wird noch lange die Ordnungsquelle des Wohlstandes bleiben. Vom Pump-Kapitalismus aber müssen wir uns ein für allemal verabschieden.

(11.10.2008)

Neue Sozialdemokratie?
Die Tradition verpflichtet sie zu progressiven Positionen,
die Wirklichkeit macht sie ratlos

Vor 30 Jahren habe ich die schon damals von vielen missverstandene These in die Welt gesetzt, dass wir das Ende der Sozialdemokratie erleben. Dabei habe ich ausdrücklich betont, dass nicht vom Ende sozialdemokratischer Parteien die Rede ist, sondern davon, dass ein großes politisches Programm sich erschöpft habe. Der Liberalismus war das zukunftsträchtige Programm des 19. Jahrhunderts. Als seine Grundelemente verwirklicht waren, wurden liberale Parteien schwächer, aber sie blieben und bleiben am Leben. Dem sozialdemokratischen Programm ist es im 20. Jahrhundert ähnlich ergangen.
Was war dieses Programm? Es akzeptierte zunächst die Errungenschaften der liberalen Zeit vor allem in Verfassungsfragen. Es fügte diesen dann zweierlei hinzu: den Sozialstaat und die Wirtschaftspolitik im Sinne von Keynes. Beide markieren tiefe Einschnitte in der neueren Geschichte. Beide sind nicht immer von Sozialdemokraten durchgesetzt worden; aber sozialdemokratische Parteien waren treibende Kräfte zu ihrer Durchsetzung.
Heute – und schon seit den späten 1970er Jahren – ist dieses Programm schlicht Teil der politischen Realität. Sogar liberale Parteien können es vertreten; von den Mitte-Rechts-Parteien gilt dies allemal. Sozialdemokratische Parteien haben sich durch ihren Erfolg erschöpft. Seither suchen sie nach neuen Programmen. Eine kurze Zeit schien die »neue Mitte« oder der »dritte Weg« eine Lösung zu bieten. Das war die Zeit des Schröder-Blair-Papiers, das sozusagen die Sozialisten neoliberalisierte. In Großbritannien wurde dies zu einer Politik, die der jetzige Premier Brown mitgeprägt hat und nun mühsam verwaltet; in Deutschland blieb nur die Agenda 2010. In beiden Fällen aber waren die sozialdemokratischen Parteien höchstens so lange bereit mitzumachen, wie damit Wahlen gewonnen wurden. In anderen Ländern, in Frankreich und Italien, brach darüber früh schon Streit innerhalb der Linken aus. Am Ende ging die Macht an schillernde Figuren wie Berlusconi und Sarkozy, und die demokratischen Sozialisten leckten ihre Wunden.
Um es klar zu sagen: Es gibt einstweilen keine tragende politische Idee, die an die Stelle der alten sozialdemokratischen Position treten könnte. In Großbritannien verblüffen die Konservativen mit ihrem Programm der

Reparatur der »zerbrochenen Gesellschaft«. In den Vereinigten Staaten beschwört der Kandidat Obama traditionelle Werte im Namen eines unbestimmt gelassenen Wandels. Alle aber finden sich in den Zwängen einer globalisierten Welt, die den Komfort der verspielten Freizeit- und Konsumgesellschaft infrage stellt. Dass härtere Zeiten kommen, ist allerdings kein politisches Programm, schon gar nicht für diejenigen, die mehr Lebenschancen für mehr Menschen wollen.

Liberale können in dieser Lage eine klare, aber auf Minderheiten beschränkte Position einnehmen. Volksparteien, die tatsächlich die Mitte besetzen, können ihr programmatisches Angebot immerhin wählerwirksam ausweiten: von Kinderkrippen bis zu Pendlerpauschalen. Sozialdemokraten aber, von ihrer Tradition auf progressive Politik verpflichtet, sind ratlos. Reparaturen am gefährdeten System von Sozialstaat und gelenkter Marktwirtschaft führen nicht weit und reißen niemanden mit (es sei denn, sie werden in populistische Parolen nationaler oder sozialer Art eingebettet).

Das ist keine angenehme Lage für Sozialdemokraten. Es ist zugleich ein Teil der Erklärung für die Streitereien, die deutsche und britische, französische und italienische und noch manche anderen Sozialdemokraten heute kennzeichnen. Guter Rat ist da teuer, wohl auch nicht erwünscht von einem, der im Ruf steht, das Ende der Sozialdemokratie zu sehen. Doch ist jedem, dem die Demokratie am Herzen liegt, das Schicksal einer großen Volkspartei wichtig. Vielleicht bleibt ihr einstweilen nur die Besinnung auf ganz fundamentale Fragen der politischen Einstellung. Sachlichkeit, Vernunftpolitik und vor allem Anstand gehören dazu. Auf anständige Weise mit den Folgen der Globalisierung fertig zu werden, ist eine wichtige Aufgabe. Begeisterung schafft eine solche Haltung nicht; aber Zustimmung, selbst Zustimmung auf Zeit, ist ja auch schon etwas. Jedenfalls werden Sozialdemokraten ihr Programm niedriger hängen müssen, als sie es aus ihrer Geschichte gewöhnt sind.

(13.9.2008)

Unsanfte Macht
Sanfte Macht funktioniert nur, wenn hinter ihr die eiserne Faust harter Macht steht

Der frühere amerikanische Staatssekretär Joseph Nye hatte es gut gemeint, als er den Unterschied zwischen Soft Power und Hard Power in die internationale Debatte einbrachte. Wenn die Europäer es schon nicht an harter, insbesondere militärischer Macht den Amerikanern gleichtun können, dann sind sie doch erfahrener in der Anwendung von weicher, sanfter, nämlich diplomatischer Macht. Viele in Europa (und übrigens auch in Teilen Asiens) haben die Chance gerne aufgenommen, ihre militärkritische, oft geradezu pazifistische Haltung als eine Form der Machtausübung zu verbrämen. So werden deutsche Soldaten zwar nach Afghanistan geschickt, aber in weitergehender Isolierung an einen eher gefahrlosen Ort und mit dem Auftrag, vor allem beim Wiederaufbau des Landes zu helfen.
Zugleich ruft der deutsche Außenminister nach Verhandlungen, wo immer eine Krise aufbricht. Das ist der Fall bei dem Dauerbrenner der iranischen Atompolitik; es gilt wieder angesichts des Kaukasus-Krieges zwischen Russland und Georgien. Diplomatie soll auch emotional geladene Probleme lösen; sanfte Macht soll harte Machtpolitik aufweichen.
Viele Europäer sind mit dem deutschen Außenminister einig. In einem gerade erschienenen brillanten Buch ist der amerikanische Deutschland-Historiker James Sheehan der Frage nachgegangen: Wo sind all die Soldaten geblieben? Irgendwie sind sie, ist vor allem die Begeisterung für sie zwischen 1914 und dem Anfang des 21. Jahrhunderts verschwunden.
Das gilt nicht überall in Europa. Es gilt nur bedingt in Frankreich und gar nicht in Großbritannien. Aber die Europäische Union ist doch ganz auf die sanften Mächte des Handels und des Verhandelns eingestellt.
Hat die EU überhaupt harte Macht? Zuweilen ist die Rede von Sanktionen, die gegen unbotmäßige Verhandlungspartner eingesetzt werden. Nun treffen Sanktionen – zum Beispiel Handelsbeschränkungen – oft die eigene Seite mindestens so sehr wie die anderen. Präsident Mugabe die Einreise zu verweigern, beunruhigt nicht einmal den Gemeinten, zumal er etwa zu UN-Konferenzen in Rom oder New York trotz aller Sanktionen ungehindert fahren kann. Allenfalls eine harte Macht hat die EU: Sie kann an sich beitrittswilligen Staaten die Mitgliedschaft verweigern. Das ist aber auch schon alles. Es gibt keine europäischen Streitkräfte, die den Iran daran

hindern könnten, sein Nuklearprogramm fortzuführen. Es gibt auch keine, die Präsident Saakaschwili in Georgien helfen könnten.

Man mag meinen, das sei auch gut so. Es ist indes eine fundamentale Schwäche deutscher und europäischer Außenpolitik. Dabei liegt die Schwäche nicht so sehr in den engen Grenzen der sanften Macht, sondern darin, dass Diplomatie und Verhandlungen nur dann Ergebnisse bringen, wenn der Verhandlungspartner hinter diesen die Umrisse durchaus harter Macht erkennt. Das europäische Verhandlungsangebot im Iran wird nur darum überhaupt auf die Tagesordnung gesetzt, weil als Alternative der Angriff mit israelischen, vielleicht auch amerikanischen Waffen droht. Präsident Sarkozys »Verhandlungserfolg« in Moskau beruht teilweise darauf, dass er als amtierender EU-Ratspräsident die russische Position weitgehend akzeptiert hat, und teils auf der prinzipiellen Bereitschaft der USA, in Georgien einzugreifen.

Mit anderen Worten, sanfte Macht funktioniert nur, wenn hinter ihr die eiserne Faust harter Macht steht. Für sich allein verdient sie die Beschreibung als »Macht« nicht. Das ist kein Argument gegen das mit sanfter Macht Gemeinte; es ist aber ein Argument gegen Illusionen. Unter Präsident Bush haben die USA allzu bereitwillig harte Macht ins Spiel gebracht. Die Russische Föderation folgt in Georgien dem schlechten Vorbild. Denn wer die weiche Macht beiseite schiebt oder zu ignorieren sucht, zahlt einen Preis. Für jeden verlorenen Freund muss die Kriegsmaschinerie verstärkt werden. Auch folgt der Ausübung harter Macht eine Phase, in der nur weiche Macht Ergebnisse zeitigt. Das ist das Irak-Problem; es könnte das Georgien-Problem für Russland werden. Dies allerdings ist in aller Außenpolitik in Rechnung zu stellen: Harte Macht ist nach wie vor unter uns. Wir leben nicht in der sanften Welt, von der viele träumen.

(16.8.2008)

Bildungsrepublik Deutschland
Die Politik muss sich mehr um die kümmern, die weder Abitur noch Studium erreichen

Nun soll also die Bildungsrepublik Deutschland entstehen. Die Pisa-Studien der OECD, der nationale Bildungsbericht und die Reden von Politikern, darunter die Ankündigung einer Bildungsreise von Bundeskanzlerin Angela Merkel, haben den Eindruck verbreitet, dass Deutschland einmal mehr eine »Bildungskatastrophe« befürchten müsse. Manche meinen sogar, dies sei noch immer dieselbe Bildungskatastrophe, die Georg Picht vor fast einem halben Jahrhundert konstatiert hat: zu wenige Studenten, zu wenige Gymnasiasten, zu geringe Aufstiegschancen – und das alles mit nachteiligen wirtschaftlichen Folgen.
Als einer, der damals die Reformen betrieben hat – »Bildung ist Bürgerrecht« lautete damals ein Stichwort –, muss ich indes vor allem sagen: Das heutige Problem ist ganz und gar anders als das von vor 50 Jahren und 40 Jahren.
Eine grundlegende Tatsache zeigt den Unterschied: Im letzten halben Jahrhundert hat sich in Deutschland die Zahl der Hochschulstudenten verzehnfacht. Das ist eine ungeheure Umwälzung, die nicht nur den Charakter der Universitäten, sondern die Bildungslandschaft insgesamt fundamental verändert hat.
In den westlichen Bundesländern gab es im Jahr 1950 etwa 120 000 Studenten. Heute sind es 1,2 Millionen (und dabei werden die vielen Fachhochschulen und Berufsakademien noch nicht einmal mitgezählt). Auch die Zahl der Professoren hat sich verzehnfacht auf jetzt 60 000.
Das hat Konsequenzen für Lehre und Forschung: Auch ohne den so genannten Bologna-Prozess wäre die Reorganisation des Studiums unausweichlich gewesen. Es hat vor allem aber soziale Folgen. Wenn nahezu 40 Prozent jedes Jahrgangs (in mehr und mehr Ländern sogar eher 50 Prozent) Hochschulen besuchen, dann stellt sich die Frage: Was soll mit den anderen 50 (oder 60) Prozent geschehen?
In seiner düsteren Utopie über den »Aufstand der Meritokratie« hat der britische Sozialwissenschaftler Michael Young schon in den 1960er Jahren darauf hingewiesen, dass Meritokratie, also die Herrschaft der besonders Leistungsfähigen und Gebildeten, ein besonders brutales Prinzip der sozialen Differenzierung sei. Den Zukurzgekommenen einer Generation wird

gesagt, sie könnten es einfach nicht besser. Weil sie das Abitur nicht schaffen, sind sie zur Minderwertigkeit verdammt. Überdies sah Young voraus, dass die, die es schaffen, dafür Sorge tragen werden, dass ihre eigenen Kinder nach Möglichkeit nicht zurückfallen. Dazu werden sie den Weg nach oben für viele erschweren.

Es verbessert die Sache nicht, dass das Lebenseinkommen von Hochschulabsolventen bis zu 50 Prozent höher liegt als das der anderen. Das hat etwas mit Studiengebühren zu tun. Ist es wirklich in Ordnung, dass die Zukurzgekommenen mit ihren Steuern die zukünftigen Privilegien der Meritokraten finanzieren? Womöglich sind die Gegner von Studiengebühren am Ende zuallererst Vertreter der Privilegierten, also der Besserverdienenden von heute und morgen, die sich ihre Position sichern wollen, indem sie auf der Finanzierung ihres Studiums durch die Allgemeinheit beharren. Womöglich wäre die (von der neuen schwarz-grünen Koalition in Hamburg in Ansätzen geplante) Methode einer Art Graduiertensteuer gerechter. Bei dieser würden die Gewinner der Bildungsgesellschaft nach dem Studium von ihren über dem Durchschnitt liegenden Einkommen die Gemeinschaft für die Kosten ihrer Ausbildung entschädigen.

Die wichtigste Schlussfolgerung aus der großen Studentenexplosion der vergangenen Jahrzehnte ist jedoch, dass die Bildungspolitik sich insbesondere um die 60 Prozent kümmern muss, die kein Abitur und Hochschulstudium erreichen.

Es mag ja sein, dass manche von diesen es trotzdem schaffen, in die Meritokratie aufzusteigen. Alle aber sollten elementare Fertigkeiten und Kenntnisse erwerben können, ohne die in Zukunft niemand mehr wird auskommen können. Das zu erreichen ist, wie wir heute wissen, schon schwierig genug. Im übrigen aber verdient das weite Feld zwischen Hauptschule und Hochschule, das Feld der Berufsakademien und Fachschulen, auch der Volkshochschulen und Fortbildungskurse in Deutschland mindestens so viel Aufmerksamkeit wie der erste Bildungsweg.

(21.6.2008)

Die Zauberkünstler
Die komplexer werdenden Herausforderungen begünstigen
Antipolitiker, aber nur kurzfristig

Boris Johnson ist gewählter Bürgermeister von London: Vor ein paar Jahren wäre es den meisten noch als zweifelhafter Scherz erschienen, wenn man dem clownhaften Eton-Zögling, der noch nie eine Institution geleitet hat, dieses Ergebnis vorhergesagt hätte. Dabei ist mit London schon die zweite meiner Lieblingsmetropolen einen seltsamen politischen Weg gegangen. Rutelli war ein beliebter Bürgermeister von Rom, als er Minister in der Prodi-Regierung wurde; jetzt ist der Neofaschist Alemanno gegen ihn angetreten und prompt gewählt worden.
Das bedeutet nicht, dass es in den großen Städten einen Rechtsruck gegeben hätte (obwohl auch das in gewissem Maße der Fall ist, wie die Wahl eines Mitglieds der British National Party, also eines britischen Neofaschisten, in den Londoner Stadtrat zeigt). Es hat vielmehr eine tiefere, nachdenklich stimmende Bedeutung. Nicht nur bei Bürgermeisterwahlen hat es überraschende Ergebnisse gegeben, sondern vorher schon ist Silvio Berlusconi zum italienischen und Nicolas Sarkozy zum französischen Regierungschef avanciert. Bis »sein« Pfarrer ihm einen Strich durch die Rechnung machte, hatte Obama gute Chancen, Präsident der USA zu werden. Diese und vergleichbare Figuren in anderen Ländern haben eines gemeinsam: Sie sind in gewisser Weise Anti-Politiker in der Politik. Sie sprechen daher eine verbreitete Abneigung gegen Politik und Politiker in der Wählerschaft an.
Diese Abneigung hat mancherlei Gründe. Der politische Ökonom Wolfgang Streeck hat diese im Hinblick auf Gerhard Schröders Lage im Jahr 2005 eindringlich formuliert. In zentralen politischen Fragen läuft nichts mehr. Es ist schon gar nicht mehr möglich, parteipolitisches Kapital aus der bestehenden Lage zu ziehen. Das liegt vor allem daran, dass die großen Fragen keine eindeutigen Antworten erlauben. Sie sind parteineutral und blockieren sich gegenseitig.
Streeck erwähnt fünf Aufgaben, mit denen auch die Berlusconis und Sarkozys fertig werden müssen (und es doch nicht können): Erstens belastet der Sozialstaat zunehmend die allgemeinen Steuern. Zweitens müssen öffentliche Haushalte ausgeglichen werden. Drittens ist die Staatsverschuldung zu reduzieren. Viertens muss die Besteuerung der Wirtschaft reduziert werden. Fünftens verlangt Innovation öffentliche Investitionen.

Gewiss können Regierungen die eine oder andere Aufgabe eine Zeit lang vernachlässigen, und sie tun das auch. Die Erfordernisse aber bleiben, und der Versuch, sie zu befriedigen, führt zumeist in Sackgassen. Vor allem aber begeistert er keine Wähler. Die Leute werden politikmüde. Sie bleiben zu Hause oder aber... Oder sie verfallen auf Kandidaten, die von diesen zentralen Themen fast nicht reden und stattdessen Zauberkunststücke vollführen. Sarkozys »55 Reformen« gehören ebenso dazu wie Berlusconis bizarre Versprechungen, etwa zur Rettung der italienischen Staatsfluglinie Alitalia. Barack Obamas Rassenrede ist ein bemerkenswertes Dokument rhetorischer Kunst – aber was würde der 46-Jährige tun, wenn es um Krieg und Frieden geht oder auch nur um die Entwicklung einer vernünftigen Krankenversicherung?

Rom und London werden ihre seltsamen Bürgermeister ertragen, Frankreich und Italien ihre magischen Regierungschefs überleben. Deutschland ist diese Art der Politikzauberei (von Oskar Lafontaine abgesehen) einstweilen erspart geblieben, wenngleich die Bürgermeister von Berlin und Hamburg ihre politische Unterstützung wohl auch aus eher antipolitischen Sentiments beziehen. Die populärste deutsche politische Gestalt, Bundespräsident Horst Köhler, zeigt sogar eine auffällige Distanz zu »der Politik« und wohl auch den Politikern.

Überhaupt muss man die Konjunktur der antipolitischen Politik nicht unbedingt beklagen. Wahrscheinlich dauert sie nicht. Dass sie Wähler mobilisiert, werden viele begrüßen. Boris Johnson hat die Wahlbeteiligung in London um immerhin zehn Prozent hochgetrieben, und Senator Obama hat viele zu den Primärwahlen ermuntert, die sich noch nie als Wähler registriert hatten.

Allerdings bleibt die Frage offen, wer denn wie mit den Streeck-Fragen fertig wird, ja wer sie überhaupt anpackt. Zauberei als Zugabe ist schön und gut, Zauberei als Politikersatz ist es nicht.

(6.5.2008)

Embryonen sind keine Menschen
Die Forschung an Stammzellen bleibt für bestimmte Fälle unerlässlich

Andere Länder, andere Sitten. Die Bundestagsdebatte über das Stammzellgesetz an diesem Freitag erinnert mich an die britische Oberhaus-Kommission zu demselben Thema, die von einem (anglikanischen) Bischof geleitet wurde. Als Mitglied dieser Kommission habe ich eine Reihe von Dingen gelernt, die ich seitdem für evident halte, die aber in Deutschland nach wie vor umstritten sind.

Dazu gehört erstens eine Tatsache: Embryonen sind keine Menschen. Für sich genommen sind sie auch keine potenziellen Menschen. Sie sind zwar eine notwendige, aber keine zureichende Bedingung für die Entstehung menschlichen Lebens. Daher sollten sie mit besonderem Anstand behandelt werden, können jedoch nicht das Recht auf Menschenwürde in Anspruch nehmen.

Viele Jahrhunderte lang war dies eine Selbstverständlichkeit. Erst der »Unfehlbarkeits«-Papst Pius X. hat die Vorstellung aufgegeben, dass das Menschenleben beginnt, wenn der Fötus lebensfähig wird. Heute muss man zuweilen vermuten, dass diejenigen, die sich zur Embryonenforschung äußern, nicht genau unterscheiden zwischen dem Embryo und dem Fötus. Es gibt sogar Leute, die die Abtreibung von Föten zu einem späten Zeitpunkt akzeptieren, aber Embryos vor den Petrischalen der Forscher bewahren wollen. Die Bundestagsabgeordneten – so muss man annehmen – wissen das alles, aber in der breiteren Öffentlichkeit gibt es viel Verwirrung ob solcher Tatsachen.

Nun folgt aus der Tatsache, dass Embryos keine Menschen sind, noch lange nicht, dass sie Objekt der Forschung sein müssen oder auch nur sein dürfen. Indes habe ich in der Oberhaus-Kommission auch dies gelernt, dass nur embryonale Stammzellen omnipotent sind. Nur sie können sich also zu prinzipiell allen menschlichen Organen und Funktionen entwickeln. Für manche Zwecke reicht es gewiss auch, so genannte pluripotente Stammzellen von Erwachsenen zu verwenden. Wo das möglich ist, sollte es geschehen. Aber für bestimmte Zwecke ist und bleibt es unentbehrlich, Forschungen an embryonalen Stammzellen vorzunehmen.

Für welche Zwecke? Hier geraten wir in das schwierigste Gelände: Kann Wissenschaft vorhersagen oder auch nur vorhersehen, dass bestimmte Ergebnisse in absehbarer Zeit erzielt werden? Die Antwort heißt manchmal ja, oft aber auch nein. Auch die Forschung an embryonalen Stammzellen verspricht keine Wunder. Es scheint, dass Experimente weit genug gediehen sind, um vorherzusagen, dass Abhilfe für die parkinsonsche Krankheit gefunden werden kann. Gegen die alzheimersche Krankheit aber sind noch keine Stammzellen gewachsen. In jedem Fall muss man mit längeren Fristen rechnen, als den Betroffenen lieb ist. Hier keine falschen Erwartungen zu wecken, ist eine Aufgabe der Wissenschaft.

Doch folgt aus solchen Argumenten (zumindest nach der vorherrschenden britischen Meinung) nicht, dass Stammzellforschung unterbunden werden sollte. Im Gegenteil. Mir scheint die britische Lösung durchaus überzeugend. Nicht eine Ethik-Kommission ist nötig, sondern eine Agentur, die prinzipiell großzügig offenbar qualifizierte Forschungen genehmigt und registriert. Diese Agentur besteht auch, aber nicht nur aus Experten. In ihr kommt der gesunde Menschenverstand zur Geltung. Das ist kein Freibrief, es ist auch keine übermäßige Begrenzung der Möglichkeiten der Forschung. Vor allem ist es besser als der deutsche Versuch, eine gesetzliche Regelung zu finden, also alle Details und Spezialfälle prinzipiell festzulegen.

Nun geht es im Bundestag gar nicht um so weitreichende Fragen. Es geht nur darum, bis zu welchem Stichtag embryonale Zelllinien importiert sein müssen, um den Forschern zur Verfügung gestellt zu werden. Das ist ein bisschen wie mit dem Atomstrom: Zu Hause schaltet man Atomkraftwerke ab, um dann Strom zu importieren, der anderswo nuklear hergestellt wird. Das ist keine Anwendung von Ethik, die das nachdenkliche und aufgeklärte moralische Bewusstsein befriedigt. Ich fand jedenfalls die Oberhaus-Kommission überzeugender. Wichtiger noch: Selbst die katholischen Mitglieder des Gremiums akzeptierten den Bericht, der in wichtigen Passagen vom Vorsitzenden, Bischof Harries, entworfen worden war.

(1.4.2008)

Das hessische Dilemma
Ein Mehrheitswahlrecht wäre die passende Antwort
auf die Veränderungen im Parteiensystem

Bin ich allein in dem Missbehagen an den Farben- und Prozentspielen, die den jüngsten Landtagswahlen in Hessen und anderswo gefolgt sind? »Jamaika« und ein Vorsprung von ein paar hundert Stimmen mag Funktionäre erregen, ist aber für die meisten Bürger nicht gerade eine Einladung zum Lob der Demokratie. Da wird gekungelt und gelogen, was manche Vorurteile bestätigt. Es vergehen Wochen ohne Entscheidung, und wenn die nötigen Entscheidungen endlich fallen, bleibt ihre Nachhaltigkeit fraglich. Die Verbindung von erkennbarem Wählerwillen und institutioneller Effizienz, die die Demokratie bewerkstelligen soll, findet nicht statt.
Da kann man es vielleicht den Parteien überlassen, einen Ausweg zu finden. Man kann aber auch überlegen, ob die Verfassungsregeln, die vor allem für Landtagswahlen in Deutschland gelten, der Grundstimmung der Wähler noch angemessen sind. In der Tendenz waren die Wahlergebnisse ja klar. Die Hamburger wollten Bürgermeister Ole von Beust (CDU) behalten, aber seiner Partei keine absolute Mehrheit geben. Die Hessen wollten Ministerpräsident Roland Koch (CDU) abwählen und waren bereit, es mit einer Ministerpräsidentin Andrea Ypsilanti (SPD) zu versuchen. Die Niedersachsen wollten Ministerpräsident Christian Wulff (CDU) einen Denkzettel verabreichen, ohne doch dem sozialdemokratischen Oppositionsführer zur Macht zu verhelfen. Was müsste geschehen, um diesem erkennbaren Wählerwillen wirksam Ausdruck zu geben?
In Niedersachsen, so scheint es, hat das alte System der Bundesrepublik noch einmal funktioniert. Hessen und Hamburg aber stellen andere Fragen, für die auch über diese beiden Bundesländer hinaus Antworten gefunden werden müssen, für ein Land, das kein Zweieinhalb-Parteien-System mehr hat. Wie lassen sich der erkennbare Wählerwille und institutionelle Effizienz in Zukunft verbinden? Vier Möglichkeiten bieten sich an.
Die erste baut auf die skandinavische Erfahrung. Im Kern geht es hier um eine Kultur der Tolerierung von Minderheitsregierungen. Die stärkste Partei – allenfalls auch die stärkste Gruppierung (»Schwarz-Gelb« oder »Rot-Grün«) – bildet ohne Parlamentsmehrheit die Regierung. Sie wird von den anderen toleriert. Es werden sozusagen immer neue Koalitionen gebildet, um den Haushalt und andere Gesetze durch das Parlament zu bringen. Be-

wusst ist hier von einer »Kultur« die Rede: Es geht nicht um Änderungen der Verfassung, sondern des Verhaltens von Parteien. Das sollte eine einfache Lösung sein, doch könnte sie sich im deutschen Kontext (wie Hessen zeigt) als besonders schwierig erweisen.

Eine zweite Antwort auf den Wunsch nach Repräsentativität und Effektivität kann man die schweizerische Lösung nennen. Varianten davon werden in vielen deutschen Gemeinden praktiziert. Sie beruht auf der klaren Trennung von Legislative und Exekutive. Regierungen werden unter Einbezug aller (Aller Willigen? Aller, die mindestens fünf Prozent der Stimmen hatten?) gebildet, wobei die stärkste Gruppe den Regierungschef stellt. Das ist nicht unbedingt ein Rezept für initiativenreiches Regieren. Es kann aber durchaus funktionieren, vor allem wenn das Parlament seine Aufgaben ernst nimmt. Übrigens sind nicht unbedingt Verfassungsänderungen nötig, um eine solche Proporzregierung zu begründen; feste Abmachungen der Beteiligten könnten reichen, auch wenn ein solches System nicht vor Leuten wie Christoph Blocher, also vor destruktiven Ausreißern, schützt.

Die dritte Möglichkeit bedeutete indes Verfassungsreform. Sie bleibt jedoch in für deutsche Wähler vertrautem Gelände. Sie besteht in der Direktwahl des Regierungschefs. Wenn Hamburg München wäre, hätte Ole von Beust möglicherweise so gut abgeschnitten wie der Münchener Oberbürgermeister Christian Ude. (Das Gleiche gälte vermutlich für Klaus Wowereit in Berlin.) Dann wäre es immer noch wichtig und vielleicht schwierig, wichtige Projekte durch die Bürgerschaft zu bringen, aber es würde wenigstens nicht so etwas wie die Vertiefung der Fahrrinnen der Elbe auf Drängen einer Zehn-Prozent-Partei wegverhandelt. Vor allem in den kleinen Bundesländern Berlin, Hamburg, Bremen und dem Saarland spricht viel für dieses (französische?) System der Präsidialdemokratie.

Es bleibt eine vierte Möglichkeit, über die in der großen Koalition in Berlin dieses Mal Stillschweigen herrscht, das ist das (britische) System des relativen Mehrheitswahlrechts. Die Wahl in Einer-Wahlkreisen hätte in allen bisherigen Fällen klare Mehrheiten im Parlament ergeben. Diese wären zwar kein Spiegelbild der Wählermeinungen, wohl aber ein Ausdruck der Grundtendenz. Zudem würden sie zu zügigen und effizienten Regierungsbildungen führen. Das Thema ist den Älteren darum vertraut, weil es die erste große Koalition von 1966 bis 1969 eine Zeit lang beherrscht hat. Die Erinnerung an jene Zeit ist zudem eher traumatisch. Die so genannten Volksparteien verlassen sich lieber auf einen kleinen Partner, als sich der offenen Feldschlacht in allen Wahlkreisen auszusetzen.

Man muss daher vermuten, dass das Thema des relativen Mehrheitswahlrechts nicht so bald erneut in die Debatte aufgenommen wird. Doch ist es die klarste und am stärksten parlamentarisch-demokratische Lösung des hessischen Dilemmas. Ist es zu viel verlangt, solche Möglichkeiten in der Bundesrepublik zur Diskussion zu stellen? Ich hoffe nicht und eine entsprechende Wortmeldung des ehemaligen Bundespräsidenten Roman Herzog macht mir Hoffnung. Wer mischt sich noch mit ein? Ich bin gespannt, wie sich die Diskussion entwickelt.

(7.3.2008)

Friedfertige Deutsche
Das Land ist pazifistisch geworden, aber das sollte nicht mit Feigheit verwechselt werden

Verteidigungsminister Jung hat einmal mehr eine Bitte der Nato um einen deutschen Einsatz von Transporthubschraubern im unruhigen Süden Afghanistans abgelehnt. Dafür wird er im Bundestag Zustimmung finden. In der Tat ist es fraglich, ob im Herbst eine Parlamentsmehrheit auch nur für die Fortsetzung der jetzigen Einsätze in Afghanistan zustande kommt. Doch sind es überhaupt »Einsätze«? Oder geht es nicht allenfalls um eine deutsche Präsenz im weitgehend friedlichen Norden? Ist dies nicht – von den Tornados und einigen Stabsoffizieren abgesehen – eine fast bis zur Unsichtbarkeit friedliche Präsenz hinter wohlgesicherten Mauern?
Sicher ist: Deutsche mögen keine Kriege mehr. Während England und Frankreich zu jedem Zeitpunkt des vergangenen Halbjahrhunderts irgendwo in kriegerische Auseinandersetzungen verwickelt waren, hat Deutschland sich trotz Nato-Mitgliedschaft davon ferngehalten. Auch im öffentlichen Leben spielt das Militärische keine Rolle. Das Denkmal für deutsche Soldaten, die ums Leben gekommen sind, soll am Bendlerblock hinter Mauern und Zäunen versteckt werden. Öffentliche Vereidigungen sind kaum möglich. Wer ein Ohr für sprachliche Nuancen hat, kann nicht umhin zu fragen, ob hinter dem beliebten Begriff der »Zivilgesellschaft« nicht weniger ein Anglizismus (Civil Society) als der Wunsch steht, die Bürgergesellschaft als unmilitärisch zu kennzeichnen. Sogar der ehemalige Berufsoffizier Helmut Schmidt hat in seiner Tübinger Weltethos-Vorlesung die Clausewitz-These vom Krieg als der Fortsetzung der Politik mit anderen Mitteln scharf zurückgewiesen. Deutschland ist pazifistisch geworden.
In der Republik mag man das. Ein Land, das lange Zeit als Inbegriff des Militarismus und damit auch als militärische Bedrohung galt, geht einen neuen Weg. Nicht einmal die Amerikaner haben Deutschland (im Unterschied zu Frankreich) die Nicht-Beteiligung am Irak-Krieg übel genommen. Allenfalls die Frage wird gestellt, wie tief der deutsche Pazifismus gehe. Wird da ein Kernstück deutscher Geschichte verdrängt? Könnte es sein, dass der Militarismus in Deutschland eines Tages wieder ausbricht? Niemand weiß, was in ferner Zukunft geschehen mag; aber gegenwärtig gibt es keinerlei Anzeichen für eine versteckte deutsche Sehnsucht nach Krieg oder auch nur der Beteiligung an militärischen Aktionen.

Das ist schön und gut; es hat aber auch Folgen, die nachdenklich stimmen. Gelegentlich bemerkt man in Berlin, dass Deutschland zuweilen nicht dabei ist, wenn es Ernst wird. Das gilt zum Beispiel im Nahen Osten. An brenzligen Punkten der Weltpolitik wird Deutschland deshalb manchmal gar nicht erst gefragt. Man sieht die Bundeswehr eher als Technisches Hilfswerk, nicht als kämpfende Truppe.
Vielleicht ist das erträglich. Es ist allerdings unübersehbar, dass in der Welt, wie sie nun einmal ist, hier eine Begrenzung deutscher Möglichkeiten liegt. Sie wirkt sich aus, zum Beispiel wenn es um eine Frage wie die ständige Mitgliedschaft im Sicherheitsrat der UN geht. Schwerer noch wiegt eine andere Folge des deutschen Pazifismus. Was ist die Alternative zum Krieg als Fortsetzung der Politik mit anderen Mitteln? Der Dialog, das Miteinander-Reden. Es ist daher auch das Mantra der deutschen Weltpolitik. Dabei werden deutsche Sprecher erstaunlich bedenkenlos, nur um Deutschlands Nicht-Teilnahme zu retten. »Man muss mit Hamas sprechen«, »man muss mit den Taliban verhandeln«. Manchmal wird noch die absurde Floskel hinzugefügt, »mit gemäßigten Elementen« der terroristischen Gruppen. Hier kommt ein Punkt, an dem der Pazifismus zur Feigheit wird, an dem nicht mehr eindeutig Stellung bezogen wird gegenüber der brutalen Gewalt.
Der Irak-Krieg hat den liberalen Interventionismus – den Gedanken der »humanitären Intervention« – in Misskredit gebracht. Der Gedanke des Westfälischen Friedens, wonach jeder Staat innerhalb seiner Grenzen tun und lassen kann, was er will, passt dennoch schlecht in die globalisierte Welt. Er passt auch schlecht zum Gedanken der Freiheit, der seiner Natur nach universell ist. Wie sich dieser Gedanke allerdings umsetzen lässt, ist noch nicht entschieden. Es wäre schade, wenn sich das pazifistische Deutschland an der Suche nach neuen Wegen nicht beteiligen würde.

(18.8.2007)

Die Pflege-Gesellschaft
Der Umgang mit Hilfsbedürftigen zeigt, wie zivilisiert eine Gesellschaft ist

Früher oder später entdecken die meisten die Notwendigkeit von Pflege. Bei mir war es später, und ich bin denen dankbar, die mich wieder auf die Beine gebracht haben. Am Ende einer schweren Krankheit stellte sich die Frage, ob ich noch in die Pflegestufe eins gehöre und daher von der Pflegeversicherung profitieren kann. Der Gutachter, der zu diesem Zweck bestellt wurde, erläuterte mir seinen Schluss, dass sechs Minuten täglich für Körperpflege und zehn Minuten Mobilitätshilfe nicht reichen. »Pflegerelevante Tätigkeiten« müssen im Tagesdurchschnitt 90 Minuten betragen, davon mindestens die Hälfte für die Grundpflege. Die Versuchung, über Minuten zu richten, währte nicht lange. Ich war froh, sozusagen amtlich nicht mehr pflegebedürftig zu sein. Außerdem gefiel mir, dass die Kriterien der Versicherung ernst genommen werden.
In der Zeit meiner Pflegebedürftigkeit habe ich indes manchen Anlass gehabt, über Nutzen und Formen der Pflege nachzudenken. In der Notwendigkeit der Pflege bündeln sich mehrere Grundphänomene moderner Gesellschaften. Die demografische Entwicklung spielt dabei eine große Rolle. Wie oft hört man: »Vor 100 Jahren wären Sie daran gestorben!« Die moderne Medizin wirkt lebensverlängernd, wobei viele für längere Zeit nur mehr im Teilbesitz ihrer Kräfte sind.
Zugleich mit der höheren Lebenserwartung haben aber Familien sich in ihrer Struktur geändert. Die Mehr-Generationen-Familie ist ebenso wie die Großfamilie zum Minderheitsphänomen geworden. Es ist oft niemand im Haushalt, der die Pflege der Alten oder auch der Kranken übernehmen könnte. Die es könnten, müssen zur Arbeit gehen. Viele von uns haben Freunde, die sich um Pflegebedürftige – oft eine alte Mutter – kümmern, aber sie können das beim besten Willen nicht 24 Stunden am Tag tun. Schon jetzt ist es in vielen Familien eine schwer erträgliche Belastung.
Als Norbert Blüm die Pflegeversicherung propagierte und dann einführte, gehörte ich zu denen, die fragten: Muss das sein? Treibt das den Sozialstaat nicht einen Schritt zu weit? Heute würde ich eher bei anderen, älteren Sozialleistungen zu sparen beginnen. Die Verfügbarkeit von Pflege ist ein unentbehrliches Element einer zivilisierten Gesellschaft.

Dabei stehen drei Methoden im Vordergrund. Die eine ist die professionelle Pflege in Institutionen von Kliniken und Häusern für betreutes Wohnen bis hin zum »Essen auf Rädern«. Hier ist ein Berufsstand gewachsen, der hohe Anerkennung verdient und vermutlich weiter wachsen wird. Für die Gesellschaft hat dieser Berufsstand allerdings beträchtliche Kosten. Darum ist gerade im Bereich der Pflege – zweitens – freiwilliges Wirken nötig. Freiwilliges Wirken reicht von der Nachbarschaftshilfe bis zu karitativen Verbänden und Organisationen. Es ist jedoch eine Tatsache, dass die freiwilligen Helfer immer dieselben sind, nämlich Menschen, die sich ohnehin aktiv am sozialen Leben beteiligen. Vielleicht muss der Freiwilligkeit etwas nachgeholfen werden. Der Zivildienst gehört in diesen Zusammenhang. Ein allgemeiner Sozialdienst ist jedenfalls keine abwegige Idee. Er würde das Verständnis für die Notwendigkeit von Pflege bei denen wecken, die bisher bei sozialen Zumutungen eher zurückhaltend sind.

Drittens ist nachzudenken über die Zukunft der Familie, vielmehr über die Art von Haushalten, die wir in Zukunft haben werden. »Betreutes Wohnen« kann viele Formen annehmen. Es gibt ja viele verschiedene Erfordernisse der Pflege. Nur wenige sind total pflegebedürftig. Wer gehbehindert ist, kann immer noch Gedächtnistraining organisieren. Darüber hinaus aber stellt sich auch bei der Pflege die Frage, ob wir wirklich die richtige Vorstellung von Lebensstilen haben. Sollten wir nicht Mitglieder des Haushalts – Familienangehörige – dafür besser entschädigen, dass sie sich an der Pflege beteiligen? Das führt dann zur Frage eines garantierten Grundeinkommens für alle, die aus gutem Grund erneut ernsthaft diskutiert wird.

Wir leben in einer Gesellschaft, in der Pflege eine der zentralen Tätigkeiten geworden ist. Was immer wir sagen über die Wissensgesellschaft oder auch die der Arbeit, die Notwendigkeit von Pflege wird ansteigen. Es ist daher des Schweißes der Edlen wert, darüber nachzudenken, wie wir die nötigen Fragen angemessen beantworten.

(21.7.2007)

Bitte umdenken!
Ein Beitritt der Türkei zur EU ist ein Beitrag gegen
die Radikalisierung des Islam

Der Irak-Krieg hat viele unbeabsichtigte Folgen und Nebenwirkungen. Dazu gehört die wachsende Rolle des Irans. Dazu gehört die nachhaltige Verstimmung zwischen Europa und den USA, die jetzt vor allem im Verhältnis zu Israel und den Palästinensern deutlich wird. (Das ist übrigens immer auch eine Verstimmung zwischen Großbritannien und dem übrigen Europa.) Dazu gehört vor allem aber die nachhaltige Radikalisierung der islamischen Politik, also die Stärkung der Islamisten. Wahlen sind im Mittleren Osten Gelegenheiten geworden, antiwestliche und oft auch antidemokratische Gefühlslagen kundzutun. Die Hisbollah im Libanon und die Hamas bei den Palästinensern sind nur zwei Beispiele.

In dieser Lage ist es eine der wichtigsten Aufgaben der freien Welt, gemäßigte Regimes in den arabischen und muslimischen Ländern zu stärken. Jedenfalls sollte alles vermieden werden, was diese weiter schwächt. Das gilt für das Verhältnis zu Ägypten; es gilt für die vertrackte Lage im Libanon; es gilt aber auch für die Türkei. Zweimal im kommenden Jahr wird in der Türkei gewählt, im späten Frühjahr ein neuer Präsident und im Spätherbst ein neues Parlament. Es ist nicht sicher, dass die Partei von Premierminister Erdogan ihre Position als zwar islamische, aber doch in der Tradition Atatürks moderne, daher gemäßigte Kraft aufrechterhalten kann. Schon beginnt das Land, dem Westen, also der Idee des freiheitlichen Rechtsstaates europäischer Prägung, zu entgleiten.

In diesem Zusammenhang sind die Verhandlungen zwischen der Türkei und der Europäischen Union von großer Bedeutung. Wenn Europa der Türkei zu erkennen gibt, dass es sie in der Union im Grunde nicht will, wird ein weiterer Staat den Weg zum Islamismus gehen. Das ist kein Argument für die bedingungslose Aufnahme der Türkei in die EU. Natürlich muss die Zypern-Frage irgendwann im Verlaufe der Verhandlungen gelöst werden. Aber warum gerade jetzt? Ebenso sind die Kopenhagen-Kriterien zur Schaffung einer Infrastruktur für Demokratie und Marktwirtschaft für die Türkei ebenso gültig, wie sie es für die postkommunistischen Länder waren. Aber hat nicht die Türkei bereits große Schritte in die richtige Richtung getan?

Dies ist ein denkbar ungünstiger Moment, um die Verhandlungen mit der Türkei zu unterbrechen und zu erschweren. Im Irak sind kaum Aussichten auf die Entstehung eines föderierten Einheitsstaates demokratischer Prägung erkennbar. In Afghanistan bleibt die politische wie die wirtschaftliche Zukunft durchaus unklar. Deutschland beteiligt sich nur zögernd an der Befriedigung. Da müsste die Bundesrepublik wenigstens am türkischen Beispiel zeigen, dass sie ein ernsthaftes Interesse an der Stärkung gemäßigter islamischer Kräfte hat.

Unter diesen Umständen ist Frau Merkels Versuch, im Bündnis mit Frankreich und Polen einen Weg zu suchen, um die Türkei doch noch von Europa fernzuhalten, ein eigentümlicher und folgenschwerer Irrtum. Der Gedanke einer Revisionsklausel in der Grundlage der Verhandlungen zwischen EU und Türkei ist ein Schlag ins Gesicht derer in der Türkei, für die der Weg nach Europa mehr ist als ein Weg in den Binnenmarkt. Deutschland hat im Irak eine Position eingenommen, die zwar verständlich ist, es aber aus den großen Entscheidungen der Zeit herausgenommen hat. In Afghanistan hat Deutschland sich so positioniert, dass die Nato selbst in Frage gestellt werden könnte. Die abweisende Haltung gegenüber der Türkei verstärkt den Eindruck, dass die Bundesrepublik sich zwar gerne in einem gemütlichen kleinen Westen ansiedelt, darüber hinaus aber keine Verantwortung zu übernehmen bereit ist.

Es ist an der Zeit, die Haltung zur Türkei zu überdenken. Dazu gehört die Einsicht, dass es eine »privilegierte Partnerschaft« inhaltlich nicht wirklich gibt und methodisch nicht geben kann. Sie ist undefinierbar und für den Verhandlungspartner unzumutbar. Wenn aber der Grundbeschluss akzeptiert wird, mit der Türkei im Hinblick auf eine Vollmitgliedschaft in der EU zu verhandeln, dann gebietet es das diplomatische Geschick, wenn nicht die politische Ehrlichkeit, keine unüberwindbaren Hindernisse aufzubauen. Es mag sein, dass die türkische Mitgliedschaft am Ende nicht gelingt. Den Versuch, ihr Gelingen zu hintertreiben, ist aber ein Beitrag zur weiteren islamistischen Radikalisierung und eines großen freien Landes unwürdig.

(9.12.2006)

Militär und Moral
Es reicht nicht aus, Übergriffe von Soldaten zu verurteilen,
man muss die Ursachen identifizieren

Damit hatten weder die Befürworter noch die Gegner militärischer Interventionen im Irak, in Afghanistan und anderswo gerechnet: Dass entsetzliche Episoden im Verhalten von Soldaten die ganze Mission in Frage stellen würden. Von den Folterungen von Abu Ghoreib bis zu den Schädelspielen deutscher Soldaten (ganz zu schweigen vom Verhalten der UN-Einheiten etwa im Kongo) zieht sich eine Kette von Missetaten, die eben die Werte in Frage stellen, um derentwillen die Intervention stattgefunden hat. Den vielen Kommentaren dazu sind ein paar Anmerkungen hinzuzufügen.
Die erste ist, dass ein solches Verhalten scharf verurteilt werden und angemessen bestraft werden muss. Das muss zudem sichtbar geschehen, sichtbarer als das Pentagon zunächst auf die Folterbilder reagiert hat.
Die zweite Anmerkung ist komplizierter. Wer die Untaten von Militärs in mehreren Ländern verfolgt hat, dem fällt ein Unterschied in der Art der öffentlichen Kritik auf. In England beginnen alle kritischen Äußerungen zu unmoralischem Verhalten von Soldaten mit dem ausdrücklichen Lob der tapferen Truppen. Es wird also zunächst die Solidarität der Bevölkerung mit ihrer Armee betont. Erst dann werden Vergehen als solche von einzelnen Missetätern kritisiert. US-Senator John Kerry hat diesen Stil unlängst in einer Rede vor Studenten verletzt, und obwohl an seinen eigenen militärischen Tugenden kein Zweifel bestehen kann, hat Präsident George W. Bush ihn sofort damit bloßgestellt, dass er der kämpfenden Truppe in den Rücken fällt.
Die Mischung patriotischer Einbeziehung und moralischer Entrüstung mag manchen in Deutschland nicht leicht fallen. Sie ist jedoch zentral, gerade wenn man will, dass die gemeinsamen moralischen Werte von Soldaten in der Ferne und Zivilisten zu Hause betont werden.
Eine dritte Anmerkung ist in Deutschland mit Recht gemacht worden. Soldaten, vor allem solche, die sich zum Dienst in fernen Ländern bereit finden, sind nicht mehr ein Spiegelbild der heimischen Gesellschaft. Es handelt sich bei ihnen vielmehr um Vertreter jener Gruppe von jungen Männern, die auch zu Hause besonders anfällig für Verletzungen der Gesetze ist. Nimmt man hinzu, dass oft besonders anfällige junge Männer Dienst in Gefahrenzonen machen – schon straffällig Gewordene, hoch Ver-

schuldete, Langzeitarbeitslose –, dann kann es nicht überraschen, dass einige von ihnen auf dumme Gedanken kommen. Dabei hilft es nicht, dass der Dienst in der Ferne vor allem für deutsche Soldaten, die immer möglichst weit von Kriegshandlungen entfernt bleiben, oft eintönig und wenig sinnvoll erscheint. Nimmt man dann noch eine gewisse unvermeidliche Verrohung des Soldatendaseins hinzu, dann können gelegentliche Zwischenfälle unmoralischen Verhaltens nicht überraschen.

Das ist keine Entschuldigung im Einzelfall. Es ist aber eine Erklärung, die zu Konsequenzen zwingt. Ob Interventionstruppen nun Schutz- oder Friedenskräfte genannt werden, sie sind in jedem Fall Fremde, ja fremde Besatzer. Das bringt allerlei Folgen mit sich, die nicht selbstverständlich sind. Eine davon ist ein klares Mandat, klarer als es vor allem in Afghanistan bisher ist. Jeder Einzelne muss wissen, warum er da ist, wo er ist. Das muss zudem in deutlichen und praktischen Worten formuliert sein. Schöne Vokabeln wie »Frieden« und »Wiederaufbau« reichen da nicht. Es reicht schon gar nicht, den Soldaten zu versprechen, dass sie vor Gefahren geschützt werden. Wer einen lebensgefährlichen Beruf ergreift, kann Phrasen und Realität ganz gut unterscheiden.

Weiterhin ist wichtig, dass Soldaten im Dienst in der Ferne beschäftigt bleiben. Achtstundentage und lange Wochenenden bringen schon in der heimischen Konsum- und Freizeitgesellschaft manche junge Leute aus dem Konzept. In Afghanistan oder im Kongo ist zu viel Freizeit ganz und gar verfehlt.

Dann aber ist das nötig, was vor allem in diesen Wochen erörtert wird: eine neuartige Ausbildung, die die praktischen Anforderungen von Interventionskräften mit dem Sinn für moralische Werte verbindet. Das ist nicht einfach, denn hier gilt es, die heimischen Werte mit dem Verständnis für fremde Kulturen zu verbinden. Es ist aber nötig – jedenfalls für Länder, die Teil einer Weltordnung sein wollen und in der Interventionen ein Kernelement der internationalen Beziehungen bleiben.

(4.11.2006)

Das afghanische Trilemma
Sicherheit, stabile Regierung und funktionierende Wirtschaft bedingen sich gegenseitig

Dass die Intervention im Irak ihr ursprüngliches Ziel nicht erreichen wird, steht mittlerweile auch für diejenigen außer Zweifel, die die Aktion ursprünglich begrüßt hatten. Einen demokratischen Bundesstaat Irak wird es auf absehbare Zeit nicht geben. Umso wichtiger ist es für die Beziehung des Westens zu der Region, dass das etwas bescheidenere Ziel der Intervention in Afghanistan wenigstens annähernd erreicht wird. Auch hier droht indes ein Scheitern.

Das Ziel in Afghanistan ist bescheidener im Hinblick auf den Export demokratischer Verhältnisse; es hat dennoch drei komplizierte Elemente. Das erste ist die elementare Sicherheit. Für die meisten beteiligten Länder liegt in ihr das Mandat ihrer militärischen Verbände. Das zweite Ziel ist die Vertretung der (gewählten) Zentralregierung im ganzen Land. Fremde Truppen sollen dafür sorgen, dass Afghanistan nicht zum gescheiterten Staat wird. Hinzu kommt dann als drittes Ziel die allmähliche Transformation der afghanischen Drogenökonomie in eine nachhaltig funktionierende Volkswirtschaft.

Aus afghanischer Sicht hängen die drei Ziele eng zusammen. Die Drogenökonomie ist die wirtschaftliche Basis der Warlords, also der kriegerischen Regionalherrscher. Sie macht zwar die Mehrzahl der beteiligten Afghanen nicht gerade reich – wie bei so manchen Produkten ist der Mohnanbau für die in den Feldern arbeitenden Bauern weit weniger lukrativ als für die lange Kette der Händler und vor allem die Bosse der Drogenmafia –, aber sie schafft doch Arbeit. Es muss also schon ein starker, durchsetzungsfähiger Staat sein, der die Bauern mit mehr oder minder sanfter Gewalt dazu bringt, andere Produkte anzubauen. Auch aus diesem Grunde ist die Aufgabe, einen effektiven Staat zu schaffen, die schwierigste von allen. Gerade hier stoßen ausländische Interventionen an ihre Grenzen.

Die meisten fremden Truppen im Lande sind überdies in keiner Weise darauf vorbereitet, als eine Art Bundespolizei der für viele Afghanen sehr fernen Regierung in Kabul dabei zu helfen, ihr Gewaltmonopol zu errichten. Bei einigen, wie den deutschen Einheiten, zählt das noch nicht einmal zu ihrem Mandat. So sind sie dann am Ende mehr um ihre eigene Sicherheit als um den afghanischen Staat besorgt. Die britischen Truppen haben ein weiter gefasstes Mandat; aber wie man es eigentlich anstellt, Staaten am Scheitern zu hindern, wissen sie auch nicht. Vielleicht weiß es niemand so recht, und doch ist es möglicherweise die größte internationale Aufgabe.

Es erübrigt sich fast hinzuzufügen, dass fast alle Militärs der Drogenwirtschaft ratlos, wenn nicht desinteressiert gegenüberstehen. Sie haben es jedenfalls aufgegeben, im Namen einer fernen Regierung Mohn zu zerstören, ohne eine Alternative im Sinn zu haben.

Das Resultat dieses mehrfachen Dilemmas ist die Hoffnung auf eine Art Arbeitsteilung. Die Präsenz von fremden Truppen schafft so etwas wie elementare Sicherheit. Sobald die Truppen aber in Kämpfe verwickelt werden, zeigt sich, wie brüchig diese Sicherheit ist. Um das Versagen des Staates von Kabul zu vermeiden, wird Hilfe bei der Ausbildung einer Bundespolizei angeboten. Noch fehlen jedoch die Beweise dafür, dass diese Polizei auch nur im ganzen Staatsgebiet existiert, geschweige denn die Durchsetzung von Parlamentsbeschlüssen und Regierungsentscheidungen erzwingt. Und der sozialökonomische Bereich wird Nicht-Regierungsorganisationen überlassen.

Vielleicht gibt es einstweilen keine bessere Antwort auf das afghanische Trilemma von Sicherheit, Staatlichkeit und sozialökonomischer Nachhaltigkeit. Das Beispiel Afghanistan zeigt indes, dass Interventionen mehr verlangen als hochtechnische Bomben und normale Soldaten. Es wäre gut, wenn es neuartige Interventionskräfte gäbe, die militärische, polizeiliche und sozialökonomische Aufgaben wahrnehmen können. Hier könnte eine Aufgabe der UNO liegen. Vielleicht sollte aber die nötige Ausbildung bei den nationalen Armeen beginnen. Afghanistan ist ja nicht das einzige Land, in dem solche Einheiten gebraucht werden. Eine politische Voraussetzung steht allerdings am Beginn solcher Entwicklungen: die Bereitschaft zur Intervention im Interesse funktionierender Staaten, die die Herrschaft des Rechts respektieren. Die Irak-Erfahrung hat diese Bereitschaft nicht gestärkt. Sie ist dennoch notwendig für eine Weltordnung in Freiheit.

(7.10.2006)

Verletztes Vertrauen
Der Schock des islamistischen Terrorismus gefährdet
die Integrationspolitik in Großbritannien

Großbritannien galt als Geheimtipp des europäischen Landes, dem es am besten gelungen ist, Millionen von Moslems so in die Gesellschaft zu integrieren, dass ein Kulturkonflikt praktisch nicht stattfand. In allen Bereichen des öffentlichen Lebens, von der Fernsehsprecherin zur Baronin im Oberhaus gibt es höchst sichtbare islamische Mitbürger. Die meisten Moslems geben sich so, dass man sie unschwer erkennt. Aber – und dies ist ein Teil des Geheimnisses – sie sprechen englisch. Die englische Sprache ist hinlänglich attraktiv für Zugewanderte und ihre Kinder, um wenigstens ein großes Problem der kulturellen Integration auszuschließen.
Noch eine andere britische Eigenart ist von Bedeutung: eine klarere Trennung der öffentlichen und der privaten Sphäre als in vielen anderen Ländern. In der öffentlichen Sphäre herrscht Kooperation. Sie braucht nicht organisiert zu werden, sondern findet auch dann spontan statt, wenn es gilt, anderen zu helfen, die erkennbar keine Moslems sind. Daher ist Diskriminierung in der öffentlichen Sphäre begrenzt; sie wird von der Bevölkerung in ihrer Mehrheit nicht akzeptiert. In der privaten Sphäre indes kann jeder tun und lassen, was ihm gefällt. Die private Sphäre ist zudem groß. Zu ihr gehört nicht nur die Religion, sondern auch ihre sichtbare Symbolik.
Der Schock des islamistischen Terrorismus hat diese besondere Form des Zusammenlebens erschüttert. Schon nach den Londoner U-Bahn-Anschlägen von 2005, aber mehr noch nach der jüngsten Aktion gegen mögliche Selbstmordattentäter in Flugzeugen ging es nicht nur um Akte oder Verdächtigungen. Dass Großbritannien gefährdet ist, wusste jeder. Dass aber »unsere Jungs«, immer wieder als »ganz normal« beschriebene junge britische Moslems solche Unternehmen planen, kam für viele als Schock. Hier wurde das Grundvertrauen, auf dem die Mischung von privater Toleranz und öffentlicher Integration beruhte, verletzt.
Das galt auch für viele britische Moslems und insbesondere deren oft wortgewaltige Vertreter wie den Labour-Lord Ahmed. Zugleich fanden gerade diese Vertreter sich in einem Zwiespalt. Sie, die die Integration suchten und betrieben, wussten, dass diese gefährdet ist. Als nicht ganz akzeptierte Neubürger konnten sie rasch zu Opfern werden. Eben dies beginnt jetzt

zu geschehen. Wie in amerikanischen werden nun auch in britischen Flugzeugen als solche erkennbare Moslems skeptisch-ängstlich beäugt und von unruhigen Passagieren denunziert, wenn sie auch nur die geringste Unregelmäßigkeit begehen. Der Generalverdacht schafft ein Klima der Spannung, aber auch der Feindseligkeit. So wie Westinder immer wieder als Verkehrssünder verdächtigt werden, wird Moslems Gewalt zugetraut. Das macht die Anfälligen unter ihnen aggressiver und verleitet zugleich Nicht-Moslems zur Abgrenzung.

Eben dies geschieht gegenwärtig in England. Das viel zitierte britische Modell der Integration ist eindeutig in Gefahr. Da ist guter Rat teuer. Gewiss, zunächst sind die Führer der moslemischen Gemeinschaft selbst gefordert. Sie wissen das auch und handeln entsprechend. Aber sie können die Mauer des Misstrauens nicht einfach mit guten Worten abbauen. Man kann von ihnen allein die Lösung nicht verlangen.

Da ist die andere Seite, also die der Alteingesessenen gefragt. Sie darf keine Fehler machen, die den Generalverdacht bekräftigen. Im Frühjahr hat es bereits einige Razzien in Wohnungen von Moslems gegeben, die kein Ergebnis außer Missstimmung und Missverständnisse gebracht haben. Schlimmer noch ist, dass Premierminister Blair im Lichte der jüngst vereitelten Anschläge zurückkehren will zur gesetzlichen Verlängerung der Untersuchungshaft ohne Richterentscheidung. Ressentiment zu schüren ist die schlechteste Methode der Bekämpfung des Terrorismus, und die Einschränkung der körperlichen Unversehrtheit im Hinblick auf eine bestimmte Gruppe führt zu Ressentiment.

Noch wissen wir nicht recht, unter welchen Umständen Terrorismus aufhört und wie man solche Umstände schafft. Aber die Förderung des Terrorismus durch verfehltes Handeln ist sicher falsch. Großbritannien steht an dem Punkt, an dem diese Gefahr besteht und Integration auf lange Zeit unmöglich wird. Man muss hoffen, dass die Tradition des Pragmatismus und der Toleranz sich gegen diese Gefahr durchsetzt.

(2.9.2006)

Der Staat auf Diät
Die Infrastruktur ist Ausdruck der öffentlichen Verantwortung in Hoheitsbereichen

Das Gerichtsurteil, das Deutschland haftbar macht für Fehler der in Schweizer Hand befindlichen Flugkontrolle im süddeutschen Luftraum, stellt die Frage, wie weit der Staat gehen kann, darf und vielleicht soll im Verzicht auf die direkte Wahrnehmung seiner Hoheitsrechte. Außerdem ist die Frage, wie weit denn solche Hoheitsrechte reichen, wo also zum Beispiel die Grenzen der Privatisierung liegen.

Mancher erinnert sich noch, welchen Schock die ersten Privatisierungen der Müllabfuhr ausgelöst haben. Heute haben die meisten Gemeinden diese zumindest ausprobiert. Ist Müllabfuhr wirklich eine Hoheitsaufgabe? Noch immer nimmt man indes mit Überraschung zur Kenntnis, dass Großbritannien – wie vorher schon die USA – daran geht, seine Gefängnisse zu privatisieren. Gehört nicht zum staatlichen Gewaltmonopol auch das alleinige Recht des Staates, Menschen ihrer Freiheit zu berauben? Zwischen privater Müllabfuhr und privaten Gefängnissen liegen jene Aufgaben der Grundversorgung, die zwar nicht unbedingt Rechte, aber doch mühsam errungene Ansprüche aller Bürger betreffen – die Versorgung mit Energie, mit Wasser zum Beispiel, aber auch die Grundchancen der Kommunikation, die wir mit der Post verbinden.

Fragt man, warum der Hang zur Privatisierung staatlicher Aufgaben sich in den vergangenen Jahrzehnten immer mehr ausgebreitet hat, so ist die Antwort zum Teil schlicht, dass der schlanke Staat Mode geworden ist. Der Staat hatte sich in den 1960er und 70er Jahren – und zum Teil auch noch danach – übernommen und musste nun »abspecken«. Die wichtigere Antwort aber ist, dass der Staat sich nicht als sehr guter Manager großer Unternehmen erwies. Hoheitsaufgaben wurden zu Pfründen für nicht sonderlich unternehmerische Leute.

Dass der Staat unter solchen Umständen Stahlwerke und Reedereien und andere Wirtschaftsunternehmen verkauft, hat seinen guten Sinn. Es ist ja auch keine eigentliche Hoheitsaufgabe, eine Brauerei zu führen. Schwieriger wird es in Bereichen, in denen der Schluss sich aufdrängt, dass eine Aufgabe erfüllt werden muss, der Staat mit seinen Behörden und Beamten aber nicht sehr gut geeignet ist, dies zu leisten. Die Wasserversorgung muss gesichert sein; sie kann aber durch private Unternehmen eher besser gesichert werden.

Die Frage ist dann: An wen kann der Bürger sich halten, wenn die Versorgungssicherheit gefährdet scheint? An Regulierungsinstanzen, ist die heute verbreitete Antwort. Zwischen Staat und Bürger treten neue Instanzen, die Unternehmen nicht führen, aber darüber wachen, dass diese bestimmte Grundregeln einhalten, die sich aus Hoheitsaufgaben ergeben. Es sei angemerkt, dass solche Instanzen Fragen der Demokratie aufwerfen: Wo bleibt die parlamentarische Kontrolle?

Das Urteil zur Flugsicherung aber wirft noch eine andere Frage auf: Wer haftet in letzter Instanz, wenn etwas schiefgeht? In Ländern, in denen die Bahn privatisiert ist – wobei Infrastruktur und operativer Teil häufig getrennten Unternehmen gehören –, wird die Frage bei Unfällen akut. Sie ist aber auch dann schon relevant, wenn nötige Investitionen offenbar nicht getätigt werden. Das Gerichtsurteil sieht hier mit Recht eine Art Haftungspflicht des Staates in letzter Instanz.

Große Zeitströmungen wie die der Verschlankung des Staates lassen sich nicht mit Gesetzen bändigen. Das Pendel kann durchaus auch wieder in die Gegenrichtung ausschlagen. Manche Gemeinden sind sogar bei der Müllabfuhr zu dem Schluss gekommen, dass sie diese wieder in eigene Regie nehmen sollten. Eine Faustregel liegt inzwischen nahe: Infrastruktur ist eher Staatsaufgabe als der operative Betrieb. Es ist eine Illusion anzunehmen, dass der Betrieb des Eurostar von London nach Paris und Brüssel die Baukosten des Kanaltunnels einspielen kann. Zugleich ist die Infrastruktur selbst Ausdruck der staatlichen Verantwortung in Hoheitsbereichen. Die Infrastruktur der Versorgung darf zumindest nicht in Frage gestellt werden. Das bedeutet eben auch, dass es insoweit eine Haftung des Gemeinwesens gibt.

Im Übrigen aber spricht viel dafür, die Grenzen staatlicher Hoheitsansprüche eng zu ziehen. Das heißt auch, dass ein breiter Raum bleibt für private Betreiber von Diensten, die zur Grundausstattung einer zivilisierten Gesellschaft gehören.

(5.8.2006)

Vertrauen ist besser
Das nötige Gleichgewicht von Freiheit und Sicherheit ist
zu Ungunsten der Freiheit gestört

Der begründete Verdacht, dass amerikanische Behörden private Finanztransaktionen registrieren und kontrollieren, gibt Anlass, einmal mehr über die Erosion der Bürgerfreiheiten im Namen der Bekämpfung des Terrorismus nachzudenken. Diese neueste Beschränkung der Freiheit im Namen der Sicherheit ist ja nur ein weiteres Steinchen im Mosaik der Unfreiheit, das in den Gesellschaften entsteht, die sich als offene, eben freie Gesellschaften verstehen und sogar diese ihre Freiheit anderen bringen wollen. Wie weit sind wir schon auf dem Irrweg gegangen, den Tony Blair mit der absonderlichen These beschrieben hat, Sicherheit sei die erste Freiheit?
Um keinen Zweifel zu lassen: Terrorismus ist eine besonders heimtückische Bedrohung. Es handelt sich nämlich gerade nicht um Krieg, für den es Regeln geben kann und gibt, sondern um Zerstörungsakte, die für die Betroffenen unverhofft und unberechenbar stattfinden. Sie sind zudem wohl nicht an einer zentralen Stelle geplant und koordiniert worden. Die Vorstellung, dass ein oberster Terrorist in einer Höhle an der pakistanisch-afghanischen Grenze die Terrorakte in New York, Madrid und London erdacht und organisiert hat, ist wenig plausibel. Gerade darum aber haben diese Akte etwas Unheimliches. Für die Bürger ähneln sie eher Naturkatastrophen oder Schicksalsschlägen.
Das macht Schutz vor Terrorismus besonders schwierig. Was überall und jederzeit geschehen kann, verlangt Verteidigung in allen Lebenslagen. Damit aber beginnt die Problematik: Eine solche Verteidigung ist nämlich nur möglich auf Kosten der Freiheit, die doch der Kern der Gesellschaften ist, die die Terroristen attackieren und die es zu verteidigen gilt. Der Eindruck drängt sich auf, dass angesichts dieser Problematik das nötige Gleichgewicht von Freiheit und Sicherheit zunehmend zuungunsten der Freiheit gestört wird.
Die Zeit ist gekommen, um gegenzusteuern gegen die Stimmung der Zeit. Das lässt sich begründen. Die Gefahr des Terrorismus mag allgegenwärtig sein, aber die tatsächlichen Akte sind außerhalb des Nahen Ostens bisher begrenzt und wenig zahlreich. Das sagt man nicht gerne; jedes Menschenleben zählt. Indes fordern Verkehrsunfälle ein Vielfaches der Opfer des Terrorismus. Andere Beispiele ließen sich geben.

Es mag sein, dass mancher Akt des Terrorismus durch die Wachsamkeit der Behörden verhindert worden ist. Dabei sind indes Fehler unterlaufen, die nicht verzeihlich sind. In London herrscht berechtigte Erregung über die Erschießung eines Unschuldigen, auch über die Durchsuchung von Wohnungen ohne hinlänglichen Grund. Der größte Fehler bleibt das Lager in Guantánamo Bay und der Umgang mit den Gefangenen.

Die Maßnahmen zum Schutz der Bürger haben schon jetzt Schaden angerichtet. Die verschärften Visa-Bestimmungen in den USA (und in geringerem Maße in Großbritannien) haben zu einer Abnahme von ausländischen Studenten und Wissenschaftlern geführt. Generell sind protektionistische Einstellungen zunehmend verbreitet, und diese bedeuten immer eher Selbstverstümmelung als Schutz.

Dann ist da das Klima der Angst, das nicht gerade den Sinn für tätige Freiheit fördert. Es mag sein, dass manche Missetäter durch die allerorten angebrachten Videokameras gefunden und überführt werden, aber die Allgegenwart des Großen Bruders ist ein zu hoher Preis. Ausweise, die auch genetische Daten tragen, geben auch nicht gerade ein Gefühl der Freiheit. Kreditkarten verraten offenbar weit mehr als die Kreditwürdigkeit von Menschen; die hinter ihnen stehenden Unternehmen haben »Profile« des Lebensstils ihrer Träger. Nun also wird das ohnehin ausgeprägte Netzwerk der Informationen, das Banken zur Verfügung steht, auch noch dem Staat zugänglich.

Manche mögen sich damit trösten, dass sie ja nichts Böses getan haben oder zu tun beabsichtigen und daher keinen Grund zur Sorge haben. Sie könnten sich zu früh freuen, denn der schleichende Autoritarismus lädt zum Missbrauch geradezu ein. Es war Lenin, dem der Spruch zugeschrieben wurde, »Vertrauen ist gut, aber Kontrolle ist besser«. Die Folgen sah man dann ja auch in Russland. In freien Gesellschaften aber muss das Gegenteil gelten. Kontrolle ist zuweilen nötig, aber Vertrauen ist allemal besser. Oder ist die Freiheit schon unzeitgemäß geworden?

(1.7.2006)

Die neue Ungleichheit
Die Gesellschaft hat eine Verantwortung gegenüber
den Verlierern der Wirtschaftsdynamik

Wirtschaftliche Ungleichheit ist Thema der öffentlichen Diskussion geworden, und das aus guten Gründen. Einerseits liest und hört man von Managereinkommen, die fast schwindelerregende Höhen erreichen; auf der anderen Seite nimmt die Kinderarmut in hoch entwickelten Ländern offenbar zu. In Amerika sind in den vergangenen 25 Jahren die Einkommen der unteren 20 Prozent gerade um vier Prozent gestiegen, die der oberen 20 Prozent hingegen um 54 Prozent (und die des obersten Prozent um 129 Prozent). Die Schere öffnet sich, und bei der großen Zahl zwischen den Extremen breitet sich Angst aus, aber auch Ärger und die Forderung nach mehr Gerechtigkeit.
Bevor hier den Emotionen freier Lauf gelassen wird, sind ein paar bedachtere Anmerkungen am Platze. Die erste davon ist, dass Zeiten großer wirtschaftlicher Dynamik immer auch Zeiten wachsender Ungleichheit sind. Die Globalisierung, also die enormen Chancen weltweiter Märkte und der sie befruchtenden Verfügbarkeit von Information, markiert eine solche Zeit der Dynamik. Die Milliardäre der globalisierten Informationsgesellschaft wie Bill Gates sind Symbole der neuen Möglichkeiten. Jede solche Dynamik kennt auch Verlierer. Sie ist aber zugleich der Anfang einer Phase, in der viele profitieren können. Sich gegen die neue Dynamik zu wehren, nützt niemandem. Es lähmt Kräfte, die die neuen Chancen nutzen können.
Eine zweite Anmerkung betrifft die Frage, warum die neue Ungleichheit in manchen Ländern mehr beunruhigt als in anderen, also in Deutschland mehr als in Großbritannien, generell in Europa mehr als in Amerika. Der Unterschied hat etwas zu tun mit der Flexibilität von Gesellschaften. Man denkt an Werner Sombarts Frage vor 100 Jahren: Warum gibt es in den Vereinigten Staaten keinen Sozialismus? Sombarts Antwort war: Weil dort die meisten hoffen, auf eigene Faust zu Wohlstand, mindestens aber zu einem anständigen Leben kommen zu können. Sie brauchen die Solidarität von Gewerkschaften und Parteien nicht zu diesem Zweck. Dass das für viele nicht zutrifft, ist keine neue Tatsache; aber eine hochmobile Gesellschaft hat sicher weniger Probleme mit der Ungleichheit.

Solche Mobilität ist mittlerweile auch in Europa verbreitet. Daher sind klassische Maßnahmen zur Einschränkung der Ungleichheit auch nicht mehr sehr wirksam. Im Gegenteil, so etwas wie die Reichensteuer beunruhigt wahrscheinlich die wirklich Reichen weniger als diejenigen, die davon träumen, selber einmal reich zu werden. Professor Kirchhofs kühner Steuerreform-Plan ist auch an der verbreiteten Liebe zu progressiven Steuern gescheitert. Doch könnte man argumentieren, dass sein System ermutigend gewirkt hätte, wo das herrschende System vornehmlich dämpfend wirkt und zu Umgehungen verlockt. Das heißt nicht, dass die neue Ungleichheit einfach hingenommen werden muss. Sie verlangt durchaus den Versuch der Rechtfertigung von den angehenden oder wirklichen Milliardären. Wenn große Tenöre wie Pavarotti zu dieser Kategorie gehören, wissen wir anderen, dass wir eben nicht so singen können. Das ist bei anderen Berühmtheiten der Zeit schon nicht mehr ganz so klar.

Bei Managergehältern kommen noch andere Fragen hinzu. Sie beginnen mit den Erfolgsmaßstäben. Ist es wirklich der Börsenwert eines Unternehmens? Und wie viel des Erfolges lässt sich wem zurechnen? Ist dieser Erfolg nachhaltig? Es gibt durchaus Rechtfertigungsgründe für hohe Managergehälter, aber doch auch eine moralische Verpflichtung der Begünstigten, sich nicht völlig zu entfernen von der Lebenswelt ihrer Mitbürger.

Zugleich gibt es die Verpflichtung des Gemeinwesens gegenüber den Verlierern der Wachstumsdynamik. Die neue Ungleichheit mag als solche nicht so verderblich sein, wie manche meinen. Gewiss gibt es eine wenig ansehnliche Geldgier, aber der Neid der anderen ist auch nicht erfreulicher. Nicht erträglich ist es hingegen, dass manche – möglicherweise eine wachsende Zahl – völlig aus dem Universum neuer Chancen herausfallen. Hier ist die Relevanz der Debatte um ein garantiertes Grundeinkommen eher gewachsen. Zivilisierten Gesellschaften steht es gut an, jedem Bürger, jeder Bürgerin ein Lebensniveau zu garantieren, unter das sie nicht fallen können. Einer freien Gesellschaft muss es dann aber erlaubt sein, ein hohes Maß an Ungleichheit zu ertragen.

(3.6.2006)

Sieg der weichen Themen
Der harte Kern der weichen Werte ist der Schlüssel zu einer neuen Bürgergesellschaft

Als die Regierung der großen Koalition gebildet wurde, bemerkten manche nicht ohne Überraschung, dass die SPD viele der »harten« Ministerien – zum Beispiel Arbeit, Gesundheit, Finanzen – für sich erobert hatte, während CDU und CSU eher die »weichen« Themen – wie Familie, Bildung, der ländliche Raum – blieben. Wie war das zu verstehen? War es gar ein Zeichen der Schwäche der Kanzlerin? Ein halbes Jahr später indes sieht das ganz anders aus. Die »weichen« Themen dominieren in der politischen Debatte. Frau von der Leyen ist täglich im Fernsehen zu beobachten, Herr Seehofer auch, und sobald die Forschung zum großen Thema wird, könnte die Bildungsministerin Annette Schavan ihnen folgen.
Sogar Geld haben die Minister der »weichen« Themen für ihre Ziele aus dem Sparhaushalt klauben können: die Mittel für die »Forschungscluster« in den für ihre »Exzellenz« ausgewählten Instituten und Hochschulen, das Kindergeld inklusive der Finanzierung der »Vatermonate«. Zeigt das die Macht der Frauen im Kabinett Merkel? Daran mag etwas sein; wichtiger jedoch ist ein anderes Motiv. Die »weichen« Themen der Regierungspolitik haben etwas mit Werten zu tun, und Werte, Leitwerte sogar, finden auf einmal öffentliches Interesse.
Dafür gibt es allerlei Gründe. Angesichts mancher Exzesse des neuesten Kapitalismus ist viel von Solidarität, auch von Gerechtigkeit die Rede. Dazu gehören die Generationengerechtigkeit und ihr Widerspruch zur wachsenden Staatsverschuldung wie zu einer allenfalls für die jetzt Berufstätigen noch finanzierbaren Sozialpolitik. Vor allem aber hat die Problematik der Zuwanderer die Frage der Werte aktuell gemacht. Da sind die verzweifelten Lehrer der Berliner Schule, da ist der Überfall auf den farbigen Potsdamer. Die Erweiterung der EU verschärft die Problematik der Zuwanderung. Und immer wieder wird gefragt: Wie soll man die vielen Fremden integrieren? Welchen Werten sollen sie huldigen, und wer vermittelt diese Werte?
Der Test für Einwanderer, den viele Bundesländer mit allerlei Nuancen vorgeschlagen hatten, zeigt eher deutsche Verlegenheiten als deutsches Selbstbewusstsein. Auch die Hoffnung, dass Familie und Bildung – die »weichen« Themen – das Problem lösen, bleibt angesichts der kunterbun-

ten Realität moderner Wertvorstellungen wenig ergiebig. Der Verfassungspatriotismus führt meist nicht weit über das Erlernen des Grundgesetzes hinaus.

Und doch ist an all diesen Versuchen etwas Richtiges. Dazu zählt vor allem die Einsicht, dass es leitende Werte geben muss, wenn eine Gesellschaft aus sich heraus zusammenhalten und damit eine wirkliche Bürgergesellschaft sein soll.

Solche Werte können nicht gegen den Strich gepredigt werden. Wenn es denn die alte Drei-Generationen-Familie je gab, ist sie doch heute und in absehbarer Zukunft kein plausibles Modell. Die alten Institutionen des sozialen Zusammenhalts, vor allem die Kirchen, müssen sich neu orientieren, wenn sie nicht ihre Bedeutung vollends verlieren wollen. Zunehmend gilt das auch für Unternehmen, die in abnehmendem Maße gemeinschaftsbildend sind. Von alledem wird manches bleiben, aber nur in Verbindung mit neuen Formen des Zusammenlebens, für die wir noch kaum Namen haben.

Dafür sind Beispiele zu setzen, Vorbilder. Diese dürfen aber auch nicht nur mit der Mode gehen. Die Geldgier der Zeit stiftet keine Gesellschaft, und dasselbe gilt für den Ehrgeiz zum Medienruhm, der manche bestimmt. Mit Recht haben nachdenklichere Medien begonnen, diejenigen zu preisen, die ohne viel Rummel dafür sorgen, dass nicht jeder soziale Zusammenhalt verloren geht. In Deutschland, wo viele Wörter wie »Leitung« oder »Führung« ängstlich vermieden werden, ist es wichtig, an die Bedeutung von Vorbildern zu erinnern. Ohne diese sind Werte nicht zu vermitteln.

Dabei hat der Staat nur bedingt eine Funktion. Gewiss ist es wichtig, die kleinen, intimen Lebenseinheiten zu fördern, die wir mit dem Wort Familie meinen; mehr noch als Geld brauchen sie indes die Ermunterung der ganzen sozialen Umwelt. In der Bildung ist die Förderung von Exzellenz sicher der richtige Weg; Leit- und Vorbildaufgaben gibt es aber ebenso sehr in den Schulen, und zwar in allen Schulen. Der harte Kern der »weichen« Werte ist der Schlüssel zu einer neuen Bürgergesellschaft.

(6.5.2006)

Bürgerrechte privatisieren?
Der Staat muss Mindeststandards garantieren, aber viele
Wahlchancen eröffnen

Nach Jahren, in denen die harten Themen der Wirtschafts- und Sozialpolitik die öffentliche Debatte und das Regierungshandeln beherrschen, haben nun auf einmal weichere Themen Konjunktur. Wer hätte gedacht, dass die Regierung in der Familienpolitik und in der Bildungspolitik punkten würde? Fast überraschender noch ist, wie rasch die SPD der CDU auf diese Politikfelder gefolgt ist. Zudem ist diese Wendung des Interesses nicht auf Deutschland beschränkt. Tony Blairs Zukunft als britischer Premierminister hängt jetzt an seinen Schulreformplänen, die in seiner eigenen Partei höchst umstritten sind, aber von der Opposition der Konservativen dankbar aufgegriffen werden.
Woher kommt dieses neue Interesse gerade an der Bildungspolitik? Teils kommt es, vor allem in Deutschland, von außen. In der Bundesrepublik hat die ansonsten in Europa weit weniger beachtete Pisa-Studie eine lebhafte Diskussion ausgelöst. Sogar der Besuch eines Repräsentanten einer der dubiosesten Unterorganisationen der Vereinten Nationen, der Menschenrechtskommission, hat hier Schlagzeilen gemacht. Ernsthafter und wichtiger jedoch ist die Entdeckung, dass die harten Themen der Zeit gleichsam weiche Ursachen haben. Die bei vielen Besorgnis erregende demografische Entwicklung hat sicherlich etwas zu tun mit der Familienpolitik. Die vor allem in Deutschland hartnäckig hohe Arbeitsosigkeit stellt auch Fragen an die Bildungspolitik. Noch immer – oder schon wieder? – gibt es offenbar Hindernisse beim Zugang zu weiterführender Bildung, ja zum Teil sogar im Hinblick auf die ersten und einfachsten Bildungsabschlüsse.
Im Unterschied zu den 1960er Jahren aber gibt es heute keine einfachen Antworten. Der Gedanke, dass Bildung Bürgerrecht ist, rief seinerzeit wie selbstverständlich den Staat auf den Plan. Von der Bildungswerbung über Stipendien bis zur Schaffung neuer Schulen und Hochschulen war der Staat gefordert. Heute reicht das nicht mehr. Jedenfalls fehlt heute der Glaube, dass der Staat die Bildungschancen aller garantieren kann. Es ist kein Zufall, dass die neue Bildungspolitik auf eine Mischung, manchmal auch die bewusste Verbindung von privater und staatlicher Initiative baut. In Deutschland bedeutet das die parallele Entwicklung von staatlichen und privaten Einrichtungen. Allerorten entstehen private Schulen und Hoch-

schulen, die das staatliche System ergänzen und wohl auch stimulieren sollen. In welchem Maße das Letztere, also die Reformwirkung privater Einrichtungen auf die des Staates, tatsächlich stattfindet, bleibt allerdings noch eine offene Frage.

In Großbritannien setzt New Labour hier wie auch in anderen Bereichen der Politik auf die Partnerschaft staatlicher und privater Akteure. Der Staat garantiert das Ergebnis, aber private Initiative wird mobilisiert, um es zu erreichen. Der neue Schultypus, den das so umstrittene Gesetz des britischen Premiers begründen soll, wird also aus dem System der staatlichen Kontrolle herausgelöst. Die so genannten Foundation Schools sind weitgehend autonom nicht nur in ihrer Verwaltung, sondern auch in ihrer Fähigkeit, nötige Mittel über die staatlichen Zuwendungen hinaus einzuwerben.

Die Einwände gegen diese neuen Pläne beruhen zum Teil auf alten Vorlieben und Abneigungen. In der Labour Party vor allem wird argumentiert, der neue Schultyp begünstige die Mittelschichten und vergrößere die Ungleichheit der Bildungschancen. Nicht nur die Konservativen sind von solchen Argumenten wenig beeindruckt.

Indes gibt es ein Problem, das durch neue Verbindungen von staatlicher Bildungspolitik und privater Initiative nicht gelöst wird. Das ist die Frage des Grundniveaus, unter das niemand fallen darf. Mindestens zehn Prozent – genaue Zahlen gibt es nicht – aller jungen Briten verschwinden von Schulen vor Ende der Schulpflicht. In Deutschland ist der Anteil geringer, aber auch hier ist der Hauptschulabschluss nicht mehr selbstverständlich. Dieses Minimalziel wird nicht durch staatlich-private Partnerschaften erreicht. Hier ist also der Staat gefordert. Hier ist in der Tat die Bildungspolitik Beispiel für die Politik generell: ein staatlich garantierter Mindeststandard verbunden mit einem breiten Spektrum von Wahlchancen jenseits des Minimums. Elementare Bürgerrechte lassen sich also nicht privatisieren.

(11.3.2006)

Kleine Schritte, lange Wege
Regierungen, die sich zuviel vornehmen, können die dafür
nötige Energie oft nicht mobilisieren

Bundeskanzlerin Merkel ist von herber, gar grundsätzlicher Kritik bisher verschont geblieben. Nur eines scheint manchen ihrer Anhänger zu missfallen, dass sie nämlich immer wieder von den »kleinen Schritten« spricht, die sie mit ihrer großen Koalition zu gehen gedenkt. Beim Weltwirtschaftsforum in Davos haben Wirtschaftsführer den Kopf geschüttelt über den Teil ihrer Rede, der von den kleinen Schritten handelte. Braucht Deutschland nicht ein paar große, sogar sehr große Schritte, um aus der Malaise der vergangenen Jahre herauszukommen? Und ist es nicht geradezu der Sinn einer großen Koalition, auch große Schritte zu tun?
Blickt man genauer hin, dann ist das indes keineswegs so sicher. Frau Merkel hat die Grundpositionen der deutschen Außenpolitik nicht verändert. Ihre Antrittsbesuche bei Partnern und Kontrahenten waren undramatisch und haben daher auch keine Schlagzeilen produziert. Dennoch markieren sie Veränderungen. Mit ihrer offenen, klaren Art hat die Kanzlerin Deutschland in Washington wieder gesprächsfähig gemacht und in Moskau jene leichte Distanz spüren lassen, die der Natur der deutsch-russischen Beziehungen entspricht. In beiden Fällen hat sie mit ganz kleinen Schritten beträchtliche Wirkungen erzielt.
Nun ist die Außenpolitik nicht der Hauptgrund für die Bildung der großen Koalition; es geht eher um einen innenpolitischen »Ruck«. Auch hier hebt sich Frau Merkel wohltuend ab von Tony Blair, der immerfort ganz große Schritte ankündigt, aber dann schon beim ersten dieser Schritte stecken bleibt. Blair wollte nicht nur etwas pro-europäischer, sondern dann gleich Europas Führer sein und steht jetzt vor dem Scherbenhaufen der britischen Präsidentschaft. Er wollte auch praktisch alle Bereiche der öffentlichen Dienste »modernisieren«, heute das Gesundheitswesen, morgen das Verkehrssystem, am Tag danach die Schulen und dann die inneren Städte. Die Armut im Lande sollte in wenigen Jahren beseitigt sein, und die in Afrika gleich dazu. Insofern ist Herr Blair geradezu das Gegenbeispiel zu Frau Merkel.
Das Schwierige an den großen – und vielen – Schritten ist, dass sie genau das nicht erreichen, was sie erreichen sollen. Regierungen, die sich zu viel vornehmen, können die Energie nicht mobilisieren, die dazu nötig ist. Sie

werden im Detail schlampig und stören so ihre eigenen Pläne. Sie schaffen sich überall Gegner und verlieren am Ende die Unterstützung, die sie brauchen. Und sie machen Schulden, denn alle Reformen – auch solche, die am Ende zu Einsparungen führen sollen – haben zunächst Kosten.

Die rot-grüne Regierung lieferte für diese Erfahrung manches Beispiel, nicht zuletzt bei den Reformen des Arbeitsmarktes. Dagegen ist die angekündigte Erhöhung des Rentenalters ein kleiner Schritt. Das gilt auch für das, was die große Koalition bisher in der Familienpolitik getan oder zu tun versprochen hat. In beiden Fällen werden Signale gegeben, die langfristige Wirkungen haben können. Zudem sind die unmittelbaren Kosten begrenzt, aber die Auswirkungen auf das Verhalten von Menschen beträchtlich. Das gilt jedoch nur dann nachhaltig, wenn es bei einer überschaubaren Zahl solcher Schritte bleibt. Wenn alle Ministerien kleine Schritte machen, ist das für die Regierung auch eine Überforderung. Die Konzentration auf strategische und begrenzte Veränderungen ist das eigentliche Geheimnis von Reform-Regierungen.

Entscheidend ist also nicht, wie groß die Schritte sind, mit denen politische Führer ihre Ziele ansteuern. Entscheidend ist, dass diese Schritte in die richtige Richtung führen. Hinzu kommt, dass sie den Stillstand beheben. Das kann mit einem einzigen kleinen Schritt geschehen, wenn dieser Zeichen setzt.

Blair steht am Ende seiner Regierungszeit, Angela Merkel am Anfang. Blair denkt an die Geschichtsbücher und vergisst dabei die tägliche Realität. So kann es passieren, dass er trotz seiner befriedigenden Mehrheit Abstimmungen im Parlament verliert. Sein Versuch, noch rasch ein paar große Schritte zu tun, wird möglicherweise bei großen Worten bleiben. Merkel wird gut beraten sein, wenn sie sich Zeit nimmt. Auch wenn die große Koalition nicht auf lange Sicht funktioniert, können von ihr Signale der Reform ausgehen, die dauern. Daher sollte man die Kanzlerin darin ermutigen, lange Wege mit kleinen Schritten zu beginnen.

(4.2.2006)

Sächsische Verhältnisse
Die Zersplitterung der Parteienlandschaft ist nicht unbedingt eine Krise der Demokratie

Wenn eines der neuen Bundesländer Respekt und Anerkennung verdient, dann ist es der Freistaat Sachsen. Zwar hat das Land seinen Anteil an den Problemen der dahingegangenen DDR, also Abwanderung und Arbeitslosigkeit und schmerzhafte Prozesse der Transformation, aber es hat zugleich wachsende Inseln des Fortschritts und sogar ein paar blühende Städte und Landstriche. Sachsen erlebt zudem eine bemerkenswerte Epoche guter politischer Führung. Sächsische Verhältnisse sind also eher Modell als abschreckendes Beispiel. Dennoch hat die jüngste Landtagswahl ein Ergebnis erbracht, das nachdenklich stimmt.

Man erinnert sich: In den Sächsischen Landtag sind nicht weniger als sechs Parteien eingezogen, nämlich CDU und SPD, PDS und FDP, Grüne und Rechtsradikale. Die Schwäche einer SPD, die nicht einmal zehn Prozent der Stimmen errang, ist bundesweit einmalig. Die Tatsache aber, dass am Ende nur eine plausible Koalition – die »große Koalition« – möglich war, ist seitdem im Bund bestätigt worden. Könnte es sein, dass hier dann doch ein Modell entstanden ist, das noch manche Nachahmer finden könnte? Droht es gar bei der baden-württembergischen Landtagswahl im Frühjahr 2006?

Ein paar Grundtatsachen lassen sich ja mit einigem Anspruch auf allgemeine Geltung konstatieren. Die alten »Volksparteien« werden schwächer. Hier und da können sie noch einer absoluten Mehrheit nahe kommen; die CDU vor allem hatte eine Zeit der Höhenflüge. Aber im Ganzen überrascht es nicht mehr, wenn CDU und SPD zusammen nur noch gerade 70 Prozent der Wählerstimmen erreichen. Zugleich werden andere Parteien profilierter und damit weniger koalitionsfähig. Die FDP hat deutlicher »neoliberale« Züge als in der Vergangenheit, was manche in der CDU – und mehr noch der CSU – beunruhigt. Die Grünen verbinden noch ausgeprägter als bisher wertkonservative mit modern-progressiven Positionen, was vor allem junge Wähler anzieht. Die Linke definiert sich geradezu als Protestpartei im Namen alter Besitzstände. Und am rechten Rand des Parteienspektrums kann immer mal wieder eine (meist instabile) Gruppe in besonderen Situationen mehr als fünf Prozent der Wähler vorübergehend von sich überzeugen.

Das ist es, was hier mit »sächsischen Verhältnissen« gemeint ist. Diese sind übrigens nicht auf Deutschland beschränkt. Italien, das als nächstes großes europäisches Land Wahlen hat, war auf dem Weg zu einer Zweiparteiendemokratie. Doch hat die Polarisierung sich wieder aufgelöst und die Wahlrechtsänderung, die Premier Berlusconi im Interesse seiner schrumpfenden Forza Italia durchgesetzt hat, wird die Zersplitterung weiter fördern. Wenn 2007 in Frankreich gewählt wird, könnte ein ähnlich kompliziertes Resultat entstehen, das nur durch die Notwendigkeit, einen einzigen Kandidaten zum Präsidenten zu wählen, kaschiert wird.

Sächsische Verhältnisse bedeuten also, dass es zwei ziemlich große und vier kleinere Parteien gibt, wobei Koalitionen einer großen mit einer kleinen Partei (wie sie in Deutschland die Regel waren) zahlenmäßig unmöglich werden. Es bleibt also die so genannte große Koalition oder ein Bündnis von der Art der Jamaika-Koalition mit einem relativ Großen und zwei Kleinen.

Ist diese Situation zu begrüßen oder zu bcklagen? Das ist zum Teil Geschmackssache. Gewiss ist die Situation aber kein Drama. Eine Krise der Demokratie folgt aus der neuen Zersplitterung der Parteien noch nicht. Eher folgt eine gewisse Instabilität der politischen Strukturen, denn es gibt keinen Grund anzunehmen, dass sächsische Verhältnisse sich langfristig stabilisieren. Es wäre zum Beispiel nicht sonderlich überraschend, wenn es den Linken bald ähnlich erginge wie der sächsischen Rechten, mit Austritten und inneren Auseinandersetzungen, die an den Bestand der Partei rühren.

Nur eines wird unter solchen Umständen schwierig: eine klare Richtungsentscheidung mit eindeutigen Führungsstrukturen. Wer diese will, muss über das Wahlrecht nachdenken und das Gegenteil von dem tun, was Berlusconi gerade getan hat – man muss, wie die Briten, das Mehrheitswahlrecht einführen. Geht man diesen Weg nicht, dann muss man eine gewisse Unklarheit in politischen Richtungsfragen in Kauf nehmen. In dieser Hinsicht ist Deutschland dabei, einschlägige Erfahrungen zu sammeln.

(7.1.2006)

Ach, Europa!
Die EU muss sich abgewöhnen, immerfort nach neuen Projekten zu rufen

»Ach, Europa!« Der Stoßseufzer, den Hans Magnus Enzensberger vor einigen Jahren zum Buchtitel erhob, ist auch heute noch angemessen. In vier Wochen geht die britische Präsidentschaft der EU zu Ende, die mit Zweifeln begann, dann – nach Premier Blairs fulminanter Rede vor dem Europaparlament – zu Hoffnungen Anlass gab und seitdem zunehmend wieder in dunkle Schatten des Zweifels getaucht ist. Es wäre fast ein Wunder, wenn auch nur die Haushaltsvorschau auf dem letzten Gipfel des Halbjahres beschlossen würde. Im Übrigen wird alles so enden wie die europäisch-mediterrane Gipfelkonferenz der vergangenen Woche, also mit Formelkompromissen und verbreitetem Desinteresse.

Und mit der Hoffnung auf die nächste Präsidentschaft natürlich, die Österreichs, die am 1. Januar 2006 beginnt. Aber ist Bundeskanzler Schüssel der große Europäer, der den Weg aus den drei Krisen des Haushalts, der Verfassung und des Lissabon-Programms zum Wirtschaftswachstum weist? Die Haushaltsfrage wird der erfahrene Österreicher wohl regeln. Im Übrigen aber ist auch er über seinen Zenit hinaus, und Landtagswahlen verheißen ihm nicht viel Gutes. Dasselbe lässt sich auch über den französischen Präsidenten, den italienischen Premierminister, die Regierungschefs Schwedens, Belgiens und Portugals sagen. Ja, es gilt mittlerweile nicht minder für Premierminister Blair. Deutschland (wie übrigens auch Polen) hatte in den vergangenen Monaten nahezu gar keine Regierung; ob und wie die neuen Regierungen in Schwung kommen, wird man sehen.

Europa ist also nicht besser als seine Bestandteile. Das wird niemand der Union vorwerfen. In der Tat darf man fragen: Ist es eigentlich so schlimm? Liberale Ordnungen können auch einmal schwache Führungen ertragen, ohne dass die Freiheit gefährdet wird. Auch ist das für Europa gerne verwendete Bild vom Radfahrer, der umfällt, wenn er nicht in die Pedalen tritt, immer abwegig gewesen. Es ist ein Bild, das Autofahrer (meist mit Chauffeuren) erfunden haben; denn Radfahrer wissen, dass sie, wenn sie nicht mehr in die Pedalen treten, die Füße auf den Boden stellen müssen. Das wäre nicht der schlechteste Rat für Europa!

Europa, die Europäische Union, muss es sich abgewöhnen, immerfort nach neuen Projekten zu rufen. Wenn die Union eine Zeit lang die Fragen, die sich aus den Ereignissen ergeben, kompetent anpackt, ist das schon viel. Europa muss sozusagen normal werden. Zu tun gibt es ja genug, von der Vollendung des Binnenmarktes über die Stabilisierung der Währungsunion bis zu den Verhandlungen der Welthandelsorganisation.

Eine Zeit europäischer Normalität erlaubt dann auch eine neue Perspektive auf die jüngsten Projekte. Da könnte es sein, dass allmählich alle entdecken, dass der Verfassungsvertrag mausetot ist und es wenig Sinn hat zu versuchen, ihn in dieser oder jener Form oder auch nur stückweise wiederzubeleben. Wo es wirklich Erfordernisse der Anpassung von Institutionen gibt, können diese pragmatisch angepackt werden.

Es könnte auch sein, dass aus der Normalperspektive die abwegigeren Teile der Lissabon-Agenda aufgegeben werden. In Europa Bedingungen eines nachhaltigen Wachstums zu schaffen, ist nötig und wünschenswert; aber die Vorstellung, dass die Europäische Union der dynamischste Raum der Weltwirtschaft wird, und zwar in fünf Jahren, ist schlicht illusionär. Ein Raum, in dem innovative Unternehmen gedeihen, ist schon ein löbliches Ziel. Wenn dies erreicht werden kann, ohne dass große Gruppen aus dem Wirtschaftsprozess herausfallen, ist das noch besser.

Auf die Dauer, mag man sagen, reicht derlei Normalverhalten nicht. Vielleicht ist das richtig. Es könnte jedenfalls nichts schaden, wenn in Europa einmal wieder politische Führer aufträten, die in Worte fassen können, was viele Bürger bewegt. Insofern sollte die Führungspause, die wir jetzt erleben, nicht allzu lange dauern. Nicht um Versprechungen geht es, sondern darum, in klaren, einfachen Worten die Situation zu analysieren und dann Ziele zu formulieren, die glaubhaft sind. Man sollte also aufhören, von den Vereinigten Staaten von Europa zu reden und stattdessen Europas Beitrag zu einer Welt der Freiheit und des Wohlstandes pflegen. Bis das geschieht, bleibt außer der Normalität doch nur der Stoßseufzer »Ach, Europa!«.

(3.12.2005)

Verantwortungslose Politik
Die Regierenden müssen dem Gemeinwesen
zu neuem Vertrauen verhelfen

Man kann darüber streiten, ob Max Webers Unterscheidung von »Gesinnungsethik« und »Verantwortungsethik« wirklich Sinn hat. In seiner berühmten Vorlesung über *Politik als Beruf* – gehalten 1920, also in turbulenter Zeit – beschrieb der große Soziologe mit »Gesinnungsethik« die absolute Moral, wie sie am Ende nur Heilige leben, obwohl sie für alle gilt. Die »Verantwortungsethik« praktischer Leute indessen sieht immer auch auf die Konsequenzen des eigenen Tuns und vertritt jedenfalls nicht das Prinzip »fiat iustitia pereat mundus«, wonach das Richtige geschehen muss, selbst wenn die Welt zugrunde geht.
Man könnte meinen, dass auch Politiker gehalten sind, absolute Werte zu beachten. Es gibt also keine doppelte Moral, die eine für das Leben, die andere für die Politik. Wer aber das deutsche Polittheater in diesen Wochen betrachtet, wird auch die Maximen der Verantwortungsethik in erstaunlichem Maße verletzt sehen. Das tut dem Gemeinwesen nicht gut. Verantwortung heißt ja vor allem, dass die Handelnden weder nur aus Impulsen des Augenblicks entscheiden noch über dem Blick zu den Sternen die Gassen aus den Augen verlieren. Sie blicken vielmehr voraus, auf das, was ihr Tun mittelfristig anrichtet. Sie stellen dabei in Rechnung, dass sie in Institutionen handeln, die gestärkt oder geschwächt werden können. Es geht also nicht nur um einzelne Personen.
Die deutsche Sozialdemokratie hat in dieser Hinsicht nach dem Abgang Willy Brandts und Hans-Jochen Vogels eine erstaunliche Serie von Entscheidungen erlebt, ja getroffen. Engholm – Scharping – Lafontaine – Schröder – Müntefering: In keinem Fall ist der Abgang vom Parteivorsitz sehr erbaulich gewesen. Der Gedanke an die mittelfristigen Folgen des eigenen Tuns hat offenbar weder die Führungspersonen noch diejenigen, die sie gewählt und abgewählt haben, geleitet. Die moralische Korrosion einer Partei, die in ihrer Geschichte gerade die Grundsätze einer ethisch bestimmten Politik vertreten und (wenn man an das Ermächtigungsgesetz von 1933 denkt) hochgehalten hat, ist beklagenswert.
Indes ist in diesen Wochen deutlich, dass ein solcher Mangel an Sinn für Verantwortung nicht auf die SPD beschränkt ist. Schon die Tatsache, dass die Verhandlungen über die große Koalition mit einem Personaltableau be-

gannen (und dann mit Kompetenzgerangel fortgesetzt wurden), hat einen schlechten Geschmack hervorgerufen. Das merkwürdige Oszillieren des CSU-Vorsitzenden Stoiber zwischen Berlin und München hat den misslichen Eindruck verstärkt. Während Frau Merkel unbeirrt und mit starken Nerven ihren Weg geht, ist sie umgeben von einer Welt, in der Verantwortung kleingeschrieben wird.

Wer nimmt Schaden durch verantwortungsloses Handeln? Das sind zunächst die großen ehemaligen Volksparteien. Nun mag man sagen: Es geht auch ohne sie. Die Welt ist nicht untergegangen – obgleich sie schwieriger geworden ist –, als CDU und SPD zusammen am 18. September kaum noch 70 Prozent der Stimmen erreichten, und es könnten noch weniger Prozente werden. Aber nachahmenswert sind italienische Verhältnisse nicht, wo genau dieser Prozess stattgefunden hat.

Doch geht es nicht nur um die einstmals großen Parteien. Es geht auch um die offenbaren Zweifel vieler Wähler an der Ernsthaftigkeit ihrer politischen Repräsentanten. Für ein paar Tage war das Berliner Theater ganz amüsant; mittlerweile aber bestätigt es das Empfinden, dass Politik ein schmutziges Geschäft sei, in dem ehrgeizige Menschen – übrigens: nicht zuletzt auch ehrgeizige Frauen – ihren persönlichen Nutzen der Verantwortung für das Gemeinwesen voranstellen.

Manche fragen: Ist Deutschland auf dem Weg zur Weimarer Republik? Der Vergleich ist abwegig. Deutschland ist allenfalls auf dem Weg zur Bananenrepublik. Das ist noch kein akutes Problem. Es kann aber eines werden, wenn nicht aus dem Berliner Getümmel bald ein paar Personen herausragen, die einen Sinn für Verantwortung haben und auch in ihrem Handeln dokumentieren. Dazu könnte Frau Merkel gehören, die ihre Position aber sichtbarer und hörbarer machen muss. Dazu könnte Herr Platzeck gehören, der zumindest von Verantwortung spricht. Jedenfalls ist der Zeitpunkt nahe, an dem die Verantwortlichen für das Land sich nicht mehr zurückhalten dürfen, sondern dem Gemeinwesen zu neuem Vertrauen verhelfen müssen.

(5.11.2005)

Solidarität und Freiheit
Die polnische Geschichte könnte ein einigendes Band Europas
von großer Symbolkraft sein

Dass Europa auch durch seine Vielfalt stark ist, sagt sich so leicht. Die polnischen Jahrestage dieser Woche haben indes einmal mehr gezeigt, dass Vielfalt auch tiefe Unterschiede bedeutet. Dabei war es – so merkwürdig das klingen mag – noch einfacher, sich des 1. September 1939, also des deutschen Angriffs auf Polen zu erinnern, mit dem der Zweite Weltkrieg ausgelöst wurde. Deutsche Politiker, Historiker und Bürger haben dazu beigetragen, dass über die Ereignisse, ihren Hintergrund und ihre Schuldigen kein Zweifel besteht. Und die europäischen Beteiligten sind einem gemeinsamen Geschichtsverständnis so nahe gekommen, wie sich das nur bewerkstelligen lässt.
Ganz anders steht es mit dem anderen polnischen Jahrestag der Woche, der Erinnerung an die letzten Augusttage des Jahres 1980, als ein Streik auf der Danziger Lenin-Werft zur Gründung der überaus politischen Gewerkschaft Solidarnosc führte. Selbst in Polen wollen nicht alle anerkennen, dass es sich hier um den Anfang der großen friedlichen Revolution handelt, die 1989 zum Ende der kommunistischen Regimes in Mittel- und Südosteuropa führte. Manche haben spät versucht, auf den Wagen der offenbar erfolgreichen Solidarität aufzuspringen.
Der Nobelpreisträger und Held jenes Danziger August, Lech Walesa, hat es seinen Freunden nicht leicht gemacht und tut das auch heute nicht, sodass sein Name Polen nicht immer eint. Im übrigen Europa hat die Geschichte der Gewerkschaft Solidarität nicht nur Anhänger; sie hatte es auch 1980 nicht, als vor allem deutsche Politiker angesichts der Bürgerbewegung abzuwiegeln suchten.
Dennoch war das Fest in Warschau und Danzig eine bewegende Demonstration der Solidarität in Freiheit. EU-Kommissionspräsident Barroso war nicht der Einzige, der dieses Prinzip auf ganz Europa angewendet sehen wollte. Ein großes Publikum begrüßte besonders herzlich die einstweilen jüngsten Repräsentanten der Selbstbefreiung durch Bürgerwirken, die Präsidenten Juschtschenko aus der Ukraine und Saakaschwili aus Georgien. Eine stehende Ovation bekam nicht nur Vaclav Havel, sondern auch der russische Dissident Kowaljow, der für seinen Kampf um die Meinungsfreiheit schon zehn Jahre hinter Gittern verbracht hat. Hier kamen denn

auch jene Unterschiede zum Vorschein, die Europa einstweilen keineswegs einen.

Für die neuen Mitglieder der EU und die Länder in ihrer östlichen und südöstlichen Nachbarschaft heißt Freiheit Abgrenzung von Russland. Sie trauen dem geschwächten Bären in ihrem Osten nicht. Sie setzen darauf – und helfen dabei –, dass Weißrussland bald in den Kreis der Freien aufgenommen wird. Daher gibt es verbreitete Skepsis gegenüber einem engen europäisch-russischen Bündnis und Widerwillen gegenüber allen Versuchen des Brückenschlages mit Russland über die Osteuropäer hinweg.

Ganz anders ist das Verhältnis der Solidarnosc-Erben zu den USA. Was man nicht selbst zustande gebracht hat, verdankt man den USA – so die vorherrschende Meinung. Und die Europäer? Deutschland bestätigte, dass der nahe und doch immer wieder schwierige Nachbar heute ein Freund ist. (Übrigens fiel auf, dass es vertreten war durch einen Bundespräsidenten, der selbst aus dem heutigen Polen stammt, eine Hochschulrektorin, Gesine Schwan, deren Universität, die Viadrina in Frankfurt/Oder, betont nach Polen blickt, und den einzigen Außenminister einer gewählten DDR-Regierung, Markus Meckel.) Für Frankreich sprach ein früherer Botschafter. Italien, Spanien waren abwesend. Nur aus Großbritannien kamen der Vizepremier und andere. Solidarnosc ist nicht, zumindest noch nicht, ein gemeinsames Erbe Europas.

Dabei könnte gerade die polnische Geschichte ein einigendes Band Europas von großer Symbolkraft sein: das Leiden des Landes zwischen Teilungen und Fremdherrschaft, das nun wohl ein endgültiges Ende findet; die großen Einiger, die das Land hervorgebracht hat, unter ihnen der verstorbene Papst Johannes Paul II.; dann das unbestreitbare Verdienst Lech Walesas und des Bündnisses von Arbeitern, Intellektuellen und am Ende zehn Millionen Bürgern, das unter dem Namen Solidarnosc dem eigenen Land und seinen Nachbarn die Freiheit gebracht und die förmliche Wiedervereinigung Europas ermöglicht hat. Noch indes ist zu einem solchen Verständnis ein langer Weg zu gehen.

(3.9.2005)

Hiroshima bleibt lebendig
Die Verwendung von nuklearen Waffen ist heute wahrscheinlicher als vor 60 Jahren

60 Jahre nach der Atombombe auf die japanische Stadt Hiroshima ist vor allem bemerkenswert, dass es seitdem keine weitere Verwendung der mörderischen Waffe gegeben hat. (Die zweite Bombe auf Nagasaki ist die einzige Ausnahme.) Die nukleare Waffentechnik ist vor allem in den USA und in Russland, vielleicht auch in China enorm entwickelt worden. Die heute zur Verfügung stehenden Nuklearwaffen haben ein Vielfaches der Zerstörungskraft der Hiroshima-Bombe, sind aber in den Arsenalen der Großmächte (und ihrer Nuklear-Satelliten) geblieben. Man mag fragen: Warum hat niemand sie benutzt?

Ein Grund liegt in Hiroshima selbst. Die schrecklichen Zerstörungen, die große Zahl der Opfer, auch die langfristigen Wirkungen für viele Menschen haben eine abschreckende Wirkung gehabt. Auch wenn heutige Nuklearwaffen qualitativ anders sind als die erste Atombombe, bleibt doch das Bild von Hiroshima lebendig. Es mag pessimistisch klingen, aber man könnte vermuten, dass die Menschheit nicht auf drohende Gefahren reagiert, sondern nur auf solche, von denen wir uns ein Bild machen können.

Sicher hat auch der Nichtverbreitungsvertrag, überhaupt die Bemühung, die Zahl der Nuklearmächte zu begrenzen, eine Rolle gespielt. Doch wirken solche Verträge am Ende nur, wenn sie mit den Interessen der Beteiligten vereinbar sind. Ebenso wichtig wie der Vertrag selbst war die Tatsache, dass der Nutzen der Verwendung von Nuklearwaffen in aller Regel nicht einsichtig ist. Indien und Pakistan können einander schrecklichen Schaden zufügen; aber es ist schwer zu sehen, dass eines von beiden Ländern dabei profitiert. Es wird noch darüber gestritten, ob die Bombe von Hiroshima nötig war, um den Krieg der Alliierten mit Japan zu beenden; tatsächlich hat sie jedoch diese Wirkung gehabt. Eine ähnliche Situation hat es nirgendwo sonst gegeben.

Die furchtbaren Bilder von Hiroshima und die evidente Sinnlosigkeit der Verwendung nuklearer Waffen waren also lange Zeit effektive Instrumente der Abschreckung. Ob das heute noch der Fall ist, ist nicht so sicher. Zwei Probleme vor allem geben zu denken. Das eine hängt direkt oder indirekt mit den Konflikten im Mittleren Osten zusammen. Es ist wahrscheinlich, dass Israel nukleare Waffen besitzt; aber der militärische Nutzen ist auch durch die geografische Lage begrenzt. Israels Gegner sind diffus. In der Tat ist das Land von Feinden umgeben. Das bedeutet, dass eine nukleare Attacke durch Israel grenzenlos wäre. Das Wort ist in jedem Sinne zu verstehen. Vor allem würde eine Rundumattacke zu einem nicht begrenzbaren Krieg führen. Israel selbst hingegen ist unendlich verwundbar. Wenn ein aggressiver Gegner Atomwaffen hätte, könnte dies die Existenz Israels bedrohen. Hier liegt ein tieferer Grund, weshalb Europäer und Amerikaner versuchen, Iran von nuklearen Entwicklungen abzuhalten, die militärische Verwendung erlauben.

Das zweite Problem ist das Nordkoreas, aber auch möglicher neuer Nuklearmächte. Bisher konnte man davon ausgehen, dass alle Länder, die über Nuklearwaffen verfügen, einigermaßen rational handeln. Wir wissen heute, dass wir in der Kubakrise von 1962 einem nuklearen Krieg näher waren als zu irgendeinem anderen Zeitpunkt. Chruschtschow ging bis an die Grenze, an der Bluff in Realität umschlägt. Der damalige Verteidigungsminister der USA, Robert McNamara, hat später geschildert, dass er einen weltzerstörenden Krieg fast schon für wahrscheinlich hielt. Indes obsiegte bei Chruschtschow am Ende eine Art Rationalität.

Ob das auch heute noch bei allen Nuklearmächten der Fall sein würde, ist nicht sicher. Hier liegt die Bedeutung der Einbindung Nordkoreas in das System der Nichtverbreitung. In einer Zeit der von Autoritäten sanktionierten Selbstmordattentate ist nicht auszuschließen, dass auch Staaten diesen Weg beschreiten. Die Wahrscheinlichkeit der Verwendung von nuklearen Waffen ist möglicherweise heute größer als zu fast allen anderen Zeitpunkten in den vergangenen 60 Jahren. Da sind wir weniger auf das Verhandlungsgeschick europäischer Botschafter als auf den eindeutig erkennbaren Willen der nuklearen Großmächte angewiesen. Hiroshima bleibt Zeugnis der Selbstzerstörungskraft der Menschheit. Auch darum dürfen wir es nicht vergessen.

(6.8.2005)

Unflexible Deutsche
Wer Schwarzarbeit bekämpfen will, sollte fragen,
warum sie so verbreitet ist

Nun kommen also die Wahlprogramme. Die Parteien sagen ihren potenziellen Wählern, was sie vorhaben. Die Staatsfinanzen in Ordnung zu bringen, ist gewiss eine Priorität, das Wirtschaftswachstum anzuregen, eine zweite. Aber vor allem werden viele fragen, wie es denn steht mit der Umsetzung der Forderung des Bundespräsidenten nach »Vorfahrt für Arbeit«. Die Antwort ist nicht einfach. Wer dennoch eine einfache Lösung verspricht, verdient die Stimmen der Bürger nicht. Ein paar Anmerkungen machen Komplikationen deutlich, die jede Antwort berücksichtigen muss. Die klassische Antwort auf die Arbeitslosigkeit lautet, dass Wirtschaftswachstum nötig ist. Indes zeigen die Erfahrungen nicht nur Deutschlands, dass der Zusammenhang von Wachstum und Arbeit nicht (mehr) automatisch ist. Für größere Unternehmen kann sogar der Abbau von Arbeitsplätzen Wachstum bedeuten. Ein Klima des Wachstums ist sicher wichtig, aber es reicht allein nicht.
Was aber dann? Der Staat schafft keine Arbeit, sagt man aus guten Gründen. Tatsächlich ist ja der Staat vielfach die einzige Instanz, die Stellen schafft. Nur läuft das Programm fast aller Parteien auf den Abbau von Bürokratie, die Einsparung öffentlicher Mittel, also die Reduktion der vom Staat geschaffenen Stellen hinaus. Hier liegt also die Lösung auch nicht.
Übrigens gibt auch die öffentliche Anschubfinanzierung großer Projekte nicht (mehr) genug her. Eines der größten Infrastrukturprojekte der vergangenen Jahrzehnte, der Bau des Kanaltunnels, hat in seiner Hochzeit direkt nicht mehr als 3 000 Leute beschäftigt. Das waren überdies zumeist Hochschulabsolventen.
Also mehr weiterführende Bildung? Gewiss, ja. Nach wie vor bringt ein akademischer Abschluss bessere Berufs- und Einkommenschancen mit sich als ein Hauptschulabschluss. Aber die vielbeschworene Wissensgesellschaft hat eine fatale Neigung, sich selbst überflüssig zu machen: Neue Entwicklungen bedeuten in aller Regel weniger Arbeitsplätze. Viele junge Akademiker sehen die Grenzen, die ihren Chancen gezogen sind.
Das alles ist mit einem Körnchen Salz zu nehmen. Wachstum, Staatstätigkeit, Infrastrukturprojekte und Hochschulbildung sind allesamt nützlich. Sie lösen das Arbeitsproblem jedoch nur in geringem Maße. Da sind viel-

mehr drastischere Entwicklungen nötig, von denen zwei besondere Erwähnung verdienen.

Erstens gilt heute der perverse Satz: Sichere Arbeitsplätze sind unsichere Arbeitsplätze. Der klassische Beruf mit der Anstellung auf Lebenszeit, vollem Kündigungsschutz, Ferienanspruch, Pensionsanrechten ist zum Minderheitsphänomen geworden. Vielfach bedeutet eben diese totale Arbeitsplatzsicherung, dass Arbeitsplätze, ja ganze Unternehmen bachab gehen. Mindestens gehen sie flussabwärts, nämlich die Donau hinunter bis zu den Billiglohnländern. Es kann gar nicht oft genug betont werden, dass nur selbstbewusste Flexibilität Sicherheit im Arbeitsleben vermittelt.

Manche haben es noch nicht bemerkt, aber in allen großen Unternehmen schrumpft die Stammbelegschaft. Die Hälfte und mehr der Produkte und Dienstleistungen werden durch Outsourcing, also in Kontraktunternehmen ohne all die Vergünstigungen produziert.

Das andere erwähnenswerte Thema ist ein deutsches Thema. Persönliche Dienstleistungen werden in Deutschland offenbar weder angeboten noch nachgefragt. Die häufigsten neuen Stellen in den USA sind die für Autowäscher, Tütenpacker in Supermärkten und Hauslieferanten von Pizzas. Deutsche waschen ihre Autos entweder mit Inbrunst selbst oder fahren in eine Waschanlage. Zudem hat sich eine Einstellung verbreitet, die in Dienstleistungen etwas Erniedrigendes sieht. Italienische Kellner lieben ihre Jobs, die sie mit (manchmal interessanten) Leuten zusammenbringen. Das gilt andernorts auch für Taxifahrer und sogar Haushaltshilfen.

Niemand wird die Schwarzarbeit verteidigen; aber wer sie bekämpft, sollte fragen, warum sie so verbreitet ist. Bci der Antwort stößt man auf Tariflöhne und Kündigungsschutz, aber auch auf Einstellungen der Schwarzarbeitgeber und der Schwarzarbeitnehmer. Der Staat kann helfen, die Regeln des Arbeitsmarktes attraktiver zu machen. Am Ende aber ist eine Veränderung der Einstellung nötig. Sie lässt sich fördern, liegt aber bei den Bürgern selbst.

(9.7.2005)

Meilenweit entfernt
Der Europäische Verfassungsprozess ist den Bürgern nicht zu erklären

Für Europas politische Führer war der Mai alles andere als ein Monat des frühlingshaften Aufbruchs. Der erste Schlag war Tony Blairs Wiederwahl, die ihm zwar dank des Wahlrechts eine Mehrheit im britischen Unterhaus bescherte, aber dennoch als Niederlage interpretiert wurde. Zwei Wochen später folgte die Wahl in Nordrhein-Westfalen und Bundeskanzler Schröders Coup der Ankündigung von Neuwahlen. Dann, am 29. Mai und am 1. Juni, kam der Doppelschlag des Neins in den Europa-Abstimmungen in Frankreich und den Niederlanden. Eines haben diese Ereignisse gemeinsam, das übrigens auch für Silvio Berlusconis italienische Niederlagen bei Regionalwahlen gilt: Sie enthüllen die Ferne der politischen Klasse von den Fragen und Sorgen der Bürger.

Die politischen Führer finden nicht nur nicht den richtigen Ton, sondern sie sagen Dinge, die meilenweit entfernt sind vom Bewusstsein der Bürger. Es reicht eben nicht mehr, mit schönen Worten die Vorzüge der europäischen Einheit zu beschwören und dann einen Text vorzulegen, den nicht einmal die Befürworter mit klaren, verständlichen Worten beschreiben können. Und wir sehen ja, dass Europa nicht zusammenbricht, wenn dieser Text in der Versenkung verschwindet: Jetzt sagen die Befürworter, die so kläglich an ihren Völkern gescheitert sind, so schlimm sei das Ganze nicht, es ginge auch ohne den Verfassungsvertrag weiter.

Es gibt europäische Themen, bei denen Erklärungsbedarf besteht. Dazu gehört die Frage einer wirtschafts- und sozialpolitischen Strategie, also die Sache mit dem eher mysteriösen »europäischen Sozialmodell«. Dazu gehören Aspekte der Erweiterung der EU, darunter nicht zuletzt die des möglichen Beitritts der Türkei. Dazu gehört auch, bei der Minderheit der EU-Länder, die der Währungsunion angehören, die nie ernsthaft erörterte Frage des Euro. Diese Themen sind wichtiger als der Vertragstext für eine Verfassung. Sie führen nämlich hin zu den tieferen Sorgen der Bürger, die es mit den Folgen der Globalisierung, den sozialen Kosten des Wachstums und der Zukunft des Sozialstaates zu tun haben.

Reform ist in vielen europäischen Ländern ein Modewort geworden. Tony Blair fügt ihm gerne noch das andere Wort Modernisierung hinzu. Aber das sind Leerformeln. Letzten Endes weiß kaum einer, was damit wirklich

gemeint ist. Vielleicht ist es ja so etwas wie eine »neue soziale Marktwirtschaft«; aber als Angela Merkel diesen Ausdruck einmal zur Sprache brachte, wurde sie von ihrer Partei rüde zurückgepfiffen. Nur nichts Neues, das kann nur Angst machen! Da immerhin hat es New Labour besser.
Dabei ist ein Schluss aus den Ereignissen dieses Mais evident. Wenn der Europäische Rat Mitte Juni zusammenkommt und so zu tun versucht, als sei nichts geschehen, dann verdoppelt er den Schaden, den die Volksabstimmungen möglicherweise angerichtet haben. Klare Worte wären endlich einmal nötig. Der Verfassungsvertrag ist tot, mausetot. Einzelne seiner Elemente mögen sich für eigene Beschlüsse eignen, aber als Ganzes, als »großer Wurf«, ist er nicht wiederzubeleben. Die Bürger wollen den krausen Text mit seiner hochtrabenden Präambel nicht; sie wollen Antworten auf reale Zukunftsfragen. Der Rat sollte also sagen: Wir haben jetzt anderes zu tun, als gequälte Rettungsversuche eines ungeliebten Textes zu unternehmen. Wir wenden uns den Kernthemen von Wohlstand und sozialer Grundsicherung zu.
Sie werden es nicht tun. Die politische Klasse, die von den Bürgern so herbe abgestraft worden ist, sagt zwar, sie wolle jetzt mehr zuhören, aber sie tut es nicht. Vielleicht kann sie es nicht. Ein zuhörender Präsident in Frankreich hätte nie und nimmer einen Premierminister ernannt, der sich noch nie einer Wahl gestellt hat. Wenn aber die Verhärtung der geschlagenen Führer Europas noch zunimmt, dann bleibt das Feld den Verführern überlassen, den Schönrednern also, die gefällige Worte nicht mit Substanz zu füllen brauchen. Das ist eine unerfreuliche Aussicht, denn selten war es, in Vaclav Havels Worten, nötiger als heute, dass wir »in der Wahrheit leben«.

(4.6.2005)

Berechenbare Größe
Deutschland hat nach dem Ende des Krieges viel erreicht, es sollte nicht zuviel wollen

Der 8. Mai 1945 ist ein Tag, der nicht vergeht. Vor allem für Deutschland nicht. Der für die meisten handgreiflich spürbare Zusammenbruch des Deutschen Reichs hat die Menschen nicht nur vom Krieg, sondern vom Regime der Nazis befreit, blieb aber zugleich untrennbar verbunden mit Niederlage und Schuld. Wer sich an den Tag noch erinnert, sieht den Nachkriegsweg des Landes aus Ruinen und Elend zu Wohlstand und Ansehen mit fast ungläubigem Staunen und großer Bewunderung. Dieser Weg war indes kein Wunder, sondern eine Leistung. Dabei haben die Umstände und neue Freunde geholfen.
Die Umstände waren die des Kalten Krieges, der den westlichen Besatzungszonen die offene Gesellschaft brachte, während er die Ostzone zu neuer Unfreiheit verdammte. Die neuen Freunde waren in Europa Frankreich und in der Welt die Vereinigten Staaten. Marshall-Plan, die freie Entscheidung des Saarlandes für Deutschland 1955, die Schritte der europäischen Einigung wurden in diesem Feld möglich und machten am Ende die Vereinigung Deutschlands zu einem für die Nachbarn und die Welt problemlosen, für die Deutschen erfüllenden Ereignis.
Drei Dinge hat Deutschland erreicht: Das Land hat sich aus dem Elend zu unerhörtem Wohlstand hochgearbeitet und diesen später mit den weniger begünstigten Ostdeutschen geteilt. Das ist eine Errungenschaft, die auch durch die Erörterung der fehlenden Reformen heute nicht in Frage gestellt wird. Sodann hat Deutschland im zweiten Anlauf der Demokratie eine sichere Basis gegeben. Auch das war nicht nur einfach. Es dauerte lange, bis die deutsche Demokratie den »Test des doppelten Machtwechsels« bestanden hatte, also zweimal ohne Gewalt oder Verfassungsbruch die Regierung gewechselt hatte. 1969 führte der Weg über eine große Koalition, 1983 über einen »fliegenden Wechsel« mit konstruktivem Misstrauensvotum. Da war 1998 fast normal.
Drittens schließlich hat Deutschland – nimmt man alles in allem – die eigene Vergangenheit in exemplarischer Weise bewältigt. Es hat früh schon eine Generation erstklassiger Historiker hervorgebracht, die den Ersten Weltkrieg, die Weimarer Republik und das Naziregime zum Thema machten. Es hat zur rechten Zeit die öffentliche Diskussion über die eigene Ver-

gangenheit geführt. Es hat durch sein internationales Handeln zugleich Wiedergutmachung geleistet und einen neuen Stil deutscher Mitwirkung am Geschehen in Europa und der Welt entwickelt. Wer will, der mag solchen Aussagen das eine oder andere »aber« anfügen. Wichtiger ist indes wohl jetzt die Frage, wohin in den kommenden Jahrzehnten die Reise gehen soll und wie Deutschland sich am besten auf diese Reise begibt.

Am wenigsten sinnvoll ist eine überzogene »Wir sind wieder wer«-Attitüde. Wenn die UNO beschließen sollte, den Sicherheitsrat zu vergrößern, hat Deutschland ein Interesse daran, sich an der Diskussion lebhaft zu beteiligen; mehr nicht. Wenn der deutsche Bundeskanzler und der russische Präsident gut miteinander auskommen, kann das dem europäischen Fortschritt und der Lösung weltweiter Fragen nützen; um solche Ziele geht es. Dass Deutschland eine mittlere Macht ist, braucht man nicht zu betonen, sondern sollte man nützen, um die Wertvorstellungen, die sich in der deutschen Nachkriegsgeschichte bewährt haben, deutlich zu vertreten; mehr nicht. Deutschland als berechenbare Größe in Europa und der Welt, mit eigenen Interessen gewiss, aber mit dem besonderen Interesse, Freiheit und Wohlstand für alle zu suchen – das reicht eigentlich.

Was die Gedenktage betrifft, so sollte Deutschland auch in Zukunft die lebhafte innere Diskussion pflegen und die Grenzen des politisch Korrekten nicht zu eng ziehen. An der Grundhaltung besteht kein Zweifel: Die Befreiung war auch eine Niederlage, die Niederlage eines Schreckensregimes, für das vor allem Deutsche Verantwortung tragen. Insofern ist der 8. Mai eine notwendige Erinnerung an böse Zeiten und zugleich der Angelpunkt, der den Weg in die freie Gesellschaft im Lichte der besten Traditionen der deutschen Geschichte eröffnet hat.

(7.5.2005)

Neues von der Insel
Der britische Wahlkampf zeigt dort eine völlig andere Problemlage als auf dem Festland

Dies war die Woche des Abschieds von Papst Johannes Paul II. Hinter dem römischen Geschehen musste das andere Geschehen, das in Großbritannien, zurücktreten. Das galt sogar in einem ganz wörtlichen Sinn, als der britische Hof die Hochzeit von Prinz Charles vom ursprünglich geplanten Freitag auf heute verschob. Die Umstände dieser Hochzeit bringen die andauernde Kraft, aber auch die Verwundbarkeit der britischen Monarchie ans Licht. Der Glanz der ersten Ehe von Prinz Charles liegt weit zurück. Während Königin Elisabeth unbestritten – wenn auch nicht geliebt – bleibt, hat die königliche Familie ebenso viele Gegner wie Freunde, und die meisten Briten können sich einen König Charles nur schwer vorstellen, von der Königin Camilla ganz zu schweigen.

In dieser Woche kam die Königin noch aus einem anderen Grunde in die Nachrichten. Am Dienstagmorgen suchte Premierminister Blair sie auf, um sie zu bitten, das Parlament aufzulösen und für den 5. Mai Wahlen anzusetzen. »Ihre Majestät hat großmütig zugestimmt«, berichtete der Premier anschließend vor den Kameras. Die Entscheidung hatte natürlich bei ihm selbst gelegen. Innerhalb der gesetzlichen Begrenzung der Wahlperiode auf fünf Jahre kann der britische Premier zu jedem beliebigen Zeitpunkt Wahlen ausrufen. Dass Blair es nach vier Jahren tat, zeigt seine Zuversicht, auch ein drittes Mal nach 1997 und 2001 die Labour Party zum Sieg zu führen. Nun hat also der Wahlkampf begonnen. Er wird kurz, aber heftig sein. Drei Wahlen nacheinander hat noch nie ein Labour-Führer gewonnen, und zwölf Jahre lang fern von der Macht zu sein, ist für die Konservativen ein hartes Geschick. Auffälliger noch ist jedoch aus kontinentaler Sicht die Thematik des Wahlkampfes. Sie könnte nicht weiter entfernt sein von den deutschen Problemen vor der Wahl in Nordrhein-Westfalen oder den französischen vor dem Referendum über die EU-Verfassung.

Um mit der Wirtschaft zu beginnen, die das Wahlergebnis bestimmt: Auch Großbritannien ist von Brüssel korrigiert worden. Die Prognose (so die Kommission) eines Wachstums von über drei Prozent im kommenden Jahr sei zu optimistisch; mehr als 2,5 bis 2,7 Prozent seien unwahrscheinlich. Da wären der deutsche Bundeskanzler und sein Finanzminister glücklich! Zudem bleibt die Arbeitslosigkeit bei wenig mehr als vier Prozent, und nach wie vor entstehen zahlreiche neue Jobs.

Blair und sein Schatzkanzler Brown haben besonderen Wert gelegt auf die Verbesserung der öffentlichen Dienste. Viele Bürger erzählen von neuen Schulen, erneuerten Krankenhäusern, von mehr Lehrern und Krankenschwestern und Polizisten in ihrem Umkreis. Es fällt den Oppositionsparteien der Konservativen und Liberaldemokraten nicht leicht, alternative Programme plausibel zu machen.
Dennoch ist der Premierminister selbst erstaunlich unbeliebt, ja bei vielen geradezu verhasst. Wegen Irak? Das gilt nur zum Teil, zumal Tony Blair in letzter Zeit Wert darauf gelegt hat, immer wieder zu betonen, dass man in dieser Frage verschiedener Meinung sein kann. Irak wird die Wahl nicht entscheiden. Europa übrigens auch nicht. Da hoffen jetzt beide großen Parteien, dass die französischen Wähler durch ein Nein im Referendum ihnen die Sorge um die Verfassung abnehmen. Nein, Blairs Unbeliebtheit beruht darauf, dass er zu oft gesagt hat »Trust me!«, »Vertraut mir!«, um dann die Bürger zu enttäuschen. Sein verbleibender Vorteil liegt allenfalls darin, dass der Führer der Opposition mindestens so unbeliebt ist wie er.
Doch liegt das eigentlich Bemerkenswerte an diesem Wahlkampf in der Tatsache, dass die Problemlage auf der Insel völlig anders ist als in Deutschland oder in Frankreich. Kann jemand Großbritannien ernsthaft empfehlen, jetzt dem Euro beizutreten? Gewiss bleibt viel zu tun, vor allem bei den öffentlichen Diensten. Aber Regierung und Opposition sind dazu bereit, und die Wirtschaftskraft des Landes ist da kein Hindernis. So ist es einmal mehr schwierig, einfach von »Europa« zu reden. Der Blick auf Großbritannien zeigt, dass die Unterschiede größer sind als die Gemeinsamkeiten.

(9.4.2005)

Angelsachsen wundern sich
Die personelle Verflechtung von Politik und Wirtschaft droht
zur Verfilzung zu werden

Die Fälle des niedersächsischen SPD-Oppositionsführers und seines Beratervertrages mit Volkswagen oder des (ehemaligen) CDU-Generalsekretärs und seiner Stelle bei RWE haben vor allem im parlamentarischen Raum zu neuem Nachdenken über die Nebeneinkünfte von Abgeordneten geführt. Es gibt aber auch eine andere Seite derselben Ereignisse: Wie sieht die finanzielle und berufliche Bindung von Abgeordneten eigentlich aus der Perspektive von Unternehmen aus? Welchen Nutzen haben angestellte Abgeordnete aller Ebenen von Gemeinderäten bis zum Europaparlament für Unternehmen? Und wo liegen die Grenzen, die Unternehmen dabei im eigenen Interesse ziehen sollten?
Für den am englischen Beispiel Geschulten ist die personelle Verflechtung von gewählten Politikern und wirtschaftlichen Tätigkeiten in Deutschland zunächst erstaunlich. Das beginnt schon in institutioneller Hinsicht. Nach wie vor gelten die deutschen Mitbestimmungsregelungen als eine Art Politisierung der Unternehmensführung. Das kann bei global operierenden Unternehmen zum Problem werden. In Deutschland gilt die säuberliche Trennung der Interessen als unnötig; jedenfalls wird die organisierte Kooperation vorgezogen. Das hat allerlei Folgen, bis hin zu den persönlichen Bindungen von gewählten Vertretern des Volkes an Unternehmen. Verfassungsrechtlich abgesichert ist zum Beispiel die Besitzstandsgarantie von Abgeordneten. Ihnen kann während ihrer Wahlzeit nicht gekündigt werden. Verlieren sie eine Wahl oder wollen sie aus anderen Gründen aus Parlamenten oder anderen gewählten Positionen ausscheiden, dann haben sie ein Recht auf Rückkehr.
Große Unternehmen tun oft noch ein Übriges. Obwohl sie rechtlich dazu nicht verpflichtet sind, zahlen sie gewählten Vertretern aus ihrem Kreise mindestens die Differenz zwischen ihren Abgeordneteneinkünften und ihrem Gehalt, wobei diese mancherorts durchaus großzügig berechnet wird. Aus britischer Perspektive ist das nur schwer vertretbar. Abgeordnete müssen nicht nur alle Einkünfte, auch die ihrer Ehepartner, im Detail offenlegen, und die deutschen Fälle würden bedeuten, dass sie sich von allen wichtigen Positionen ausschließen. Abgeordnete müssen auch in jeder auch nur entfernt ihren Einkommensquellen nahen Debatte förmlich erklären, dass

sie ein finanzielles Interesse haben, das ihr Urteil beeinträchtigen könnte. Selbst dort also, wo es legale Wege zur Bindung von Abgeordneten an Unternehmen gibt, hätten diese in Großbritannien eine wenig zuträgliche Wirkung für die Betroffenen.

Warum ist das in Deutschland anders? Ein Argument ist das der staatsbürgerlichen Verpflichtung. Wer sich für ein Wahlamt zur Verfügung stellt, soll in keiner Weise benachteiligt werden. Unternehmen übernehmen hier eine Verantwortung für das Wohl des Ganzen, indem sie es dem Staat als Arbeitgeber gleichtun. Solche Argumente haben indes viel, wenn nicht alles von ihrer Kraft verloren, seit der Abgeordnetenberuf eben das geworden ist, ein Beruf mit allen Rechten, insbesondere Pensionsrechten.

Das andere Argument, das gerne gebracht wird, verweist auf den Nutzen eines engen Verhältnisses von Wirtschaft und Politik. Politiker sollten mehr von Wirtschaft verstehen, und umgekehrt. Aber sind die Betroffenen wirklich so erfahrene Vertreter der Wirtschaft allgemein, dass sie sonst fehlende Elemente in die Politik einbringen? Oder handelt es sich am Ende doch nur um enge Unternehmensinteressen, die auch jenseits der Verbände und Lobbys Anwälte finden? Wären transparente Begegnungen von Vertretern der Wirtschaft und der Politik bei klarer Trennung der persönlichen Interessen nicht für die Moral des Gemeinwesens besser? Es gibt Bereiche, bei denen man darüber streiten kann, ob angelsächsische Verhältnisse auf Deutschland übertragen werden sollten. Was die säuberliche Trennung der Interessen angeht, ist indes die Gefahr unübersehbar, dass die enge personelle Verflechtung von Politik und Wirtschaft die Gefahr in sich trägt, zur Verfilzung zu werden.

(5.3.2005)

Gedenken für die Zukunft
Der Blick zurück darf nicht zum Hindernis werden, dem Land eine neue Dynamik zu verleihen

Nun wird also gedacht. In den meisten anderen Ländern geht es dabei um den 60. Jahrestag: 60 Jahre seit der Befreiung von Auschwitz, und am 8. Mai dann 60 Jahre seit dem (offiziellen) Kriegsende. Warum eigentlich 60? Warum, wie es scheint, sogar mehr Gedenken am 60. Jahrestag als am 50.? Eine Antwort darauf ist, dass es noch Zeitzeugen gibt. Eine andere Antwort ist, dass dies eine Zeit der Bereitschaft zum Gedenken ist. Es gibt vielerorts den Blick zurück, von der ernsten Erinnerung an die Untaten und Taten des Krieges bis zu den Karikaturen der zahllosen Fernsehfilme über Deutsche in feldgrauen oder auch schwarzen Uniformen.

Dazu ist zweierlei zu sagen. Das Erste und Wichtigere ist, dass es richtig und gut ist, sich zu erinnern, also nicht zu vergessen. Eine der großen Stärken des jüdischen Volkes ist das Nicht-Vergessen. In gewisser Weise wird das Judentum durch die gemeinsame Erinnerung ebenso sehr zusammengehalten wie durch die Religion. Nach dem Holocaust ist diese Kultur der Erinnerung zum bewusst gepflegten Prozess geworden. Da ist Gedenken immer die Entschlossenheit, alles zu tun, damit es nicht noch einmal geschieht. Deutsches Gedenken hat dasselbe Ziel, nur eben aus der Perspektive der Täter.

Der Holocaust ist der ganz und gar nicht banale Ausbruch des Bösen. Seine Einmaligkeit macht ihn zum Teil jedes deutschen Gedenkens. Der Teil ist dennoch nicht das Ganze. Der Krieg hatte viele Facetten, auch die des Leidens von Deutschen. Dass mein Vater durch die deutsche Niederlage aus dem Zuchthaus befreit wurde, in dem er als Widerstandskämpfer saß, hindert mich nicht daran, traurig zu sein über meine Großeltern, die alle vier Opfer der Bombenangriffe auf Hamburg wurden. Und dann ist da nicht nur der Holocaust und der Krieg. Sogar die Nachkriegszeit hat inzwischen eine Geschichte, an die zu erinnern sich lohnt. Überdies ist es an der Zeit, weiter zurückzugreifen in die Geschichte, die ja keineswegs nur das Vorspiel zu den Gräueln des 20. Jahrhunderts war.

Wenn all dies gesagt ist, muss aber auch hinzugefügt werden: Gedenken ist kein Selbstzweck. Es ist Ermahnung, wo es nottut, und Ermunterung, wo diese möglich ist. Es ist vor allem aber kein Ersatz für den Weg nach vorne. Ein Volk ohne Gedächtnis hat keine Zukunft, aber ein Volk, das in der

Erinnerung schwelgt, verpasst womöglich seine Zukunftschancen. In den Adenauer-Jahren gehörte ich zu denen, die sich über die »Restauration« des Vergangenen erregten. Das galt insbesondere, wenn dem Naziregime Verbundene Minister oder hohe Beamte wurden. Im Nachhinein muss man indes sagen, dass diese (relativ Wenigen) nicht versucht haben, das westliche Deutschland an neuen Wegen zu hindern. Erst in den 60er Jahren wurde klar, wie tiefgehend das Land sich verändert hatte. Dann fand auch jener Wechsel der Führungspersonen statt, den viele 1950 und 1955 vermisst hatten.

Vielleicht ist es für ein Land mit traumatischen Erinnerungen besser, zuerst nach vorne zu blicken und voranzuschreiten und dann an die Bewältigung des Vergangenen zu gehen. Hier lag und liegt eine der Stärken von Polen, wenn man an die Jahre nach 1989 denkt. Auch dort sind viele im Amt geblieben, von denen die vom kommunistischen Regime Verfolgten gehofft hatten, sie nie wieder sehen zu müssen. Auch dort aber hat der rasche Weg zu neuen Ufern Voraussetzungen geschaffen, unter denen es leichter wird, das Vergangene zu bewältigen.

Es ist also gut und richtig, dass in Deutschland das Gedenken an Vergangenes gepflegt worden ist. Es mag auch sein, dass 60. Jahrestage noch einmal Gelegenheit geben, Gewesenes im Hinblick auf Zukünftiges zu bedenken. Aber eben: im Hinblick auf Zukünftiges. Wenn das Gedenken das öffentliche Bewusstsein zu ständig und zu stark bestimmt, kann es zum Hindernis des Versuchs werden, dem Land eine neue Dynamik zu verleihen. Zu wünschen wäre, dass nach den Pendelschlägen der Dynamik ohne Erinnerung und des Gedenkens ohne Zukunftsoptimismus eine ausgewogenere Zeit folgt, in der Gewolltes und Gewesenes sich verbinden.

(5.2.2005)

Unvollkommene Globalisierung
Die Welt wächst zusammen, aber sie weiß noch nicht, wie sie das bewältigen soll

Die asiatische Flutkatastrophe zeigt die Welt so wie sie ist am Beginn des 21. Jahrhunderts: Wie in einem Brennspiegel sehen wir die Realität der Globalisierung, ihre Stärken, aber auch ihre Unvollkommenheiten und Grenzen. Man muss mit den Stärken beginnen. Die weltweite Bereitschaft, den Betroffenen zu helfen, übertrifft alle früheren Reaktionen auf Katastrophen. Da prallt jede Kritik im Einzelnen an der überwältigenden Tatsache ab, dass es offenbar so etwas gibt wie die Anfänge einer weltweiten Solidarität. Wenn die Kraft dieser Solidarität erhalten bleiben kann, gibt es Hoffnung für eine Zukunft der Zusammenarbeit in Frieden.
Die neue Solidarität hat etwas mit der Globalisierung zu tun, mit der Tatsache nämlich, dass das, was an einem Ende der Welt geschieht, überall wahrgenommen wird. In diesem Fall haben zwei andere Tatsachen der Globalisierung einen Beitrag zur Reaktion der Solidarität geleistet: Eine davon ist der weltweite Tourismus. Es ist nicht zynisch zu fragen, ob die Reaktionen ebenso rasch und entschieden gewesen wären, wenn es sich nicht um Gebiete gehandelt hätte, in denen Hunderttausende aus der Ersten Welt in den Ferien waren oder von denen sie als Urlaubsziel träumen. Was wäre geschehen, wenn es nur um die indonesische Bürgerkriegsprovinz Aceh gegangen wäre? Immerhin, gerade diese Provinz ist ins Blickfeld gerückt.
Die andere Tatsache ist die der Fernsehbilder. Die weltweite Verfügbarkeit von Information ist ja das Grundphänomen der Globalisierung. Hier liegt die größte Stärke dieser neuen Kraft, die sich einmal mehr bewährt hat, auch wenn sanfte Zweifel erlaubt sein müssen, ob immer mit dem nötigen Respekt und vielleicht manchmal etwas zu viel gefilmt und vor Ort geredet worden ist.
Verfügbarkeit von Information und Bereitschaft zur Solidarität sind die positiven Seiten der schrecklichen Erfahrung. Die Schatten werden indes länger, wenn wir auf das Fehlen wirksamer Institutionen blicken, um mit den Tsunami-Folgen fertig zu werden. UN-Generalsekretär Annan wusste schon, wovon er sprach, als er zweifelte, ob die zugesagten Gelder wirklich alle verfügbar gemacht, geschweige denn an die richtige Stelle geleitet werden. Zwei Wochen nach der Katastrophe ist mehr vom organisatorischen Chaos als von erfolgreicher Hilfe die Rede.

Die Welt wächst zusammen, aber sie weiß noch nicht, wie sie das praktisch bewältigen soll. Das bedeutet, dass wir uns auf manche Enttäuschung einstellen müssen. Wird in der indonesischen Provinz Aceh eher die militante Separatisten-Bewegung gestärkt als die Not der Bürger gelindert? Wie wirkt sich der Tamilen-Disput in Sri Lanka auf die Verteilung von Hilfsgütern aus? Hinzu kommen nationalistische Hindernisse für globale Solidarität: Indonesien akzeptiert keine britischen Gurkhas unter den Hilfstruppen. Indien erklärt von vornherein, dass es selbst mit den Flutfolgen fertig werde. Der Nationalismus ist jedoch nicht auf die Dritte Welt beschränkt. Frankreich unternimmt große Anstrengungen, sich als Koordinator und Hauptakteur der Hilfe zu gerieren. Es ist jedoch langsamer, als es die USA sind, deren Schiffe längst in Aktion sind, während der französische Helikopterträger noch auf halbem Wege zum Katastrophengebiet ist. Japan hat seine stilleren asiatischen Hegemonie-Ansprüche durch massive Geldzusagen untermauert.

Eine solche Konkurrenz muss angesichts des guten Zwecks nicht schädlich sein. Indes drängt der Verdacht sich auf, dass die Motive nicht kooperationsfördernd sind, wo Kooperation entscheidend sein kann. Die Hilfe ist auch mehr auf sichtbare Wirkung als auf Nachhaltigkeit gerichtet. Da klingt die deutsche Idee nicht schlecht, dass es Patenschaften für Regionen geben sollte. Überhaupt hat Deutschland im internationalen Vergleich gesehen mustergültig gehandelt.

So bleibt der Brennspiegel der unvollkommenen Globalisierung: weltweite Information und eine außerordentliche Bereitschaft zur Solidarität der Menschen in einer von allerlei Interessen zerfressenen Welt der Institutionen. Die Zukunftsaufgabe ist klar – ob sie die UNO anpackt oder eine Institution unter anderem Namen.

(10.1.2005)

Wählen nach Werten
Politik ist die Kunst des Machbaren, nicht ein Kampf
der Kulturen

Werte haben immer schon eine Rolle gespielt in der Politik. Warum gäbe es sonst eine Christlich-Demokratische Union und eine Sozialdemokratische Partei? Doch waren deren Werte zumeist eine Art Hintergrund, vor dem die Auseinandersetzung um Interessen und Programme sich abspielte. Die Konfessionsschule wurde lange Zeit aus christlichen Motiven verteidigt, und die Lohnfortzahlung im Krankheitsfall wurde aus sozialen Gründen gewährt. Heute indes scheinen Werte eine andere politische Bedeutung zu gewinnen. Sie werden zum Thema der politischen Auseinandersetzung selbst.
Es ist eben nicht mehr die Wirtschaft, auch nicht die Agenda 2010, sondern etwas Vageres, Nebulöses, das Wahlen gewinnt. In den USA war diese Wendung besonders deutlich. Die meisten amerikanischen Wähler sahen sehr wohl, dass Senator Kerry die Fernsehdebatten gewonnen hatte. Er hatte mehr zu sagen und verstand die wirtschaftlichen, sozialen und außenpolitischen Probleme des Landes besser. Dennoch traute die Mehrheit dem anderen Kandidaten, Präsident Bush, eher als seinem Herausforderer.
Bei Bush wusste man, woran man war. Er fand nicht alles »sehr komplex«, sondern hatte einfache Antworten. Dem »liberalen« Senator setzte er »neokonservative«, man könnte auch sagen, wertkonservative Haltungen entgegen. So verschwanden Themen wie das Haushaltsdefizit oder die fehlende medizinische Versorgung für Millionen hinter Wertfragen wie der Abtreibung, der Stammzellforschung, der Ehe von Gleichgeschlechtlichen.
Eine ähnliche Wendung wird inzwischen auch in Europa erkennbar. Mancher hat sich amüsiert über die ausgiebigen britischen Parlamentsdebatten zur Fuchsjagd mit Hunden. Inzwischen ist jedoch deutlich, dass auch hier Werte aufeinanderprallen, vor allem die von Stadt und Land, Moderne und Tradition. Und in Deutschland sieht es so aus, als seien die Kombattanten – und ihr Publikum – der endlosen Debatten über die Reform des Sozialstaates müde. Da treten dann auch Werte in den Vordergrund: Die »Leitkultur« ist wieder aufgetaucht und erlaubt allerlei indirekte Kommentare zur Frage der Zugewanderten und ihrer Integration. Der Patriotismus beherrscht die Haushaltsdebatte, wobei nicht klar wird, was mit Patriotismus eigentlich gemeint ist.

Mit ihrem Spagat von Fortschrittsversprechen und Wertkonservatismus fahren beispielsweise die Grünen nicht schlecht. Doch sie bekommen Konkurrenz. »Neocons« im amerikanischen Sinn gibt es zwar in Deutschland kaum. Aber an Spuren dessen, was man als Gegenaufklärung beschreiben kann, fehlt es nicht. Hat es nicht viel zu viel Modernisierung und die dazu gehörige politisch korrekte Sprache gegeben? Die Frage wird nicht nur unter Freunden mit Ja beantwortet. Multikulturelles Zusammenleben ist nicht mehr gefragt. Abweichungen vom »Normalen« gelten vielfach als solche – also eben als Abweichungen. Und mit der Unterdrückung des Nationalen muss es ein Ende haben…

Das Schwierige ist, dass solche Wertedebatten durchaus ihre Berechtigung haben. Es hat sich in der Tat eine politisch korrekte Sprache durchgesetzt, die wichtige Fragen unter den Teppich kehrt. Wie unterschiedliche Kulturen in einer liberalen Ordnung zusammen leben können, ist eine wichtige und schwierige Frage. Das nationale Selbstbewusstsein ist in Deutschland zu wenig entwickelt, was Deutschlands Nachbarn immer schon eher verdächtig fanden. Aber wenn Werte in diesem Sinn schon die politische Auseinandersetzung prägen, bleibt es besonders wichtig, eine klare Grenze zu ziehen zwischen emotionaler Gegenaufklärung und rationaler Auseinandersetzung.

Wichtig bleibt zudem, dass nach einer Zeit der aufgeregten Diskussion über Werte diese wieder in den Hintergrund rücken, in den sie in einer liberalen Ordnung gehören. Es ist nicht gut für ein demokratisches Gemeinwesen, wenn die politische Führung nach ihren vermeintlichen oder wirklichen Werten gewählt wird. Politik ist die Kunst des Machbaren, nicht ein Kampf der Kulturen.

(4.12.2004)

Sieg der Werte
Die Amerikaner haben nicht Bush gewählt, sondern die Werte, an die er glaubt

Warum hat der Sieger es geschafft? Warum ist George W. Bush wiedergewählt worden? Und warum hat John Kerry verloren? Was bedeutet die tiefe Spaltung des Landes? Auf solche Fragen gibt es keine richtige oder falsche Antwort, wohl aber eine, die von vielen geteilt und fast allgemein akzeptiert wird. Demnach ging es bei den amerikanischen Wahlen nicht um den Irak, jedenfalls nicht um die dort getroffenen und zu treffenden Entscheidungen als solche. Es ging auch nicht um die Wirtschaft. An Stelle von Präsident Clintons berühmter Wahlkampfmaxime »It's the economy, stupid!«, wonach es also die Wirtschaftslage ist, die die Wahl entscheidet, muss man dieses Mal etwas anderes sagen. Es ist der Charakter der Kandidaten! Oder eher noch: Es sind die Werte, an die die Kandidaten glauben!
Das ist eine überraschende Wendung, die gerade der britische Premier Tony Blair für seine Wiederwahl wohl bemerkt hat. Auf einmal sind Homo-Ehen oder die Stammzellenforschung wichtiger als die wachsende Arbeitslosigkeit oder die fehlende medizinische Versorgung für Millionen. Die USA spalten sich in Kulturkonservative und Kulturliberale, wenn man »Kultur« im angelsächsischen Sinn der Grundeinstellung zu sozialen und politischen Fragen versteht. Und wie es scheint, haben die Kulturkonservativen gegenwärtig die Oberhand. Das ist an sich schon interessant, stellt aber auch für den Rest der Welt Fragen. Wie sieht eine kulturkonservative Außenpolitik der USA aus?
Im Grunde wissen wir es schon: Sie ist bereit, für die bevorzugten Werte in den Krieg zu ziehen. Überhaupt scheut sie das Wort Krieg nicht. Ein Krieg kann sogar zu einem Kreuzzug führen, wenn es auch so scheint, als hätte Präsident Bush diesen gerade im Nahen Osten hochbeladenen Ausdruck wieder fallen lassen. Was potenzielle oder wirkliche Partner angeht, so zählt für Kulturkonservative deren Motivation, vor allem aber deren Charakter. Sind sie zuverlässige Freunde? Kann man sich auf sie auch dann verlassen, wenn sie zu Hause unter Druck geraten? Teilen sie gar die leicht religiös gefärbte Weltsicht, in der es im Grunde nur Böse und Gute gibt? Allenfalls für Schwächlinge ist da noch Platz, mit denen man aber nichts anfangen kann.

Für Präsident Bush ist nicht die Weltherrschaft im realpolitischen Sinne das Thema. Er ist gerade kein »Neocon«, kein Rumsfeld und auch kein Wolfowitz. Präsident Bushs internationales Ziel ist der Sieg seines Weltbildes, in dem sich konservative Werte mit dem Glauben an Amerika als neues Jerusalem verbinden. Das ist nicht John Kerrys Weltbild und sicher nicht das von Präsident Chirac oder Bundeskanzler Schröder. Es trifft eher bei Blair auf Verständnis, obwohl dieser dann keine rechte Antwort auf die Frage nach der Rolle Großbritanniens findet. In der postkommunistischen Welt stößt das Weltbild am ehesten auf ein Echo. Das Dilemma wird nicht so rasch gelöst werden: eine kulturkonservative Haltung zur Welt auf der einen Seite und eine grundsätzlich kulturliberale Politik auf der anderen. Europäer sind sozusagen allesamt Kerrys.

Nun hat der neu gewählte Präsident ja für sein eigenes Land ein Klima der Versöhnung angekündigt. Wird er diese Haltung auch gegenüber Amerikas alten Partnern in Europa an den Tag legen? Oder wird er doch der Versuchung erliegen, seinen Wahlsieg als Mandat für einen internationalen Kulturkonservatismus zu verstehen? Was zu tun wäre, liegt ja auf der Hand. Es geht, um in gängigen Formeln zu sprechen, darum, die »harte Macht« der USA mit der »sanften Macht« von vor allem europäischen Alliierten zu verbinden. Dass Amerika Kriege führen kann, wissen wir nun; aber wir wissen auch, dass es nicht in der Lage ist, nachhaltig Frieden zu stiften. Es könnte immerhin sein, dass in Europa die Talente genau umgekehrt verteilt sind.

Es war Senator Kerrys Absicht, im Irak die beiden miteinander zu verbinden. Präsident Bush könnte besser platziert sein, als sein Gegner es war, diesen Weg zu beschreiten. Das verlangt allerdings mehr als das Bekenntnis zu Werten. Es verlangt eine Initiative der Vernunft. Ob sie eine Chance hat, werden wir bald wissen.

(6.11.2004)

Die Türkei und die Wahrheit
Der europäische Einigungsprozess krankt an der Lücke
zwischen Realität und Vision

Ich gehöre zu denen, die die Eröffnung von Verhandlungen mit der Türkei eindeutig befürworten – aber immer unter der Voraussetzung, dass sie in der ehrlichen Absicht geführt werden, sie in absehbarer Zeit erfolgreich abzuschließen. Das wird nur gelingen, wenn das Pro und Kontra innerhalb der EU offen, klar und vernünftig begründet wird. Es bleibt wenig Zeit, das zu tun, aber für den Versuch ist es nicht zu spät.
Da sind zunächst offenkundig vorgeschobene Argumente auszuschließen. Zum Beispiel heißt es, der Beitritt der Türkei werde zu teuer. Das ist abwegig. Die EU ist genau so teuer, wie die Mitglieder es wollen. Die alten Mitglieder haben den jetzigen Beitritt von zehn neuen Staaten zum Anlass genommen, die EU eher billiger zu machen: Sie haben die Obergrenze des EU-Haushalts still und leise von den an sich beschlossenen 1,26 Prozent des Bruttosozialprodukts auf kaum über ein Prozent gesenkt. Das bedeutet, dass die neuen Mitglieder viel weniger bekommen als etwa Spanien oder Irland vor ihnen. Dann ist da die Frage der Manövrierfähigkeit der Institutionen. Auch hier ist Vorsicht am Platz. Im Prinzip schafft ein großer neuer Staat weniger Probleme als zehn kleine. Die wahren Entscheidungshemmnisse entstehen, wenn Slowenien droht, Kroatiens Beitritt zu verhindern, oder Lettland eine andere Haltung zu Russland einnimmt.
Bei genauem Hinsehen reduzieren sich alle Einwände gegen den Beitritt der Türkei auf die Frage: Gehört die Türkei zu Europa? Und da geht es nicht um abgestandene Grenzziehungen in Schulbüchern der Geografie, also die Bosporus-Brücken als »Brücken zwischen Europa und Asien«. Es geht vielmehr um Zweifel, ob die Türkei kulturell als ein europäisches Land bezeichnet werden kann. Diese Frage wird zudem nicht abstrakt gestellt, sie betrifft vielmehr das Selbstverständnis der EU: Ist die Türkei ein europäisches Land in dem Sinne, in dem die EU Europa versteht?
Eben hier stoßen wir auf ein Grunddilemma des europäischen Einigungsprozesses, nämlich die Lücke zwischen Realität und Vision. Die Brüsseler Kommission wird uns in den nächsten Tagen mitteilen, ob nach ihrer Meinung die Türkei alle greifbaren Bedingungen der Mitgliedschaft in der EU erfüllt. Dazu gehören keineswegs nur Fragen der wirtschaftlichen Aufstellung des Landes. Die Kopenhagen-Kriterien von Demokratie und

Rechtsstaat sind das größere Thema, wie die Debatte über die Strafbarkeit des Ehebruchs im Zusammenhang der türkischen Strafrechtsreform gezeigt hat.

Im Ganzen steht zu vermuten, dass die Kommission mit großer Mehrheit beschließt, dem Rat mitzuteilen, dass die Voraussetzungen für Verhandlungen über den Beitritt der Türkei zum realen Europa gegeben sind. Da geht es, wie gesagt, um das reale Europa. Es geht nicht um zwei andere Fragen, die nicht nur durchaus umstritten sind, sondern auch in den Bereich der Visionen gehören. Es geht nicht um die Frage, ob die EU eine »judäo-christliche Wertegemeinschaft« ist. Es geht auch nicht um die Frage, ob die EU sich als weiche Supermacht vor allem gegenüber den USA positionieren will. Wer das eine oder das andere oder auch beides will, wird vermutlich den türkischen Beitritt ablehnen. Es ist indes höchst wahrscheinlich, dass weder die religiös gefärbte Wertegemeinschaft noch die weiche Supermacht je der Realität der EU entsprechen wird. Es gibt mindestens eine sehr starke Minderheit, die beides nicht will. Ich gehöre zu dieser Minderheit – oder ist es doch die Mehrheit? – und würde das Thema gerne in aller Offenheit erörtern.

Ein Wort an deutsche Zweifler am türkischen Beitritt ist noch hinzuzufügen. Manche sagen, die Türkei sei »noch nicht« reif für den Beitritt. War Deutschland reif für den europäischen Einigungsprozess, als Winston Churchill es 1946 dazu einlud und Frankreich und die Beneluxländer zustimmten? Ist nicht ein bisschen von jenem Großmut auch gegenüber der Türkei am Platze? Die Eröffnung von Beitrittsverhandlungen mit der versteckten Absicht, sie endlos hinauszuziehen oder gar scheitern zu lassen, wäre nicht nur Europas unwürdig, sondern hätte auch gefährliche Konsequenzen.

(2.10.2004)

Frei, nicht reich
Demokratie schafft politische Wahlmöglichkeiten, aber nicht zwingend Wohlstand

Die Montagsdemonstrationen vor allem in den nicht mehr ganz so neuen Bundesländern erinnern an die Einsicht: Demokratie macht zwar frei, aber nicht reich. Man kann es den Menschen, die vor 15 Jahren in Warschau und Budapest, Prag und Leipzig demonstriert haben, nicht verübeln, dass für sie »Europa« oder auch der »Westen« gleichsam aus einem Stück war. Man wählt Parlamente, und flugs geht es einem besser.
So setzte bald überall Enttäuschung ein, als zwar Parlamente gewählt worden waren, die wirtschaftliche Lage aber zunächst eher schlechter wurde. Im postkommunistischen Deutschland überdeckte die großzügige Hilfe des Gesamtstaates für Menschen in der ehemaligen DDR das Ausmaß der Verschlechterung der wirtschaftlichen Situation. Fast muss man sagen: Leider war das so, denn in Polen und Tschechien, Ungarn und anderswo sahen die Leute bald, dass sie selber Hand anlegen mussten, um aus dem ökonomischen Tal der Tränen herauszukommen.
Dabei übertrug sich die wirtschaftliche Enttäuschung auf politische Zweifel an der Demokratie und an den ihre Anfänge tragenden Parteien. Mehr noch, in der verblassenden Erinnerung an die Nomenklatura-Diktatur wurde die Alte Welt verklärt. Ihre Vertreter wurden von frustrierten Bürgern demokratisch in politische Ämter zurückgebracht. Groß war das Entsetzen von Bronislaw Geremek, dem Solidarnosc-Kämpfer, als er seine alten Feinde am Kabinettstisch wiederfand, diesmal als Reformkommunisten oder gar Sozialdemokraten. Inzwischen sind diese auch diskreditiert. In Polen hat sich zum Glück neben einer lebendigen Bürgergesellschaft auch eine vibrierende Kleinunternehmer-Wirtschaft entwickelt. In Teilen des östlichen Deutschland hingegen bleibt nur Leere – und die PDS.
Da kann man den Denkfehler nicht genug betonen, der in der Gleichsetzung von Demokratie und Wohlstand liegt. Demokratie schafft politische Wahlmöglichkeiten und Bürgerkontrolle der Regierenden. Das ist viel. Sie schafft auch ein Klima, in dem im Prinzip unternehmerische Initiative blühen kann. Das tut sie manchmal besser, manchmal weniger gut. Aber auch im günstigsten Fall schaffen staatliche Einrichtungen nur Bedingungen des Aufschwungs, nicht den Aufschwung selbst. Das heißt aber: Freiheit kann man durch Demonstrationen, durch Widerstand gegen Diktaturen

erkämpfen, Wohlstand nicht. Da muss man schon selbst zupacken. Nun ist das gerade im östlichen Deutschland leichter gesagt als getan. Es hat seinen Grund, dass für viele junge Leute Zupacken eher Packen hieß: die sieben Sachen packen und in den Westen gehen. Es sollte auch niemand versuchen, sie zu halten; schließlich ist die Bundesrepublik Deutschland jetzt ein Land, zu dessen Freiheiten es gehört, dass jeder und jede sich frei bewegen kann. Man sollte auch nicht über die Entvölkerung von Landstrichen jammern. Eines Tages wird es vielleicht einen Run auf die mecklenburgische Seenlandschaft geben. Darüber hinaus kann man durch die Entwicklung der Infrastruktur und andere Anreize die Bildung von Wachstumszentren hier und da fördern. In Deutschland denkt man gerne flächendeckend. Weil man für alle dasselbe tun will, bekommt am Ende keiner etwas Habhaftes.

Eines aber wird durch eine zugleich gelassenere und geschicktere Strukturpolitik nicht weniger wichtig: Das ist die Freiheit, die Demokratie. Freiheit schafft keinen Wohlstand, jedenfalls nicht direkt und schon gar nicht automatisch. Wohlstand schafft auch keine Freiheit, wiederum nicht direkt und automatisch. Singapur – inzwischen gilt das auch für Teile Chinas – kennt einen beträchtlichen Wohlstand bei vielen; aber seine Meinung sagen darf man nicht. Es mag Menschen geben, denen das gleichgültig ist. Womöglich träumen sogar manche vom Wohlstand im Gehäuse einer autoritären Ordnung. Das ist sozusagen die Rückkehr zur »guten alten Zeit« des kaiserlichen Deutschland. Wer solcher Nostalgie huldigt, sollte indes nicht vergessen, wie viele für ihre Meinung im Gefängnis saßen, wie duckmäuserisch das Leben war und dass am Ende der Krieg stand.

(4.9.2004)

Der deutsche Weg
Politik wird hierzulande in abnehmendem Maße im Schatten einer historischen Schuld betrieben

Irgendwann im letzten Bundestagswahlkampf sprach Gerhard Schröder in einem Interview vom »deutschen Weg«, den er verfolgen wolle. Manche Kommentatoren waren entsetzt. Will der Kanzler Abschied nehmen von einer Politik, die die deutschen Interessen immer eingebettet hält in den europäischen Zusammenhang? Aus dem Kanzleramt kamen prompt Richtigstellungen: Mit dem deutschen Weg habe er die soziale Marktwirtschaft gemeint – das, was man bis vor kurzem den »rheinischen Kapitalismus« nannte. Das entsprach zweifellos der Absicht von Herrn Schröder. Und doch beginnt sich unter seiner Ägide so etwas wie ein deutscher Weg abzuzeichnen. Gerade in diesen Erinnerungswochen, die mit dem 60. Jahrestag der Normandie-Landung der Alliierten begannen und mit dem des Warschauer Aufstandes endeten, hat der Kanzler ein neues Verhältnis zur deutschen Geschichte und damit der deutschen Stellung in der Welt kundgetan. Schon die Tatsache, dass Schröder bei beiden Ereignissen eingeladen und anwesend war, sagt viel.
Auch wenn die Veteranen es in beiden Fällen nicht mochten, breitet sich bei jüngeren Generationen doch die Auffassung aus, dass Geschichte nun eben Geschichte ist, also das Gewesene, vor dessen Hintergrund wir in die Zukunft blicken. Da diese Zukunft eine gemeinsame sein soll, müssen wir uns auch bemühen, die Geschichte gemeinsam zu bewältigen. So ganz funktioniert das allerdings nicht.
Wenn Schröder in Warschau sagt, dies sei ein Tag des Stolzes für Polen und ein Tag der Schande für Deutsche, dann bezeichnet er einen bleibenden Unterschied. Aufmerksame Beobachter werden auch nicht übersehen haben, dass die Erinnerung an den 20. Juli 1944 doch eine weitgehend deutsche Erinnerung geblieben ist. Die Kriegsalliierten des Zweiten Weltkrieges haben bis heute den deutschen Widerstand nicht ernst genommen. Dabei hätte gerade der 20. Juli Anlass geben können, über die Schwierigkeiten des Überganges von einer Diktatur zur Demokratie zu reden, also über ein aktuelles Thema. Ohnehin darf ja nicht der Versuch gemacht werden, die Geschichte gleichsam für erledigt zu erklären. Wenn sie nur noch als problemloses Erbe aller gesehen wird, verliert sie ihren Sinn und ihre Kraft.

Noch eines fällt auf am deutschen Weg von Gerhard Schröder. Die Emotionen sind geringer geworden. Manche Polen fanden Schröders Verbeugung vor dem Denkmal des Warschauer Aufstandes nicht genug und erinnerten an Willy Brandts Geste. Die Organisationen der Vertriebenen andererseits fanden Schröders klare Worte zu Ansprüchen auf Restitution gefühllos. Dabei ist das vielleicht der größte Gewinn des neuen Stils, von dem hier die Rede ist, dass klare Worte ohne Verbrämung, auch ohne mehr oder minder echte Emotionen gesagt werden können. Die Frage ist indes, wohin denn der neue deutsche Weg führen soll. Für Außenminister Fischer führt er offenbar geradewegs zum ständigen Sitz im Sicherheitsrat der Vereinten Nationen. Über Sinn und Unsinn dieser Forderung kann man streiten. Ein ständiger Sitz für drei, vier weitere Mitglieder würde den Sicherheitsrat nicht stärken und zudem die Frage einer europäischen Vertretung auf unabsehbare Zeit vertagen. Es wäre überdies ein Sitz zweiter Klasse, verglichen mit Frankreich und Großbritannien.

Aber dass die Frage gestellt werden kann, zeigt Veränderungen sowohl in der deutschen Position als auch in der Stellung Deutschlands in der Welt an. Noch ist nicht klar, wohin der deutsche Weg führt, wenn er denn überhaupt bewusst beschritten wird. Klar ist indes, dass deutsche Politik in abnehmendem Maße im Schatten einer historischen Schuld betrieben wird. In dieser Hinsicht zumindest hat die gegenwärtige Bundesregierung einen Generationsschub gebracht. Das ist gut so, denn Deutschlands Nachbarn fragen oft, was denn nun das deutsche Interesse sei, das nationale Interesse einer selbstbewussten Bundesrepublik Deutschland. Solange diese mit der Verbindung von Zurückhaltung und Klarheit formuliert wird, die Kanzler Schröder auszeichnet, kann die Antwort allen Beteiligten helfen.

(7.8.2004)

Große Verantwortung
Wahlen reichen auch im Irak allein nicht aus, um Demokratie zu begründen

Wie kommt eigentlich Demokratie zustande? Muss sie wachsen, über lange Zeiträume hin, mit immer neuen Schüben der Demokratisierung, die von innen kommen, von bisher unterprivilegierten Gruppen? Oder kann man sie auch machen, indem man eine Diktatur von außen beseitigt, dann eine Regierung einsetzt, eine Verfassung vorschreibt und auf Wahlen wartet, die dann das Weitere schon richten? Man muss hoffen, dass es zumindest im Irak noch andere Wege gibt, denn gewachsen ist dort die Demokratie sicher noch nicht, und der Plan, sie von außen zu oktroyieren, verspricht einstweilen nur sehr bedingt Erfolg.
So denkt man zurück an Beispiele. Der Vergleich mit Japan und Deutschland nach 1945 überzeugt aus mancherlei Gründen nicht. Zum Beispiel hat das irakische Volk keine totale Niederlage nach vielen Jahren des Krieges erlebt. Zudem hatte der Irak keine Tradition, auf der sich bauen ließ. Auch der Vergleich mit den postkommunistischen Ländern gibt nicht viel her. Die Revolution von 1989 ist von außen möglich gemacht worden, durch Präsident Gorbatschows Politik von Glasnost und Perestroika, aber die Bewegung zum Wandel kam von innen. Sie hatte zwei zusammenhängende Ziele: die Rückkehr nach Europa und die Demokratie.
Immerhin lässt sich dies aus ostmitteleuropäischen Erfahrungen ableiten, dass Wahlen allein nicht ausreichen, um Demokratie zu begründen. Mehr noch, Wahlen sind einer der Gründe verbreiteter Enttäuschung bei den Bürgern, denn sie bringen zumindest unmittelbar weder Wohlstand noch Sicherheit. Was die Letztere betrifft, so ist ohnehin die Demokratie nur insoweit relevant, als sie weithin sichtbar macht, wie klein die Minderheit derer ist, die Unruhe und Gewalt wollen. Wichtiger als demokratische Institutionen ist hier die Herrschaft des Rechts. Darum war die Entdeckung der Folterungen in amerikanischer Gefangenschaft so folgenschwer. Darum ist umgekehrt der Prozess gegen den gestürzten Diktator Saddam Hussein von so großer Bedeutung. An diesem Prozess kann sich zeigen, ja muss sich bewähren, ob der neue Irak ein Rechtsstaat sein wird. Die Richter des Saddam-Prozesses haben also eine außerordentliche, nämlich verfassungsstiftende Verantwortung.

Die nächste Aufgabe der Schaffung nachhaltiger demokratischer Verhältnisse im Irak erinnert eher an den Balkan als an Polen oder Ungarn. Die ernannte irakische Regierung ist, so versichern der amerikanische Präsident und der britische Premierminister, repräsentativ. Was sie meinen, ist, dass die verschiedenen Gruppen des Landes, also Kurden, Schiiten und Sunniten, in ihr vertreten sind. Eine solche spiegelbildliche Vertretung verfeindeter Gruppen mit einem je eigenen Territorium schafft aber keine Demokratie. Sie führt im günstigen Fall zur erstarrenden Abgrenzung mit ständigen Scharmützeln an den Grenzen, und im ungünstigen Fall zum Auseinanderbrechen in unfreundliche Nachbarn. Kosovo und Bosnien-Herzegowina bieten da Anschauungsunterricht.

Bei alledem ist die elementare Frage der Sicherheit noch gar nicht erwähnt. Demokratie hat kaum eine Chance, wenn jeder, der sich ins Wählerregister einträgt, befürchten muss, ermordet zu werden. Ist die Aussicht auf Demokratie im Irak also hoffnungslos? Das wäre ein wenig hilfreicher Schluss. Es gibt immerhin beträchtliche demokratische Fortschritte in vielen Teilen der Welt. Dazu zählen auch Nachbarn des Iraks. Im Iran geht es gegenwärtig immer einen Schritt rückwärts, wenn es zwei Schritte voran gegeben hat, aber auch auf diese Weise kommt man vorwärts. Die Türkei hat in den letzten Jahren geradezu spektakuläre Fortschritte auf dem Weg zur Demokratie gemacht, wobei die Aussicht auf Mitgliedschaft in der EU ein nützlicher Einfluss von außen war. Für die nächsten Schritte im Irak sind die Glaubwürdigkeit der Übergangsregierung, die Rechtsstaatlichkeit des Saddam-Prozesses und die zunehmende Wirksamkeit von Graswurzel-Bewegungen im öffentlichen Raum entscheidend. Dabei könnten die europäischen Kriegsgegner sehr viel mehr tun, als sie bisher zu tun bereit waren.

(3.7.2004)

Nicht nur Erinnerung
Das Fünfmächtetreffen in der Normandie ist auch ein Schritt
in eine Zukunft der Allianzen für den Frieden

D-Day – am 60. Jahrestag der alliierten Invasion in das von Deutschland besetzte Frankreich versammeln sich die Präsidenten der USA, Russlands und Frankreichs, der britische Premier und der deutsche Bundeskanzler in der Normandie. Jeder der fünf hat auch seine eigenen, ganz aktuellen Gründe, dabei zu sein. Präsident Bush will zeigen, dass er trotz allem Unilateralismus Alliierte hat. Präsident Putin will beweisen, dass er eine der Säulen der neuen Weltordnung ist. Präsident Chirac will ein Heimspiel benutzen, um Frankreichs Bedeutung und seine Zugehörigkeit zum Westen sichtbar zu machen. Bundeskanzler Schröder will dokumentieren, dass die Weltkriege Vergangenheit sind und Deutschland in jeder Weise dazugehört. Und Premier Blair will seine Lieblingsrolle spielen, nämlich die einer Brücke zwischen allen Interessen. Das ist die Gegenwart.
Doch der Ort und der Anlass erinnern auch an Vergangenes, und die Geschichte bleibt trotz allem lebendig. Geht man ein Jahrhundert zurück, so kannte die Geschichte nur eine ungebrochene Allianz unter den Teilnehmern der D-Day-Veranstaltungen, das ist die zwischen den USA und Großbritannien. Es ist viel über die besondere Beziehung zwischen den beiden gelästert worden. Kann der britische Premier heutzutage mehr sein als der Pudel des US-Präsidenten? War nicht schon Winston Churchill beunruhigt über die wachsende amerikanische Macht? Was immer die zweifelnden Fragen sein mögen, die britisch-amerikanische Allianz bleibt vertrauensvoll, gleichgültig darum, welche politische Richtung in Washington und London am Ruder ist. Das bestimmt nicht mehr die Weltpolitik, ist aber ein Faktum.
Russland ist unter den fünf Mächten am wenigsten in Allianzen eingebunden. Es ist dennoch unter Präsident Putin ein Partner der anderen geworden. Fast scheint es, als sei mit der Sowjetunion auch der Kalte Krieg zur Erinnerung geworden. Oder bleibt da bei allen anderen doch ein Rest von Misstrauen? Der Gastgeber hat unter allen D-Day-Teilnehmern die schillerndste Position. Frankreich war ja nicht eigentlich ein Alliierter, als die ersten Truppen französischen Boden erreichten, sondern ein besiegtes Land, das befreit werden sollte. Wie schon im Ersten Weltkrieg verdankte es auch im Zweiten seine Freiheit den Amerikanern. Für ein stolzes Land

war das nur mühsam erträglich. So erklärt sich zum Teil die französische Ambivalenz gegenüber den USA, die im Zuge des Irak-Kriegs ein neues Ausmaß angenommen hat. Frankreich will zugleich dabei sein und seine eigene Position bewahren.

Das gilt übrigens auch in Europa. Das scheinbare Bündnis zwischen Frankreich und Deutschland in der Frage des Irak-Krieges war nicht frei von Zweideutigkeiten. Es diente auch dem alten Thema französischer Politik, Deutschland nicht zu groß werden zu lassen. Dabei ist Chirac möglicherweise einen Schritt zu weit gegangen: In den angelsächsischen Ländern sind alte Ressentiments wieder wach geworden. Frau Thatcher, gegenüber »Ausländern« (zu denen Amerikaner nicht gehörten) besonders unfreundlich, sah die Deutschen als nach wie vor gefährlich an, hielt die Franzosen aber für feige. Eine Spur davon war in den vergangenen Monaten in Washington und London wieder zu hören.

Und Deutschland? Es ist erst seit der Adenauer-Zeit ein Alliierter geworden. Über die Jahrzehnte hin hat es sich den Ruf eines verlässlichen Alliierten erworben. Dieser Ruf hat in den Augen mancher Amerikaner und Briten im Zusammenhang mit dem Irak-Krieg etwas gelitten. So beliebt ein friedliches Deutschland weithin ist, so wenig traut man dem Frieden, wenn es so scheint, als suchte das Land sich aus allen Konflikten herauszuhalten. Es ist dennoch richtig, dass Bundeskanzler Schröder zu den D-Day-Feiern gefahren ist. (Es war auch verständlich und richtig, dass Bundeskanzler Kohl das vor 20 Jahren noch nicht getan hat.) Die alten Allianzen und bösen Erinnerungen, von denen hier die Rede war, sind nicht verschwunden. Man tut gut daran, sie nicht zu vergessen. Doch ist das Fünfmächtetreffen auch ein Schritt in eine Zukunft der Allianzen für den Frieden.

(5.6.2004)

Rückhaltlose Aufklärung
Die Fälle von Folterung und Demütigung im Irak sind eine Katastrophe für die Intervenierenden

Es war wohl keine gute Idee, die Rede vom Krieg gegen den Terrorismus zu akzeptieren. Kriege haben einen Anfang und ein Ende; Terrorismus hat es auch vor dem 11. September 2001 schon gegeben, und er wird möglicherweise nie ganz aus unserem Leben verschwinden. Kriege haben einen eindeutig identifizierbaren Gegner; Terrorismus ist der Natur der Sache nach diffus, zumal es mehrere durchaus unterschiedliche Terrorismen gibt, von denen der des Al-Qaida-Netzwerks nur einer ist. Dieser hat zudem kein konstruktives Ziel – wie die Schaffung eines gesamtirischen Staates –, sondern ist im Kern destruktiv, nämlich auf die Zerstörung der Ideen und Institutionen des Westens, der Demokratie gerichtet.

Das bedeutet, dass man die Terroristen selber aufwertet, wenn man von einem Krieg spricht. Die mörderische RAF-Fraktion hätte es nur zu gerne gesehen, wenn der Staat ihr den Gefallen getan hätte, ihre Sprache zu übernehmen und »Krieg« gegen sie zu führen. Präsident Bush und Premierminister Blair dürften es noch bedauern, den »war on terrorism« erfunden zu haben.

Kriege werden überdies in der Regel gewonnen oder verloren. Auch darin unterscheidet sich die Bekämpfung des Terrorismus. Der rein destruktive Terrorismus hat etwas Selbstmörderisches an sich. Insoweit war weder der Selbstmord der RAF-Terroristen noch die Erfindung von Selbstmordattentätern zufällig; das Ende war und ist in den Aktionen selbst angelegt. Gewinnen können die Al-Qaida-Anhänger also nicht – aber können die von ihnen bekämpften Verteidiger von Rechtsstaat und Demokratie möglicherweise verlieren?

Die Frage ist so abwegig nicht. Schon die dem 11. September folgenden Gesetze, vor allem der amerikanische Patriot Act mit seinen Sondervollmachten für den Staat, haben da Zweifel wachgerufen. In mehreren Ländern hat die terroristische Bedrohung Regierungen dazu verleitet, Bürgerrechte teilweise außer Kraft zu setzen und polizeiliche Kontrollelemente zu verschärfen. Dann kam die Versuchung der Verhaftung von Verdächtigen ohne rechtsstaatliches Verfahren. Guantánamo Bay wurde zum Inbegriff der Verletzung national wie international anerkannter Regeln. Die dortigen Gefangenen sind bis heute eine lebende Anklage eines Westens, der seine eigenen Werte verletzt.

Auch wenn man Interventionen der internationalen Gemeinschaft zur Beseitigung mörderischer Diktaturen befürwortet und insoweit die Irak-Aktion unterstützt, ist doch zweierlei unübersehbar. Zum einen war Saddam Husseins Regime sicher nicht die Quelle des 11. September und anderer Terrorakte. Zum anderen war gerade bei einer Intervention im Namen von Demokratie und Rechtsstaat besondere Sorgfalt am Platze. Das gilt für die Art und Weise der Kriegsführung, vor allem aber für die Behandlung der Bevölkerung, der Demokratie und Rechtsstaat gebracht werden sollten – und vor allem der Verwundbarsten in der Bevölkerung, also der Gefangenen.

Vor diesem Hintergrund sind die Fälle von Folterung und Demütigung eine Katastrophe für die Koalition der Intervenierenden. Sie werden auch durch keine noch so abscheuliche Brutalität der im Irak agierenden Oppositionsgruppen aufgewogen. Die vom Roten Kreuz, von Amnesty, vor allem aber durch Digitalfotos und Videos enthüllten Verfehlungen von Vertretern der Koalition machen den Kriegsgrund der Beseitigung einer mörderischen Diktatur unglaubwürdig. Sie sind die selbst verschuldete Niederlage in einem Krieg, der keiner war.

Was bleibt zu tun? Die rückhaltlose Aufklärung des Geschehen und die öffentliche Anwendung von Recht und Gesetz gegen die Schuldigen ist unentbehrlich, auch wenn sie für die Glaubwürdigkeit der Koalition zu spät kommt. Sie ist schon um der inneren Glaubwürdigkeit der Demokratien nötig. Glücklicherweise gibt es in Großbritannien Hinweise, dass genau das geschehen wird. Darüber hinaus aber bleibt nur noch das, was man in Kriegen den geordneten Rückzug nannte. Zu gewinnen ist der an sich löbliche Versuch, ein Beispiel für Demokratie und Rechtsstaat zu setzen, jedenfalls im Irak nicht mehr.

(15.5.2004)

Wer einmal lügt...
Es gibt eine Grenze zwischen Wahrheit und Unwahrheit, die keiner ungestraft überschreitet

Man hätte meinen können, dass Tony Blair sich nach dem Hutton-Bericht, der ihn und seine Regierung von allen Fehlern in der Kelly-Affäre freisprach und die Schuld der BBC zuschrieb, befreit seinem angeblichen Lieblingsthema, den öffentlichen Diensten und ihrer Modernisierung gewidmet hätte. Das hat der britische Premier wohl selbst auch gemeint. Dann aber dauerte es nur Tage, bis er einen neuen Untersuchungsausschuss einsetzen musste. Dieser kommt näher an die peinlichen Fragen des Irak-Krieges heran und soll die Rolle der Geheimdienste und ihrer (Fehl-)Informationen prüfen. Schlimmer noch – in der öffentlichen Meinung genießt die BBC trotz Hutton mehr Vertrauen als der Premier. Was nur ist geschehen?
Blair kann sich im Parlament nach wie vor auf eine Mehrheit stützen, wie sie die meisten Regierungen nur erträumen. Aber hält die Stütze noch, wenn man an die knappe Mehrheit bei der Abstimmung über Hochschulgebühren denkt? Wenn morgen Wahlen wären, würde Blairs Labour Party nach wie vor eine Parlamentsmehrheit erringen – aber würde sie ihn noch zu weit reichenden Entscheidungen befähigen? Gerade er, der Premier, der so gerne gesagt hat »Lass mich nur machen!«, findet sich in einer Lage, in der ihm alles zu missraten scheint, weil ihm viele nicht mehr trauen.
Warum der Zweifel? Die Antwort liegt in gewisser Weise in der Volksweisheit: Wer einmal lügt, dem glaubt man nicht, und wenn er auch die Wahrheit spricht. Im Grunde ist das eine beruhigende Feststellung. Es wird ja oft gesagt, dass Politiker lügen, so als sei das eine unvermeidliche Berufskrankheit. Im Grunde aber meinen die Leute das nicht. Sie könnten es gar nicht ertragen, ihren Führern ständig zu misstrauen. Diese mögen Tatsachen schönen oder manchmal auch verschweigen – aber regelrecht die Unwahrheit sagen ist doch noch etwas anderes.
Blairs beharrliche und uneingeschränkte Versicherung, es gäbe im Irak Massenvernichtungswaffen, war wahrscheinlich sogar subjektiv ehrlich. Sie schützt ihn aber nach Kelly und nach den Äußerungen des amerikanischen Waffeninspektors Kay nicht mehr vor dem Verdacht der Unwahrheit. In abgemilderter Form gilt das auch für Präsident Bush. Doch kann dieser sich immer noch darauf verlassen, dass viele Amerikaner einen (fal-

schen) Zusammenhang zwischen den großen Selbstmordattentaten vom 11.9. und Saddam Husseins Regime herstellen. Blair hat einen solchen Schutzschild nicht. So muss er mühsam um jenes elementare Vertrauen ringen, das allein seine Aktionsfähigkeit retten würde.

Dabei sind die Wähler im Grunde großzügig mit ihrem Vertrauen. Dass nicht alle großen Versprechungen eingelöst wurden, verzeihen ihm die meisten. Dass alles positiver dargestellt wurde, schob man seinen »spin doctors« zu, jenen Manipulatoren der Medien, die heute überall eine so große Rolle spielen. Aber irgendwo ist eine Grenze zwischen Wahrheit und Unwahrheit, die kein Mächtiger ungestraft überschreitet. Um diese Grenze zu betonen, braucht man gar nichts zu tun. In freien Gesellschaften zumindest, in denen heutzutage Geheimhaltung fast unmöglich geworden ist, kommt die Wahrheit irgendwann zutage. Es ist auch beruhigend, dass dieser Prozess nicht nur Durchschnittspolitiker trifft, sondern auch solche, die ihre Macht auf Legitimierung durch ihr Charisma gründen. Frau Thatcher ist über ihre politischen Irrtümer gestolpert; sie hat ihre Legitimität auf eher klassische Weise verloren: durch die Angst ihrer Anhänger vor einer Wahlniederlage.

Wenn Blair sich nicht wieder fängt, wird er tiefer fallen und für immer der sein, von dem die Leute sagen, er habe sie betrogen. Wie gesagt, das ist eine gute Nachricht für alle, denen an der Zustimmung zu demokratischer Politik gelegen ist. Es ist auch eine Warnung an politische Führer. Irrtümer können verziehen werden. Dazu ist nur ein bisschen Demut nötig. Unwahrheiten werden nicht verziehen. Am schlimmsten ist es, wenn einer sich in dieser Lage zur Selbstverteidigung immer tiefer in Unwahrheiten verstrickt. Macht braucht Legitimität, und Legitimität braucht Wahrheit.

(7.2.2004)

Elite statt Elfenbeinturm
Attraktive, leistungsstarke Hochschulen sind nicht allein
eine Frage des Geldes

Es sagt sich so leicht, und es klingt auch so gut: Wir wollen Eliteuniversitäten schaffen. Dann schweift der Blick über den Kanal, nach Oxford und Cambridge, auch zur London School of Economics – und weiter über den Atlantik zu den klingenden Namen von Harvard und dem Massachusetts Institute of Technology, von Columbia und Princeton, Chicago und Stanford. Was ist so gut an diesen Hochschulen, dass es die Nachahmung lohnt? Warum ziehen sie erstklassige Studenten und Dozenten an? Warum gelten sie als führend?
Die Antworten zeigen alsbald, dass es mit dem »Schaffen« von weltweit attraktiven Hochschulen so leicht nicht ist. Die meisten erwähnten Universitäten sind keine Erfindungen der vergangenen Jahrzehnte. Sie haben ihre Kinderkrankheiten längst hinter sich. Die jüngeren unter ihnen haben überdies viel Zeit gebraucht, um wirklich erstklassig zu werden. Die London School of Economics, jetzt 109 Jahre alt, war noch an ihrem 50. Geburtstag eine kleine Spezialhochschule, die um ihren Ruf kämpfen musste. Stanford, heute in manchen Bereichen Nummer eins in der Welt, war 1945 eine nicht sehr bedeutende Privathochschule. Nun sind hochrangige deutsche Universitäten auch alt. Wichtiger ist, dass die angelsächsischen Hochschulen weder kleine Spezialeinrichtungen noch riesige Massenveranstaltungen sind. Sie haben eine mittlere Größe und halten diese auch, vor allem durch strikte, von der Hochschule selbst verwaltete Zulassungsbedingungen.
Noch wichtiger ist, dass die Oxfords und Harvards in sich stark differenziert sind. Da gibt es systematische Unterscheidungen – zwischen Undergraduates und Graduates zum Beispiel –, aber vor allem allerlei Nischen und Winkel, in denen Neues gedeiht. Die Teilbereiche haben unterschiedliche Namen, Institut und College, Forschungsprogramm und Seminar. Sie werden auch aus einer Mehrzahl von Quellen finanziert, wobei Gebühren und private Geldgeber eine besondere Rolle spielen.
Vor allem aber wird eine durchgängige einheitliche Struktur nicht gesucht. Daher finden Personen mit ganz unterschiedlichen Qualifikationen und Interessen ihren Platz. Damit hängt zusammen, dass administrative Regelungen auf ein Minimum beschränkt bleiben. Auch in Oxford und Harvard klagen Dozenten über zu viel Bürokratie; aber wenn man genau

hinsieht, bleibt viel mehr Bewegungsfreiheit als in den kontinentaleuropäischen Universitäten. Irgendwie ist alles leichter, von der Anwerbung von Forschungsmitteln bis zur Hilfe bei der Jobsuche für den Ehepartner. Leichter ist übrigens auch die Kooperation. Hierarchie bedeutet nicht, dass die Professoren einen Apparat von Assistenten und Hilfskräften haben. Junge und ältere Wissenschaftler hocken nahe beieinander, sind im ständigen Gespräch. Das heißt am anderen Ende der zweifellos vorhandenen Hierarchie, dass die Jüngeren nicht in einem Elevenstatus gehalten werden, sondern frühzeitig beteiligt sind an Forschung und Lehre.
Übrigens gibt es in Oxford und Harvard keine Elfenbeinturm-Ideologie. Kontakt mit der Wirtschaft und der Politik gilt nicht als unfeine Verunreinigung, sondern als normaler, ja erfreulicher Teil des akademischen Wirkens. Gewiss, so kommt auch das Geld in die Hochschulen, das vor allem US-Universitäten in so reichlichem Maße zu haben scheinen. Hier spielt die Finanzhoheit eine Rolle, aber auch die unbefangene Mischung von privaten und öffentlichen Mitteln. Doch ist das verfügbare Geld als solches keine Garantie höchster Qualität. Die wichtigere Frage ist, wie es verwendet wird, und insbesondere, wie viel im hierarchisch-bürokratischen Apparat versickert.
Die Liste der Vergleiche besagt: Das alles muss geschaffen werden, wenn man Elite-Universitäten will. Wenn man die Aufgabe nicht von vornherein für aussichtslos hält, sollte man wahrscheinlich bei (einigen) existierenden Hochschulen, die jetzt schon sehr gut sind, beginnen und dann der Konkurrenz Tür und Tor öffnen. Auch das aber lässt sich nicht in einer Wahlperiode bewältigen. Es hat überhaupt mit Politik nur insoweit zu tun, als diese einen wohlwollenden Abstand halten sollte.

(10.1.2004)

Nur ein Pendelschlag
Die deutsche Wirtschaft wird auch in Zukunft eine starke
soziale Komponente haben

Was wäre wohl geschehen, wenn auf dem jüngsten Parteitag der CDU ein Delegierter ein paar Sätze von Ludwig Erhard vorgelesen hätte? »Ich bin in der letzten Zeit allenthalben erschrocken, wie übermächtig der Ruf nach kollektiver Sicherheit im sozialen Bereich erschallte.« Und: »Wir schlittern in eine gesellschaftliche Ordnung, in der jeder die Hand in der Tasche des anderen hat.« Am Ende »dieses gefährlichen Weges hin zum Versorgungsstaat« stehe »der soziale Untertan«. Derlei findet sich in Erhards Buch *Wohlstand für alle*. Die Kernthese des Vaters des Wirtschaftswunders ist, dass es eine volkswirtschaftlich neutrale und autonome Sozialpolitik nicht mehr geben darf. Eine freiheitliche Wirtschaftsordnung verlange eine Gesellschaft der privaten Selbstvorsorge. Eine Wohlstand schaffende, wachsende Wirtschaft verträgt sich also nicht mit dem auf »Versicherungszwang« beruhenden Wohlfahrtsstaat.
Nun war Erhard auch zu seiner Zeit nicht unumstritten, schon gar nicht in der CDU. In der Tat gehört es zu den großen Verdiensten Konrad Adenauers, dass er den Erhard-Flügel der Marktwirtschaftler und die Sozialausschüsse unter einem Dach zusammengehalten hat. Das Ergebnis war die soziale Marktwirtschaft, die eben nicht aus einem Guss ist. Sie ist die Verbindung des zumindest theoretisch Unvereinbaren, der auf Eigeninitiative beruhenden Wirtschaft und der auf Solidarität beruhenden Gesellschaft. Diese Verbindung ist es, die mancher als »rheinischen Kapitalismus« bezeichnet und vom reinen Kapitalismus à la Erhard – im Sinne der angelsächsischen Tradition – unterscheidet.
Steht das alles nun auf dem Spiel? Sind Gerhard Schröders SPD und Angela Merkels CDU dabei, das hybride deutsche System, die soziale Marktwirtschaft also, zu Grabe zu tragen? Gilt nun auch in Deutschland das Prinzip »Erst kommt die Wirtschaft und dann die Solidarität«? Aus der Perspektive Großbritanniens (und Amerikas) scheint mir eine solche Interpretation von Merz-Herzog oder auch der Agenda 2010 maßlos übertrieben. Was Deutschland erlebt, ist ein aus demografischer und fiskalischer Not geborener Pendelschlag hin zu stärkerer Selbstbeteiligung der Bürger an der Versorgung im Alter, bei Krankheit und in Notlagen. Was hingegen bleibt, ist die von Ludwig Erhard beklagte Trennung von Wirtschafts- und Sozialpolitik, die der Kern des »rheinischen Kapitalismus« ist.

Der Wohlfahrtsstaat wird nach wie vor als eigenes Gebot der sozialen Gerechtigkeit gesehen, das es fast gleichgültig um die wirtschaftlichen Konsequenzen zu befolgen gilt. Nun haben solche Pendelschläge immer auch unbeabsichtigte Nebenwirkungen. Die EU-Beschlüsse von Lissabon zur Stimulierung des Wirtschaftswachstums liegen nun schon über drei Jahre zurück. Das Londoner Centre for European Reform hat eine Art Zeugnisformular für die EU-Staaten entwickelt. Da finden sich Großbritannien, Irland, die Niederlande und die Osteuropäer vielfach unter den »Helden«, während Deutschland mit Frankreich und Italien eher bei den »Schurken« zu suchen ist: bei Forschung und Entwicklung, der Liberalisierung (vor allem der Finanzdienstleistungen), den staatlichen Beihilfen und vor allem der Lockerung der Rigiditäten des Arbeitsmarktes. Es könnte immerhin sein, dass die mühsame Neuorientierung der großen deutschen Parteien manche Lissabon-Zensuren des Landes verbessert.

Der »rheinische Kapitalismus« indes wird bleiben. Die deutsche Marktwirtschaft wird auch in Zukunft eine starke, eigenständige soziale Komponente haben. Das muss nicht falsch sein. Allmählich lernen sogar Ökonomen, dass es nicht nur einen Kapitalismus gibt, sondern viele funktionsfähige Varianten. Deren Konkurrenz hat sogar etwas Befruchtendes.

Nur dies ist dabei zu bedenken, dass die Marktwirtschaft in all ihren Formen Innovation und Initiative braucht. Von daher ist die Rede von einer »neuen sozialen Marktwirtschaft« für Deutschland gar nicht so falsch. Wenn die umstrittenen Reformen zur Erneuerung der sozialen Marktwirtschaft beitragen, hätte auch Ludwig Erhard sie begrüßt.

(6.12.2003)

Das überflüssige Projekt
Die Europäische Union braucht den vorgelegten
Verfassungsvertrag nicht

An diesem Samstag beginnt der zweite Akt des europäischen Verfassungsspiels. Das Produkt des ersten Aktes, der von dem Giscard-Konvent ausgearbeitete Vertragsentwurf, wird einer Regierungskonferenz zur Beratung übergeben. Man kann nicht sagen, dass die Bürger Europas diesen Prozess mit angehaltenem Atem verfolgen. Wenn irgendetwas daran bisher misslungen ist, dann der Versuch, die Bürger der europäischen Konstruktion näher zu bringen. War vielleicht schon die Absicht verfehlt? Ging es nicht eher darum, die europäische Konstruktion den Bürgern näher zu bringen? Jedenfalls bleibt das Unternehmen einstweilen eine Sache der Experten.
Und es ist selbst unter den Experten umstritten. Herr Fischer und sein Chef, wohl auch die französische Regierung, möchten das von Giscard geschnürte »Paket« gerne zusammenhalten. Fast könnte man meinen, sie interessierten sich nicht sehr für die Details; wenn nur ein »Paket« herauskommt, sind sie es zufrieden. Das ist nicht überall so. Die Europäische Kommission will die Integration der EU stärker betont sehen. Die meisten neuen Mitglieder wollen im Gegenteil den Spielraum der Nationalstaaten gewahrt wissen. Großbritannien hat Zweifel an der Notwendigkeit einer weiteren Charta von Grundrechten. Zwischen den so genannten Kleinen und den Großen ist ein Kampf um die Prozentgewichtung von Staaten bei Abstimmungen entbrannt.
Es gibt also Diskussionsstoff genug, und die Hoffnung von Silvio Berlusconi, den zweiten Akt bis zum Jahresende abzuschließen, wird wohl enttäuscht werden. Ist das schlimm? Wer – wie ich – der Meinung ist, dass das Problem der EU in der Lücke zwischen Sonntagsreden und Alltagstaten liegt, steht der »Verfassung« und vor allem den großen Worten in ihrer Präambel ohnehin skeptisch gegenüber. Es wäre besser, ein paar europäische Taten zu sehen als einen weiteren Text. Daher ist es vor allem nötig, den Text als das zu erkennen, was er ist: ein Vertrag zwischen Staaten, nicht eine Verfassung der Bürger.
Der Konvent war keine verfassunggebende Versammlung, sondern ein willkürliches Gebilde ohne Legitimität. Das Resultat des Unternehmens enthält weitergehendere Regelungen, als sie in Verträgen üblich sind, bleibt aber eine von Regierungen getroffene, dann im Normalverfahren ratifizier-

te Abmachung. Es gibt das europäische Staatsvolk nicht, das sich eine Verfassung geben könnte, und der Vertrag wird dieses auch nicht schaffen.
Und wenn dieser Vertrag nicht zustande käme? Es ist nicht auszuschließen, dass die Regierungskonferenz zu keinem akzeptierten »Paket« findet. Gibt es dennoch einen Vertragsentwurf, dann ist es wahrscheinlich, dass dieser in irgendeinem der 25 Mitgliedstaaten nicht ratifiziert wird und daher nicht in Kraft treten kann. Sonderlich schlimm ist das nicht. So weit her ist es ja mit der Effizienz der im Konventspaket vorgesehenen Institutionen nicht. Eine wirklich effiziente Kommission zum Beispiel hätte fünf und nicht 15 oder 25 Mitglieder. Im Übrigen ist Effizienz nur ein Kriterium, und nicht einmal das wichtigste.
Die Demokratisierung Europas ist das wichtigere Thema. Die Komplexität der in den bisherigen Institutionen vorgesehenen Strukturen entspräche durchaus der europäischen Realität. Ohnehin ist die reale Politik zu betonen. Ein mehr oder minder permanenter Ratspräsident schafft keine Zentralmacht, und ein Außenminister genannter Diplomat keine Außenpolitik.
Die größte reale Errungenschaft der Union ist der Binnenmarkt in der genialen Konstruktion, die Jacques Delors ihm gegeben hat. Dafür gibt es gerade in Deutschland wenig Verständnis. Tatsächlich sind die Bundeskompetenzen in den USA zum guten Teil auf die verfassungsmäßige Regelung des Inter-State-Commerce, des Verkehrs zwischen den Staaten, gegründet. Der europäische Binnenmarkt eignet sich für solche Entwicklungen mindestens so gut. Es ist an der Zeit, den Verfassungsvertrag niedriger zu hängen und stattdessen reale Gemeinsamkeiten in Europa zu entwickeln. Damit würde dann vielleicht sogar Europa den Bürgern näher gebracht.

(4.10.2003)

Muffelige Stimmung
Der Kunde ist nicht König, zumindest nicht in Deutschland

Meine Einkaufstour begann im Postamt. Ich brauchte normale 55-Cent-Briefmarken. »Da müssen Sie morgen wiederkommen, die sind uns ausgegangen.« Ähnliches passierte am internationalen Kiosk, wo ich eine englische Zeitung kaufen wollte. Das Schreibwarengeschäft hatte mir die Farbband-Firma empfohlen, die ich vorsichtshalber vorher angerufen hatte. »Die Größe, die Sie suchen, ist ausgegangen. Kommen Sie in einer Woche wieder.« Im Spielwarengeschäft war der Karton mit Spielen, den ich wollte, beschädigt. »Ich gucke mal im Lager, aber ich glaube, wir haben keine mehr.« So war es denn auch. Und in einem Laden mit Glückwunschkarten fragte ich, ob es solche mit Altersangaben gäbe. Ja – aber: »17 Jahre? Da müssen Sie nächstes Jahr wiederkommen, wir haben erst ab 18.« Soll ich fortfahren?

Man muss anmerken, dass dies alles nicht in einem abgelegenen Dorf, sondern in einer der großen deutschen Städte geschah: in Köln. In London, aber auch in Birmingham oder Manchester, geschweige denn in den großen amerikanischen Städten, wären solche Erfahrungen kaum denkbar. Auf einmal kam mir der Gedanke, dass hier vielleicht einer der Gründe für das Schwächeln der deutschen Wirtschaft liegt.

Dass wir in einer Dienstleistungsgesellschaft leben, ist ein Gemeinplatz. Aber offenbar mögen Deutsche Dienstleistungen nicht. Das heißt, bedient werden wollen sie schon, aber nicht bedienen. Taxifahren? Unsoziale Arbeitszeit. In Gaststätten für Gäste sorgen? Anstrengend. Mit freundlicher Miene verkaufen? Die Füße tun weh, die Stunden werden lang, und die Kunden sind auch nicht freundlich. Gewiss, so kann man reagieren; die moderne Arbeitslosigkeit aber beseitigt man so nicht. Auch die Wirtschaft hält man so nicht in Gang.

Es ist eine Frage des Verkaufsgeschicks und des Managements mit Übersicht, ob es Dinge gibt oder nicht. Der Leiter eines Postamts, dem die gängigste Briefmarke ausgeht, kann vermutlich im nächsten Postamt Nachschub holen. Oder stehen da bürokratische Regeln im Weg? Ein Geschäftsführer sollte wissen, welche Kartons in seinem Laden zerbeult und beschädigt sind, sie aus dem Regal nehmen und ersetzen. Wer schon einen Laden mit Glückwunschkarten hat, sollte sich einen Spaß daraus machen, für alle Lebensjahre einen Vorrat anzulegen. Hätte er sie, dann würde er bald auch die für 36- und 57-Jährige verkaufen. Auch das ständige »Kann ich bestellen«, »Kommen Sie demnächst wieder« ermutigt nicht gerade eine lebendige Ökonomie. Es muss ja nicht wie in Hongkong zugehen, wo der Besitzer oder Pächter Himmel und Hölle in Bewegung setzen würde, um einen Kunden nicht zu verlieren: »Ich bringe es Ihnen ins Hotel, in zwei Stunden.«

All das Reden vom Kunden als König trifft jedenfalls in Deutschland nicht zu. Nun gibt es gewiss viele Gründe für die allerorten zitierte deutsche Wirtschaftsschwäche. Zu diesen gehört staatliche Überregulierung ebenso wie abschreckende Steuerbelastung. Und eine allgemeine Grundstimmung, die nicht gerade Initiative fördert. Ein Grund aber liegt darin, dass Deutsche bei Arbeit nach wie vor an die Fabrik und das Büro denken. In der Fabrik wird »wirkliche« Arbeit getan, und im Büro, nun ja, da ist man zumindest bedeutend.

Die meiste Arbeit in der Dienstleistungsgesellschaft sieht aber anders aus: Wer im Telekom-Laden am Computer sitzt, fühlt sich noch einigermaßen zufrieden. Aber sonst in Geschäften und Gaststätten, bei Lieferfirmen und Reparaturbetrieben, bei allen auch nur entfernt persönlichen Dienstleistungen herrscht eine mufflige, freudlose Stimmung, die vielerlei Rückwirkungen hat.

Man mag sich mokieren über das »Have a nice day« der Schuhputzer und Verkäuferinnen in Amerika, aber es erfreut den Kunden doch. Italiener, auch andere Südländer mögen den sozialen Kontakt, der aus persönlichen Diensten entsteht. Polen haben eine Art anzupacken, die von Deutschen schon heute als lästige Konkurrenz empfunden wird. Wenn es hier keine Änderung gibt, wird Deutschland noch lange am Ende der Wachstumstabellen herumkrebsen.

(13.9.2003)

Grundrechte und Wahlchancen
Eine Bürgerversicherung im Krankheitsfall ist kein Sozialismus,
aber schwer zu erreichen

In Deutschland ist eine erstaunliche ideologische Diskussion um die Grundlagen der allgemeinen Gesundheitsversorgung entbrannt. Die Autoren der letzten Reparatur eines komplizierten und teuren Systems – Ministerin Schmidt und Oppositionspolitiker Seehofer – haben ihrem Vorschlag eine explosive Fußnote angefügt. Ihr Vorschlag sei wirklich nur eine Reparatur, sagen sie. Besser wäre eine allgemeine Bürgerversicherung als Grundlage der Finanzierung der Gesundheit aller.
Damit haben die Reformer praktisch alle, darunter fast alle Experten, gegen sich aufgebracht. Diese führen viele Gegenargumente ins Feld, aber das Schlagetot-Argument ist, die Bürgerversicherung sei doch »Planwirtschaft pur«, ja sogar »reiner Sozialismus«. Das ist nun sicher nicht der Fall. Im Gegenteil, eine moderne, liberale Politik beruht auf dem einfachen Prinzip: Gleiche Grundrechte für alle, und ein Maximum an Wahlchancen dazu.
Bedeutende Autoren, wie der *Financial-Times*-Kolumnist Sir Samuel Brittan und der frühere Unternehmerverbands-Chef Adair Turner haben dafür in Großbritannien den etwas kompliziert klingenden Begriff des Umverteilungs-Marktliberalismus geprägt. Wenn es schon kompliziert sein muss, würde ich es vorziehen, von einem Grundausstattungs-Marktliberalismus zu sprechen. Zu dieser Grundausstattung gehören vor allem Anrechte, darunter im Prinzip auch das so genannte Bürgergeld. Eine Bürgerversicherung im Gesundheitsbereich hätte dabei durchaus ihren Platz. Aber gerade hier darf man die berühmte Geschichte des Iren nicht vergessen, der einen Bauern in Tipperary fragte, wie man denn nach Dublin komme. »Nach Dublin? Da würde ich nicht hier anfangen«, war die entwaffnende, wenngleich wenig hilfreiche Antwort. Die Sache ist eben, dass alle Wege zu erwünschten Zielen hier beginnen: mit der Realität von heute.
Auf die Bürgerversicherung gewendet, bedeutet das gleich mehrere problematische Konsequenzen. Die wichtigste ist, dass die Umstellung auf allgemeine, gleiche Anrechte kraft einer Zwangsversicherung entweder gegenwärtige Ansprüche stark reduzieren müsste oder sie unbezahlbar machen würde. Entweder also wird ein Mindestniveau geschaffen, das für Menschen in einer wohlhabenden, versorgungsgewohnten Gesellschaft nicht akzeptabel ist, oder es müsste praktisch eine neue Steuer eingeführt

werden, die über den jetzigen Abgaben liegt. Hier schreckt das Beispiel des steuerfinanzierten Nationalen Gesundheitsdienstes in Großbritannien.

Es gibt noch andere Einwände. Das deutsche System ist zwar kompliziert und teuer, aber es bietet vielen auch Wahlmöglichkeiten, die als Vorteil empfunden werden. Vereinheitlichung als solche kann kein erstrebenswertes Ziel sein. Heißt das, dass wir das Schmidt-Seehofer-Modell zu den Akten legen sollten, in die Kiste, »schön, aber unrealistisch«? Ich denke, nein. Es gibt eine Alternative, deren Details eine Sache für die Experten sein mögen, deren Prinzip aber durchaus einfach ist. Alle Reformen, die jetzt vorgenommen werden – und die nur ein paar Jahre lang halten werden –, sollten so angelegt sein, dass sie den Weg zum Anrecht auf eine allgemeine Grundversorgung ebnen, jedenfalls aber nicht versperren. Das ist im Gesundheitsbereich besonders schwierig. Im Grund möchte man, dass jeder unabhängig vom Einkommen in den Genuss der bestmöglichen medizinischen Versorgung kommt. Dennoch ist es nicht unmöglich, eine praktikable Definition der Grundversorgung zu finden.

An eben diesem Punkt sind die Professoren-Vorschläge der Herren Rürup und Lauterbach von Interesse. Beide zielen auf eine allgemeine Finanzierungsgrundlage – der eine (Lauterbach) durch eine Bürgerversicherung, der andere durch eine Pauschale – und damit auf eine Art von finanzierter Grundversorgung. Wer will, dass die gegenwärtig erörterten Veränderungen nicht nur Sparmaßnahmen, sondern tatsächlich der Anfang von Reformen sind, wäre gut beraten, entlang solchen Vorschlägen realistische Vorschläge für die mittlere Frist zu entwickeln.

(9.8.2003)

Wozu noch Gewerkschaften?
Die Zukunft gehört denen, die den Fortschritt nicht verhindern,
sondern ihn sozial abfedern

Gewerkschaften sind entstanden, um dem prinzipiellen Ungleichgewicht des Arbeitsvertrages abzuhelfen: Die auf Arbeit angewiesenen Beschäftigten sind als Einzelne machtlos gegenüber dem Arbeitgeber. Erst durch den Zusammenschluss mit anderen können sie hoffen, in Verhandlungen über Arbeitsbedingungen das nötige Gewicht in die Waagschale zu legen. Eine Zeit lang konnte es scheinen als hätten die Gewichte sich geradezu ins Gegenteil verschoben. In England gab es jedenfalls eine Periode, vor allem in den 1970er Jahren, in denen die Gewerkschaften nicht nur durch Streiks die Wirtschaft und die öffentlichen Dienste lahmlegen konnten, sondern zugleich bei »Bier und Butterbroten in No. 10«, also am Sitz des Premierministers, politische Weichen stellten. Deutschland ist da andere Wege gegangen. In den Mitbestimmungs-Aufsichtsräten sind Bier und Butterbrote längst durch Champagner und Canapés ersetzt worden.

Doch hat es überall zwei Veränderungen gegeben, die für die heutige Lage wichtig sind. Die eine liegt in einem dichten Netz von gesetzlichen Regelungen, die die Stellung der Arbeitnehmer gestärkt haben. Es gibt eine Betriebs-, ja Unternehmensverfassung, es gibt Arbeitsgerichte und anderes mehr. In den meisten europäischen Ländern zumindest können Arbeitnehmer nicht mehr ins Bodenlose fallen.

Die andere Veränderung hängt mit der ersten zusammen, hat aber auch allgemeine kulturelle Gründe. Organisationen sind bei den Bürgern nicht mehr sonderlich beliebt. Arbeitnehmer sind vor allem Konsumenten, und als solche handeln sie individuell, nicht solidarisch. Das trifft nicht nur Gewerkschaften, es trifft auch Parteien, ja alle Formen der Organisation. Es trifft aber Gewerkschaften besonders hart, weil diese sich vielfach nicht mehr darauf berufen können, eine Mehrheit, ja auch nur eine bedeutende Minderheit von Arbeitnehmern zu vertreten.

Das lässt das spezifische Gewicht der Organisationen schrumpfen. Gewerkschaften haben es nicht mehr ganz leicht, ihren Platz in der post-modernen Wissensgesellschaft und Informationswirtschaft zu bestimmen. So erklären sich Fusionen von Gewerkschaften, ein neues Erscheinungsbild der Organisationen und zuweilen geradezu unternehmerische Einstellungen bei Vertretern der Arbeitnehmer. Aber es bleibt ein Rest nicht nur an

Tradition, sondern auch an traditionellen Fragestellungen. Das gilt insbesondere in einer Zeit, in der öffentliche Haushalte überall im Zuge der Globalisierung und anderer Entwicklung gekappt werden. Hier entdecken Gewerkschaften ein neues Aktionsfeld, nämlich die Interessenvertretung der an Sicherheit gewöhnten, von einem Klima der Flexibilität bedrohten Arbeitnehmer. Auf einmal werden die einst vorwärts blickenden Organisationen zu Verteidigern des Status quo, vor allem des Interesses der Bedrohten, jede Veränderung zu verhindern.

Diese Reformfeindschaft der Verunsicherten kann politische Konsequenzen haben. In Deutschland wie in Großbritannien – und bei andersartigen Traditionen auch in Frankreich und Italien – ist ein »Linksruck« bei den neuen Spitzenfunktionären beobachtet worden. Das »Links« besteht vornehmlich aus der Verteidigung der alten Wohlfahrtsregimes. Dabei können Gewerkschaften nicht nur konservativen Regierungen (wie in Frankreich und Italien), sondern gerade auch (wie in Deutschland und Großbritannien) sozialdemokratischen Regierungen das Leben sehr schwer machen. Gewinnen können sie allerdings nicht. Die Kräfte, die auf flexible und damit dynamische Arbeitsmärkte in einem Kontext globaler Konkurrenz drängen, sind am Ende zu stark. Als retardierendes Moment der nötigen Reformen haben solche Gewerkschaften allerdings vorübergehend Wirkungen. Nahezu unweigerlich setzen sich am Ende Herr Raffarin und Herr Schüssel ebenso wie Herr Schröder und Herr Blair durch. Für ihre Rolle in der zukünftigen Welt müssen die Gewerkschaften also andere Wege suchen. Sozial abgefederte Innovation ist da ein besseres Rezept, als vergebliche Versuche der Verhinderung des Fortschritts es sind.

(5.7.2003)

Das Ende der Gewissheiten
Arbeitsplätze werden unsicherer, die Ansprüche
der Vergangenheit lassen sich nicht mehr halten

Nicht nur das meteorologische Klima hat uns in diesem Jahr einen heißen Frühsommer beschert. Auch das soziale Klima ist ungewöhnlich erhitzt. Streiks und Großdemonstrationen beherrschen das Bild in Europa und weit über Europas Grenzen hinaus. Immer geht es dabei um vertraute Ansprüche von Menschen, die auf einmal in Frage stehen. Alte Gewissheiten bröckeln, und damit breiten sich Angst und Ärger aus.
In den meisten Ländern Europas sind die Renten der Kernanspruch, um den es geht. An ihnen hängt vieles andere, von den Lohnnebenkosten bis zur Arbeitszeit. Vor allem hängt an den Renten die große Frage einer Sozialpolitik unter veränderten demografischen Bedingungen: Wie lässt sich eine neue Verbindung von garantierten Ansprüchen und eigener Initiative zustande bringen? Wie lässt sich ein Drei-Säulen-System der Altersversorgung mit Grundanspruch, berufsbezogenen Anrechten und Eigenbeteiligung entwickeln, das Nachhaltigkeit verspricht?
Es wäre leicht, sich über manche der Proteste zu mokieren, die in Frankreich, Österreich und Italien das Bild prägen. Wenn in der Privatwirtschaft Beschäftigte für die Rechte von Beamten auf die Straße gehen, die sie selber gar nicht haben, fragt man sich, was dahintersteckt. Geht es vielleicht eher um politische Opposition als um sozialpolitische Interessen? Das ist jedoch nur ein Teil der Problematik. Tatsächlich finden Veränderungen statt, die wehtun.
Das langjährige Modell der Begründung sozialer Anrechte ist ins Rutschen geraten: die »Stelle«, die man hat und im Prinzip für lange Zeit behält, also das Normarbeitsverhältnis des Berufs auf lange, vielleicht auf Lebenszeit. Professor Meinhard Miegel hat schon vor Jahren gezeigt, dass solche Normarbeitsverhältnisse ein Minderheitsphänomen zu werden drohen. Mehr und mehr Menschen müssen sich auf häufigen Wechsel einstellen. Teilzeitarbeit gewinnt an Bedeutung. Eine neue Art von Selbstständigkeit – die Ich-AG – wird sogar empfohlen und gefördert. Das bedeutet aber, dass Eigenbeteiligung an der Lebensvorsorge wichtiger, ja für die meisten unausweichlich wird.
Zugleich lassen sich die Ansprüche der Vergangenheit nicht mehr aufrechterhalten. Die gleichzeitige Verkürzung des Arbeitslebens und Verlängerung

der Lebenserwartung machen das alte Rentenprinzip untragbar. Nicht nur wegen der Nebenwirkungen einer übermäßigen Besteuerung von Arbeit müssen Ansprüche zurückgeschraubt werden.

Das alles ist nicht neu. Sogar die Lösungen – das angedeutete Drei-Säulen-System mit variabler Stärke der einzelnen Säulen – sind bekannt und nur im Detail noch diskussionsbedürftig. Aber die Frage, wie wir von der gegenwärtigen Anspruchs- und Erwartungslage zu einer neuen Ordnung kommen, ist offen. Überall stößt man auf massive Interessen, die ebenso verständlich wie uneinlösbar sind. Große Organisationen scharen sich um das alte Ideal des Arbeitsplatzes. In der Tat, wer wollte es Menschen verübeln, dass sie dieses komfortable System verteidigen?

Fragt man, wie denn die nötigen Veränderungen zu bewerkstelligen sind, so bleiben zwei Möglichkeiten. Die eine ist der Weg durch die Katastrophe, also der apokalyptische Weg. Argentinien demonstriert gerade, wie so etwas aussehen könnte, und man möchte Ähnliches niemandem wünschen. Der andere Weg ist der wohlbegründeter, von überzeugenden Personen hartnäckig und zugleich flexibel verfolgter Reformen. Dabei müssen auch Proteste ausgehalten werden: mit Verständnis für begründete Sorgen der Menschen und zugleich klaren Vorstellungen des Nötigen.

Noch gibt es nicht viele Beispiele dafür, dass ein solcher Weg erfolgreich beschritten wird. Immerhin, Politiker wie der französische Ministerpräsident Raffarin, der österreichische Bundeskanzler Schüssel, auch der deutsche Bundeskanzler Schröder machen den nötigen Versuch. Erfolg wird dieser aber erst haben, wenn die Angst vor dem Verlust der alten Gewissheiten sich in Mut wendet. Da muss man auf eine Generation hoffen, die den langen Marsch der 68er in die Beamtensicherheit hinter sich gelassen hat.

(7.6.2003)

Reformen im guten Sinne
Wie können wir eine neue und nachhaltige Form
der Grundsicherung für alle schaffen?

Es gab eine Zeit, da bedeutete Reform, dass es Menschen besser gehen würde. Das galt nicht für alle und oft auch nicht sofort, aber immerhin: Die Bildungsreform sollte Arbeiterkindern den Weg zur Hochschule eröffnen, die Reform der Arbeitslosenunterstützung Umschulung und Ausbildung finanzieren und die Pflegeversicherung alten und gebrechlichen Menschen ein anständiges Leben erlauben. Oft waren die Anfangskosten der Reform höher als erwartet, manche warnten vor der Dauerbelastung der Steuerzahler und auch vor dem allzu fürsorglichen Staat. Per saldo aber waren Reformen eine offenbar gute Sache.
Gewiss, auch im Vorfeld der Bundestagswahl von 1969 war es nicht ganz einfach. »Mehr Demokratie wagen« war nicht für alle ein erstrebenswertes Ziel, und »Nach dem Ausbau der Umbau« stieß auch damals auf eingefleischte Interessen am Status quo. Aber das Neue hatte doch seinen eigenen Elan, der heute fehlt.
Dass die heute nicht nur in Deutschland nötigen Reformen der Sozialpolitik und der Bildungspolitik keine Begeisterung hervorrufen, mag unvermeidlich sein. Reform heißt hier immer zuerst die Kürzung öffentlicher Ausgaben. Es führt keine sprachliche Verrenkung daran vorbei, dass Reformen Sparmaßnahmen sind. Es ist daher auch nicht zu leugnen, dass diese Reformen nur Verlierer haben, Etwas-Verlierer und Viel-Verlierer.
Dennoch gäbe es Argumente, die nicht deutlich genug werden in der gegenwärtigen Diskussion. Da Gründe für nötiges Handeln zu geben eine der Hauptaufgaben demokratischer Politiker ist, können die Bürger verlangen, dass diese Argumente klarer formuliert werden. Zum Beispiel: Deutschland hat nach dem Zweiten Weltkrieg ein Wirtschafts- und Sozialsystem geschaffen, das die Leiden der Vergangenheit endgültig und für alle kurieren sollte. Es ist dabei erstaunlich erfolgreich gewesen. Es gab auch lange Zeit keinen Grund, warum dieser Erfolg nicht mit kleinen Korrekturen, auch gelegentlichen Abstrichen, fortgeschrieben werden sollte.
Dann aber geschah Unerwartetes: Viele hörten auf, Kinder in die Welt zu setzen, und die meisten lebten länger als frühere Generationen. Die demografische Struktur veränderte sich in einer Weise, die zu immer mehr Empfängern solidarischer Leistungen und immer weniger Zahlern der nötigen

Mittel führte. Die solidarisch erbrachten Leistungen wurden immer teurer. Fortschritte in der medizinischen und pharmazeutischen Forschung, aber auch in der Ausstattung der Bildungseinrichtungen, in den Erwartungen an Arbeitsplatzsicherheit und Lebensstil im Alter machten das Anwachsen der Kosten öffentlicher Dienste fast unberechenbar. Zugleich brachte der Prozess, der mit Globalisierung nur unzureichend beschrieben ist, Unternehmen in einen neuen Konkurrenzzwang, der vielfältige Auswirkungen auf Arbeitsplätze und Arbeitskosten hat.

Andere Entwicklungen ließen sich hinzufügen. Sie alle hatten die Folge, dass der Staat Schulden machen musste. Staatsschulden aber bedeuten im Kern immer, dass künftige Generationen für das bezahlen, was die heutigen konsumieren. Insofern steckt hinter mancher Auseinandersetzung ein Generationenkonflikt. Manche der jüngeren Grünen haben das erkannt und tragen daher Wichtiges zur ansonsten eher halbherzigen Debatte bei. Denn nun sind es doch wieder Reformen im guten Sinn, über die zu reden ist. Die Aufgabe ist: Wie können wir unter veränderten demografischen und weltwirtschaftlichen Bedingungen eine neue und nachhaltige Form der Grundsicherung für alle Bürger schaffen? Dabei werden gewiss eingefleischte Interessen gestört. Es ist bedauerlich, dass sich manche Gewerkschaften zum Sprachrohr dieser Interessen gemacht haben. Es kann aber auch eine neue Sozialpolitik Gestalt annehmen, die zur Eigentätigkeit ermutigt und damit zur einzigen wirklichen Garantie sozialer Sicherheit. So etwa müsste der Ton der Debatte sein, in Deutschland, in Großbritannien, in Europa. Wenn er es nicht ist, werden nur gequälte Teillösungen herauskommen und die Fortsetzung der schlechten Stimmung.

(10.5.2003)

Von Luftballons und Macht
Es reicht nicht aus, die unangenehmen Dinge in der Welt
den Amerikanern zu überlassen

Es ist schwierig geworden, sich mit deutschen Freunden über den Irak-Krieg zu unterhalten. Man trifft auf eine einhellige Ablehnung, die zuweilen eine Sprache verwendet, in der Präsident Bush und nicht Saddam Hussein als der große Bösewicht erscheint. Umso mehr lassen andere Meinungen aufhorchen, die zum Beispiel von Angela Merkel.
Wer viel im postkommunistischen Osten Europas unterwegs ist, erkennt in Frau Merkel unschwer eine dort verbreitete Position. Sowohl die CDU-Chefin als auch viele Demokraten dort erinnern sich daran, dass es so etwas gibt wie Macht und vor allem die böse Ausübung von Macht, die Unterdrückung des eigenen Volkes und die der Nachbarn. Und sie erinnern sich daran, dass es die USA waren, die die Hegemonie der Sowjetunion im östlichen Europa gebrochen haben. Auch da waren es nicht freundliche Worte oder diplomatische Raffinesse, gar Beschlüsse des UN-Sicherheitsrates, die zum Ergebnis führten, sondern das, was Außenminister Fischer eine »Drohkulisse« nennt. Präsident Reagan hat bewirkt, dass die Sowjetunion sich zu Tode rüstete.
Deshalb reicht es heute nicht, Luftballons mit der Aufschrift »Frieden« durch die Straßen zu tragen. Man muss sich entscheiden, was man will und wohin man daher gehört, wenn es in den Konflikten der Welt hart auf hart geht. Wir im Westen haben nicht in einer Diktatur gelebt, aber waren doch wie Kinder. Die unangenehmen Dinge haben wir den Amerikanern überlassen, nämlich die militärische Rückendeckung für unsere friedlichen Spiele.
Was wäre aus Berlin geworden ohne die USA? Noch Helmut Kohls einsame Entscheidung auf dem Kaukasus, Gorbatschow die Zustimmung abzuverlangen, dass ein vereinigtes Deutschland der Nato angehört, wäre ohne die amerikanische Rückendeckung nicht möglich gewesen.
Die Vereinigten Staaten sind nicht erst seit gestern eine Hegemonialmacht. Nur haben manche Westeuropäer das Gefühl, sie brauchen die USA nicht mehr. Das ist das eine Thema, bei dem man auf Widerspruch stößt. Das andere ist das Völkerrecht. Ein Weltbürgerrecht ist eine erhabene Absicht. Wir sollten stets so handeln, dass unsere Maximen auch für alle Länder der Welt Anwendung finden können. Aber – und gerade hier lohnt es sich,

Kant genau zu lesen – die Welt ist kein Arkadien, in dem Moral und Recht sich bruchlos verbinden. Ohne die Macht, die die Einhaltung des Rechts im Zweifel erzwingen kann, bleibt das Recht bloße Maxime. Vieles, das wir Völkerrecht nennen, ist einstweilen Völkermoral, nicht weniger, aber auch nicht mehr. Solange das der Fall ist, bleibt es die Aufgabe, die Macht zu zähmen. Nur zähmt man die Macht nicht, indem man so tut, als existiere sie nicht. Damit definiert man sich nur aus dem Geschehen heraus. Dann bleibt in der Tat nichts anderes, als »Friedens«-Luftballons durch die Straßen zu tragen.

Das gilt gewiss nicht immer. Es gibt eine Art der Ausübung von Macht, bei der denen, die den Mut dazu haben, nur noch Widerstand bleibt. Das ist dann allerdings ein Widerstand, bei dem das eigene Leben aufs Spiel gesetzt wird. Diese Frage stellt sich jedenfalls für Europa heute nicht, und sie stellt sich schon gar nicht, wenn es um die USA geht. Kein anderes Land der Welt hat eine so lange, ungebrochene Tradition der Demokratie.

Das ist weder ein Plädoyer für Vasallentum noch eines für unkritisches Akzeptieren amerikanischen Handelns. Es ist aber ein Plädoyer für eine Haltung, die mit der Grundannahme der Zustimmung beginnt. Dann wird man fragen müssen, was das eigentlich für ein Regime ist, das in Bagdad herrscht. Soll die internationale Gemeinschaft sich da wirklich darauf beschränken, eine Kulisse aufzubauen? Muss die Drohung nicht auch einmal praktisch werden? Muss nicht, auch wenn man sich selbst nicht beteiligen will, der Koalition grundsätzlich zugestanden werden, dass sie Recht haben könnte?

Das ist nicht das Ende des schwierigen Gesprächs mit den deutschen Freunden. Es ist aber ein Beitrag, der helfen kann, die allzu einfache Sicht der Dinge ein wenig zu komplizieren.

(5.4.2003)

Vergangene Größe
Europa als Union ist der größte Kollateralschaden der Irak-Krise

Die Irak-Frage hat schon jetzt unbeabsichtigte Nebeneffekte gezeitigt, die das Hauptthema überlagern. Eines davon hat mit der Macht derer zu tun, die einmal Weltmächte waren, es aber heute nicht mehr sind und doch in Versuchung geraten, so zu tun als ob. Im Gespräch mit britischen Parlamentariern hat der russische Außenminister gezeigt, wie eine Beinahe-noch-Weltmacht mit der neuen Lage fertig wird. Der Irak muss entwaffnet werden; das war seine erste These. Dafür aber gibt es zwei Wege, nämlich die systematische, langfristige Kontrolle des Landes und den Krieg. Russland hat sich gegen den zweiten Weg entschieden. Es wird daher auch gegen eine UN-Resolution stimmen, die das Tor zum Krieg öffnet. Herr Iwanow fügte hinzu: »Verhindern können wir den Krieg nicht.« Daher komme es Russland darauf an, Schlimmeres zu verhüten. Auch die Beschädigung der UNO müsse in Grenzen gehalten werden.
Seine britischen Gastgeber hat Iwanow nicht überzeugt. Deren Haltung – jedenfalls die von Tony Blair – liegt fest, was immer die Leute oder auch die UN-Inspektoren sagen. Blair glaubt, dass Saddam Hussein gehen muss, sonst gebe es keine Entwaffnung. Zugleich sieht er sich als Freund nicht nur Amerikas, sondern auch von Präsident Bush in der Lage, die USA so lange wie möglich auf dem multilateralen Weg zu halten. Manche meinen sogar, nur Blair könne den amerikanischen Präsidenten noch an einer Militäraktion hindern. Das allerdings dürfte dann doch ein verfehlter Weltmachttraum sein.
Tatsächlich hat der britische Premierminister sich und sein Land in eine schwierige Lage manövriert. Als Einiger, gar als Führungsmacht Europas wird Blair nicht wieder auftreten können. Auf der anderen Seite hat Frankreichs Präsident Chirac als erster Präsident seit langem das französische Weltmachtspiel neu eröffnet. Manche glauben, dass es anfangs in der Tat eine Art Spiel war, dass Chirac dann aber so tief in seine eigenen Verstrickungen geraten ist, dass er nun nicht mehr heraus kann. Vermutlich wollte er Deutschland stillhalten und Frankreichs Stimme hörbar machen. Jetzt kann es sogar sein, dass Frankreich seine Gegenstimme im Sicherheitsrat zum Veto verstärkt. Das wäre dann jenes »unvernünftige Veto«, von dem der US-Präsident schon angekündigt hat, dass er es nicht ernst nehmen wird.

Apropos Sicherheitsrat: Da werden Angola und Guinea, Chile und Bulgarien entscheiden, und zwei europäische Mittelmächte haben das Veto. Mindestens so wichtige Mächte aber sind gar nicht von der Partie: Indien und Japan, Brasilien und Nigeria. Auch diese Tatsache muss in das außenpolitische Kalkül der mittleren Mächte eingehen.
Die Schlüsse aus solchen Erwägungen sind nicht erhebend, vor allem nicht für Europa. Die Erinnerung an vergangene Größe allein scheint zu reichen, um mittlere Mächte Europas von einer gemeinsamen Außen- und Sicherheitspolitik abzulenken. Allerdings muss man zugeben, dass auch ein »europäischer Außenminister« die Sache nicht sehr verändern würde. Er könnte am Ende nur sagen und tun, worüber die Länder sich einig sind. Das wird immer ein Verbalkompromiss und eine Minimalposition sein. Europa als Union ist der größte Kollateralschaden der Irak-Krise.
Deutschland ist in diesem Spiel der Ehemaligen fast von der Bildfläche verschwunden. Es zählt nicht, weil es sich frühzeitig aus der Debatte verabschiedet hat. Es wird weder den Sicherheitsrat noch die europäische Einigung nennenswert beeinflussen. Auch das ist eine mögliche Haltung einer mittleren Macht; mancher mag dies sogar für eine angemessene Position halten.
Eines allerdings wird auch Deutschland tun müssen: seine Position zu der einen, der einstweilen einzigen Weltmacht zu definieren, den USA. Das ist ohnehin das weltpolitische Thema Nummer eins, vor allem für mittlere Mächte. Und in dieser Hinsicht werden, wenn die Irak-Frage von der Tagesordnung verschwunden ist, manche noch mit Bedauern an die Zeit zurückdenken, in der sie die Chance zu einer plausiblen Einstellung zu den USA verpasst haben.

(8.3.2003)

Wider die reine Lehre
In der Geschichte der amerikanischen Außenpolitik war Realpolitik eher die Ausnahme

Wenn es nicht primär das Öl ist, das den US-Präsidenten in seiner Irak-Politik motiviert, und auch nicht primär der Wunsch, den unfertigen Golfkrieg des Vaters zu Ende zu bringen – was ist es dann? Und was ist es, das den britischen Premierminister motiviert? Am Ende bleibt nur jenes Motiv, das man als Gesinnung bezeichnen kann, genauer als missionarische Gesinnung. Bush und Blair treibt der Wunsch, einem unterdrückten Volk die Segnungen der Demokratie zu bringen und damit zugleich der Bedrohung seiner Nachbarn und der weiteren Umwelt durch einen Tyrannen ein Ende zu setzen.

Ein löbliches Motiv? Max Weber mochte bekanntlich die Gesinnungsethik nicht, jedenfalls nicht in der Politik. In seiner Rede über *Politik als Beruf* mokierte er sich über diejenigen, die ihre Politik mit heiligem Eifer betreiben. Politik, richtige Politik, gehorchte nach seiner Meinung anderen Gesetzen. Sie unterliegt der Verantwortungsethik. Während die Gesinnungsethik sozusagen das ganz und gar Gute will, und zwar hier und jetzt, stellt die Verantwortungsethik allerlei Begleitumstände in Rechnung und erwartet daher nicht viel mehr als Schritte in die richtige Richtung. Insoweit war für Weber alle Politik im Kern Realpolitik; die Gesinnung bleibt das Vorrecht der Intellektuellen.

In der amerikanischen Außenpolitik war Realpolitik eher die Ausnahme; die Regel waren Isolationismus und Missionartum. Isolationismus klingt schlimmer, als er oft gemeint war. Vom ersten Präsidenten George Washington an war es vielfach die Auffassung amerikanischer Regierungen, dass es zuerst und vor allem auf das eigene Land ankommt. Die anderen sind Freunde oder Feinde, aber jedenfalls weit weg. Für die Außenpolitik sind sie nur wichtig, wenn ihr Wirken das eigene Land direkt berührt, so wie in der Kuba-Krise zum Beispiel. Auch Missionartum klingt unnötig abfällig. Der größte Missionar unter den amerikanischen Präsidenten des vorigen Jahrhunderts war Woodrow Wilson. Was er wollte, ist ihm beim Friedensschluss von Versailles nicht ganz gelungen; aber seine Absicht lag zweifellos darin, dem Rest der Welt die Segnungen des freien Amerika zu bringen. Wilsons Nachfolger fielen zumeist irgendwo zwischen die Extreme, Nixon eher an das realpolitische, Carter eher an das missionarische Ende. Bush junior scheint nun die missionarische Tradition aufzunehmen, was für einen Republikaner eher ungewöhnlich ist. In Blair findet er ein Temperament, das für diese Art der aktiven Interventionspolitik besonders empfänglich ist.

Und warum auch nicht? Man muss Max Weber nicht uneingeschränkt zustimmen. Es liegt sogar etwas Müdes, zumindest Zynisch-Inaktives in der viel gepriesenen verantwortungsethischen Position. Wäre es nicht besser gewesen, wenn die späteren Alliierten Hitlers Deutschland vor dem September 1939 in seine Schranken gewiesen hätten? Kann die Ächtung präventiven, auch militärischen Handelns wirklich heißen, dass man alles erträgt, bis es möglicherweise zu spät ist?

Wenn man die Bereitschaft zur rechtzeitigen Intervention für unter Umständen notwendig erklärt, stellen sich vor allem zwei Fragen: Ist im gegebenen Fall die innere Lage und die äußere Gefahr wirklich so ernst, dass sich Intervention begründen lässt? Und hat man eine einigermaßen klare Vorstellung davon, wie genau man die eigenen Werte in anderen, fernen Ländern durchsetzen will? Was geschieht also nach der militärischen Aktion?

Man kann darüber streiten, ob diese Fragen im Fall Irak hinlänglich beantwortet worden sind; diese praktischen Fragen aber ändern an der grundsätzlichen Entscheidung nichts, dass Politik zumindest im Grenzfall Gesinnung und Verantwortung mischen muss. Nur eine Haltung bleibt davon unberührt: die der reinen Lehre, der absoluten Gesinnungsmoral. Früher nannte man das Pazifismus. Auch wer die Position nicht teilt, sollte sich hüten, für Kriege je das Wort »gerecht« in Anspruch zu nehmen. Sie sind auch bei den erhabensten Motiven allenfalls notwendig; sie haben moralisch begründbare Ziele; aber selbst sind sie ihrer Natur nach nicht moralisch.

(8.2.2003)

Wie eine Quadratur des Kreises
Der Schlüssel zur neuen Sozialökonomie könnte in der Bildungspolitik liegen

Während die internationale Politik noch von der Irak-Frage beherrscht wird, kündigt sich in den Staaten des Westens ein Themenwechsel an. Auf einmal drängt sich die Sozialökonomie in den Vordergrund. Das Wort ist bewusst gewählt: Immer geht es einerseits darum, die stockende Wirtschaft wieder anzukurbeln, und andererseits um die Zukunft der Sozialpolitik. Dabei sind die klassischen neoliberalen Konzepte offenbar nicht mehr gefragt. Denn so einfach ist es nicht – dass man nur den Sozialstaat zu reduzieren braucht, und schon kommt die Wirtschaft wieder in Gang. Sogar in den USA hat die Stimulierung des Arbeitsmarktes dieselbe Priorität wie die Abschaffung der Steuern auf Dividenden.

In Europa mit seiner weniger individualistischen Tradition – und der offenbar größeren Bereitschaft der Bürger, für öffentliche Güter Steuern zu zahlen – ist das Doppelziel und seine innere Widersprüchlichkeit noch deutlicher. Überall erzwingen explodierende Kosten Begrenzungen der öffentlichen Haushalte und demografische Entwicklungen eine neue Konzeption des Sozialstaates. Zu ihr gehört unweigerlich eine stärkere Eigenbeteiligung an den Kosten des Gesundheits- und Rentensystems, oft auch der höheren Bildung. Zugleich aber darf dies nicht zur allgemeinen Entmutigung führen. Die Reform des Sozialstaates muss vielmehr Hand in Hand gehen mit der Ermunterung zum Konsum und der Förderung wirtschaftlicher Unternehmungslust. Gründer sind gefragt, ein selbstbewusster Mittelstand und große Unternehmen, die investieren, auch wenn sie nicht exorbitante Gewinne erwarten können.

Die gleichzeitige Reform des Sozialstaates und Stimulierung der unternehmerischen Wirtschaft ähneln einer Quadratur des Kreises: Präsident Bush sucht sie durch den Appell an Amerikas traditionelle Werte zu bewältigen. Arbeitslose sollen auf die Wanderschaft gehen, auf die Suche nach den unbegrenzten Möglichkeiten. In Europa geht oft ein Riss durch die Regierungsparteien, vor allem wenn diese sozialdemokratisch sind. Clement gegen Müntefering sozusagen, der Mann des Wirtschaftswachstums gegen den des Sozialstaates. Die Logik der neuen Positionierung der FDP scheint darin zu liegen, dass sie sich als Partner in einer Koalition anbietet, in der sie den wirtschaftlichen Schwung liefert, während der größere Partner sich um das Soziale kümmert.

In allen Fällen wird dem Staat eine beträchtliche Rolle zugeschrieben. Auch Präsident Bushs Multimilliarden-Programm ist eines für staatliches Handeln. Es klingt ebenso wenig nach Ronald Reagan, wie die neueren Ideen von Premierminister Blair und seinem Schatzkanzler Brown an Margaret Thatcher erinnern. Überall ist von Reformen die Rede; aber auch wenn diese zur Eigentätigkeit der Bürger ermuntern sollen, verlangen sie doch zunächst staatliches Handeln. Bedeutet der Themenwechsel eine neue Art des Keynesianismus, also der Sozialökonomie als staatlichem Programm? Das alles ist unklar, wohl auch weil die neue Politik noch keine rechten Sprecher gefunden hat. Sie wird von programmlosen Pragmatikern betrieben. Das muss nicht schlecht sein, trägt aber nicht zum Verständnis dessen bei, was nottut. Die Unklarheit wird dadurch verstärkt, dass Regierungen alle sozialökonomischen Themen auf einmal anzupacken versuchen. Ein solcher Versuch geht fast notgedrungen schief. Vor allem Premier Blair spürt das. Inzwischen hat er so viele Zielvorgaben gemacht – und nicht einhalten können –, dass niemand ihm mehr recht glaubt, wenn er ein weiteres Mal mitteilt, dass innerhalb von sechs Monaten die Wartelisten für Operationen oder die Kleinkriminalität halbiert werden sollen.

Es könnte sein, dass der Schlüssel zur neuen Sozialökonomie bei der Bildung und Ausbildung liegt. Nirgends treffen sich öffentliche Verpflichtung und individuelle Anstrengung entschiedener als hier. Bildung ist zudem Voraussetzung einer Gesellschaft, die unternehmerische Initiative mit einer neuen Art sozialer Sicherung verbindet. Jedenfalls sollte man genau hinhören, was die Parteien und Regierungen zu diesem Thema zu sagen haben.

(11.1.2003)

Die Wende von innen
Die Welt, die die Gründer der Bundesrepublik geschaffen haben,
wird so nicht bleiben

Es ist schon so, dass ein Ruck durch das Land gehen muss. Das gilt nicht nur für die Regierung, der man allerdings eine neue Frische wünscht. Vielleicht sollte sie mehr auf die Post-1968er vor allem bei den Grünen hören. Es gilt aber für die ganze Gesellschaft, für jeden Einzelnen. Manchmal möchte man den deutschen Landsleuten zurufen: Nun lasst doch das ewige Jammern, schaut euch die Probleme genau an, dann packt sie an. Ihr werdet bald merken, dass es Lösungen gibt und dass das Neue nicht schlechter sein muss als das Alte. Dann hebt sich auch eure Stimmung wieder, und das Land – seine Wirtschaft vor allem – wird der Stimmung bald folgen.
Was sind »die Probleme«? Sie lassen sich auf zweierlei Art beschreiben, sehr allgemein und ganz konkret. Allgemein findet vor allem Deutschland sich in einem Generationendilemma. Die Gründergeneration der Nachkriegszeit ist jetzt abgetreten. Sie hat, wie ihre Überlebenden nicht müde werden zu betonen, mit Blut, Schweiß und Tränen das Land aufgebaut und Ruinen in blühende Landschaften verwandelt. Dabei leitete sie nicht zuletzt die Idee, dass zukünftige Generationen es besser haben sollten.
Das Projekt ist gelungen, mehr als irgendjemand 1950 oder auch noch 1960 zu hoffen wagte. In Deutschland sind Lebensbedingungen entstanden, die den Neid der Welt erregen konnten. Das waren allerdings eher statische, beamtenhafte Bedingungen. Wer eine Ausbildung hatte, konnte auf eine bestimmte Stellung hoffen. Wer sie einmal innehatte, konnte damit rechnen, eines Tages für 25-jährige treue Dienste eine silberne Nadel zu bekommen. Wer krank wurde, brauchte nichts zu fürchten. Wer in Rente oder Pension ging, hatte ein ebenso gutes Leben wie die Arbeitenden. Überhaupt wurde die Arbeit immer weniger lebensbestimmend. Am Ende entstand die Spaßgesellschaft. Da war der Spaß allerdings schon fast vorbei. Denn der statische Wohlstand blieb nicht derselbe; die gemütliche Welt, die die Gründer für ihre Kinder und Enkel geschaffen hatten, hielt nicht.
So etwas hält übrigens nie. Wer sich darauf verlässt, dass morgen so wird wie heute, muss meist einen hohen Preis zahlen. Die Veränderungen sind nicht nur solche der Umstände, also zum Beispiel der Weltwirtschaft. Diese sind wichtig; auch die Entdeckung, dass Deutschland keine selige Insel

ist, die sich aus allen Krisen und Kriegen heraushalten kann, ist eine Lehre dieser Jahre. Doch gibt es andere Entdeckungen des Wandels, nämlich die konkreten Probleme der Zukunft. Wenn Menschen weniger Kinder haben, weniger arbeiten und länger leben, dann kann die beste Rentenversicherung nicht mehr mithalten. Wenn Gesundheit zur allgemeinen Obsession wird und jeder Schnupfen zum Krankschreiben führt, während pharmazeutische Industrie und medizinische Technik ständig teurer werden, dann kann keine allgemeine Versicherung, geschweige denn der Steuerzahler, sich das leisten. Wenn 30, 40 oder 50 Prozent auf die Hochschule streben und viele Jahre lang dort verweilen, dann kann der Staat weder Universitäten noch Studenten angemessen finanzieren.

Man muss den neuen Sozialstaat klar definieren und dann aktiv suchen. Das ist ein bisschen unbequem und verlangt die Abkehr von der Passivität des Komforts der Vergangenheit. Am Ende aber wäre es weit unbequemer, die neuen Wege nicht zu gehen. Die Welt, die die Gründer geschaffen haben, kann nämlich so nicht bleiben und wird dies auch nicht tun. Aktive Innovation ist da immer besser als das Warten auf den großen Crash.

Das gilt für alle Bürger. Viele werden dann sogar feststellen, dass die innovative Gesellschaft belebender ist als die beamtenhaft erstarrte, blockierte Gesellschaft. Eines allerdings müssen die Bürger zu diesem Zweck verlangen: dass die Regierung ihnen Spielräume lässt. Es ist nicht die Aufgabe des Staates, jedes »Schlupfloch« zu verstopfen, sondern auf die Wünsche und Absichten der Bürger zu horchen und diese zu ermuntern. Es gibt so etwas wie eine Wende von innen, ganz ohne äußere Bedrohung oder innere Gewalt. Deutschland braucht diese Wende.

(7.12.2002)

Große Worte, kleine Taten
Europa tut gut daran, vom Brüsseler Verfassungskonvent nicht zu viel zu erwarten

Irgendwann 2003 wird der Europäische Konvent den Regierungen einen Text vorlegen, der die gesammelte Weisheit der 105 Konventsmitglieder in einer Art Fahrplan für die Zukunft bündelt. Doch wohin führt der Fahrplan – zur »Europäischen Gemeinschaft, der Europäischen Union, den Vereinigten Staaten von Europa, dem Vereinten Europa« (Art. 1)? Auch das, was der Text sein soll, bleibt ungewiss: ein Verfassungsvertrag, ein Grundvertrag, eine Verfassung? Womöglich wird in beiden Fällen der anspruchsvollste Name obsiegen: eine Verfassung des Vereinten Europa.
Die gemeinschaftlichen Bemühungen der Länder Europas haben schon immer darunter gelitten, dass sie sich anspruchsvolle Namen geben, ohne dass diese durch die Realität gedeckt wären. Die »immer engere Union« der geltenden Verträge ist nach wie vor in erster Linie ein Binnenmarkt. Das ist nicht wenig, vor allem, wenn der Binnenmarkt so definiert wird, wie das Jacques Delors als Kommissionspräsident getan und durchgesetzt hat. Aber ein Vereintes Europa folgt daraus nicht.
Zum Beispiel ändert sich nichts daran, dass in der gleichen Woche die britische Regierung zusammen mit den USA in Katar Truppen für eine Invasion im Irak stationiert, Frankreich mit einem Veto im Sicherheitsrat gegen jeden Automatismus des Präventivkriegs droht, und Kanzler Schröder im Bundestag Nein sagt zur deutschen Beteiligung.
Solche Differenzen sind auch nicht durch Mehrheitsentscheidungen zu überwinden. Qualifizierte Mehrheiten könnten noch nicht einmal dazu führen, dass Deutschland seine Steuern und Abgaben für Sozialpolitik auf ein britisches Niveau senkt. Die viel gepriesenen Reformen von Wirtschaft und Sozialstaat, die die EU in Lissabon im Jahr 2000 beschlossen hat, sind bloße Deklarationen geblieben. Daran ändert auch der von Präsident Giscard d'Estaing vorgelegte Entwurf eines Grundvertrages nichts.
Überhaupt fällt bei dessen Lektüre auf, dass der Text nur Widersprüche sammelt, ohne diese aufzuheben: Im Titel III heißt es, dass alles, was nicht im Vertrag erwähnt wird, den Nationalstaaten überlassen bleibt (»Subsidiarität«). Zudem ist von Bereichen die Rede, »in denen die Union die Maßnahmen der Mitgliedstaaten unterstützt oder koordiniert« (Art. 12) oder ausdrücklich intergouvernemental handelt (Art. 13). Da ändert sich nichts, außer dass der Status quo festgeschrieben wird.

Dann ist da das große Thema des Titels VI: »Das demokratische Leben der Union«. Man mag bezweifeln, ob das einheitliche Wahlrecht für das Europaparlament oder selbst die willkommene Transparenz bei der Gesetzgebung die europäischen Belange den Bürgern wirklich näher bringt. Auch eine gewiss nötige und nützliche öffentliche Debatte wird am Grunddilemma der EU nicht viel ändern können: Die Kluft zwischen den Träumen und großen Worten einerseits, den Realitäten und bescheidenen Taten Europas andererseits bleibt enorm. Sie wird auch nicht durch den Konvent verringert. Die Kluft kann nur geschlossen werden, wenn die Staaten Europas sich darauf einigen, bestimmte Politikbereiche nach dem Muster des Binnenmarktes gemeinsam zu betreiben und dies in demokratischer Weise zu tun. Viele Bürger Europas meinen, dass dazu die Außen- und Sicherheitspolitik gehören sollte. Das ist allerdings – siehe Irak – einstweilen eine Illusion. Ein besserer Kandidat ist die Wirtschaftspolitik, vor allem der Euro-Länder. Doch auch hier zeigt sich, wie zögerlich selbst die alten Motoren der Einigung, Deutschland und Frankreich, sind. Aber wenigstens gibt es gute Gründe für gemeinsames Handeln. Solche neuen Gemeinsamkeiten sind übrigens wichtiger als ein schöner Verfassungstext voller innerer Widersprüche.

Europa tut gut daran, vom Brüsseler Konvent nicht zu viel zu erwarten. Vor allem aber dürfen schöne Worte nicht zum Ersatz für Taten werden. Die Welt wird nur dann durch Verfassungsverträge verändert, wenn diese aus einem Guss und von einem starken Willen getragen sind. Beides gab es in den 13 Kolonien Amerikas 1776; beides gibt es bei den 15 oder 25 Mitgliedern der EU im Jahre 2003 nicht.

(2.11.2002)

Über den Rand hinaus
Die FDP schwankt zwischen rechtspopulistischer Bewegung
und liberalem Zünglein an der Waage

18 Prozent – das ist fast genau der Stimmenanteil, den die britischen Liberaldemokraten bei der jüngsten Unterhauswahl errungen haben. Das macht sie nicht zum potenziellen Koalitionspartner von Labour und den Konservativen. Es macht sie noch nicht einmal zur regierungsrelevanten Partei. Das liegt zum guten Teil am britischen Wahlrecht, das der Labour Party mit etwas mehr als dem doppelten Stimmenanteil achtmal so viele Abgeordnete im Unterhaus beschert, wie die Liberaldemokraten sie haben. Es gibt aber noch einen anderen Grund für deren Regierungsferne.
Die 18 Prozent der Liberaldemokraten beruhen vor allem auf ihrer lokalen Stärke. Liberaldemokraten stellen mehr Gemeinderäte als die Konservativen und kaum weniger als Labour. Sie verbinden eine breite lokale Basis mit einer schwachen nationalen Präsenz. Das wäre eine Methode, um zur 18-Prozent-Partei zu werden. Die deutsche FDP indes hat den umgekehrten Weg gewählt. Sie verbindet lokale Schwäche mit einer zahlenmäßig eher bescheidenen, dafür aber umso entschiedeneren nationalen Präsenz. Auf welchem Wege lassen sich unter solchen Umständen 18 Prozent erreichen (vorausgesetzt, dass die Partei sie ernstlich anstrebt)? Vielleicht gibt es mehr als eine Antwort auf diese Frage, aber die einfachste ist: Indem man im Trüben fischt. Gewiss existiert auch in Deutschland ein Wählerpotenzial irgendwo zwischen Jörg Haiders FPÖ und Pim Fortuyns niederländischer Spaß- und Protestpartei. Aktivieren lässt sich dieses Potenzial – jedenfalls vorübergehend – durch systematische Zweideutigkeiten, wie sie Jürgen Möllemann meisterhaft beherrscht. Erst ein Flugblatt mit Angriffen auf den israelischen Premierminister und einen prominenten deutschen Juden, dann das scheinbar zerknirschte »Es war ein Fehler«.
Zum Fischen im Trüben reichen solche Vorgaben und Rückzieher. Die Partei darf sich dann aber nicht von dem Fischer distanzieren. War es Herrn Westerwelles Absicht, Herrn Möllemann sein zweifelhaftes Vergnügen zu lassen? Wie dem auch sei, die älteren Herren der FDP blieben ihren weniger zweideutigen Positionen treu und schoben Herrn Möllemann an den Rand der Partei, wenn nicht darüber hinaus.
Damit bleiben zwei Möglichkeiten. Die eine führt zu einer FDP, die sich von den abwegigeren Ambitionen des vergangenen Wahlkampfes abwen-

det und dafür klare liberale Positionen in der Wirtschafts- und Rechtspolitik bezieht. »Macht mal halblang«, möchte man sagen. Neun Prozent wären schließlich schon ganz gut, wie die Grünen gerade entdecken.

Die andere Möglichkeit wäre der Weg, den Haider in Österreich vorgezeichnet hat. Dann könnte auch in Deutschland eine Partei entstehen, deren Vorsitzender zwar vielleicht nicht mit dem Dekor eines lebenden Falken im arabischen Fernsehen auftritt (was manche am Geisteszustand des Kärntner Landeshauptmanns hat zweifeln lassen), aber sich ähnliche politische Kapriolen mit oder ohne Fallschirm leistet. Ein bisschen Zuwanderungszweifel, gepaart mit Skepsis gegenüber der EU-Erweiterung; das Verlangen nach Volksbegehren statt parlamentarischer Debatten; die lautstarke Kritik an dem verhassten Establishment und dazu ein Cocktail von Antisemitismus und Antiamerikanismus – das könnte schon reichen, um eine Zeit lang in Landtagen und auch im Bundestag vertreten zu sein. Bereits in den ersten zweieinhalb Jahrzehnten ihrer Existenz war die FDP zuweilen für eher zwielichtige Figuren offen. Das galt zwar nicht in Baden oder in Württemberg oder in den Hansestädten, wohl aber in Nordrhein-Westfalen, Niedersachsen, Hessen und im Saarland.

Könnte auch beides geschehen, also die Spaltung der FDP in ein liberales Zünglein an der Waage und eine rechtspopulistische Bewegung? Vielleicht – doch würde das wohl keinem der beiden Flügel bei den Wählern gut bekommen. Schon jetzt muss die FDP befürchten, dass sie sich von der soliden Basis etwa der britischen Liberaldemokraten noch weiter entfernt, ohne im Bund das Gewicht erhalten zu können, das sie lange Zeit hatte.

(5.10.2002)

Das Dilemma des Angriffskrieges
Es kann Situationen geben, in denen man Diktatoren gewaltsam bekämpfen muss

Im Wortsinn ist Präventivkrieg ein Krieg, der geführt wird, um kriegerische Akte eines anderen zu vermeiden: Der Angriff soll dem Angriff eines mutmaßlichen Gegners zuvorkommen. Es ist also ein Angriffskrieg, wenn auch einer, für den mehr oder minder gute Gründe genannt werden können. Die meisten Menschen misstrauen solchen Gründen. Insoweit die Weltgemeinschaft ein Recht kennt, lehnt dieses Angriffskriege grundsätzlich ab. Ausnahmen sind allenfalls denkbar, wenn die organisierte Weltgemeinschaft – also die Vereinten Nationen, vertreten wohl durch den Sicherheitsrat – sie ausdrücklich zulässt.

Indes ist das Dilemma des möglichen, vielleicht schon geplanten und im Detail vorbereiteten Krieges der USA gegen Irak damit erst unvollkommen beschrieben. Sein sachlicher Kern wird ganz deutlich in einem knappen und doch eindringlichen Leserbrief, den die Londoner *Times* in dieser Woche veröffentlicht hat. Dort bezieht sich ein Bernard Mitchell auf einen Artikel der Führerin der britischen Liberaldemokraten im Oberhaus, Shirley Williams. Sie hatte in diesem argumentiert, dass »ohne überzeugende Beweise, dass Saddam Hussein Massenvernichtungswaffen, Mittel zu ihrer Verwendung und die Absicht zu ihrem Gebrauch hat, ein Angriff auf Irak nicht zu rechtfertigen ist«. Bernard Mitchell ist anderer Meinung: »Man sollte doch meinen, dass die einzigen Beweise, die alle drei ihrer Kriterien erfüllen, Millionen von Menschen tot oder schwer verletzt sehen würden.« Mit anderen Worten, der Beweis für die Rechtfertigung, einen Präventivkrieg zu führen, kommt, wenn es zu spät ist.

Manche, darunter US-Präsident Bush selbst, berufen sich auf Winston Churchills Kassandrarufe in den 30er Jahren des 20. Jahrhunderts. Niemand wollte sie hören, bis Hitler den Krieg begonnen hatte. Indes war Churchill damals ein Außenseiter in seiner eigenen Partei. Erst Monate nach Kriegsbeginn, als die Politik der friedfertigen Anpassung (Appeasement) sichtbar gescheitert und Premierminister Chamberlain zurückgetreten war, wurde er gegen beträchtliche Widerstände Premier.

Der Vergleich hinkt auch aus anderen Gründen. Irak ist nicht Deutschland auf dem Weg zur Eroberung eines Kontinents, und Saddam Hussein ist nicht Hitler. Das gilt selbst dann, wenn man ihm die Absicht unterstellt, den Genozid der Israelis anzustreben. Dennoch bleibt die Meinung des britischen Leserbriefschreibers relevant. Es ist zu billig, plakativ zu erklären, dass Frieden Mut erfordere und Krieg feige sei. Frieden um den Preis der Aufgabe der eigenen Werte ist im Gegenteil feige. Es gibt durchaus Situationen, in denen es geboten ist, aktiv, auch mit militärischen Mitteln, für die Sache des Rechts und der Freiheit einzustehen.

Die Frage ist allerdings: Ist eine solche Situation im Fall des Irak gegeben? Hier sind uns die politischen Führer des Westens bisher zu viel schuldig geblieben. Vor allem Premierminister Blair ergeht sich immer wieder in dunklen Andeutungen. Das reicht aber nicht. Hier müssen Tatsachen auf den Tisch, die keinen Zweifel daran lassen, dass Saddam die Mittel hat und einzusetzen gedenkt, die Israel zerstören würden. Dabei dürfen die Mächtigen es ihren Bürgern nicht verübeln, wenn diese skeptisch geworden sind angesichts von zweifelhaften Geheimdienstinformationen.

Die zweite Frage ist dann: Wer legitimiert einen Schlag gegen Irak, wenn solche Tatsachen vorliegen? Wer also kann den Angriffskrieg zum Präventivkrieg machen? Da ist zumindest der Versuch nötig, den Sicherheitsrat der UNO zur Zustimmung zu bewegen. Am besten wäre eine einstimmige Resolution des Sicherheitsrates. Zumindest muss der Versuch gemacht werden, den Rat zu überzeugen.

Dies alles setzt allerdings voraus, dass die Bereitschaft da ist, im Zweifel militärische Mittel einzusetzen. Wer diese Bereitschaft grundsätzlich nicht hat, kann das sagen, darf sich aber nicht beklagen, wenn sein Überleben von den Entscheidungen anderer abhängig wird. Um es klar zu sagen: Es kann Situationen geben, in denen es richtig ist, aggressive Diktatoren gewaltsam in ihre Schranken zu weisen.

(7.9.2002)

Wahl ohne viel Wahl
Schröder oder Stoiber – so richtig weiß man nicht, was man damit wählt

Dass es bei Wahlen um die Persönlichkeit der Spitzenkandidaten geht, ist nicht neu. Brandt gegen Adenauer war 1961 ein stark personenbezogener Wahlkampf. Das galt später nicht minder für Schmidt und Strauß oder Kohl und Schmidt. Neu ist die Schwierigkeit auszumachen, was genau die Kandidaten politisch unterscheidet.

Dass führende Politiker die Globalisierung akzeptieren, aber manche ihrer Folgen zu korrigieren suchen, ist schwerlich eine überraschende Gemeinsamkeit. Doch würde man vermuten, dass der Mann von rechts der Mitte eher geneigt ist, den Gewinnern der Globalisierung das Leben zu erleichtern, während der von links der Mitte sich um die Verlierer Sorgen macht. In Deutschland scheint es manchmal eher umgekehrt: Dem »Genossen der Bosse« steht der Konservative gegenüber, der immer wieder die sozialen Nöte der so genannten kleinen Leute betont.

In Wahrheit tummeln sich beide, Schröder und Stoiber, in der viel beschworenen Mitte. Das wiederum heißt vor allem, dass sie sich auf nichts richtig festlegen. Steuern senken oder Steuern erhöhen? Beide wären zu beidem fähig. Mehr Privatisierung oder doch staatliche Kontrolle? Mehr Europa oder eine größere Rolle der Nationalstaaten? Wer wollte einen Unterschied zwischen den Spitzenkandidaten entdecken? Beide gehören vielmehr zu jener modernen Kategorie politischer Führer, die das tun wollen, was geht. Sie als Populisten zu beschreiben, wäre irreführend. Aber wie Tony Blair scheren sie sich wenig um das, was sie gestern (geschweige denn vorgestern) gesagt haben, und viel um die Meinungsforscher.

Man könnte meinen, dass die verbleibenden Ideologien zu den kleinen Parteien gewandert sind; aber auch das gilt nur sehr bedingt. Bei den Grünen gilt es schon fast gar nicht mehr. Und Neoliberalismus plus Spaßgesellschaft bei der FDP beschreibt am Ende ebenso wenig eine politische Position wie soziale Wärme plus Ostmelancholie bei der PDS. Eher könnte man heute vermuten, dass neue Ideologien demnächst auf der Bühne der Politik erscheinen werden, gegenaufklärerische zum Beispiel, auch ethnisch-nationale und möglicherweise radikal-soziale. Doch ist das im Jahr 2002 noch nicht der Fall.

Der Bürger als Wähler findet sich daher vor einer Wahl ohne viel Wahl. Dass die wichtigste Entscheidung – eben die zwischen Personen – direkt

gar nicht zur Wahl steht, ist ein Teil des Dilemmas. Da er diese Entscheidung nur um drei Ecken treffen kann, muss der Wähler damit rechnen, dass am Ende etwas herauskommt, was niemand so recht wollte – eine Regierung Schröder-Merkel zum Beispiel oder Stoiber-Eichel.
Gewählt werden, zumindest mit der Zweitstimme, Parteien. Die aber stehen eigentümlich deplatziert in der neuen politischen Landschaft. Sie sind Organisationen der Machtzuteilung und als solche nicht ohne Grund verdächtig. Solche Organisationen kosten Geld, und da es die Mitglieder nicht mehr gibt, die es aufbringen, werden Parteien von weniger transparenten Instanzen und Personen abhängig. Kann man sie noch wählen, ohne Gefahr zu laufen, der scheinbar allgegenwärtigen Korruption nachzuhelfen?
Die wichtigste institutionelle Folge einer inhaltsleeren Personalisierung der Politik ist die Aushöhlung der Parlamente. Dabei geht es doch um eine Bundestagswahl. Der Bundestag aber – wie andere Parlamente auch – ist nicht mehr die Stätte der großen politischen Auseinandersetzungen und zugleich auch nicht das Verfassungsorgan, das die Mächtigen in ihre Schranken weist. Blair und Berlusconi mögen in ihrer Parlamentsferne extrem sein – aber ist es so viel anders mit Schröder, geschweige denn mit Chirac?
Es wird also ein Parlament gewählt, das in Wahrheit vor allem Instrument der Kanzlerwahl ist. Die gewählten Spitzenpersonen selbst lassen sich nur auf weniges festlegen und sind bereit, auf allerlei Erfordernisse des Tages einzugehen. Das sind Umstände, in denen die Wahlkämpfer vor allem mit einem Mühe haben werden: die Bürger zu überzeugen, überhaupt zur Wahl zu gehen.

(3.8.2002)

Ein halbes Jahr Euro
Die Einführung einer gemeinsamen Währung hat Europa nicht
wesentlich vorangebracht

Sechs Monate alt ist der Euro jetzt als Zahlungsmittel für alle in Euroland. Sind Europa, seine Konjunktur und vor allem seine Union damit vorangekommen?
Das Bild ist voller Widersprüche. Die Einführung der neuen Währung erwies sich als weithin problemlos. In manchen Ländern, wie Deutschland, erlaubte der einfache Umrechnungskurs von 2:1 ein rasches Verständnis des Euro; in anderen wie Frankreich und Italien war das komplizierter. Größere Probleme indes ergaben sich dabei nicht, jedenfalls nicht am Anfang. Die ersten Reisenden berichten zudem nach ihrer Rückkehr, wie einfach nun alles ist, da man nicht mehr zu wechseln braucht.
Der zweite Blick ist indes komplizierter. Da ist einmal die Sache mit den Preisen, der Euro als Teuro. Die Europäische Zentralbank versichert uns, dass die Inflationsraten überall niedrig geblieben sind. Diese Raten beruhen indes auf einem Warenkorb, der vieles nicht enthält, was Menschen heutzutage lieb und teuer ist. So ganz in die unbewussten Tiefen des Lebensverständnisses ist der Euro noch nicht eingedrungen. Man rechnet noch in den alten Währungen und zeigt eine gewisse Unsicherheit, wenn der Wert von Waren und Leistungen mit einem Euro-Preis beziffert werden soll.
Was zudem Europa betrifft, so bietet es nicht gerade ein Bild intensiver Einigungsbestrebungen. Der Euro bleibt bestenfalls ein von Realitäten abgelöstes Symbol der Union. Eine gemeinsame Wirtschafts- und Sozialpolitik hat er bisher nicht einmal in Ansätzen hervorgebracht. Im Gegenteil fangen neu gewählte Regierungen – von denen es gegenwärtig in Europa mehrere gibt – damit an, ihre spezifischen Wahlversprechen einzulösen, auch wenn das die Stabilität der Währung gefährden könnte.
Der Psychologie des Euro hilft solches Verhalten nicht. Der Beschluss, Deutschland nicht zu warnen, obwohl es der Grenze stabilitätsverträglicher Staatsausgaben nahe kommt, hat dem Ansehen der Währung nicht geholfen. Jetzt erklärt Frankreich ausdrücklich, dass seine inneren Prioritäten wichtiger seien als einmal beschlossene Ausgabengrenzen. Portugal könnte das Land werden, das nach dem Stabilitätspakt abgestraft wird. Die Strafe indes ist absurd: Das Land muss seine Schulden durch eine hohe Abgabe

erhöhen, was die Rückkehr auf den Pfad der Tugend nicht gerade erleichtert. Es gibt also objektive Unsicherheiten, und die Gefahr ist nicht von der Hand zu weisen, dass in Europa ein Schwarzer-Peter-Spiel beginnt, das die Einheit nicht gerade fördert.

Das alles mögen Kinderkrankheiten sein. Ein halbes Jahr ist ja eine sehr kurze Periode, und lautstarke Proteste gegen den Euro hat es bisher nicht gegeben. Allerdings gibt es auch keine besondere Begeisterung, nicht einmal bei denen, die der Währung erst noch beitreten sollen. Dass manche ostmitteleuropäischen Länder lieber heute als morgen den Euro annehmen würden, ist verständlich. Sie werden indes vermutlich noch lange warten müssen. Jedenfalls hat Frankfurt keine Eile, wenn es darum geht, die Erweiterung der EU mit einer Erweiterung von Euroland zu verbinden.

Das wäre gewiss anders im Fall von Großbritannien. Doch ist auch hier keine klare Entwicklung zu erkennen. Ich gehöre zu denen, die gelegentlich gesagt haben: Solange Tony Blair Premierminister ist, wird es keine Volksabstimmung über den Euro geben. Das Ergebnis ist zu stark mit seiner politischen Zukunft verknüpft. Schatzkanzler Brown hat sowieso eine »nordamerikanische« Skepsis (denn in den USA leben seine engsten Freunde) gegenüber dem Euro. Allenfalls der schlimme Stil der Euro-Gegner könnte daran etwas ändern. Das Video, das eine Hitler-Figur den Euro verteidigen lässt, war gewiss ein Rohrkrepierer. Es hat viele auch von denen abgestoßen, die der neuen Währung skeptisch gegenüberstehen. Dennoch sieht es nicht so aus, als würde das Pfund Sterling auf absehbare Zeit im Euro verschwinden. Das heißt, dass nur die Hälfte der Mitglieder einer erweiterten EU auch zu Euroland gehören. So fehlt es also nicht an Fragen; Europas Einigung wird nicht automatisch erfolgen, sondern verlangt politische Entscheidungen.

(6.7.2002)

Das Parlament ist erste Instanz
Die Beschwörung von Volksbefragungen heißt, dass die Parteien sich vor ihrer Arbeit drücken

Wenn die Parteien nicht mehr weiter wissen, dann rufen sie das Volk zu Hilfe. So könnte man ein bisschen böse die neue Liebe der Politiker zu Volksbefragungen kennzeichnen. Und wenn die Entscheidungen schon nicht förmlich dem Volk überlassen werden, dann doch dem von Meinungsforschern dargestellten Volk. Das sagt hier einer, der nach wie vor an der repräsentativen, der parlamentarischen Demokratie hängt. In dieser sammeln Parteien Interessen und Meinungen um bestimmte Grundsätze. Sie stellen sich zur Wahl. Danach treffen sie Entscheidungen in der offenen Debatte im Parlament. Es gibt allerdings legitime Ausnahmen von dieser Regel.

Zum Beispiel ist es durchaus richtig, dass Fragen der Zugehörigkeit, also der Definition des Volkes selbst, durch das Volk entschieden werden. Die Neugliederung der Bundesländer ist ein legitimer Gegenstand nicht nur von Volksbefragungen, sondern von einem Volksentscheid. In Großbritannien gilt das beispielsweise für die Teilautonomie Schottlands. Wobei in diesem Fall – wie etwa auch in dem Kataloniens in Spanien oder »Padaniens« in Italien – die Frage schwierig bleibt, ob nur diejenigen, die die Unabhängigkeit wollen, befragt werden sollen oder das ganze bisherige Staatsvolk. Die Frage der Akzeptanz eines Grundgesetzes, einer Verfassung, ist ebenfalls ein legitimer Gegenstand des Volksentscheides.

Dagegen liegt die in Großbritannien derzeit heftig diskutierte Volksbefragung über den Beitritt zum Euro jenseits der Grenze des Sinnvollen. Wenn dieses »Referendum« dann stattfindet, wird es mehr eine Entscheidung über den Regierungschef Tony Blair als über den Euro sein. In der öffentlichen Debatte werden allerlei Irrelevanzen im Vordergrund stehen: »Wollt ihr wirklich mit den schrecklichen Europäern gemeinsame Sache machen?« Oder: »Ist das Pfund Sterling nicht Inbegriff unserer Souveränität?« Die Diskussion wird durch dogmatische Aussagen ersetzt. Die Währungsunion ist jedoch ein typischer Gegenstand argumentativer parlamentarischer Diskussion und Entscheidung. Sie sollte es zumindest sein.

Es gibt noch eine andere Ausnahme von der Vormacht des gewählten Parlaments, die bedacht sein will. So haben manche Entscheidungen eine moralische Dimension, die sich zum Parteienstreit nicht eignet. Dazu gehört die Frage der Forschung an embryonalen Stammzellen, aber auch die der genetischen Manipulation überhaupt. Abgeordneten die Gewissensentscheidung zu erlauben durch Aufhebung des informellen Fraktionszwanges ist das Mindeste, was man verlangen muss. Vielleicht sind aber sogar gewählte Parlamente überfordert, wenn sie derartige Entscheidungen zu treffen haben. Zumindest in deren Vorbereitung scheint ein Ethikrat – ein nichtgewähltes Gremium – durchaus am Platze. Irgendwo jedenfalls sollten Argumente, die den politischen Raum überschreiten, öffentlich entwickelt und ausgetauscht werden.

Zwischen Fragen der Zugehörigkeit, der Verfassung und Fragen moralischer Art bleibt indes ein breiter Raum für klassische politische Debatte und Entscheidung. Es ist ja ein Merkmal der Demokratie, dass Gründe gegeben werden für Entscheidungen. In der Gemeinde ist das oft auch weit vor Volksbefragungen und Volksentscheiden möglich. In der Schweiz hat eine lange Tradition dafür gesorgt, dass zumindest die Minderheit, die sich an Referenden beteiligt, die öffentliche Diskussion der anstehenden Themen zur Kenntnis genommen hat.

Generell aber ist für moderne Staaten eine Instanz nötig, die stellvertretend die Debatte der Themen führt: eben das Parlament. Das ist für die Parteien eine Herausforderung. Indes sollten wir es ihnen nicht erlauben, bloß teure Machtmaschinen zu werden. Die Bündelung von Interessen und Positionen, der sie dienen, bleibt wichtig. Vor allem geht es um den offenen Streit der Parteien um die besseren Argumente. Die ständige Beschwörung von Volksbefragungen heißt, dass die Parteien sich vor ihrer Arbeit drücken. Der Wahlkampf kann eine gute Gelegenheit sein, den Sinn der repräsentativen Demokratie neu zu beleben.

(8.6.2002)

Wirklich ein Rechtsrutsch?
Die Außenseiter sprechen Themen an, die viele beschäftigen,
die von den etablierten Parteien aber gemieden werden

Die europäischen Wahlen der vergangenen Wochen und Monate haben Schockwirkungen ausgelöst. Vor allem eine These findet breite Zustimmung: dass eine Wählerbewegung nach Rechts eingesetzt hat. In der Tat spricht einiges dafür: Haider in Österreich, Blocher in der Schweiz, Bossi und Fini in Italien, die dänischen und norwegischen »Volksparteien«, Le Pen in Frankreich und natürlich der ermordete Fortuyn in Holland. Lässt man die Namen Revue passieren, so fällt eines auf: Die Führer der neuen Rechten sind allesamt keine Kinder von Traurigkeit. Sie wirken nicht wie Fanatiker, eher schon wie Außenseiter, die in Worte fassen, was viele empfinden. Und sie halten sich nicht an die Regeln der politischen Korrektheit.
Da liegt denn auch vielleicht der Anfang einer Erklärung. Das Kartell der etablierten Parteien ist für viele schlicht uninteressant geworden. Der erste Wahlgang in Frankreich hat das anschaulich gemacht. Da hatten die beiden Protagonisten, Chirac und Jospin, zusammen nur noch 35 Prozent der Stimmen. Dafür gab es Grüne und Nationalisten, Trotzkisten und eine bunte Schar von Außenseitern.
Insbesondere ist heute festzustellen, dass der »Dritte Weg« sich, zumindest außerhalb von England, als eine Episode erwiesen hat. Es gibt keine Wiederbelebung der Sozialdemokratie. Das schließt nicht aus, dass Sozialdemokraten Wahlen gewinnen, aber sie schaffen dies nur, wenn sie selbst plausible Führungsgestalten mit einem höchst flexiblen Programm sind. Ernste Versuche, ein Programm der neuen Linken zu formulieren, finden nur bei einer Minderheit der europäischen Wähler noch lauwarme Unterstützung.
Worin liegt dann der Reiz der Außenseiter? Sie sprechen von dem, was viele beschäftigt, was aber von den Traditionsparteien mit Glacéhandschuhen angefasst wird. Das sind vor allem drei Themen. Erstens haben viele eine unbestimmte Angst vor dem Gang der wirtschaftlichen Dinge. Globalisierung ist da nur ein Wort; das Empfinden ist verbreitet, dass gleichsam schwere Gewitter drohen, die mancherlei Schaden anrichten werden. Insbesondere fürchten viele um ihren Arbeitsplatz, ihr Einkommen, ihre Rente. Zweitens haben die Wanderungsbewegungen unbestimmte Ängste

ausgelöst. Vielen scheint es, als sei die eigene Welt nicht mehr die eigene, sondern die von Zuwanderern, Flüchtlingen, Asylbewerbern. Auch ist kein Ende dieser Bewegung abzusehen. Damit werden Identitätszweifel wach, eben Ängste.

Solche Ängste gibt es – drittens – auch, was die innere Sicherheit betrifft. »Recht und Ordnung« ist eine Formel, die in wirklichen Ereignissen oft keine zureichende Grundlage hat. Die Zahl derer, die sich unsicher fühlen in ihren Wohnungen, auf den Straßen, überhaupt in ihrem Leben, ist jedoch groß. Dahinter steckt jener langsame Zerfall sozialer Zugehörigkeiten, der die Modernisierung seit langem begleitet und durch die Globalisierung verstärkt worden ist.

Das sind die Themen, die Antworten verlangen. Die so genannten oder wirklichen Rechten geben einfache Antworten: Raus aus Europa; Schluss mit der Zuwanderung; härtere Strafen für Kleinverbrechen. Wo diejenigen, die solche Meinungen vertreten, an der Regierung sind, geschieht allerdings wenig, um Probleme zu lösen. Der Hamburger Senator Schill liefert da nur ein Beispiel unter anderen. Es ist denn auch eine Tatsache, dass der Kern der rechten Reaktion nicht sehr groß ist. In den meisten Ländern können die rechten Außenseiter nicht auf mehr als zwischen 15 und 20 Prozent der Stimmen hoffen. Die Mehrheit der Bürger Europas will die Demokratie.

Aber sie will eine Demokratie, die auf die großen und unheimlichen Fragen Antworten gibt. Das dürfen keine weichen, verniedlichenden Antworten sein. Die eigentliche Aufgabe des Tages ist also eine Aufgabe für die Parteien. Wenn sie ihre Wähler wiederfinden wollen, müssen sie sich von den politisch korrekten Phrasen der Vergangenheit verabschieden. Eine härtere, auch eine klarere Sprache der demokratischen Politik ist die Antwort auf die neuen Herausforderungen in Europa.

(11.5.2002)

Wer verteidigt Institutionen?
Die Aufgabe ist es, an gesellschaftlichen Symbolen festzuhalten, ohne sie erstarren zu lassen

Der Tod der britischen Königinmutter erinnert auch daran, wie zerbrechlich Institutionen sein können, die gestern noch stark und stabil schienen. Obwohl die alte Dame in ihren letzten Jahren kaum noch aktiven Anteil am öffentlichen Leben nahm, hat sie dem eher blassen Bild der Königin Farbe gegeben. Und vor allem hat sie die Enttäuschung über die Missetaten der jüngeren Generation gelindert. Jetzt, wo sie nicht mehr da ist, wird die latente Kritik an der britischen Monarchie zum offenen Zweifel werden. Man kann ohne Mühe Entscheidungen vorhersehen, die zuerst die offizielle königliche Familie auf ihren engsten Kern reduzieren, dann das Hofzeremoniell fast ganz abschaffen und bald den Ruf nach einer Republik mit gewähltem Präsidenten, der schon heute hörbar ist, laut werden lassen.
Wer verteidigt dann die Monarchie? Nicht die Verfassung jedenfalls, die es in Großbritannien bekanntlich als geschriebene Verfassung gar nicht gibt, sondern nur als Verfassungspraxis. Das heißt, dass das Parlament mit einfacher Mehrheit zum Beispiel die Abschaffung der Monarchie beschließen könnte. Würden die Leute zur Verteidigung ihrer Königin – oder gar eines zum König avancierten Prinz Charles – auf die Straße gehen? Einige gewiss, aber doch eher Traditionsgruppen, Veteranen, Liebhaber des alten Empire. Und selbst diese würden etwas verschämt ihre Meinung kundtun. Nein, große Demonstrationen zur Verteidigung der Monarchie wären schwer denkbar. Die Medien? Vielleicht würden ein, zwei Zeitungen Argumente für die Erhaltung der Monarchie ausbreiten, aber die meisten würden im Namen der Modernisierung republikanische Veränderungen begrüßen.
Was hier geschehen könnte, ist auch an anderen Beispielen deutlich zu machen. Labour ist ja drauf und dran, das House of Lords durch einen gewählten Senat zu ersetzen. Dafür gibt es keine breite Volksbewegung, die endlich den Muff von tausend Jahren beseitigen will. Die meisten Bürger betrachten die alte Institution mit milder Sympathie. Dennoch gibt es keine hörbare Verteidigung des Oberhauses. Aktivisten der Modernisierung brauchen nicht zu befürchten, dass ihr Handeln ihnen Wahlniederlagen bescheren würde.
Großbritannien liefert ein Paradebeispiel für diese Art der Bedrohung – oder ist es Reform? – von Institutionen. Frau Thatcher hat den Prozess

begonnen, und Herr Blair setzt auch in diesen Dingen deren Politik fort. Staatskarossen, Richterperücken, die etablierte Kirche – wozu brauchen wir sie noch? Zur Erbauung der Touristen? Schon gibt es Meinungsforschung, die zu beweisen scheint, dass die Touristen auch ohne die bunten Uniformen der Garde kommen würden.

Solche Entwicklungen erinnern manchmal an die deutschen Universitäten in den 60er Jahren. Da war der Muff »unter den Talaren«. Statt aber das Normale zu tun und die Talare zu reinigen, wurden sie abgeschafft. Vielleicht weinte mancher ihnen eine stille Träne nach – jetzt kehren sie ja an manchen Orten sogar ohne viel Aufhebens zurück –, aber zunächst gab es keine Gegenwehr.

Warum auch? Die Antwort ist nicht ganz einfach. Mit den Symbolen rutschen zuweilen auch die Strukturen von Institutionen weg, und es bleibt eine große Verlegenheit. Man findet keinen rechten Halt mehr. Auch das Neue, das geschaffen wird, ist auf einmal nicht nachhaltig. Nicht nur die deutschen Universitäten liefern dafür ein Beispiel. Deutschland tut sich ja ohnehin schwer mit Institutionen. Immerfort muss das Bundesverfassungsgericht sie definieren, damit sie Bestand haben. Was, wenn einmal jemand beginnt, an dieser fast schon letzten Instanz zu rütteln?

Andererseits muss es möglich sein, Institutionen zu reformieren. Die britische Monarchie zum Beispiel bedarf der Reform. Die königliche Großfamilie sollte nach niederländischem Muster auf einen Kern reduziert werden. Dass die Königin das Unterhaus nicht betreten darf, ist ein alter Zopf. Für eine reformierte Monarchie gibt es gute Gründe. Denn das ist die Aufgabe: Institutionen zu verteidigen, ohne sie erstarren zu lassen.

(6.4.2002)

Ein britisches Europa?
Der alte Kontinent lebt durch seine Vielfalt und kein Land hat bisher den Stein der Wirtschaftsweisen gefunden

Bei der Planung eines britisch-italienischen Treffens wurde der amüsante Vorschlag gemacht, eine ungewöhnliche Frage zu behandeln: Soll Europa Großbritannien beitreten? Das verkehrt zur Abwechslung einmal die gewöhnliche Frage: Soll Großbritannien dem Euro beitreten und sich überhaupt stärker in Europa engagieren? Dabei hat die Umkehrung ihren Sinn. Was mit dem Beitritt Europas zu Großbritannien gemeint ist, lässt sich klarer so formulieren: Sollen die Länder Kontinentaleuropas die Grundannahmen der britischen Wirtschaftspolitik übernehmen? Sollen sie bei niedrigen Steuern weiter privatisieren und auf dem Arbeitsmarkt statt Sicherheit Flexibilität herrschen lassen?

Premierminister Blair ist nicht glücklich darüber, dass sein erster Versuch zur Britannisierung Europas nicht weit geführt hat. Der Gipfel von Lissabon hat auf dem Kontinent nur wenig Spuren hinterlassen. Demnächst, in Barcelona, wird Blair es noch einmal versuchen, und man geht wohl nicht ganz fehl in der Annahme, dass das Unternehmen wieder in Bekenntnissen zur Flexibilität ohne viele Taten enden wird.

Inzwischen versucht Blair, bilaterale Beziehungen zum gleichen Zweck zu entwickeln. Das Schröder-Blair-Papier ist inzwischen vergessen; es war wohl auch bei deutschen Sozialdemokraten nie sehr beliebt. Manchen hat es überrascht, dass der spanische Premierminister Aznar noch am ehesten dem »dritten Weg« von New Labour zu folgen bereit war. Als das sichtbar wurde, war Aznar einer der wenigen konservativen Regierungschefs in Europa. Heute gibt es davon mehrere. Und mindestens einen Freund für seine Ideen hat der britische Premier unter diesen gefunden, nämlich Silvio Berlusconi. Das allerdings hat ihm bei seinen Parteifreunden wenig Beifall gebracht, sodass er dann schleunigst daran ging, seine Einigkeit mit Bundeskanzler Schröder in einem Europa-Brief zu dokumentieren.

Dieser Brief hat allerdings mit Institutionen zu tun und nichts mit Wirtschafts- und Sozialpolitik. Denn hier gibt es ein Dilemma – und die europäischen Führer wären gut beraten, sich das einzugestehen, statt wolkige Formulierungen der Eintracht zu suchen.

Deutschland ist in der Tat in seinen sozialökonomischen Strukturen erstarrt. Die Schröder-Regierung hat damit begonnen, relativ harmlose Elemente der Flexibilität wie die Beschränkung der Lohnfortzahlung oder die so genannte Scheinselbstständigkeit zu beseitigen, ohne andere Reformen des Verhaltens und der Institutionen an deren Stelle zu setzen. Die Regierung hat sich immer stärker den eingefleischten Interessen am Status quo gebeugt. Erst der Skandal der Arbeitsverwaltung hat gezeigt, dass dies ein teurer Irrtum ist. Eine Portion dessen, was Blair gerne Modernisierung nennt, ist dringend nötig.

Auf der anderen Seite entdeckt die Regierung Blair, dass das unbeschränkte Vertrauen auf den Markt nicht reicht, wenn der Wohlstand mehr als ein Privileg von wenigen sein soll. Öffentliche Dienstleistungen sind für alle nötig. Die Geschäfte blühen nicht mehr, wenn das Transportsystem zusammenbricht, und der Zustand der Krankenhäuser kann dem strahlenden Premier noch Wahlen kosten. Das neue Thema Großbritanniens ist daher der öffentliche Sektor, und auf einmal sind sogar höhere Steuern nicht mehr tabu.

In gewisser Weise sind England und Deutschland Extremfälle: im einen Land sehr hohe Flexibilität um den Preis der Dienste für alle, im anderen Erstarrung um den Preis des Wachstums. Jedes der beiden Länder könnte einen Anteil vom jeweils anderen gut vertragen. Das aber führt gerade nicht zu einer gemeinsamen Politik.

In dieser Lage verfassten Blair und Schröder besser keine gemeinsamen Papiere. Es wäre auch besser, wenn europäische Kommunikees sich auf angestrebte Ziele beschränken und es im Übrigen den Mitgliedsstaaten überlassen würde zu entscheiden, was jetzt dringend ist und welche Wege im jeweiligen Fall zu den erwünschten Zielen führen. Europa lebt durch seine Vielfalt, und keines seiner Länder hat bisher den Stein der Wirtschaftsweisen gefunden.

(2.3.2002)

Uneinige Union
Kein Bild der wechselseitigen Liebe und der Harmonie:
In Europa stehen derzeit alle gegen alle

Dies ist eine Zeit, in der die politischen Klassen Europas nicht sonderlich gut aufeinander zu sprechen sind. Man kann es auch dramatischer ausdrücken: Die Europäische Union bietet ein Bild der wechselseitigen Entfremdung, ja der Zwietracht. An Gründen für die neue Uneinigkeit fehlt es nicht.

Da ist einmal die Veränderung des politischen Klimas. Die bewusste und betonte Kooperation der Mitte-Links-Regierungen ist der ebenso bewussten und betont nationalen Selbstständigkeit von Mitte-Rechts-Regierungen gewichen. Wie allgemein dieser Trend ist, wird man erst nach den französischen und den deutschen Wahlen dieses Jahres wissen. Schon jetzt ist aber eine Tendenz spürbar, die einer der Minister Berlusconis in Rom in folgende Worte fasste: »Bisher haben wir uns von Brüssel sagen lassen, was wir tun sollen; jetzt entscheiden wir das selbst.« Die antipolitischen Bewegungen von den »Volksparteien« Norwegens und Dänemarks bis zu Bossis Separatisten in Italien und Chevenements verwirrenden Rechts-Linken in Frankreich unterstreichen den Trend.

Dann ist da Afghanistan. Der nicht nur unterschwellige Streit darüber, wer denn nach Großbritannien die Führung bei der Befreiung des Landes übernehmen soll, hat etwas mit den in der Nato viel diskutierten »capabilities« zu tun – also den verfügbaren militärischen Kräften. Deutschland steht da als das Land, das zwar führen will, es aber nicht kann. Frankreich ist eher in der entgegengesetzten Lage. Und so wird möglicherweise die Türkei zur Führungsmacht, jenes von Europa unterschätzte und sträflich vernachlässigte Land. Wie mit der europäischen Verteidigungspolitik ist es auch mit der EU-Außenpolitik so weit nicht her. Wenn es ernst wird, gibt es Europa nicht, sondern nur die Schwächen – und die Interessen – der Mitgliedsstaaten.

Genauso hat der »blaue Brief« für die deutsche Fiskalpolitik etwas mit der neuen Stimmung zu tun. Unzweifelhaft hat es manchen EU-Staaten Vergnügen gemacht, gerade Deutschland der Verletzung des Stabilitätspaktes zu zeihen. In Wahrheit geht es vermutlich nicht um Deutschland: Am Beispiel eines großen Landes soll demonstriert werden, was den kleineren blüht, wenn sie ihre Haushalte nicht unter Kontrolle halten. Die Schadenfreude der anderen ist dennoch groß, und die verstörte deutsche Reaktion vergrößert sie weiter.

Es ist nicht so, dass die anderen Europäer sich gegen Deutschland wenden. Vielmehr stehen offenbar alle gegen alle oder haben zumindest beträchtliche gegenseitige Vorbehalte. Frankreich denkt im Zweifel an sich selbst zuerst; Großbritannien gehört ohnehin nicht recht dazu; Italien geht eigene Wege; und Deutschland hat Schwierigkeiten, sein eigenes Haus in Ordnung zu halten. Man könnte noch manches hinzufügen, über Österreich zum Beispiel, oder Portugal, oder Dänemark. Ein Bild der wechselseitigen Liebe und Harmonie jedenfalls ergibt sich nicht.

Woher sollte dies auch kommen? Die Haltung zu den USA ist seit dem 11. September eine Art Gretchenfrage geworden. »Schulter an Schulter« oder doch mit einer Distanz? Da gibt es mehr als Nuancen zwischen den europäischen Ländern. Und auch die Wirtschaftspolitik erweist sich nicht als Bindemittel. Weiterhin hält Tony Blair den Gipfel von Lissabon für den wichtigsten der vergangenen Jahre, und er will das Werk in Barcelona fortsetzen. Das heißt, auf eine simple Formel gebracht, neoliberale Rezepte für das starre Europa. Es ist zu bezweifeln, ob die Kontinentaleuropäer dem britischen Premier folgen.

Und der Euro? Er ist da; er wird funktionieren; aber ein bisschen fremd bleibt er einstweilen noch. Vor allem aber ist nicht zu erkennen, ob und gegebenenfalls wie er die weitere Einigung Europas fördert. Insbesondere, wenn die Erweiterung der EU stattgefunden hat und die Hälfte der Mitglieder der EU nicht zu Euroland zählen.

Handelt es sich nur um vorübergehende Stimmungen und Verstimmungen, die man nicht übermäßig ernst zu nehmen braucht? Es wäre gut, wenn in der europäischen Politik ein paar Gestalten sichtbar und hörbar würden, die einen Weg voran weisen.

(9.2.2002)

Friede von unten
Basisinitiativen können Friedensverhandlungen im Nahen Osten nicht ersetzen

Krieg wird immer »von oben« gemacht. Es sind Herrschende, die entscheiden, dass Waffen an die Stelle von Worten treten sollen. Oft sind es kleine Herrscher, Warlords, von denen es zum Beispiel in Afghanistan nur allzu viele gibt. Aber auch große Kriege beruhen auf Herrschaftsentscheidungen. Sie sind keine Naturereignisse. Manchmal ist »das Volk« – meist repräsentiert durch Aktivisten, in der Regel junge Männer – vorübergehend begeistert von der Aussicht auf Waffengänge. Meist sind die vielen aber nur mehr oder minder widerwillige Mitläufer.
Wenn Krieg »von oben« gemacht wird – wer macht dann den Frieden? Auch die da oben; so jedenfalls erwarten es die meisten. Die Herrschenden sollen sich zusammensetzen, an einem großen runden Tisch wie auf dem Petersberg, oder auch wie die Nahostparteien in Oslo. Nur: Das funktioniert nicht immer. Es gibt Auseinandersetzungen, die so bösartig geworden sind, dass keiner der Führer von Konfliktparteien es sich leisten kann zu verhandeln. Wir haben in diesen Jahren gleich mehrere solcher »unlösbaren« Konflikte erlebt. Irland war ein Fall – oder gibt es doch Zeichen einer Lösung? Kaschmir ist ein anderer Fall. Und dann ist da der Nahe Osten, wo mittlerweile jede Seite die andere am liebsten vom Erdboden verschwinden sehen würde. Nicht einmal die Vereinigten Staaten können die Spirale von Rache und Gewalt aufhalten.
Und doch ist das nicht die ganze Wahrheit. Es gibt im Nahen Osten, vor allem in Israel, eine Anzahl von Initiativen, die über die Grenze der verfeindeten Gemeinschaften hinwegreichen. Der New Israel Fund zum Beispiel hat in einer armen Gegend von Ostjerusalem eine Juden wie Arabern zugängliche genossenschaftliche Lebensmittelkette errichtet. Der gleiche Fonds unterstützt fliegende Bibliotheken für Beduinen oder die Information von Bürgern aller Gruppen über ihre Rechte auf Wohneigentum, auf Bildung und auf politische Teilnahme.
Die Ärzteorganisation Physicians for Human Rights hat Freiwillige für die medizinische Versorgung in den besetzten Gebieten gefunden, moslemischen Krebspatienten den Zugang zu Chemotherapie in Israel erleichtert, sich um kranke Insassen von Gefängnissen gekümmert, welcher religiösen oder ethnischen Gruppe diese auch zugehören.

Die Liste lässt sich glücklicherweise verlängern. Sie zeigt, dass es Menschen gibt, die dafür sorgen, dass das Normale in unnormalen Zeiten nicht gänzlich aus dem Blickfeld gerät. Dies sind keine politischen Gruppen. Vielmehr halten sie sich von Demonstrationen und Kampagnen fern. Es sind Gruppen, deren Ziel es ist, »Hoffnung zu bringen, den Glauben, dass trotz allem die Dinge anders werden können«.

Der israelische Außenminister Peres hat sich seit vielen Jahren gemeinsam mit dem jordanischen Kronprinzen Hassan dafür eingesetzt, gemeinsame Projekte in Angriff zu nehmen. Insbesondere haben sich beide mit Fragen der Wasserwirtschaft befasst, die im Nahen Osten eine zentrale Bedeutung hat. Dahinter steckte der Gedanke, dass gemeinsame Interessen am Ende wichtiger sind als unterschiedliche Ideologien, ja dass man Kooperation an die Stelle von Konfrontation setzen kann. Die beiden Protagonisten verdienen jede erdenkliche Unterstützung.

Doch sind auch solche Programme noch in gewisser Weise »von oben« erfunden. »Unten«, da wo Menschen leben, gibt es indes einen eigenen Sinn für das Nötige, es gibt die Bürgergesellschaft im besten Sinne des Wortes. Es sind Beziehungsnetze, die geknüpft werden, ohne die Regierungen um Erlaubnis zu bitten.

Die These ist nicht, dass die Initiativen von unten Friedensverhandlungen ersetzen können. Der Nahe Osten braucht vor allem und dringend einen verlässlichen Waffenstillstand. Diesen können die Bürgerinitiativen nicht schaffen. Indes sind manchmal die großen Themen einfach zu verzwickt, um sie direkt anzupacken. Wenn das der Fall ist, können mutige Bürger den Boden bereiten, auf dem eines Tages die Blumen des Friedens gedeihen.

(5.1.2002)

Getrennt, aber im Frieden
London könnte Modell für das friedliche Zusammenleben
vieler verschiedener ethnischer Gruppen sein

Da sitzen die Vertreter der verschiedenen Ethnien Afghanistans am runden Tisch auf dem Petersberg – aber so recht zusammenkommen wollen sie doch nicht. Einmal mehr erleben wir, wie schwierig es ist, so genannte ethnische Differenzen durch gemeinsame Bürgerrechte zu bändigen. Für liberal Gesonnene gibt es kaum eine größere Enttäuschung im vergangenen Jahrzehnt als diese Entdeckung. Oder gibt es auch Ausnahmen? Gibt es Beispiele für das wenn nicht harmonische, so doch gewaltfreie, ja kooperative Zusammenleben höchst unterschiedlicher Gruppen?
Ein Beispiel könnte London sein. Das Gemisch der Sieben-Millionen-Stadt hat auf der Welt kaum seinesgleichen. Ein Viertel der Stadtbevölkerung gehört ethnischen Minderheiten an, und weitere zehn Prozent werden als »weiße« Einwanderer gezählt, darunter Iren, aber auch Zyprioten und Türken. London beherbergt nicht nur 30 000 Deutsche, ebenso viele Italiener und 20 000 Franzosen, sondern vor allem auch Bürger aus ferneren Ländern: fast 400 000 Inder, 300 000 Schwarzafrikaner und eine ähnliche Zahl aus der Karibik, 150 000 Bangladeschis, ebenso viele Ostasiaten, darunter 50 000 Chinesen.
Sie alle leben im Großen und Ganzen friedlich zusammen. Manchmal sitzen in einem U-Bahn-Wagen die jüdische Mutter mit ihren Kindern, eine Gruppe von Burka-umhüllten Moslemfrauen, ein paar chinesische Studenten, mehrere Südasiaten; der Fahrer des Zuges ist natürlich ein Westinder. Man blickt sich um und hat kein Gefühl der Spannung, eher eines der allgemeinen Apathie, denn geredet wird wenig in der U-Bahn.
Das ist denn auch der erste Grund für das friedliche Zusammenleben der so Verschiedenen: der Druck der nervenaufreibenden Metropole, den alle spüren. Alle sind mit dem Überleben in einer Umwelt immer neuer Herausforderungen beschäftigt. Bahnhof Kings Cross wegen Bombenalarm geschlossen? Man muss einen Umweg finden. Morgen Streik der U-Bahn-Fahrer? Man muss heute länger arbeiten. Die so verwundbare Stadt ist allgegenwärtig, und vor und in ihr sind alle gleich.
Es gibt indes noch andere Gründe für den relativen Frieden in London. Ich sagte, der Fahrer des Zuges sei »natürlich« ein Westinder. Die verschiedenen Gruppen haben vielfach ihre eigenen Nischen gefunden. Indische

Familien machen das Einkaufen rund um die Uhr möglich. Die Autobusse sind fest in der Hand der Schwarzafrikaner. Chinesische »take-aways« haben längst die alten »fish-and-chips«-Stände ersetzt. Noch immer haben die Baufirmen nicht nur irische Namen, sondern auch irische Beschäftigte.

Noch ausgeprägter ist die Trennung der Gruppen beim Wohnen und im persönlichen Kontakt. Dass ein Schwarzer mit einer asiatischen Freundin in der U-Bahn sitzt, zieht noch immer die Blicke auf sich. Die Wohngebiete sind fast ghettohaft voneinander getrennt; Bangladeschis leben nun einmal im Stadtbezirk Tower Hamlets und Inder in Southall, während große Teile Südlondons fest in schwarzer Hand sind.

Damit kommen wir an den Kern des Problems – oder vielleicht seiner Lösung. Ich habe mit vielen anderen in den 60er Jahren des vergangenen Jahrhunderts gegen die Lösung – und die Praxis – »separate but equal« gekämpft. Sie bedeutet, dass Menschen verschiedener Zugehörigkeiten zwar gleiche Rechte haben, aber voneinander getrennt leben. Damals stand die bewusste Durchmischung auf dem Programm, bis hin zum Bustransport von Kindern in ethnisch andersartige Schulen. Heute weiß ich, dass das löbliche Ziel eine Illusion war. Die Schulbusreisen waren für die Betroffenen eine Qual. Ließ man Menschen allein, dann sortierten sie sich innerhalb weniger Jahre in getrennte Gruppen.

Dafür ist London durchaus ein Modell. Es gibt nicht nur gleiche Rechte, sondern die gleiche Umwelt der Großstadt, in der man nur überlebt, wenn man gemeinsame Sache macht. Es gibt auch das Ineinandergreifen vor allem öffentlicher Tätigkeiten, die je von einer Gruppe wahrgenommen werden. Im übrigen, im privaten Bereich aber bleibt die Trennung. Ein Rezept für andere?

(1.12.2001)

Im Zweifel für die Freiheit
Im Kampf gegen den Terrorismus braucht es nicht immer neue und schärfere Gesetze

Zwei Folgen des 11. September sind für jedermann sichtbar: der Krieg in Afghanistan und neue Maßnahmen zur inneren Sicherheit in Europa und Amerika. Beide haben gemeinsam, dass sie harte Maßnahmen mit nicht ganz klarer Zielsetzung sind. Im Fall der inneren Sicherheit bleibt vor allem eine Frage ungeklärt: Geht es bei neuen gesetzlichen Regelungen um den Kampf gegen Terrorismus oder um die bessere Kontrolle von Asylanten und Zuwanderern? Werden die beiden Ziele vielleicht in einer problematischen Weise verknüpft?

Die meisten vorgeschlagenen Maßnahmen dienen der Kontrolle von Einheimischen und Zuwanderern. Es geht um fälschungssichere Ausweise, um Visa und um Fingerabdrücke zur Identifikation. Derlei hat aber nur Sinn, wenn schärfere Überprüfungen folgen. Einschränkungen der Bewegungsfreiheit sind fast unvermeidlich, auch wenn sie vornehmlich diejenigen betreffen, die etwas zu verbergen haben. Es geht also um neue, enger gezogene Grenzen der Freiheit.

Nun ist die Balance von Sicherheit und Freiheit zu allen Zeiten eine schwierige Aufgabe. Es gibt keine Sicherheit ohne Einschränkungen der Freiheit, und es gibt keine Freiheit ohne einen gewissen Verzicht auf Sicherheit. Sowohl die Bundesrepublik Deutschland als auch Großbritannien haben Regierungen, denen man die Absicht unterstellen kann, dass sie bei der Suche nach der Balance die Freiheit nicht aus den Augen verlieren. Das gilt indes nicht für alle Länder Europas; auch darum dürften europäische Regelungen in diesem Bereich schwierig sein. Einstweilen müssen wir uns also auf nationale Gesetze und Praktiken konzentrieren.

Hier gibt es wichtige Unterschiede. Deutschland hat immer schon seine Bürger viel stärker kontrolliert als Großbritannien. In England sollen jetzt für Asylanten Plastikkarten mit persönlichen Merkmalen eingeführt werden. Für andere Bürger jedoch ist die Einführung von Personalausweisen noch immer ein heißes Thema. Sie gilt vielen als Anfang vom Ende der Freiheit. In der Tat ist einer der Gründe, warum so viele Asylsuchende nach Großbritannien drängen, darin zu suchen, dass sie, wenn sie erst im Lande sind, praktisch ungehindert herumreisen, Arbeit annehmen, Konten eröffnen, bald sogar Sozialhilfe beziehen können. Das ist zwar nicht immer legal, wird aber nur gelegentlich überprüft. Nach wie vor haben die meisten Führerscheine kein Foto des Besitzers. Noch immer wird an vielen Orten, auch von der Polizei, geglaubt, was Befragte sagen. Das »noch« ist wichtig. Auch auf der Insel sind Zeichen des Wandels unübersehbar.

In Deutschland verschärfen strengere Meldebestimmungen eine ohnehin strenge Praxis. Ordnung und Sicherheit wurden hier immer schon größer geschrieben als in Großbritannien (oder Italien oder Belgien). Daher ist besondere Wachsamkeit am Platze, wenn neue Maßnahmen zur Debatte stehen. Für jeden Schill muss es einen Hirsch geben – um die Namen des Hamburger Senators und des früheren Bundestagsvizepräsidenten symbolisch zu benutzen. Das heißt, Sicherheit und Freiheit brauchen Sprecher, deren Stimme Gehör findet.

Doch etwas anderes ist noch wichtiger. Gesetze schaffen noch keine Sicherheit; diese entsteht erst durch Anwendung. Man muss sich fragen, ob die von Herrn Schily – oder in England von Innenminister Blunkett – vorgeschlagenen Maßnahmen auch nur einen einzigen Terroristen aufzuspüren helfen. Es könnte durchaus sein, dass zu diesem Zweck die bisherigen Regeln und Gesetze durchaus zureichen. Sie sind nur nicht wirksam genug benutzt worden. So konnten terroristischen Zellen ziemlich ungestört ihrem illegalen Gewerbe nachgehen.

Was nötig ist, sind nicht neue Gesetze. Jedenfalls ist dies der Lackmustest für die Verfechter von etwas mehr Sicherheit bei (etwas) weniger Freiheit: Sind die neuen Regelungen wirklich nötig oder sollen sie nur den Anschein der Aktion erwecken, wo die striktere Anwendung der geltenden Regeln gereicht hätte? Dahinter steckt ein Grundsatz, der unbestritten sein sollte: Im Zweifel für die Freiheit.

(3.11.2001)

Die Briten und ihr Militär
In England gilt es als normal, das nationale Interesse auf den gesamten Globus auszuweiten

Die ersten Truppen, die im Rahmen der Nato-Aktion in Mazedonien eintrafen, waren britische Einheiten. Während in Deutschland noch die Auseinandersetzungen innerhalb der Parteien tobten und andernorts mehr oder minder umständliche Vorbereitungen für den Einsatz getroffen wurden, flogen die Briten in Skopje ein und machten sich daran, die Infrastruktur für die anderen zu schaffen. Das erste Opfer der Mission war dann auch ein Brite. Doch hat niemand etwas gehört von parlamentarischen Debatten und öffentlichen Zweifeln in Großbritannien. Wie das?
Nun, erstens ist dies nicht ganz wahr. Das Parlament ist in den Ferien; die Fraktionsführungen sahen keine Notwendigkeit, es zurückzurufen. Der Vater des jungen Soldaten, der durch die von einer Brücke geworfenen Steine getötet wurde, hat aber eine öffentliche Diskussion losgetreten, bei der es um das genaue Mandat der Mazedonientruppen geht. »Robuste« Mandate sind auch in Großbritannien ein Thema, nicht aber der Einsatz als solcher.
Britische Truppen sind heute an vielen Stellen der Welt in Aktion. Die meisten Engländer halten das für selbstverständlich. Wozu sind schließlich Soldaten da? Sie sollen unter oft gefährlichen Bedingungen die Interessen des Landes vertreten. Diese Interessen werden großzügig definiert. Im Falkland-Krieg ging es um die Verteidigung britischen Territoriums gegen einen argentinischen Diktator. Das wollten zwar ursprünglich nicht alle Briten, das Außenministerium unter Lord Carrington hätte lieber noch verhandelt; aber als der Einsatz begann, hörte man keine kritische Stimme mehr. In Sierra Leone, wo britische Truppen zu lange schon einen undurchsichtigen Bürgerkrieg zu entwirren suchen, ist das nationale Interesse schwerer zu ermitteln. Auch hier ist aber die Stimmung im Parlament ruhig: Wenn die Aktion abgeschlossen ist, müssen wir noch einmal darüber reden (sagen fast alle), bis dahin aber verdienen »unsere Jungs« Unterstützung.
Dass die britische Armee schon seit langem keine Wehrpflicht mehr kennt, ist gewiss ein Grund für die vorherrschende Haltung. Berufssoldaten haben schließlich ihren Beruf frei gewählt. Sie sind übrigens nicht gerade die Elite der Nation, jedenfalls nicht die im Heer. Wer etwas auf sich hält – wie

die königlichen Prinzen –, geht vorzugsweise zur Marine oder auch zur Luftwaffe.

Doch sind zwei andere Motive noch wichtiger für die britische Bereitschaft, ohne viel Federlesen Soldaten in fernen Ländern einzusetzen. Das eine sind Reste imperialer Erinnerung. Es gilt nach wie vor als normal, das nationale Interesse auf den Globus auszuweiten. Das ändert sich zwar allmählich, aber im Allgemeinen braucht keine Regierung umständlich zu argumentieren, dass ein unmittelbares Interesse für eine militärische Beteiligung vorliegt.

Der andere Grund für die britische Einsatzbereitschaft ist, dass in bestimmtem Sinn rauere Sitten im Lande herrschen als in den meisten anderen. Auch die USA sind ja bereit, sich an vielen Stellen militärisch zu engagieren. Aber seit dem Vietnam-Konflikt haben amerikanische Präsidenten eine fast panische Angst vor den »Leichensäcken«, die vor Fernsehkameras aus Militärflugzeugen geholt werden. Das ist auch in Großbritannien nicht gerade wahlfördernd; aber es überrascht auch niemanden, wenn Soldaten im Einsatz verwundet oder getötet werden.

Denn hinter der britischen Position steckt nicht etwa ein allgemeiner Militarismus. Für die meisten Bürger ist die Armee weit weg von ihrem eigenen Leben. In Deutschland hat man zuweilen den Eindruck, dass noch immer keine rechte Klarheit darüber herrscht, wozu eigentlich Soldaten da sind. Am liebsten sieht man sie bei Ereignissen wie der vom damaligen Hamburger Innensenator Helmut Schmidt in militärischem Stil bekämpften Flutkatastrophe. Ansonsten kann es nach Meinung vieler nichts schaden, den Militäretat immer weiter zu beschneiden.

Auch dieses Beispiel zeigt, wie tief die im weiten Sinn kulturellen Unterschiede der europäischen Länder sind.

(1.9.2001)

Führer ohne Parteien
Ein Regierungschef kann nicht auf Dauer ohne die Unterstützung seiner Partei regieren

Was tun Regierende, wenn ihnen die Parteien abhanden kommen? Bert Brecht empfahl bekanntlich den Regierenden der DDR nach dem 17. Juni 1953, als davon die Rede war, »dass das Volk das Vertrauen der Regierung verscherzt habe«: »Wäre es da nicht doch einfacher, die Regierung löste das Volk auf und wählte ein anderes?« Es mag wohl sein, dass Tony Blair im Tiefsten seiner Seele ganz gerne seine Labour Party auflösen und eine andere nach seinem Bilde schaffen würde. Er hat es mit New Labour ja kräftig versucht. Aber jetzt, nach dem fulminanten Wahlsieg vom 7. Juni, gelingt der Trick plötzlich nicht mehr. Partei und Parlamentsfraktion werden aufsässig.

Dafür gibt es zwei Gründe; einer hat es mit Herrschaftsmethoden zu tun und der andere mit politischen Inhalten. Vier Jahre lang hat Tony Blair Partei und Fraktion mit dem Argument zusammengehalten, nichts sei wichtiger, als die nächste Wahl zu gewinnen. Der »historische« Traum, die erste Labourregierung der Geschichte zu führen, die vom Volk für zwei volle Wahlperioden gewählt wird, verdrängte alles andere. Vor allem die Parlamentsfraktion nahm das hin; schließlich ging es auch um die Wiederwahl ihrer Mitglieder.

Nun aber, da sie wiedergewählt sind, wollen die Abgeordneten nicht noch einmal vier oder fünf Jahre lang nur ja sagen und sonst schweigen. Das hat der Premierminister zum ersten Mal schmerzhaft zu spüren gekriegt, als kurz vor den Sommerferien zwei Ausschussvorsitzende, die er durch gefügigere Kollegen ersetzen wollte, gegen seinen Willen in ihrem Amt bestätigt wurden. Zu diesem Zweck machte fast ein Drittel der Labour-Fraktion gemeinsame Sache mit der Opposition.

Hinter der Frage der Herrschaftsmethoden steckt jedoch die andere der politischen Inhalte. Blair hat das an sich nicht Ungewöhnliche getan und sich mit einer Coterie von Vertrauen umgeben, einem Küchenkabinett, das nicht gewählt und ihm ergeben ist. (Zwei davon, seine Sekretärin und seine Assistentin, hat er inzwischen »befördert«, die eine zur Beamtin, die andere zum Mitglied des House of Lords.) Dieses Küchenkabinett teilt vor allem die kaum verhohlene Liebe des Premiers zum neureichen Business.

Das gilt vor allem, wenn die Frage gestellt werden muss, ob politische Grundentscheidungen eher den Freunden als der Partei zuliebe gefällt werden. Das Thema der Privatisierung, genauer der »privat-staatlichen Partnerschaft« steht heute ganz oben auf der britischen Tagesordnung. Bei der Privatisierung der (zu diesem Zweck zerstückelten) Eisenbahnen hat die Partnerschaft bereits dazu geführt, dass ein spürbar schlechterer Service der Bahn mit hohen staatlichen Subventionen und hohen privaten Gewinnen eine unheilige Verbindung eingeht. Jetzt soll dasselbe mit der Londoner U-Bahn wiederholt werden.

Nicht nur die Labour Party, sondern der größte Teil der Bevölkerung sieht solche Pläne mit großer Skepsis. Dabei findet sich naturgemäß vor allem die Labour Party in der Defensive. Prominente Abweichler wie der aus der Partei ausgeschlossene Londoner Bürgermeister Livingstone und der frühere stellvertretende Parteivorsitzende Roy (jetzt Lord) Hattersley schüren die Unruhe. An sich war die Partei froh, dass Blair die Verbesserung der öffentlichen Dienste ins Zentrum seiner zweiten Regierungserklärung gerückt hat; aber sie will sichergehen, dass diese Dienste öffentlich bleiben.

Der einst so populäre Premier hat sich daran gewöhnen müssen, bei seinen öffentlichen Auftritten gestört und manchmal ausgebuht zu werden. Gute Freunde im Küchenkabinett sind eben nicht genug. Eine der ersten Aufgaben politischer Führer ist es, Menschen von ihren Absichten zu überzeugen. Das muss ihnen zuerst bei den eigenen Anhängern, dann auch bei der breiteren Wählerschaft gelingen. Als der »beste konservative Premierminister, den Großbritannien je hatte«, wird der Labour-Führer Blair es nicht weit bringen. Seine Freunde in anderen Ländern, von Deutschland bis Brasilien, werden sich genau ansehen, wie er sich mit seiner Partei versöhnt.

(4.8.2001)

Bedrohter Friedensprozess
In Nordirland muss man befürchten, dass ein neuer Zirkel der Gewalt beginnt

Eines haben die Konflikte in Israel und in Irland gemeinsam; in ihnen treffen unvereinbare Absolutheitsansprüche aufeinander. Auf beiden Seiten gibt es Fundamentalisten, die im Kern die völlige Ausschaltung des jeweils anderen fordern. In Irland ist es die mehr oder minder deutliche Forderung der »Republikaner« nach einem einzigen (katholischen) Staat, Irland, und die immer wiederholte Betonung des Vereinigten Königreiches von Großbritannien und Nordirland durch die »Unionisten« oder »Loyalisten«. Wie so oft sind es die gewaltbereiten Extremisten, die den Ton angeben. Premierminister Blair hat von seinem Vorgänger John Major den Versuch übernommen, die schweigende Mehrheit gegen solche Fundamentalisten zu mobilisieren. Dabei half ihm die vorübergehende friedensfreundliche Stimmung auf beiden Seiten. Eine übergreifende Allianzpartei gewann Zuspruch. Gemäßigte Republikaner unter John Hume und gemäßigte Unionisten unter David Trimble waren bereit, sich auf eine Lösung einzulassen, die auch im Nahen Osten ausprobiert worden ist; sie heißt Friedensprozess. Damit ist gemeint, dass man auf die Suche nach einer endgültigen Lösung einstweilen verzichtet, aber einen Prozess der Kooperation in Gang setzt, der selbst zu einer Art Dauerzustand wird. Heute wissen wir, dass dieses Rezept nur sehr vorübergehend funktioniert und am Ende die Dinge nicht verbessert.

In Nordirland gehörte zu dem Prozess der Aufbau einer Allparteien-Regionalregierung, aber auch die Schaffung von gemeinsamen Gremien dieser Regierung mit der Regierung der Republik Irland. Es ist kein Wunder, dass manche Unionisten darin die schiefe Ebene sehen, die mit einer vereinigten irischen Republik enden müsse. Das Programm der Entwaffnung militanter Gruppen blieb unerfüllt.

So lief denn der viel gerühmte Friedensprozess sich zunehmend fest. Wohin soll er führen?, fragten viele. Eine Antwort hatte zumindest die Londoner Regierung nicht. Tony Blair, dessen große Ankündigungen nicht immer durch genaue Vorstellungen gedeckt sind, zog sich in zunehmendem Maße auf Friedensappelle zurück. (Darin war er den Äußerungen von EU-Vertretern im Nahen Osten nicht unähnlich.) Hatte er einen Weg zu einem unbekannten Ziel begonnen?

Die nordische Ungeduld nahm zunehmend beunruhigende Formen an. Der Kleinterrorismus hatte nicht aufgehört, aber nun gibt es auch wieder Attentate und Straßenkrawalle. Die Saison der martialischen Unionisten-Märsche bricht an und verstört Republikaner. Überdies haben die Wähler sich von den gemäßigten Parteien abgewendet. Bei den Unterhauswahlen ist die kleine Allianzpartei mit ihrem Programm der friedlichen Pluralität gar nicht mehr angetreten. Die gemäßigten Parteien beider Gemeinschaften haben Stimmen verloren, die extremen Parteien zugelegt.
Die beiden Friedensnobelpreisträger stehen, so scheint es, am Ende ihrer Karriere. John Hume auf der katholischen Seite hat seine Aktivitäten seit längerem schon einschränken müssen. David Trimble auf der protestantischen Seite wirft möglicherweise an diesem Wochenende das Handtuch. Damit wäre diese Phase des Friedensprozesses zu Ende.
Was dann? Man zögert zu spekulieren. Es sieht nicht so aus, als hätte London ein Rezept oder auch nur eine klare Vorstellung, wohin das alles führen soll. Man muss befürchten, dass ein neuer Zirkel der Gewalt beginnt. Um aus diesem auszubrechen, muss die Idee eines Friedensprozesses, der immer so weiter geht, wahrscheinlich aufgegeben werden. Der Friedensprozess, so scheint es, führt noch nicht einmal zum Waffenstillstand, geschweige denn zum Frieden. Die Absichten der beiden Gemeinschaften sind so gegensätzlich, dass gute Worte oder auch gut gemeinte Institutionen sie nicht entschärfen können. Indes bleibt klar, dass alle Alternativen in unabsehbares Gelände führen. Eine neue Teilung des Landes? »Ethnische Säuberung« auch in Irland? Oder hat die friedliche Pluralität doch noch eine Chance?

(30.6.2001)

Sind Parlamente noch zu retten?
Die Regierenden neigen zunehmend dazu, das Volk an
der Volksvertretung vorbei zu suchen

Wer Parlamente schätzt, hat heutzutage wenig Grund zur Freude. Ich war Mitglied von vier verschiedenen Parlamenten: dem baden-württembergischen Landtag, dem Bundestag, dem Europäischen Parlament und dem britischen Oberhaus. Von ihnen funktioniert in mancher Hinsicht das Oberhaus am besten – aber es ist kein richtiges Parlament, denn seine Mitglieder sind nicht gewählt, sondern ernannt. Was ist also geschehen mit Parlamenten?
Parlamente hatten – und haben – eine Reihe von Funktionen. Die vornehmste unter ihnen ist es, der Stimme des Volkes repräsentativ Ausdruck zu geben. Das indes ist aus mehreren Gründen schwierig geworden. Parlamente haben Konkurrenz bekommen. »Wir wissen, was das Volk denkt«, schrieb das Massenblatt *Sun* unlängst in einem mahnenden Leitartikel an die Adresse des Premierministers.
Die Regierenden selbst haben eine zunehmende Neigung entwickelt, das Volk am Parlament vorbei, nicht im Parlament zu suchen. Am liebsten tun sie das, ohne dem Volk in die Augen zu blicken. Wer das tut, kann leicht mit Eiern beworfen oder sonst auf unfriedliche Weise herausgefordert werden. Meinungsforschung zu bestellen, ist da schon einfacher. So genannte »Fokus-Gruppen« sind besonders beliebt; angeblich repräsentative kleine Gruppen diskutieren Themen und teilen dann den Auftraggebern mit, was das Volk denkt. Doch gehört auch die neue Form populistischer Politik in dieses Kapitel.
Mit der Vertretung des Volkes haben Parlamente auch das Monopol auf große Debatten verloren. Der Deutsche Bundestag hat gerade einmal wieder eine ehrgeizige Debatte zum Thema der Embryo-Forschung gehabt. Indes hat diese Debatte im Grunde schon längst stattgefunden, meist in den Spalten der Zeitungen. Eine große Debatte über den Euro hat es überhaupt nicht gegeben. Ob das Internet sich für große Debatten eignet, bleibt noch abzuwarten. Sicher aber haben die Medien in Diskussionen die Stelle des Parlaments eingenommen.
Das Parlament ist verfassungstechnisch die Legislative. Auch die Gesetzgebung hat indes ihren Charakter verändert. In mehreren Ländern ist zu beobachten, dass Regierungen mehr und mehr dazu übergehen, primäre

Gesetzgebung dazu zu benutzen, der Exekutive das Recht zur sekundären Gesetzgebung (in der Form von Erlassen und Verordnungen) zu geben. Wichtiger noch ist die Auswanderung der Gesetzgebung aus den klassischen parlamentarischen Räumen. Europa ist dafür nur ein Beispiel. Weltweite Organisationen ziehen zwar inzwischen demokratische Proteste auf sich, bleiben aber für wichtige Fragen der Handels-, Entwicklungs- und Währungspolitik zuständig.

Derlei Tendenzen höhlen die parlamentarische Demokratie aus. Viele Abgeordnete fühlen sich getäuscht und auch enttäuscht. Für die Bürger geht eine Instanz verloren, die eine gewisse Dauer und Rationalität der Machtkontrolle wie der Gesetzgebung garantiert. Der demokratische Prozess löst sich in ein ungewisses Durcheinander von Stimmen, oft auch in Schnappschuss-Entscheidungen auf. Was tun?

Wie so oft sind eindeutige Rezepte nicht zu haben. Meine erste Hoffnung wäre, dass Parlamente sich ihrer Aufgabe erinnern und ihre Rechte laut und klar vertreten. Mit anderen Worten, es sind überzeugte Parlamentarier gefragt, nicht stumme Ja- oder Neinsager, und auch nicht Nachahmer der Ministerialbürokratie. Manche süddeutschen Bürgermeister würde man lieber in Parlamenten sehen, weil sie es verstehen, Parteilichkeit und Unabhängigkeit mit einem sehr persönlichen Temperament zu verbinden. Schwieriger ist es, die strukturellen Fragen zu bewältigen, die die Auswanderung von Debatten und Entscheidungen aus den Parlamenten aufwirft. Das gilt insbesondere für die Internationalisierung wichtiger Themen. Hier ist institutionelle Fantasie gefragt, ein internationaler Parlamentarismus für das 21. Jahrhundert. Denn was immer mit den heutigen Parlamenten geschehen sein mag, ihr Prinzip der repräsentativen Debatte und Gesetzgebung bleibt ein Kernstück der Freiheit.

(2.6.2001)

Gefragt: moralische Urteile
Die klassischen Institutionen reichen bei komplexen
Entscheidungen von großer ethischer Tragweite nicht aus

Schwierige Fragen, die Entscheidungen von moralischer Verbindlichkeit verlangen, hat es immer schon gegeben. In den vergangenen Jahrzehnten gehörte dazu vor allem die der Abtreibung. Hier wird deutlich, dass es in modernen Gesellschaften weder einen Konsens in ethischen Dingen gibt noch eine Institution, deren Haltung bestimmende Kraft hat. Die entstehende Verlegenheit fordert »moderne«, also säkularisierte und eher anomische Gesellschaften heraus und wird das auch in Zukunft tun.
Nun ist indes zu solchen Herausforderungen eine weitere hinzugekommen. Sie wird an der Verwendung von Embryos zur Erforschung und möglicherweise Heilung zerstörerischer Krankheiten besonders deutlich, ist jedoch nicht auf diese beschränkt. Dürfen wir alles tun, was wir tun können? Das ist noch die einfachste Frage. Komplizierter wird es, wenn es darum geht, das explosive Gemisch von wissenschaftlich Möglichem, kommerziell Interessantem, politisch Durchsetzbarem und moralisch Akzeptablem zu entschärfen und so zu einem vernünftigen Entscheidungsprozess zu kommen.
Auf den ersten Blick gibt es zwei Wege, um Entscheidungen über solche Fragen von großer Tragweite zu treffen. Der eine ist der demokratische Weg, also die Entscheidung durch Mehrheiten gewählter Parlamente. Dieses Prinzip ist so wichtig, dass man nicht leichten Herzens von ihm abgehen sollte. Es hat aber in den fraglichen Fällen zwei Schwächen. Die eine ist, dass politische Mehrheiten unzulänglich scheinen, wenn es um Fragen von ethischer Tragweite geht. Die andere Schwäche ist, dass das große Prinzip des Parlamentarismus, das Urteil des gesunden Menschenverstandes, hier nicht mehr zureicht. Die Frage (zum Beispiel), ob durch intensivere Erforschung so genannter adulter Stammzellen die Verwendung von Embryos überflüssig werden kann, ist keine Frage für die normale Urteilskraft aller Bürger.
Der andere Weg zur Entscheidung führt über Gerichte. Er ist vor allem in Deutschland, aber auch in den Vereinigten Staaten gängig. Doch lässt sich nicht alles in plausibler Weise auf einen Verfassungstext zurückführen, dem die spezifische Mischung von wissenschaftlichen, kommerziellen, politischen und ethnischen Fragestellungen, um die es geht, durchaus fremd

war. Verfassungsrecht wird dann also Richterrecht – und warum sollten gerade Richter berufen sein, für die ganze Gesellschaft verbindliche moralische Urteile zu fällen?

In dieser Lage scheint es durchaus plausibel, zwischen Parlament und (Verfassungs-)Gericht eine andere Instanz zu schieben, zum Beispiel einen Ethikrat. Jedenfalls ist dies plausibel, wenn mindestens drei Bedingungen erfüllt sind: (1) Der Rat ist dem gewählten Parlament verantwortlich; er führt gewissermaßen die anders nicht mögliche, aber nötige Debatte über komplexe Themen. (2) Der Rat muss angehört werden; es gibt also Verfahren (wie etwa beim Sachverständigenrat der Ökonomen), um seine Erwägungen vor die Entscheidungsinstanzen zu bringen. (3) Der Rat ist so zusammengesetzt, dass die Mehrzahl nicht nur von Meinungen, sondern auch von Interessen erkennbar repräsentiert ist, aber die Methode der unabhängigen Untersuchung und Erörterung von Fragen von allen akzeptiert.

Der von Bundeskanzler Schröder eingesetzte Ethikrat erfüllt diese Bedingungen nur teilweise. Das ist bedauerlich, aber vermutlich nicht irreparabel. Frankreich hat schon seit längerem eine ähnliche Institution. In Großbritannien hat ein Ausschuss des House of Lords jedenfalls für die Stammzellenforschung die Aufgabe übernommen. Als Mitglied dieses Ausschusses bin ich gewiss Partei; doch zeigt sich hier ein ernanntes Parlament mit vielfältiger Expertise von seiner besten Seite. Wahrscheinlich müssen wir noch etwas experimentieren, bevor wir eine befriedigende Lösung finden; aber so viel bleibt richtig, dass die klassischen Institutionen von Demokratie und Rechtsstaat bei komplexen Entscheidungen von großer ethischer Tragweite nicht zureichen.

(5.5.2001)

Erfolgreicher Landtag
Die FDP sollte nicht aus parteitaktischen Gründen das Wahlrecht im Land verändern wollen

Wenn das Wahlrecht zum Thema wird, braucht man meist nicht lange nach handfesten politischen Interessen zu suchen. Die britischen Liberaldemokraten wollen das Mehrheitswahlrecht abschaffen, bei dem nur der Wahlkreissieger gewählt wird, weil sie zwar regelmäßig die Möllemann-Schwelle von 18 Prozent erreichen, aber selten mehr als fünf Prozent der Abgeordnetensitze erringen. Jetzt treibt die baden-württembergischen Freien Demokraten ein ähnlicher Wunsch zu der Forderung, das baden-württembergische Wahlrecht durch das Bundestagswahlrecht zu ersetzen. Dabei stört sie nicht nur die vermeintliche Unterrepräsentanz – gäbe es Zweitstimmen, dann würden angeblich mehr Wähler ihre Stimme der FDP geben –, sondern auch die Tatsache, dass zum Beispiel Justizminister Goll in Freiburg nicht gewählt wurde. Auch die Sozialdemokraten hätten gerne ihre Spitzenkandidatin im Landtag gesehen, die dies aber trotz eines bemerkenswerten Ergebnisses im Wahlkreis Pforzheim nicht schaffen konnte, weil ihr Wahlkreis zu klein ist, um es ihr zu erlauben, über die Zweitauszählung zum Zuge zu kommen.
So weit, so gut. Oder doch vielleicht nicht? Bei Vermutungen über das Wählerverhalten unter einem neuen Wahlrecht ist jedenfalls Vorsicht geboten. Wenn Großbritannien ein Verhältniswahlrecht einführte, würden die Liberaldemokraten mit Sicherheit ihre 18 Prozent nicht halten können. Auf einmal gäbe es Grüne, zudem vielleicht Regionalparteien und Gruppierungen auf der äußersten Rechten und Linken. Auch in Baden-Württemberg ließe sich das Wählerverhalten nicht einfach aus den Bundestagsergebnissen ableiten.
Wichtiger noch ist etwas anderes. Das baden-württembergische Wahlrecht ist im Kern ein Verhältniswahlrecht, aber eines, bei dem die Wähler und nicht die Parteien bestimmen, wer in den Landtag kommt. Es gibt keine Listen, daher keine Spitzenkandidaten. Alle Abgeordneten sind entweder Sieger oder zumindest (wie man charakteristischerweise in England sagt) »beste Verlierer« in ihren Wahlkreisen. Gewiss haben die Parteien eine wichtige Rolle bei der Kandidatenauswahl, aber auch da sind sie gehalten, Personen zu suchen, die Stimmen bringen und nicht nur Parteitage begeistern. Jedes andere Verhältniswahlrecht gibt den Parteien eine größere und den Wählern eine geringere Rolle. Ist das ein liberales Prinzip?

Allerdings bleibt das Problem, dass die Wahlkreisgröße eine verzerrende Rolle spielt. Dass der FDP-Vorsitzende Döring trotz des mit Abstand höchsten Prozentanteils für einen FDP-Kandidaten in seinem sehr kleinen Wahlkreis nicht gewählt wurde, ist eine Anomalie. Man könnte argumentieren, dass das baden-württembergische Wahlrecht zwingend verlangt, die erlaubten Abweichungen in der Größe der Wahlkreise geringer zu halten als heute und als es sonst die Regel ist. Schwierige Fragen stellen sich, wenn statt der absoluten Stimmenzahlen die Prozentanteile der Kandidaten wahlentscheidend würden. Ein Ungleichgewicht der Stimmen bei kleinen und großen Wahlkreisen wäre die Folge.

Vielleicht lässt sich da ein Ausweg finden. Wenn nicht, dann könnte das Land aber auch weiter mit der Anomalie leben. Die Frage ist ja zu stellen, was die Wahl in ein Parlament eigentlich bedeutet. Manche meinen, sie solle ein Spiegelbild der Parteienpräferenzen der Wähler schaffen. Die Repräsentanz der Wählermeinungen ist gewiss ein Ziel. Doch gibt es mindestens zwei weitere. Eines liegt darin, den Kontakt zwischen den politischen Institutionen und den Wählern auf Dauer zu garantieren. Unter diesem Aspekt ist jedes Wahlkreissystem jedem Listensystem vorzuziehen. Das andere Ziel liegt darin, ein Parlament zu konstituieren, das seinen Aufgaben gerecht werden kann, ein effizientes Parlament, wenn man so will. Das aber ist nicht unbedingt dasselbe wie ein Spiegelbild-Parlament.

Der baden-württembergische Landtag kann eine beachtliche Erfolgsgeschichte aufweisen. Es wäre schade, wenn eine Wahlrechtsänderung an deren Stelle unnötige Ungewissheiten setzen würde.

(7.4.2001)

Wenn die Chemie stimmt
Wenn Regierungschefs nicht miteinander können,
schrumpft der Sektor möglicher Entscheidungen

In der Pfalz trafen sich vor wenigen Tagen die Präsidenten von Frankreich und Polen, Chirac und Kwasniewski, mit dem deutschen Bundeskanzler Schröder nach regelmäßigem Turnus. Welchen Sinn haben solche Treffen?
Die erste Antwort auf die Frage ist, dass die Staatsmänner testen, ob die Chemie zwischen ihnen stimmt, und wenn das der Fall ist, versuchen sie die Bindung zu entwickeln, für den Fall eines Falles sozusagen. Manchmal kommt ein solcher Fall mit großer Bedeutung daher. Zwischen Gorbatschow, Schewardnadse, Kohl und Genscher stimmte 1989/90 offenbar diese mysteriöse Chemie. Daher konnte Gorbatschow in jenem Frühsommer 1990 die deutsche Vereinigung sogar mit der Bedingung akzeptieren, dass das vereinigte Deutschland der Nato angehören werde. Keiner der vier hat irgendeines der zum Teil kostspieligen Versprechen gebrochen, auf die sie sich einigten. Als Tony Blair in der letzten Woche zum neuen amerikanischen Präsidenten nach Camp David flog, war das dagegen eher ein Abtasten. »Er hat seinen ganzen Charme auf mich losgelassen«, sagte Bush und Blair lobte den Präsidenten dafür, dass er ganz und gar »am Ball« ist. Dafür lässt sich noch kein Fall eines Falles bauen, noch nicht einmal die verlässliche Zustimmung des einen zur europäischen Eingreiftruppe und des anderen zum amerikanischen Star-Wars-System.
Die stimmige Chemie ist keineswegs immer ein Naturereignis. Blair und Bush haben sich sichtbar angestrengt bei ihrem Treffen. Mitterrand und Kohl hatten eigentlich wenig gemein; aber der französische Präsident lud den deutschen Kanzler zu einem elsässischen Choucroute-Essen mit deutschsprachiger Bedienung ein, was Kohl erkennbar entspannte. Margaret Thatcher legte keinen großen Wert auf solche chemischen Verbindungen; im Gegenteil waren sie ihr in Europa immer verdächtig. Die drohende Handtasche war ihr wichtiger als ein Schmusekurs. Man kann nicht sagen, dass das England in Europa genutzt hätte.
Chemie ist also schön und gut, und manchmal sogar wichtig – aber was bedeutet sie wirklich bei Regierungschefs, die doch Regierungen, Parlamenten, Wählern verantwortlich bleiben? Die großen Symbolhandlungen – Adenauer und de Gaulle in der Kathedrale von Reims – haben gewiss

ihre Bedeutung, aber mindestens so wichtig ist die Entwicklung von regelmäßigen Beziehungen. Das aber geht nur, wenn man sich oft trifft und dabei kennen lernt. Nur auf diese Weise ist es möglich, Partner einzuschätzen. »Wenn Chirac die Landwirtschaft ins Spiel bringt, ist mit ihm nicht zu spaßen.« – »Wenn Schröder eine Forderung stellt, will er unter Umständen etwas ganz anderes« – zum Beispiel eine Verfassungskommission an Stelle eines größeren deutschen Gewichts bei Abstimmungen im Ministerrat.

Die Beispiele sind bewusst aus dem europäischen Kontext genommen. Die Europäische Union ist ja nicht nur eine Rechtsgemeinschaft, sondern vor allem eine Gewohnheitsgemeinschaft. Die Gewohnheit der Zusammenarbeit zwischen den Führenden ist die Quelle aller Fortschritte der Integration. Diese Gewohnheit heißt aber, dass alle mittelfristige Strategien verfolgen. Sie geben heute nach, um übermorgen Nachgeben zu erwarten. Das geht nur bei Personalisierung der Beziehungen.

Der Spielraum der Führenden ist immer durch allerlei Faktoren begrenzt. Er beträgt nur wenige Grad auf der 360-Grad-Scheibe der Möglichkeiten. Bedeutende politische Führer können bis an den Rand dieses Sektors gehen, ja, ihn ein bisschen ausweiten. Willy Brandt hat das in der Zeit der Ostpolitik getan. Vielleicht auch Jacques Delors in der Einigung Europas. Dabei hilft es, wenn die anderen Beteiligten keine Unbekannten sind. Wenn die Chemie nicht stimmt, schrumpft der Sektor möglicher Entscheidungen. Wir sollten den Führenden also ihre Kaukasus-Wanderung, ihr elsässisches Choucroute und ihre Camp-David-Vergnügungen und Routine-Treffen gönnen und uns zugleich nicht ganz darauf verlassen, dass persönliche Chemie Weltprobleme löst.

(3.3.2001)

Reden und Realität
Wer sich in seinem Nationalstaat nicht wohl fühlt, kann auch kein guter Europäer sein

Seit Abschluss des Römischen Vertrages über die Europäische Wirtschaftsgemeinschaft 1957 ist viel Wasser den Tiber und vor allem den Rhein hinuntergeflossen. Europäische Höhenflüge werden heute mindestens so sehr auf der politischen Linken wie auf der Rechten gefordert. Eines aber ist jedenfalls in Deutschland gleich geblieben: der Widerspruch zwischen der täglichen Realität der europäischen Institutionen und den großen Worten der politischen Führer. In der Zeit meiner eigenen Europatätigkeit (die allerdings schon ein Vierteljahrhundert zurückliegt) waren sogar noch entschiedenere Aussagen berechtigt. Deutsche politische Führer betonten immerfort das hehre Ziel der europäischen Einigung, interessierten sich aber weniger als alle anderen für die Details der Tagesarbeit.
Das mag sich geändert haben. Doch bleibt wahr, dass vor allem deutsche Politiker zu so genannten Visionen neigen, wenn sie von Europa sprechen, aber diese nicht recht mit Inhalt zu füllen verstehen. Einerseits Fischers Reden, andererseits die Realität von Nizza, so könnte man es aktuell formulieren.
Noch aktueller sind Versuche, Deutschland und Frankreich wieder zu Trägern der Europa-Vision zu machen, zur so genannten Lokomotive der europäischen Einigung. Indes kann auch das Straßburger Treffen dieser Woche den Eindruck nicht verwischen, dass dabei großen Worten nur kleine Taten folgen. In der Tat finden führende deutsche und französische Politiker es merkwürdig schwierig, auf die Frage eine Antwort zu geben, in welchen Politikfeldern sie denn die Integration vorantreiben wollen. Sozialpolitik? Steuersysteme? Doch wohl nicht. Bildungspolitik? Oh nein! Am Ende bleiben Kulturinstitute (die aber auch wieder geschlossen werden können), Sprachkurse, Schüleraustausch – und eine europäische Verfassung.
Die deutsche Begeisterung für das abstrakte Europa, für die Euro-Visionen, ruft nicht überall uneingeschränkte Zustimmung wach. Manche im übrigen Europa sehen sie als Vorwand für versteckte Ansprüche, als Instrument für eine neue Hegemonie unter dem unanstößigen Namen Europa. Nicht nur in Großbritannien befürchten manche das große Europa, das da hinter schönen Worten hervorlugt.

Wer sich in Deutschland auskennt, findet für solch einen Verdacht allerdings keine Anhaltspunkte. Allenfalls gibt es die eher naive Annahme, dass deutsche Europaideen – wie etwa die einer Verfassung – doch auch für andere attraktiv sein müssten. Wohl aber lässt eine andere Vermutung sich nur schwer abweisen. Die neue deutsche Europabegeisterung à la Joschka Fischer zeigt die unveränderten Probleme vieler Deutschen mit ihrer Nation.

Nun braucht man die Beschränkungen nationalstaatlicher Souveränität hier nicht noch einmal aufzuzählen. Die »Glokalisierung«, also die Doppeltendenz ins Globale und Lokale, ist eine Realität. Auch führt internationale Kooperation, insbesondere im Rahmen der Nato und der EU, in wichtigen Bereichen zu einer gemeinsamen Ausübung von Souveränität durch die beteiligten Staaten. Das ändert indes nichts daran, dass diese Nationalstaaten nach wie vor die Grundsteine der internationalen Ordnung und vor allem die politischen Räume sind, in denen bürgerliche Grundrechte verankert und garantiert sind.

Daraus folgt ein Schluss, der vor allem für Deutschland gilt: Wer sich in seinem Nationalstaat nicht wohl fühlt, kann auch kein guter Europäer sein. Wenn Europa zur Ersatzbefriedigung für das ungestillte Bedürfnis nach einer anerkannten staatlichen Einheit wird, dann muss es am Ende enttäuschen. Europaromantik ist kein Ersatz für Patriotismus. Nun ist Deutschland in dieser Hinsicht nicht allein. Italien hat ähnliche Probleme, und viele Staaten des Balkans schon gar. Doch gilt das nicht für Frankreich oder Großbritannien, Spanien oder Polen. Dort würde man ein offen formuliertes deutsches Nationalinteresse lieber sehen als wolkige Bekenntnisse zu Europa. Und dem Prozess der europäischen Einigung würde ein solcher Schuss Realität gewiss guttun.

(3.2.2001)

Auf der Suche nach Ideen
Die Anhänger des dritten Weges haben ihren Wählern nicht erklären können, was sich hinter ihrer Idee versteckt

Wenn das noch taufrische Jahrhundert eine erste Lehre hat für die Zeitgenossen, dann ist es die, dass es für die Gestaltung der öffentlichen Dinge keine große Idee gibt. Vielleicht sind kleine Schritte ein bisschen zu wenig, um zu beschreiben, was nottut, aber Schritte sind es jedenfalls und nicht ein Wurf, ein großer Sprung nach vorn. Noch nicht einmal die Richtung der Schritte ist ganz klar. Wir brauchen Reformen, für den Wohlfahrtsstaat zum Beispiel, aber doch auch Stabilität, mehr sozialen Zusammenhalt zum Beispiel. Wir müssen uns auf globale Märkte einstellen, aber weder die Nation noch das Dorf, die kleine Stadt, haben ihre Bedeutung verloren. Allenfalls dass uns die Atemluft der Freiheit nicht ausgehen darf, ist eine große Idee, wenn auch keine neue.

Für den Feind aller Utopien ist diese Lage der Dinge keineswegs unerfreulich. Doch gibt es auch andere. Als Präsident Clinton auf der Höhe seiner Macht, Premierminister Blair ein Jahr im Amt und Bundeskanzler Schröder gerade gewählt war, dachten sie, eine große Idee gefunden zu haben: den dritten Weg, die neue Mitte. Das war im Kern eine sehr einfache, auch durchaus plausible Formel. Die Globalisierung, so besagte sie, ist eine Tatsache. Wir müssen das Beste aus ihr machen und können das auch. Das bedeutet zunächst, dass wir der Wirtschaft ihren Lauf lassen. »It's the economy, stupid«, war Clintons Erfolgsrezept: Es ist die Wirtschaft, Dummkopf! Wir müssen aber auch dafür sorgen, dass alle mit von der Partie sind; sozialer Einschluss ist die Aufgabe, die gelöst wird durch »education, education, education« (Tony Blairs Rezept), also Bildung, Ausbildung, Erziehung. Gerhard Schröder und andere kontinentaleuropäische Linke fügten dem noch etwas hinzu, das den Individualisten der angelsächsischen Welt weniger lag, nämlich Solidarität, ein funktionierender Wohlfahrtsstaat, die Förderung von Gemeinschaft.

Das alles ist schön und gut, nur eine große Idee ist es nicht. Vor allem Tony Blair beunruhigt die Erkenntnis sehr. Er hatte gehofft, der Idee von Frau Thatcher, Britannien aus der Starre seiner Klassenstrukturen zu befreien und für eine moderne Wirtschaft fit zu machen, eine eigene Idee von ähnlicher Wirkkraft anzufügen. Jetzt muss er es hinnehmen, dass viele ihn als schlichte Fortsetzung von Frau Thatcher beschreiben und jedenfalls sagen, die Dame habe für ihn den Boden bereitet.

Blairs Freund Clinton tritt ab mit einer beachtlichen Bilanz. Sie lässt sich jedoch auf eine einzige Aussage reduzieren: Die Clinton-Jahre waren Jahre eines unvergleichlichen wirtschaftlichen Aufschwungs. Amerikaner werden sich noch in einer Generation an die acht Jahre erinnern, in denen kein Wölkchen Wachstum und Beschäftigung getrübt hat. Alles Übrige tritt demgegenüber zurück, was auch besser ist für Clinton, denn die groß angekündigte Gesundheitsreform (unter der persönlichen Aufsicht von Hillary Clinton) ist schlicht gescheitert.

Und Schröder? Der deutsche Kanzler hat von vornhinein keine so hochtrabenden Pläne gehabt. Manchmal fragt man sich, ob er das Schröder-Blair-Papier überhaupt wirklich zur Kenntnis genommen hat; jedenfalls ist es ihm nicht schwergefallen, es still in der Versenkung verschwinden zu lassen. Schröder wird, wie Blair übrigens, am Ende mit einer Liste von Errungenschaften dastehen, einer respektablen Liste, die sich aber nicht zu einer großen Idee summiert.

Die drei und andere Anhänger des dritten Weges hatten sich von der Idee vor allem Wahlerfolge erhofft. Dazu hat die Idee allerdings wenig beigetragen, die Wähler haben nie ganz begriffen, worum es bei dem hochtrabenden Vokabular eigentlich geht.

Unter einer Perspektive heißt das, dass demokratische Normalität eingekehrt ist. Wer braucht große Ideen, solange er (oder sie) Wahlen gewinnt? Unter der anderen Perspektive ist indes die auf Parteien verengte Sicht eine optische Täuschung. In Wahrheit rumort es in den alten Ländern der Ersten Welt. Die erste Idee des Jahrhunderts mag zu den Akten gelegt sein, aber die Suche nach neuen Wegen ist darum nicht zu Ende. Wir leben nach wie vor in interessanten Zeiten.

(30.12.2000)

Visionäre und Klempner
Für die Zukunft der Europäischen Union sind Kleinmut und
Wolkenkuckucksheim gleichermaßen hinderlich

An Euro-Visionen ist in dieser Zeit kein Mangel. Außenminister Fischer und Kommissionspräsident Prodi und Präsident Chirac und sogar Premierminister Blair haben allerlei Blicke in die fernere Zukunft der Europäischen Union zu werfen versucht. Unterdessen blieben jedoch die Klempner tätig; im französischen Außenminister Vedrine fanden sie sogar einen Chefideologen. Jetzt, so heißt es bei den Reparaturmechanikern der EU, geht es um praktische Dinge, um die Zahl der Kommissare und »doppelte einfache Mehrheiten« im Ministerrat. In Nizza werden sich dann die Visionäre selbst als Klempner betätigen müssen – eine missliche Vermischung der Rollen.
Vor allem aber ist zwischen Visionen und Klempnerei die entscheidende Fragestellung verloren gegangen: Was ist eigentlich der Sinn und Zweck einer »immer engeren Union« der europäischen Länder? Warum Europa? Es war einmal vergleichsweise leicht, diese Frage zu beantworten. Das von Kriegen zerstörte und gespaltene Europa musste in Frieden vereinigt werden. Insbesondere angesichts des Kalten Krieges war die Integration der westeuropäischen Länder eine notwendige Bedingung der Stabilität und Sicherheit. Da kamen dann noch manche Nebengedanken hinzu. Deutschland einzubinden war nicht nur Motiv französischer Außenpolitik, sondern auch deutscher Kanzler. Der gemeinsame Markt half bei alledem; er trug dazu bei, in einer Zeit des anhaltenden Wirtschaftswachstums die Grundlagen der Stabilität zu sichern.
Diese Motive der immer engeren Union sind nicht über allen Zweifel erhaben. In Großbritannien sieht man Europas Sicherheit vor allem als Ergebnis amerikanischer Beistandsgarantien, nicht europäischer Zusammenarbeit. Was Deutschland betrifft, ist die Sache mit dem »Einbinden« eine Ablenkung von der eigentlichen Aufgabe, die sozialen Grundlagen von Demokratie und Rechtsstaat im Inneren des Landes zu sichern. Wie dem auch sei, der heute entscheidende Punkt ist, dass die alten Motive für die Zukunft nicht mehr viel hergeben. Die Frage »Warum Europa?« muss neu beantwortet werden.
Dabei gibt es viel unklares und zweifelhaftes Gerede. Die Globalisierung, so heißt es, verlangt supranationales Handeln. Aber warum gerade in den

Grenzen der Europäischen Union? Werden da nicht neue Barrieren errichtet? Vielfach klingt bei der Begründung Europas ein anti-amerikanisches Ressentiment durch. Der Euro soll dazu dienen, dem Dollar Paroli zu bieten (was bisher nicht sehr gut gelungen ist). Überhaupt kann Europa als Widerpart, auch als Gegenmodell zu den USA dienen.

Sehr viele Hunde lassen sich mit solchen Argumenten nicht hinter dem Ofen hervorlocken, schon gar nicht im postkommunistischen Osten Europas, wo die Mitgliedschaft in der Nato inzwischen durchaus populär geworden ist. Hier liegt denn auch der Kern des Problems. Die Ostmitteleuropäer wollten 1989 »zurück nach Europa«. Was sie damit meinten, war eine Gemeinschaft von Staaten und Völkern, die wirtschaftlichen Wohlstand durch einen einheitlichen Markt erhöhen, die vor allem aber die liberale Ordnung von Demokratie und Rechtsstaat zu sichern suchen. Stabilität und Sicherheit bedeuten nicht mehr in erster Linie Schutz vor äußeren Angriffen, sondern Hilfe bei der Errichtung und Erhaltung der Verfassung der Freiheit.

Hier liegt denn auch die große Verantwortung der EU-Mitglieder. Sie sollten von ihren Visionen, seien diese staatenbündisch oder bundesstaatlich, lassen. Sie sollten zugleich über der Klempnerei – 20, 30 oder 40 Kommissare? – nicht vergessen, worum es geht. Das ist nicht weniger als die Stabilität demokratischer Ordnungen.

Es geht um die in Kopenhagen festgelegten politischen Kriterien für die Mitgliedschaft in der EU. Diese Kriterien wirken in beide Richtungen: Die Kandidatenländer müssen sie anerkennen und einhalten, aber die alten Mitglieder der EU müssen ihre Tore öffnen für diejenigen, die das geleistet haben. Da sind Visionäre und Klempner gleichermaßen hinderlich. Politiker, politische Figuren sind gefragt.

(7.12.2000)

Der David-Komplex
Um Frieden in Nahost zu erlangen, muss Israel ermutigt werden, sein Selbstbild zu korrigieren

Auch im Ausland ist Bundeskanzler Schröders Nahost-Reise aufmerksam registriert, ist vor allem sein Takt anerkannt worden. Doch hat der Bundeskanzler die offene Frage der europäischen Position im Nahen Osten auch nicht beantworten können. Wenn es weitere Gipfel- und andere Treffen à la Sharm El-Sheikh geben sollte, werden Europas Vertreter wiederum dabei sein, ohne selbst viel beizutragen. Dafür gibt es mancherlei Gründe. Einer jedoch liegt in der fehlenden Ehrlichkeit der Analyse der Situation.
Im Gespräch mit Israel fällt mir in diesen Wochen vor allem das akute Empfinden auf, Israel sei in seiner Existenz bedroht. Wenn man den Gesprächspartnern entgegenhält, sie seien doch die eigentlich starke Macht in der Region, fast mühelos in der Lage, morgen Gebiete wieder zu besetzen, die in den letzten Jahren geräumt wurden, ja den ganzen Autonomiebereich der Palästinenser mit ihren Truppen zu beherrschen, dann reagieren sie verblüfft und ärgerlich. Israel sieht sich selbst nach wie vor als schwach und bedroht. Weit davon entfernt, sich als der Goliath der Region zu verstehen – wie das viele andere, nicht zuletzt die Palästinenser tun –, empfindet es seine Lage als die Davids und handelt entsprechend.
Ganz unverständlich ist das Selbstbild nicht. Der Streifen Landes, der den Staat Israel bildet, ist schmal. Nur eine einzige Straße von Tel Aviv nach Jerusalem führt nicht durch von Arabern besiedelte Orte. Vor allem bleibt es wahr, dass alle Nachbarn sich im tiefsten wünschen, Israel möge von der Bildfläche verschwinden. Dagegen hilft nur ein stets verteidigungsbereites Volk und eines, das den Anfängen jedes Angriffs auf seine Identität wehrt.
Doch das ist nur der erste Teil des Nötigen. Ein sich ständig nur selbst verteidigendes Israel ist keine Heimstatt für seine Bürger. Einer der einflussreichsten Intellektuellen Israels bemerkte im Gespräch: »Natürlich hast du Recht, dass wir in der Region stark sind – aber was für ein Land ist das, das immer seine Stärke ausspielen muss, um zu überleben?« Es ist also nötig, andere, zukunftsweisendere Schritte zu tun, solche auch, die über den vielbeschworenen Friedensprozess hinausführen.
Einer dieser Schritte beginnt im eigenen Land. Nur wenige Prozent aller Israelis sind ihrer Herkunft nach Araber, aber an ihnen kann sich ein

selbstbewusstes Israel bewähren. Vor einigen Wochen noch war klar, dass die Israeli-Araber um keinen Preis in Arafats autoritärer Welt leben wollen, auch wenn ihre Behandlung in Israel zu verständlichen Ressentiments Anlass gibt. Inzwischen bröckelt selbst diese prekäre Akzeptanz Israels. Sie nennen sich jetzt Israeli-Palästinenser, und an einigen Orten sind sie gegen »ihr« Land auf die Straße gegangen. Jüdische Israelis andererseits betrachten ihre arabischen Mitbürger als »Feinde«, deren Stimme – einschließlich der Stimmen der arabischen Knesset-Abgeordneten – nicht zählt, wenn es um langfristige Lösungen geht. Viele in Israel bemühen sich um ein neues Verhältnis aller Bürger des Landes. Sie verdienen Hilfe.

Ein zweiter Schritt betrifft natürlich das schmerzhafte und doch so wichtige Thema der jüdischen Siedlungen jenseits der »grünen Linie«, also in potenziell palästinensischem Land. Der Flickenteppich des palästinensischen Autonomie-Gebiets kann nicht zur Bildung eines friedensfähigen Staates führen. Premierminister Barak hat im Camp David couragierte Vorschläge gemacht, die einerseits eine leichte Verschiebung der »grünen Linie«, also der Grenze, andererseits die Aufhebung von tief im Palästinenserland liegenden Siedlungen bedeuten würden.

Beides ist nur möglich, wenn Israel ermutigt werden kann, sein Selbstbild zu korrigieren. In seiner Existenz ist das Land gefährdet, aber nicht entscheidend bedroht. Die größte Bedrohung ist eine Existenz, die ihren Bürgern nur sehr dürftige Lebenschancen bietet. Um das zu verhindern, sind langfristige Entscheidungen nötig, und zwar Entscheidungen aus einem gesunden Selbstverständnis des Landes, das zu den großen Erfolgsgeschichten der letzten Jahrzehnte gehört.

(4.11.2000)

Halbzeit – Halbwertzeit?
Keine demokratische Verfassung hat mit Wählern gerechnet,
die so untreu sind, wie die zurzeit

Für Gerhard Schröder ist die Halbzeit nahe, jedenfalls die seiner ersten Wahlperiode. Zu diesem Zeitpunkt steht er unangefochten da. In seinem eigenen Lager gibt es keine Konkurrenz, und die Opposition erweckt schwerlich den Eindruck, dass sie ihn ablösen könnte. Für diesen Halbzeitstand gibt es allerlei Gründe. Deutschland ist eine Kanzlerdemokratie; der Kanzlerbonus ist beträchtlich. Helmut Kohl ist außer dem Übergangskanzler Kiesinger bisher der einzige Kanzler, der durch eine Wahl abgelöst worden ist, und das nach sechzehn Jahren.
Bundeskanzler Schröder verdankt seine Stärke aber auch der Art und Weise, in der er bisher mit Problemen fertig geworden ist. Er zeigte sich anpassungsfähig und doch in Kontrolle, und wie sein britischer Kollege Blair suchte er stets einen Weg des Konsenses zu finden. Auch darin könnte Schröder der Parteitagsrede von Blair in dieser Woche zustimmen, dass er dem Prinzip huldigt: »Ich höre zu, und ich führe.« Allerdings enthält die Blair-Story auch noch andere Lektionen.
Die erste darunter ist das Grundproblem aller Mächtigen; der britische Premier Harold Macmillan hat es in die klassischen Worte gefasst: »Events, my boy, events!« Ereignisse, mein Guter, Ereignisse! Sie sind das eine, das auch der mächtigste politische Führer nicht kontrollieren kann, und sie können den Anpassungsfähigsten überwältigen.
Eben das ist in diesen Wochen manchen europäischen Regierungschefs mit den Ölpreisen geschehen. In Großbritannien kamen noch zwei andere Dinge dazu. Die Erhöhung der staatlichen Rente um einen läppischen Betrag hat vor allem darum zu verbreiteter Unruhe geführt, weil der Finanzminister gleichzeitig seine Überschüsse großzügig auf diverse Institutionen verteilt hat. Und dann war da das symbolische Ereignis der Pleite des riesigen Ausstellungszelts in London, des Millennium Dome, der sich mehr noch als die Expo in Hannover als weißer Elefant erweisen sollte. Blair, der bei seiner Halbzeit vor einem Jahr sozusagen mit 4:0 führte, findet sich plötzlich, in der Mitte der zweiten Halbzeit, mit einem 4:4 bei leichten Platzvorteilen für die scheinbar schon abgemeldete konservative Opposition.
So schnell kann das Blatt sich wenden! Keine demokratische Verfassung hat mit Wählern gerechnet, die so untreu sind wie die der Demokratien

unserer Zeit. Politische Hoch- und Tiefdruckgebiete sind so flach, dass ein sanfter Wind sie wegblasen kann. Und noch hat niemand einen Weg gefunden, diesen Wankelmut institutionell zu bändigen. Im Gegenteil, viele Politiker geben dem Wählerunmut über Parteien und damit repräsentative Regierung nach und verlassen sich ihrerseits auf kurzlebige Momentaufnahmen, auf Volksabstimmungen oder gar Meinungsforschung.

Am Ende sind es nicht irgendwelche Tricks, auch keine Verfassungstricks, die politischen Führern durch die zweite Halbzeit helfen. Auch die Adenauer-Tradition der Kanzlerdemokratie hilft alleine nicht. Am Ende ist es wahrscheinlich eher die Blair-Maxime, zugleich zuzuhören und zu führen. Das ist nicht so einfach, wie es klingt. Blair hat Beispiele für die Schwierigkeit gegeben. Ja, sagte er am letzten Dienstag, es ist wahr, dass die Transportunternehmen sowie alle Heizölverbraucher und Autofahrer unter den hohen Ölpreisen leiden. Er habe keinen Zweifel an den resultierenden Problemen. Es gebe aber auch andere Gruppen, für die er Verantwortung habe, obwohl sie weniger lautstark auftreten. Dazu gehören zum Beispiel arme Rentner. Hier muss der politische Führer Entscheidungen treffen, die unter Umständen die Lautstarken weniger befriedigen als die Organisationslosen. Dafür sind dann Gründe zu geben, und er sei bereit, seine Entscheidungen zu erklären.

Patentlösungen für das Dilemma der zweiten Halbzeit gibt es also nicht. Für manche wird die Halbzeit daher schon zur Halbwertzeit, und am Ende ist ihre Wählerschaft gänzlich dahingeschmolzen. Selbst dann aber war es richtig, dem Prinzip des »listen and lead«, des Zuhörens und Führens, zu folgen, das allein die Diskreditierung der Demokratie selbst aufhalten kann.

(30.9.2000)

Internationale Nothilfe
Die viel beschworene Weltgemeinschaft ist eine Kraft, die zunächst und vor allem von unten nach oben wirkt

Norwegische Nato-Offiziere haben sich darüber beklagt, dass die Russen ihren Tauchern bei der versuchten Rettung der »Kursk«-Besatzung allerlei Hindernisse in den Weg gelegt haben. Die britischen Helfer äußerten sich weniger deutlich, dachten aber wohl kaum anders. Dennoch hat die schreckliche Geschichte auch eine andere Seite. Das Glas ist sozusagen nicht nur halb leer, sondern auch halb voll. Tatsächlich sind ausländische Experten, noch dazu solche eines anderen, früher feindlichen Militärbündnisses, bei einem militärtechnisch sensiblen Unfall zu Hilfe gerufen worden und auch, mitsamt ihrem eigenen technischen Gerät, zu Hilfe gekommen. Das ist nicht selbstverständlich. Es zeigt, dass es immerhin Anfänge einer internationalen Gemeinschaft gibt, deren Mitglieder einander in der Not beistehen.

Da melden sich gewiss auch Einwände. Wie oft sagen Menschen in Not (wie uns Reporter berichten): »Erzählen Sie der Welt von uns, dann wird uns die internationale Gemeinschaft helfen.« Und wie oft ist der Hilferuf vergebens. Eine verlässliche internationale Gemeinschaft, die überall dort hilft, wo ein Notfall eintritt, gibt es noch nicht. Aber es gibt Anfänge. Ob ein Erdbeben oder eine Sturmflut Siedlungen verwüstet und Menschen gefährdet, ob eine Hungersnot oder Epidemie ausbricht, ob ein Bürgerkrieg zu Mord und Totschlag führt – irgendjemand irgendwo ist immer bereit, wenigstens den Versuch zu machen, Hilfe zu bringen.

Dafür gibt es vor allem einen Grund, und zwar einen mit zwei Elementen. Beide haben mit der Bürgergesellschaft zu tun. Die eine Seite sind die Medien, die die Nachricht von Notfällen in alle Welt bringen. Auch in Putins Russland, ja sogar im schlimmen Militärregime Burmas lassen die Medien sich nicht zum Schweigen bringen. Oft sind es sogar Bilder, die den Nachrichten ihre Eindringlichkeit geben.

Die andere Seite sind die Nichtregierungsorganisationen. Irgendwo gibt es immer eine Gruppe, die auf eine Schreckensnachricht reagiert. In Deutschland hat die »Cap Anamur«-Organisation schon vor Jahren einen guten Anfang gemacht. Heute sind es hunderte, wenn nicht tausende von Organisationen, oft kleine, örtlich begrenzte Gruppen, die gleichsam die Empfindlichkeit des moralischen Bewusstseins der Menschen repräsentieren.

Ich glaube, dass diese Graswurzel-Initiativen der tiefere Grund sind, warum heute auch Regierungen nicht mehr wegsehen können, wenn in Indien Hunderttausende durch Fluten heimatlos werden, in Südafrika Aids zur Epidemie wird, im früheren Jugoslawien ethnische Säuberungen stattfinden oder eben in Russland ein Atom-U-Boot in der Barentssee versinkt. Bürger, Wähler wollen, dass ihre Regierungen mit ihren Steuergeldern bei Notfällen helfen. In manchen, vor allem kleineren Ländern, ist dieser Wunsch ausgeprägter als in anderen, aber er ist heute politische Realität.
Wenn von der internationalen Gemeinschaft die Rede ist, denkt man zuerst an die internationalen Organisationen. In der Tat sind diese zum Teil geradezu errichtet worden, um in Notfällen zu helfen. Das UN-Hochkommissariat für Flüchtlinge ist nur ein Beispiel. Die Vereinten Nationen selbst versuchen heute, an neuralgischen Punkten, wie in Ost-Timor, den Weg von der Friedensstiftung zum Neuaufbau zu finden. Dennoch lässt sich schwer leugnen, dass gerade die internationalen Organisationen dazu neigen, schwerfällig und oft bürokratisch zu reagieren.
Die viel beschworene internationale Gemeinschaft ist also zunächst und vor allem eine Kraft, die von unten nach oben, von spontanen menschlichen Reaktionen zu organisierten Aktionen wirkt. Auch darum bleibt sie noch eher zufällig, jedenfalls unsystematisch. Eine Art Weltgesellschaft beginnt zu entstehen, aber sie ist eine Gesellschaft ohne Verfassung, daher ohne Institutionen. Der Weg zur Weltregierung wird noch weit sein – aber es ist im Sinne von Kants *Idee zu einer allgemeinen Geschichte in weltbürgerlicher Absicht*, dass wir heute schon so handeln, als sei die Weltregierung unser Maßstab.

(2.9.2000)

Die Königinmutter wird 100
Sie hat in England den Prozess verlangsamt, dass fast alles
zum alten Zopf erklärt werden kann, der abzuschneiden ist

Sind Monarchien glücklicher? Die Frage darf man wohl stellen jetzt, da der 4. August, an dem die britische Königinmutter 100 Jahre alt wird, nicht mehr fern ist. Die Rede ist von konstitutionellen Monarchien, von Demokratien mit einem erblichen Königtum. Seit 1936, als die jetzige Königinmutter an der Seite ihres Gemahls George VI. gekrönt wurde, hat Großbritannien 13 Premierminister gehabt; seit ihrer Geburt 1900 waren es 20. Im normalen Wechsel der Regierungen steht das königliche Haus als Inbegriff der Kontinuität. Das ist die Kontinuität der Verfassung, auch die des Überganges vom Empire zum Commonwealth, vor allem aber all jener ungeschriebenen Tradition, die den Großbritannien-Besucher nach wie vor fasziniert.

Ob das auch für die übrigen sechs Monarchien in der Europäischen Union in gleicher Weise gilt, ist nicht sicher. (Manchen überrascht es noch immer, dass fast die Hälfte der EU-Staaten gekrönte Staatsoberhäupter haben.) Das britische Beispiel ist durchaus einmalig. Dennoch ist weder die Königinmutter selbst noch das Haus Windsor in einer Zeit unbestritten, in der fast alle britischen Institutionen zur Disposition stehen. Der Königinmutter wird ihr hartes, fast erbarmungsloses Verhalten gegenüber »Mrs. Simpson«, der Frau des Kurzzeit-Königs Edward VIII., ebenso zum Vorwurf gemacht wie ihre ähnlich herbe Haltung zu Prinzessin Diana. Sie war tatsächlich keineswegs so milde, wie sie lächelt. Dennoch wird ihr Tod eines Tages einen tiefen Einschnitt bedeuten. Ihrer Tochter wird Ferne vom Volk und Kontaktarmut nachgesagt; ihr Enkel Charles wird die Diana-Last nicht los und macht sich im Übrigen durch seinen »grünen« Konservativismus nicht nur Freunde. Was aus den Söhnen wird, ist noch ganz unklar.

Es war von Großbritannien-Besuchern die Rede, denen die sichtbare Tradition Vergnügen macht, vom Wachwechsel jeden Morgen vor dem Buckingham Palace bis zu den Perücken der Richter. Für den Großbritannien-Bewohner ist indes vor allem auffällig, dass keine Tradition heute unbestritten ist. Das Oberhaus ist durch das Ausscheiden der Erblords eine viel politischere Kammer geworden. Die Perücken der Richter will der neue Lordrichter Woolf mitsamt den Talaren abschaffen. Ob die Staatskirche, die Church of England, sich noch lange als solche aufrechterhalten lässt, bezweifeln viele. Die farbenprächtigsten Regimenter der britischen Armee sind sämtlich durch die Kürzung der Staatsausgaben bedroht. Diese trifft übrigens auch das Königshaus, das schon jetzt einen beträchtlichen Teil seiner Ausgaben aus der Privatschatulle bestreitet. Modernisierung ist das Schlagwort der Zeit, und das heißt vor allem, dass fast alles zum alten Zopf erklärt werden kann, der abzuschneiden ist.

Die Königinmutter hat diesen Prozess eher verlangsamt, weil am Ende niemand ihr zu nahe treten will. Sie verbreitet jene gute Stimmung, die vor allem von Königinnen erwartet wird. Aber nach ihr wird das die Reform des Königshauses nicht verhindern. Dabei wird wohl vor allem die aus den Fugen geratene königliche Familie gestutzt werden: Ein Monarch und ein, zwei seiner oder ihrer Kinder sind in einer modernen Demokratie allenfalls erträglich. Aber wenn es da allzu viele Schwestern und Schwager, »Sechzehnte in der Nachfolge« und schwierige Herzoginnen gibt, dann lässt die Begeisterung des Publikums nach. In dieser Hinsicht ist das kleine niederländische Königshaus einschließlich der parlamentarischen Entscheidung darüber, wer unter den Prinzen oder Prinzessinnen »königlich« sein darf und muss, ein Vorbild.

Es bleibt allerdings die Verbindung von symbolisch gefasster Tradition und demokratischer Verfassung. Ob Länder auf diese Weise glücklicher werden, mag man dahingestellt sein lassen. Es hat dennoch seinen guten Sinn, eine solche institutionelle Verbindung, wo sie existiert, aufrechtzuerhalten. Dazu, dass das in Großbritannien möglich sein wird, hat Königinmutter Elisabeth in ihrem langen Leben einen wichtigen Beitrag geleistet.

(29.7.2000)

Die Geschichtsbücher
Politiker schielen auf ihr Bild in der Historie, doch die schreibt
oft ihre eigene Geschichte

Warum hat Präsident Chirac sich bei seinem Staatsbesuch in Berlin so auffällig um Altbundeskanzler Kohl bemüht? Der erste Grund ist einfach. Fast alle Mächtigen sinnen zuweilen darüber nach, wie »die Geschichte« sie wohl sehen wird, und das heißt, ob sie einen gebührenden Platz in den Geschichtsbüchern finden werden. Das macht sie besonders empfänglich für diejenigen ihrer Kollegen, die es schon geschafft haben. Zumal wenn sie selber wiedergewählt werden wollen, sonnen sie sich gerne im Lichte derer, die Geschichte gemacht haben. Wer weiß, vielleicht bleibt etwas davon an ihnen hängen.
Aber wusste der französische Präsident denn nicht, dass das Licht des Altbundeskanzlers nicht nur getrübt, sondern in für manche abstoßende Farben getaucht ist? Natürlich weiß er es, aber nach ihrem Ausscheiden widerfährt das vielen. Das Ende großer Politikerkarrieren ist fast immer grausam. Bei ihrem Ausscheiden werden den historischen Figuren kaum noch Tränen nachgeweint.
François Mitterrand hat nach dem Ende seiner Präsidentschaft nicht mehr lange gelebt; aber in Frankreich erinnerte man sich an seine Rolle in Vichy, auch an die Affären in seiner unmittelbaren Umgebung, eher als an seine Verdienste. Präsident Nixon musste etwas länger warten, bevor die Staatsgäste bei ihm wieder Schlange standen; aber auch ihm sind die Sünden, die zu seinem Rücktritt führten, am Ende vergeben worden.
Geschichtsbücher hören irgendwann auf, nämlich dann, wenn die Mächtigen aufhören, Geschichte zu machen. Der Rest ist dann nur noch Fußnote. Man kann mit einiger Sicherheit davon ausgehen, dass der Helmut Kohl der Wiedervereinigung, nicht der der Untersuchungsausschüsse erinnert werden wird. Seine Kollegen wissen das. Sie interessiert nicht das letzte kurze Kapitel in den Geschichtsbüchern, sondern der lange Hauptteil, den die Näheren zunächst verblassen sehen.
Geschichtsbücher und ihre gnädige Art sind also zwei Gründe, die Chirac und Kohl verbinden. Ein dritter Grund hat es mit der relativen Ferne und doch der beträchtlichen Nähe des ausländischen Gastes zu tun. In Deutschland wird es eine Weile dauern, bis Helmut Kohl sich von dem Spendenskandal und von seinen zuweilen merkwürdigen öffentlichen

Einlassungen erholt. Im Ausland aber wird vor allem dann ein früherer Schlussstrich gezogen, wenn das von Nutzen für die Besucher sein kann. Ja, als Kohl noch Kanzler war, da war es mit den deutsch-französischen Beziehungen einfacher... Auch nur den Eindruck zu erwecken, dass der französische Präsident das denkt, hilft ihm, um Druck auf den amtierenden Bundeskanzler auszuüben. Dafür kann Kohl natürlich nützlich sein.
Eben das gilt in gewisser Weise auch für andere. Immer wieder lassen sich hohe Besucher mit Lady Thatcher fotografieren, um damit zu Hause deutlich zu machen, dass sie genauso hart und klar ihren Kurs verfolgen werden. Das galt wohl auch für die österreichische Außenministerin bei ihrem Besuch vor einigen Tagen in London. Dabei hat sie allerdings übersehen, dass die Engländer zumindest bei Lady Thatcher im Augenblick vor allem an ihre Unterstützung für ein anderes Mitglied des Clubs der Geschichte-Macher, nämlich den früheren chilenischen Präsidenten Pinochet denken. Man kann auch Gegenbeispiele nennen, die am Ende dasselbe Phänomen beschreiben. Amerikaner halten Präsident Clinton für einen der bedeutenden und erfolgreichen Präsidenten der neueren Zeit. Premierminister Blair ist aber wohl der einzige Europäer, der das erkannt und genutzt hat. Andere denken eher an Monika Lewinsky und die Illustrierten-Skandale und scheuen vor der Gesellschaft mit Clinton zurück.
Es ist eben etwas Eigenes mit den Geschichtsbüchern: Ob sie gnädig sind, ist nicht nur eine Frage der Zeit, sondern auch eine des Ortes, an dem sie geschrieben werden. Nur dies bleibt überall richtig, dass sie für die Großen die bevorzugte Landschaft bilden, in der sie sich als Gleiche unter den Gleichen fühlen. Darüber darf gelacht werden, doch schützt auch Lachen vor den Geschichtsbüchern nicht.

(1.7.2000)

Groß ist schön
Fusionen sind in Mode, doch sie sind nicht unbedingt immer ein Weg zum Erfolg

Dem Normalbürger gibt die Globalisierung mancherlei Rätsel auf, so bei den großen Zusammenschlüssen von Unternehmen. So lange ist es noch gar nicht her, dass Small-is-beautiful Mode war, die Abkehr von großen Wirtschaftseinheiten und die Hinwendung zu kleineren. Was ist also gut an der neuerlichen Wendung, vor allem an den Fusionen, von denen wir täglich hören? Hier ist die Meinung eines politischen Ökonomen: »In den Begriffen der ökonomischen Theorie sind Fusionen selten wirtschaftlich effizient. Wenn Ökonomen Fusionen untersuchen, finden sie stets, dass diese den Managern enorm nützen, nicht dagegen den Aktionären und nur selten den Kunden.« Fusionen sind, fügte er hinzu, schlicht »in Mode«, und außerdem verbergen sie in aller Regel die Übernahme eines »Partners« durch den anderen.
Professor Lord Desai sagte das in einer Debatte im britischen Oberhaus über iX, also die Fusion von Deutscher Börse und Londoner Stock Exchange. Unter Kundigen in London ist die Meinung verbreitet, dass diese Fusion eine gute Sache sein kann, dass aber viele Unklarheiten noch bleiben.
Von technischen Fragen einmal abgesehen, sind vor allem drei zu erwähnen. Eine ergibt sich aus der unterschiedlichen Eigentumsstruktur der beiden Börsen. Sie führt dazu, dass die Entscheidung der Londoner Seite »demokratischer« sein wird als die Frankfurter. Zweitens sind die Aufsichtsregimes in den beiden Ländern verschieden. In London wird das deutsche System für wenig transparent gehalten, so dass britische Firmen sich ihm ungern unterwerfen. Drittens bleibt die Frage der Währung, also der Rolle des Euro bzw. des Pfund Sterling offen.
Solche Unklarheiten können durchaus noch zum Scheitern des Planes führen. Doch sind sie der eher harmlose Teil der Problematik. Wichtiger sind hier – wie überhaupt bei Fusionen – Unterschiede der Wirtschaftskultur. Daimler-Chrysler kann ein Lied davon singen. Wirtschaftliche Ungeduld in Großbritannien, langfristiges Denken in Deutschland schlägt sich auch im Börsenverhalten nieder.
Und dann steht im Hintergrund immer die Frage: Wie ungleich sind die angeblich gleichen Partner in Wahrheit? Wer übernimmt wen? Noch ist

die britische Börse um ein Mehrfaches größer als die deutsche; aber die deutsche hat die Dynamik auf ihrer Seite. Sie wächst rascher, und sie wächst vor allem im Neuen Markt, der ihr nach den jetzigen Plänen auch in Zukunft vorbehalten bleiben soll. Die Londoner City andererseits bleibt der Ort für finanzielle Expertise, der schon dadurch eine eigene Schwerkraft besitzt. Das Rennen ist also offen, aber von der Partnerschaft von Gleichen kann nicht die Rede sein. Am Ende wird einer mehr gewinnen als der andere.

Wem also wird es nützen? Lord Desai hat gewiss Recht, dass die Manager in jedem Fall reicher werden bei dieser Fusion. Für die Anteilseigner wird das Bild eher gemischt sein. Die Kunden der Börsen bestehen indes aus einer diffusen Vielfalt von Institutionen und Personen. Wird es in der iX-Börse leichter oder schwerer für Pensionsfonds zum Beispiel? Manche erhoffen sich Einsparungen, die die Gewinnchancen steigern. Wird es für neue Unternehmen attraktiver, an die Börse zu gehen? Darüber sind die Meinungen geteilt.

Überhaupt bleiben einstweilen die Erwartungen und Vorhersagen zur Börsenfusion wenig eindeutig. Die Debatte im Oberhaus hat vor allem einen Aspekt hervorgehoben, der zurückführt zum Thema der Globalisierung. Veränderungen finden heute in so raschem Tempo statt, dass alle statistischen Strukturen flüssig werden. Was unter gleichbleibenden Bedingungen plausibel scheinen mag, kann morgen schon irrelevant sein, weil die Bedingungen eben nicht gleich bleiben. Was ist überhaupt eine Börse in der Internet-Welt? Und, wenn der amerikanische Nasdaq schon an der Frankfurter Börse beteiligt ist, wo werden dann die Fusionen enden? Mehr denn je gilt: Die Eule der Minerva beginnt erst mit der einbrechenden Dämmerung ihren Flug – unser Verständnis hinkt weit hinter den Ereignissen her.

(3.6.2000)

Britannien ohne Euro
London braucht die Einheitswährung nicht, die Differenzierung
bietet im Gegenteil Gewinnchancen

Manchem Euroland-Bewohner macht die Schwäche der neuen Währung Sorgen, aber für Briten gilt eher das Gegenteil. Das ist auf den ersten Blick überraschend. Ein niedriger Euro und ein hohes Pfund machen es zwar attraktiv für Briten, auf dem Kontinent einzukaufen, aber schwierig, die eigenen Produkte dort zu verkaufen. Das ist einer der Gründe, warum in den letzten Wochen zuerst BMW und dann Ford für ihre britischen Produktionsstätten das Handtuch geworfen haben. »Das Pfund ist zu teuer«, seufzen die Vertreter der produzierenden und exportierenden Industrie. Warum tritt Britannien dann nicht dem Euro bei? Die Kriterien erfüllt es leichter als etwa Griechenland, aber in England gibt es noch nicht einmal eine aktuelle Diskussion über den Euro als Lösung der Probleme von BMW-Rover und Ford-Dagenham. Warum?

Darauf gibt es wenigstens drei klare Antworten, von denen jede für sich zureicht. Die erste ist schlagend. Ich fragte einen Freund in der City, also dem Ort der Finanzinstitutionen, ob der Kummer des produzierenden Gewerbes nicht Grund genug sei, dem Euro beizutreten. »Produzierendes Gewerbe?«, sagte er mitleidsvoll, »das haben wir doch gar nicht.« Es stimmt, das Argument der exportierten Produktion mag bei manchen Gewerkschaften noch eine Rolle spielen, weil diese beschäftigungsintensiv ist; aber für die britische Volkswirtschaft insgesamt ist vor allem das Dienstleistungsgewerbe im weitesten Sinne wichtig. Dieses leidet an Wechselkursen nicht; im Gegenteil, die Währungsdifferenzen bieten Gewinnchancen.

Der zweite Grund ist eher technischer Natur. Wenn das Pfund schon überbewertet ist, so kann es zum gegenwärtigen Kurs sicher nicht dem Euro beitreten. Die Erinnerung an die kurze Mitgliedschaft im Europäischen Währungssystem ist noch lebendig; im Bewusstsein der meisten trägt der zu hohe Einstiegskurs an der damaligen Malaise die Hauptschuld. Also müsste das Pfund abgewertet werden, und zwar nicht nur um ein paar Punkte, sondern um, sagen wir, 25 Prozent. Das ist aus mancherlei Gründen abwegig.

Drittens ist da das politische Hindernis, das aus der heutigen Perspektive unüberwindlich scheint: Um dem Euro beizutreten, müsste die britische Regierung zuerst eine Volksabstimmung gewinnen. Man mag sagen, dass

Tony Blair sich mit diesem Versprechen auf lange Sicht die Hände in der Europapolitik gebunden hat; aber Versprechen ist Versprechen.

Ein Referendum in einer so technischen Frage ist problematisch. Ich gehöre zu den Kritikern der britischen Regierung, die ihr vorwerfen, dass sie durch solche Versprechen die repräsentative Demokratie geopfert hat. Darüber gibt es verschiedene Meinungen, jedoch würde ich argumentieren, dass Volksabstimmungen desto abwegiger sind, je weiter ihr Gegenstand sich von den unmittelbaren Interessen der Menschen entfernt. Der Gang zum Volk ist dann eine Einladung zur Demagogie, zum Appell an Emotionen, die mit der Sache wenig, mit dem Erfolg bestimmter Personen und Parteien aber alles zu tun haben. Mir macht der Gedanke an die Volksabstimmung über den Euro Sorgen. Sie wird im günstigen Fall eine Abstimmung über die Popularität der Regierung, im ungünstigen eine über den Konflikt von Nation und Europa.

Daher wird diese Abstimmung denn auch so bald nicht stattfinden. Mein schon zitierter City-Freund ist bereit, eine Wette einzugehen, dass Britannien dem Euro in den nächsten fünf Jahren bestimmt nicht und in den nächsten zehn Jahren wahrscheinlich nicht beitreten wird. Mutig der, der seine Euro oder Pfunde dagegen hält!

Für Euroland hat das Folgen. Es wird nicht nur den Dollar und den Yen, sondern auch europäische Währungen geben, an denen er gemessen werden kann. Dazu zählt der Schweizer Franken und die norwegische (wie auch die schwedische und die dänische) Krone, vor allem aber das Pfund Sterling. Und Britannien geht daran nicht zugrunde, weil das, was zugrunde gehen kann, vor allem die Industrie, schon nicht mehr ist.

(29.4.2000)

Die Sparkassen zum Beispiel
Wie sich die neue Ökonomie von Schröder und Blair mit
der alten Gesellschaft verträgt, ist eine offene Frage

Als Bundeskanzler Schröder und Premierminister Blair vor ein paar Tagen direkt vom EU-Sondergipfel in Lissabon zur deutsch-britischen Konferenz nach Oxford kamen, sprachen beide dieselbe Sprache: Sie wollen wirtschaftliche Modernisierung zum Zweck des Wachstums, aber auch soziale Kohäsion, ja (wie Blair, aber nicht Schröder, betonte) Gerechtigkeit. Das ist ein löbliches Ziel. Manche von uns haben seit Jahren dem Versuch einer annäherungsweisen Quadratur des Kreises das Wort geredet: neuen Wohlstand zu schaffen, dabei den sozialen Zusammenhang zu stärken, und das alles in freien Gesellschaften. In Oxford wie auch in der Alltagspraxis der Politik der »neuen Mitte« fällt allerdings auf, dass von den beiden Zielen, dem wirtschaftlichen und dem sozialen, eines durchaus konkret verstanden wird, das andere dagegen nebulös bleibt.
Die neue Ökonomie verlangt Deregulierung, Privatisierung, Flexibilität vor allem auch im Arbeitsmarkt. Das sind mittlerweile vertraute Töne. Die kohäsive Gesellschaft aber verlangt was? Umverteilung? Doch wohl nicht. Mehr Geld für die öffentlichen Dienste? Vielleicht, aber mit Maßen. Die Gefahr ist unverkennbar, dass die eine Hälfte des Doppelzieles zu klaren politischen Projekten führt, die andere aber mit schönen Reden beginnt und endet.
Dabei gibt es für solche doppelte Zielsetzung durchaus Beispiele, die deutschen Sparkassen etwa. Sie sind in Europa ins Gerede gekommen. Das hat vielleicht mehr mit den Landesbanken als mit den Sparkassen selbst zu tun. Auch erschweren einzelne sehr große Sparkassen, die mit den Geschäftsbanken direkt konkurrieren, die Diskussion. Immerhin, deutsche Sparkassen sind ein gutes Beispiel dafür, dass wirtschaftlicher Erfolg sich mit der Stärkung des sozialen Zusammenhalts verbinden lässt. Gewiss, das bedeutet, dass der wirtschaftliche Erfolg sich nicht in ausgeschütteten Gewinnen niederschlägt. Es bedeutet auch, dass ein vergleichsweise aufwändiger Kontakt mit Kunden gepflegt wird, den die großen Geschäftsbanken weitgehend aufgegeben haben. Es handelt sich also um Unternehmen von besonderer Art, was durch die Haftung der Gewährträger, also der Gemeinden, noch unterstrichen wird. »Brüssel« scheint derlei nicht sonderlich zu lieben. Der Verdacht unbefugter Subventionen von staatlichen

Stellen führt stets zu Fragen des Wettbewerbskommissars. Solche Fragen sind dann legitim, wenn Sparkassen ihre besondere Stellung zur direkten Konkurrenz mit anderen missbrauchen, die ihre Vorteile nicht haben.

Deutsche Sparkassen sind nur ein Beispiel dafür, wie die erwünschte Verbindung ökonomischer und sozialer Ziele konkret werden kann. Sie ist überdies nur ein Ausdruck der umfassenden Thematik, bei der es um Shareholders und Stakeholders geht, also um die Anteilseigner von Unternehmen und die von ihnen Betroffenen im weiteren Sinn. Das Thema ist durch die BMW-Rover-Scheidung wieder akut geworden, und zwar gerade im Stammland des Shareholder Value, also Großbritannien. BMW hätte mit den Beschäftigten, auch mit den örtlichen, ja den nationalen Behörden reden sollen, bevor es seine Entscheidung traf, hört man jetzt. Und zwar hört man es vom britischen Industrieminister Byers. Es mag altmodisch klingen, bleibt aber doch wichtig, daran zu erinnern, dass große Unternehmen auch eine soziale Verantwortung haben.

Wie sich die wirklich neue Ökonomie mit der alten Gesellschaft verträgt, bleibt also eine offene Frage. Schröder und Blair sprachen in Oxford von wachsenden Volkswirtschaften und solidarischen Gesellschaften. Von freien Gesellschaften – dem dritten Element in der Quadratur des Kreises – sprachen sie nicht. Im Gegenteil, beide schienen die Bedrohungen der Freiheit nicht zu erkennen, die sowohl die bedenkenlose Unterstützung der neuen Ökonomie ohne Respekt für Grenzen auch der privaten Sphäre als auch die gedankenlose Verteidigung der alten Arbeitsgesellschaft mit sich bringen. Die »neue Mitte« an die Verantwortung für die Freiheit zu erinnern, ist mehr als ein Steckenpferd eines unverbesserlichen Liberalen.

(1.4.2000)

Kritische Begleiter
Tony Blair ist unter Druck geraten, erhält aber Unterstützung von britischen Intellektuellen

Intellektuelle sind die kritischen Begleiter der Herrschenden, so will es die Theorie. Die Praxis ist, wie üblich, komplizierter. In manchen Ländern sind Intellektuelle entweder Begleiter oder Kritiker, aber selten beides. Sie sind also Zuarbeiter der Macht oder sie distanzieren sich von ihr. Für Deutschland ist das ein durchaus vertrautes Dilemma, wobei allenfalls noch auffällt, dass auch diejenigen, die sich distanzieren, meist wohlbestellte Staatsbeamte sind. Da lohnt der Blick auf die englische Szene.

Drei Beispiele aus dieser Woche: Am vergangenen Sonntag veröffentlichte der *Observer* einen langen Artikel des Fernseh-Theaterkritikers und beliebten Kultur-Journalisten Melvin Bragg. Es sei ein schlechtes Zeichen, schrieb Bragg, dass Tony Blair Verteidiger brauche, aber angesichts der Kritik von allen Seiten wolle er nicht schweigen. Dann sprach er von den großen – vielleicht zu großen – Erwartungen, die den Beginn der Regierung begleitet hätten, von den offenbaren Enttäuschungen, aber auch von den Qualitäten der Regierung und ihres Chefs. Mit der ihm eigenen Ironie sang er das Lob eines Premiers, der auch in schwierigen Zeiten wissen soll, dass er in der Welt des Geistes Freunde hat.

Am Montag nach diesem Sonntag stellte Blairs Lieblings-Intellektueller Anthony Giddens an der London School of Economics, deren Direktor er ist, sein neues Buch *Der dritte Weg und seine Kritiker* vor. Drei solche Kritiker saßen neben ihm auf dem Podium, unter ihnen Polly Toynbee, die vielgelesene Kolumnistin des *Guardian*. Am *dritten Weg* ließ sie kaum ein gutes Haar, bis Tony Giddens unwirsch entgegnete: »Ihr prügelt mich, aber ihr meint Blair.« Polly Toynbee nahm den Vorwurf in ihrem Schlusswort auf und hob zu einer geradezu panegyrischen Lobpreisung Blairs und seiner Regierung an. Natürlich hätte man gerne noch mehr gesehen, aber die Verfassungspolitik der »devolution«, der Dezentralisierung für Schottland, Wales und London, dazu die tatsächliche Umverteilungspolitik vom Mindestlohn über das Kindergeld zur Förderung von Krankenhäusern und Schulen, sodann die offenere Europapolitik und überhaupt der Stil der intelligenten Diskussion – das alles sei mit »drittem Weg« ganz unzulänglich beschrieben, aber doch eine große Leistung Blairs.

Zwei Tage später, am Mittwoch, gab es im New Labour Think Tank, dem Institute for Public Policy Research, eines jener Sandwich-und-Mineralwasser-Mittagsseminare (»um Punkt 14.15 beenden wir die Diskussion«), bei denen so vieles in London diskutiert wird. Es ging um Freiheit, um nichts Geringeres. Wieder fehlte es nicht an Kritik der etwa 40 anwesenden meist jungen, also 30-jährigen politischen Intellektuellen. Wieder aber wurde die Kritik aufgefangen durch den Hinweis auf das, was erreicht worden sei in diesen drei Jahren, die Inkorporation der Europäischen Menschenrechtskonvention in britisches Recht zum Beispiel, selbst noch die Behandlung von Asylbewerbern.

Die meisten, die sich so äußern, sind wirklich freischwebende Intellektuelle, beschäftigt an Instituten, Zeitungen, in Organisationen. Das wird hier nicht zum Lobe Englands erzählt. Es zeigt zunächst einmal, dass Blairs Fall von der uneingeschränkten Gunst der Wähler, seien sie Intellektuelle oder nicht, jedenfalls nicht ins Bodenlose führt. Er hat vielleicht gerade bei den jungen Nachdenklichen ein beträchtliches Maß an nachhaltiger Unterstützung. Die Geschichten belegen darüber hinaus einen intellektuellen Stil, der sich auf dem europäischen Kontinent seltener findet.

Dafür muss es Gründe geben. Einer davon liegt nahe. Es gibt in Großbritannien keine eigentlichen Legitimitätszweifel an der politischen Ordnung. Auch Intellektuelle zeigen sich weder himmelhoch jauchzend noch zu Tode betrübt. Blairs Wahlsieg nach 18 Jahren konservativer Regierung war da schon hart an der Grenze. Vieles hatte sich aufgestaut, vieles wurde daher von der neuen Regierung erwartet. Unweigerlich hat sie zu wenige Erwartungen erfüllt, doch hat sie genug getan, um ihre intellektuellen Begleiter zwar zu lebhafter Kritik anzuregen, aber doch als Begleiter zu behalten.

(4.3.2000)

Der gestörte Kontakt
Die Politik hat am Stammtisch einen so schlechten Ruf, dass ihre Untaten die meisten dort nicht überrascht

Manchmal schafft der Blick aus der Ferne eine eigene, für Näherstehende überraschende Perspektive. Vielleicht gilt das auch, wenn man die deutschen Skandale um Geld und Vergünstigungen für Politiker von jenseits des Kanals betrachtet. Hier werde ich fast täglich gefragt: »Wohin wird das in Deutschland führen?« Die Zeitungen berichten an hervorgehobener Stelle über Helmut Kohls verwirrendes Ehrenwort. Sie verbinden die Berichte übrigens gerne mit immer neuen Verdächtigungen rings um Mitterrands lange Präsidentschaft in Frankreich, und neulich, als Bettino Craxi starb, auch mit italienischen Dingen. Ist Europa gekauft worden? Das ist nun eine sehr britische Frage, die besagen soll, die EU und ihre führenden Mitglieder seien so korrupt, dass man sich da am besten fernhält.
Derlei ungenaue Empfindungen lassen sich noch einigermaßen klären, jedenfalls wenn die Fragesteller zuhören. Die andere Frage, wie sich denn die politische Öffentlichkeit Deutschlands von den immer neuen Enthüllungen erholen soll, macht die Antwort schwieriger. In meiner Not rief ich Freunde an und fragte sie: »Was sagt man denn am Stammtisch?« Die Reaktion verblüffte mich. Am Stammtisch fände man das zwar alles ganz schrecklich, aber dann doch wieder nicht so überraschend. Zugetraut habe man das den politisch Führenden immer schon. Würden die Leute sich nun von ihren angestammten Parteien abwenden? Nein, eigentlich nicht, schon gar nicht im unmittelbaren Bereich, der Gemeinde, der Region, vielleicht sogar dem Land.
Die Reaktion ist also eine Art Achselzucken. Von allgemeiner heller Empörung gibt es kaum eine Spur. Kann man sich also beruhigen? Ist alles nicht so schlimm? Möglicherweise ist das genaue Gegenteil richtig. Die Politik, die hohe Politik, hat am Stammtisch – und auch sonst bei vielen – einen so schlechten Ruf, dass ihre Untaten die meisten nicht überraschen. Empört, zuweilen verstört, sind die Aktivisten. Sie, die von der Zustimmung der Bürger leben, sehen Grund zur Sorge. Sie wollen alles restlos aufklären und mit einem guten Gefühl – vorzugsweise auch mit einer weißen Weste – vor die Wähler treten. Aber die Wähler haben schon vieles diskontiert. Sie ziehen zwar ehrliche Männer und Frauen als Repräsentanten vor, gehen aber davon aus, dass das nur auf wenige zutrifft.

Wenn ich dies in England erzähle, dann nicken die britischen Aktivisten. Ja, das ist hier nicht anders. Unlängst erst hat der Fall des Abgeordneten, der für Bares Fragen im Unterhaus stellte, manche Gemüter bewegt. Und am Stammtisch werden wie in Deutschland die Achseln gezuckt. Für die Demokratie ist eine solche Stimmung sicherlich nicht gut. Sie erklärt zumindest zum Teil jenes auffällige neue Phänomen, die Apathie der Wähler. Vielerorts geht die Wahlbeteiligung zurück. Was unter solchen Umständen nottut, ist in der Theorie nicht schwer zu erkennen: Der gestörte Kontakt zwischen Aktivisten und anderen Bürgern muss neu hergestellt werden. Das indes ist leichter gesagt als getan. Es verlangt wahrscheinlich ein gründliches Durchschütteln der Mittelorganisationen, die tatsächlich zu Schallschluckern zwischen denen da unten und denen da oben geworden sind. Die Parteien selbst sind bürokratische Monstren geworden; sie erneut mit dem Enthusiasmus der Amateure zu füllen, ist eine dringende Aufgabe. Die Tatsache, dass dieser Amateurgeist in Gemeinden noch sporadisch lebt, dass jedenfalls Wahlen relativ viele aktivieren, die keine ständigen Positionen suchen, mag ein Grund sein, dass die Politikmüdigkeit hier noch nicht so ausgeprägt ist.

Ob Volksabstimmungen helfen, ist eine komplizierte Frage. Auch die organisierte Rotation ist nur scheinbar ein probates Mittel; man kann in zwei Wahlperioden viel Unheil stiften. Wohl aber hilft hier wie auch sonst Transparenz. Politik muss für diejenigen, die sie praktizieren, unbequem sein. Sie müssen immer wieder unangenehmen Fragen ausgesetzt werden. Nichts darf unter den Teppich gekehrt werden. Daher könnte die gegenwärtige Diskussion in Deutschland eine nachhaltig reinigende Wirkung haben.

(5.2.2000)

Mehr Demokratie wagen
Die neuen Affären um Parteispenden zeigen:
Information kann wehtun, vor allem den Mächtigen

Im Grunde ist es paradox: Während mehr und mehr Menschen Zugang zu Informationen haben und sich an der Debatte der öffentlichen Dinge beteiligen können, geraten die Institutionen der Demokratie, Parteien und Parlamente, immer mehr in Misskredit. Darüber kann man besorgt sein und jammern, wie es manche getan haben, die die klassische Demokratie zu Grabe tragen zu müssen glaubten. Man kann aber auch Hoffnung schöpfen, darauf nämlich, dass die neuen Möglichkeiten zu neuen Formen der Demokratie führen. Hier soll, am Beginn des Jahres, ja des Jahrhunderts, der Hoffnung das Wort geredet werden. Demokratie heißt vor allem, dass die Regierenden nicht schalten und walten können, wie sie wollen. Sie müssen sich den Regierten stellen. Sie müssen Rechenschaft ablegen. Wenn das Urteil über sie negativ ausfällt, dann müssen sie gehen. Andere Frauen und Männer machen dann einen frischen Versuch. Demokratie ist Regieren durch Versuch und Irrtum. Ein Jahrhundert lang waren Parlamente und Wahlen entscheidende Instrumente zu diesem Zweck. Damit sie funktionieren konnten, mussten Interessen gebündelt werden, was typischerweise in Parteien geschah. Am Anfang des neuen Jahrhunderts hat dieses System manches von seiner Kraft verloren. Das hat mehrere Gründe. Die parlamentarische Demokratie funktionierte am besten im Nationalstaat. Dieser ist aber für viele Entscheidungen nicht mehr der geeignete Raum. Zudem beruhte die Bündelung von Interessen auf weithin gemeinsamen Grundüberzeugungen, die mit rechts und links, konservativ und progressiv bezeichnet wurden und auf soziale Gruppierungen zurückgingen. Diese Art der Analyse aber stimmt nicht mehr. Interessen sind diffuser geworden; alte Klassen haben sich aufgelöst; die Diskussion um einen »dritten Weg« oder eine »neue Mitte« zeigt, dass die alten Kategorien nicht mehr stimmen.
Was nun? Die erste und wichtigste Antwort beginnt mit der Tatsache, dass heute unvergleichlich viel mehr Information verfügbar ist und dass diese vielen zugänglich ist. Information ist eine Macht. Vaclav Havels *Leben in Wahrheit* hat viel dazu beigetragen, die Nomenklatura-Diktaturen des Kommunismus zu zerstören. Gorbatschow nannte es Glasnost, Transparenz. In freien Ländern riskiert niemand Kopf und Kragen, der die Wahrheit

der Tatsachen verficht. Auch hier aber kann Information wehtun, vor allem den Mächtigen. Die Diskussion über Parteispenden in vielen europäischen Ländern zeigt es. Das bedeutet, dass diejenigen, die Information verbreiten, einen Beitrag zur Demokratie leisten. Das sind zunächst einmal die Medien. Gewiss, wer informieren kann, kann auch desinformieren; aber im Kern sind die Medien ein Element der neuen Demokratie. Noch wissen wir nicht, welche Möglichkeiten das Internet eröffnet, doch macht es jedenfalls Information verfügbar. Zu viel Information vielleicht; indes findet sich immer jemand, der sie nutzt, um Herrschende zur Rechenschaft zu ziehen. Auch das Internet ist ein Element der Demokratie.
Wie aber wird Information umgesetzt? Wie führt sie zu neuen Formen des Regierens durch Versuch und Irrtum? Eine wichtige Antwort liefern Kontrollinstanzen. Rechnungshöfe haben eine neue Funktion in der post-nationalen Demokratie. Die Fragen der europäischen Institutionen und ihrer Schwächen wären ohne den Rechnungshof nicht öffentlich geworden. In einem weiteren Sinn gibt es politische Rechnungshöfe, also Kontrollinstanzen, in denen Sachkundige die Entscheidungen von Herrschenden überprüfen. Hier ist eine Ebene der Rechnungslegung entstanden, die einstweilen noch verwirrend vielfältig, aber darum nicht minder wirksam ist.
Rechnungshöfe sind organisierte Kontrollinstanzen. Dass es inzwischen auch weniger organisierte Kräfte, ja geradezu eine weltweite außerparlamentarische Opposition gibt, haben wir am Beispiel des gescheiterten Treffens der Welthandelsorganisation in Seattle gesehen. Nicht-Regierungsorganisationen beginnen eine Art Weltbürgerschaft zu schaffen, die verbreiteten Empfindungen durchaus sichtbar Ausdruck verleiht. Das ist lästig; es überschreitet zuweilen in der Form die Grenzen des Vertretbaren; es ist dennoch ein Hinweis auf zukünftige Möglichkeiten, die Mächtigen daran zu erinnern, dass sie den Bürgern verantwortlich sind.
Was international allmählich sichtbar wird, ist im engeren nationalen Rahmen längst bekannt. Bürgerinitiativen sind zum Bestandteil des öffentlichen Lebens geworden. Immer häufiger wird in Demokratien vom Instrument des Referendums, der Volksabstimmung oder zumindest Volksbefragung Gebrauch gemacht. Auch Dezentralisierung von Entscheidungen schafft eigene Formen des Regierens durch Versuch und Irrtum.
Mancher mag mit Nostalgie auf die gute Zeit der repräsentativen Demokratie zurückblicken. Sie war im günstigen Fall eine gute Zeit. Aber wir werden sie nicht zurückholen. Zu tief gehen die sozialen und technischen Veränderungen, als dass die alten Formen sich auf veränderte Räume und Entscheidungen anwenden ließen. Zugleich gilt, dass andere Formen bis-

her nur in ersten Ansätzen erkennbar geworden sind. Alle hier erwähnten Hoffnungen auf das Neue haben auch ihre Schattenseiten. Doch ist das kein Grund zur Klage. Es ist vielmehr ein Grund dafür, nach Formen der politischen Organisation zu suchen, die den Veränderungen Rechnung tragen. Auch das wird ein Prozess von Versuch und Irrtum sein, aber wo Neues versucht wird, gibt es immer auch Hoffnung.

(1.1.2000)

Öffentliche Tugend
Man kann die Grenzen der Verwendung öffentlicher Mittel für
Privatzwecke gar nicht klar und eng genug ziehen

Vor ein paar Jahren bemerkte ich einmal, in Deutschland gebe es eine Art institutionalisierter Korruption, die so selbstverständlich sei, dass niemand sich über sie errege. Dabei hatte ich ein paar ganz simple Dinge im Sinn. Dienstwagen zum Beispiel, in denen Ministerfrauen zum Einkaufen fahren. Hubschrauber der Polizei oder Bundeswehr, in denen die Kinder von Politikern mitfliegen.
Simpler noch, Minister und andere Politiker, die in Dienstautos und -flugzeugen zu Parteitagen, überhaupt zu Parteiveranstaltungen kommen. Sie wissen – und sie wollen –, dass das dem Publikum Eindruck macht.
Dabei ist es der Beginn einer Vermischung des Privaten und des Öffentlichen, die dann alsbald auf andere Bereiche übergreift. Doch man kann die Grenzen der Verwendung öffentlicher Mittel gar nicht klar und eng genug ziehen. Es geht um ein Stück Preußentum im besten Sinne des Wortes, also um moralische Maßstäbe und Selbstdisziplin. Das sind heutzutage keine sehr verbreiteten Tugenden. Dabei tut es not, an sie zu erinnern, wenn Gemeinwesen nicht im Morast der persönlichen Bereicherung aus öffentlichen Kassen versinken sollen.
Unpreußisches Verhalten in diesem Sinne gibt es nicht nur bei Individuen; auch Institutionen leiden daran, und unter diesen sind offenbar Parteien besonders anfällig. Sie brauchen Geld, viel Geld. In vielen europäischen Ländern kommt ein Teil davon aus den Taschen der Steuerzahler, also aus öffentlichen Mitteln. Das mag manchem anrüchig scheinen – in England gilt es als grober Missbrauch der Steuern –, ist aber am Ende wenigstens kontrollierbar.
Doch reichen die öffentlichen Mittel nicht, Parteien sind auf Gaben angewiesen. Darunter mögen milde sein, Mitgliedsbeiträge etwa, andere Gaben aber haben Haken und Ösen. Sie verbinden sich mit handfesten Interessen der Geber, die von den Begünstigten die Schaffung eines freundlichen Klimas, wenn nicht konkrete Leistungen erwarten. Wie im Fall von einzelnen Politikern entsteht alsbald eine Vermischung von Sonderinteressen und Gemeinwohl, die sich kaum noch entwirren lässt.
Es sollte zu denken geben, dass nahezu alle europäischen Länder in diesen Jahren Skandale im Zusammenhang mit Parteispenden erlebt haben. Die

Zahl der Rücktritte aus diesem Grunde ist kaum noch überschaubar; die Zurückgetretenen würden Regierungen bilden können, in denen mehr politisches Talent versammelt ist als in denen, die wir tatsächlich haben.

Dass es Rücktritte gibt, ist ein gutes Zeichen. Die Öffentlichkeit demokratischer Staaten ist sensibel geworden gegenüber Fehltritten ihrer politischen Führer. Zu sensibel vielleicht? Es stimmt schon, dass mancher ein öffentliches Amt zurückweist, weil er sich nicht dem Flutlicht der Medien aussetzen möchte. Gewiss wäre es bedauerlich, wenn am Ende nur noch graue Gestalten ohne Konturen übrig blieben. Doch größer ist die Gefahr, dass die Politik eine gewisse Zahl von Amtsträgern und Parteien anzieht, die wenig Skrupel kennen bei dem Versuch, das öffentliche Interesse in das von Interessenten zu verfälschen.

Wer hilft gegen solchen Missbrauch? Dem moralischen Sinn der Einzelnen entspricht für das Gemeinwesen die Justiz. Doch wäre es besser, wenn die Einhaltung klarer Regeln nicht nur der Justiz überlassen bliebe. Der deutlichen Grenzziehung zwischen privaten Interessen und dem Gemeinwohl entspricht im Bereich der Institutionen eine ebenso deutliche Begrenzung der Rolle von Interessenten. Ich hätte nichts gegen eine radikale Limitierung der Wahlkampfaufwendungen. Auch scheint mir die volle Transparenz der Organisation von Parteien eine notwendige Bedingung ihres öffentlichen Wirkens.

Das mag altmodisch klingen. In einer Zeit des tiefen Misstrauens vieler Bürger gegenüber öffentlichen Instanzen und denen, die sie leiten, könnten indes altmodische Werte hilfreich sein. Bis sie sich durchsetzen, werden wir allerdings noch manchen Skandal erleben, und keine Partei wird sich von den Schatten befreien können, die solche Verwechslungen von Interessen und Gemeinwohl werfen.

(4.12.1999)

Prekäre Strategien
Eine reine Funktionspartei kann auf Dauer nicht überleben,
sie muss inhaltliche Akzente setzen

Koalitionen haben es schwer. Vor allem kleine Koalitionspartner einer großen Partei haben immer Kummer mit ihrer Rolle. Sie müssen sichtbar bleiben in ihrer eigenen Identität und zugleich verlässliche Partner der Regierungspartei sein. Blickt man auf die letzten Jahrzehnte zurück, dann gibt es da mehrere gleichermaßen prekäre Strategien.
Eine Strategie ist die der reinen Funktionspartei. Sie stützt sich auf eine nur ungenau definierbare Wählerschaft, die selbst zum Wechsel neigt. In der Regierung vertritt sie das Zünglein an der Waage, das in diese, aber auch in die andere Richtung ausschlagen kann. In gewisser Weise war das die Rolle der FDP 1982 mit dem fliegenden Koalitionswechsel von Schmidt zu Kohl. Helmut Schmidt war offenbar am Ende, vor allem was die Unterstützung aus der eigenen Partei anging. Mit Margaret Thatcher in London und Ronald Reagan in Washington war eine neue Richtung der Politik vorgezeichnet. Graf Lambsdorff schrieb sein berühmt gewordenes »neoliberales« Papier zur Wirtschaftspolitik. Es lag Veränderung in der Luft.
Die FDP – man erinnert sich – hat diese Veränderung mit knapper Not überlebt. Wichtige Abgeordnete – Frau Matthäus-Maier, Herr Verheugen und andere – verließen die Partei und gingen zur SPD. Aber die Führungsspitze wackelte nicht. Das ist wichtig. Eine Funktionspartei braucht sichtbare, weithin anerkannte Führungsfiguren. Genscher und Lambsdorff waren das, und hinter ihnen stand eine zweite Reihe von respektablen und bekannten Namen.
Dennoch ist die reine Funktionspartei kein Dauerzustand. In der Opposition wird der Zustand sogar – wie man sieht – schwer durchhaltbar, insbesondere wenn sich auch noch die großen Namen zurückziehen. Da ist dann mindestens ein zusätzliches Element wichtig. Die Funktionspartei muss spezifische Akzente setzen. Sie muss für bestimmte Richtungsfragen eine Art Gewissen werden. Das kann das grüne Gewissen sein, aber auch das wirtschaftsliberale oder das rechtsstaatliche Gewissen. Eine solche Gewissenspartei erinnert regelmäßig an ihr spezifisches Interesse, lässt im Übrigen aber den Partner gewähren. Auch ein Kanzler war froh, seine Partei mit dem Hinweis auf die FDP im Zaum halten zu können.

Schwierig ist es jedoch, wenn der kleinere Koalitionspartner spezifische politische Forderungen für unverzichtbar erklärt. Dann führt das in ein Dilemma – wie jetzt bei den Grünen.

Was beim Atomausstieg noch in ungenaue Zeitpläne getaucht werden konnte, wird beim Leopard-Panzer für die Türkei allzu sichtbar. Da helfen, jedenfalls bisher, alle Versuche nichts, den ersten Schritt als grundsätzlich folgenlos zu beschreiben. Irgendwann kommt die Entscheidung: die Koalition brechen oder umfallen und zur Funktionspartei mit Gewissen werden. Da ist guter Rat teuer.

Manchmal kann der große Partner helfen. Die CDU hat das 1961 gegenüber der FDP getan, die zwar die Koalition fortsetzen wollte, aber ohne Adenauer. Die Lösung lag in einem Zeitplan (und nützte dem großen Partner mehr als dem kleinen). Ob Kanzler Schröder etwas Ähnliches aus dem Ärmel schütteln kann, um den Grünen über die Panzerentscheidung wegzuhelfen, ist noch nicht klar. Es ist noch nicht einmal klar, ob der Kanzler das will.

So bleibt das Dilemma des kleinen Partners. Kleine Koalitionspartner dürfen eben nicht festgelegt sein auf bestimmte Entscheidungen. Sie haben eine Funktion, und sie dürfen ein Gewissen haben, aber wenn es ums Detail geht, müssen sie flexibel bleiben. In Großbritannien ziehen viele aus solchen Erfahrungen den Schluss, dass Koalitionen eben doch keine so gute Sache sind. Was sich innerhalb einer Partei allenfalls auskämpfen und mit Mehrheit entscheiden lässt, wird in einer Koalition zur Regierungskrise. Die Chefs der nunmehr fünf Bundesländer, in denen mit absoluter Mehrheit regiert wird, haben es also leichter als die übrigen und als die Bundesregierung. Der Ausgang des deutschen Koalitionsstreits könnte auch darüber entscheiden, ob die Koalitionspolitik der Nachkriegszeit erhalten bleibt oder nicht.

(6.11.1999)

Europa und die deutsche Frage
Deutschland hat sich für jedermann sichtbar verändert,
das hat die Vereinigung ermöglicht

Die deutsche Vereinigung ist im Sommer 1990 im Kaukasus besiegelt worden, und wenn sie einen Notar hatte, dann hieß dieser Bush und saß im Weißen Haus in Washington. Europa war in den entscheidenden Momenten nicht beteiligt, ja manche seiner Protagonisten versuchten sogar, den Prozess noch aufzuhalten. Doch war es da schon zu spät. Präsident Mitterrand erkannte das rasch, und mit der ihm eigenen Flexibilität stellte er sich auf die neue Lage ein. Nicht durch Gegnerschaft, sondern durch Freundschaft hielt er Bundeskanzler Kohl im Griff. Premierministerin Thatcher andererseits hatte ihren Parteifreund (zumindest im europäischen Kontext) Kohl nie gemocht und die Deutschen auch nicht. Als die Vereinigung stattfand, war indes ihr eigenes politisches Ende nicht mehr fern. Sie konnte die verquere Beziehung ihrem Nachfolger Major überlassen. Erst langsam wird das Ausmaß des europäischen Problems der deutschen Vereinigung erkennbar.
Frau Thatcher vertrat – und vertritt noch heute – einen kleinbürgerlichen Nationalismus englischer Prägung. Ich habe sie sagen hören, die Franzosen seien zu feige, um sich zu verteidigen, und die Deutschen zu aggressiv, als dass man ihnen je trauen könne. Als sie solche Thesen einer ausgewählten Schar von Historikern und anderen Deutschlandexperten vorlegte, wurde sie enttäuscht. Die berühmt gewordene Runde auf dem Landsitz Chequers der britischen Premierminister suchte ihr geduldig zu erklären, dass erstens die Deutschen so böse nicht seien, wie sie immer angenommen hatte, und dass sich zweitens vieles in Deutschland nach dem Kriege geändert habe. Bei Frau Thatcher war das verlorene Liebesmühe. Doch darf man von ihr nicht auf britische Stimmungen allgemein schließen. Gewiss gibt es antideutsche Ressentiments – übrigens auch antifranzösische –, aber es gibt auch das Gegenteil. Vor allem aber hat die britische politische Klasse stets gemeint, die Wiedervereinigung Deutschlands sei unvermeidlich, denn die Teilung sei ganz unnatürlich gewesen. Das war in Frankreich anders. Das berüchtigte Wort »Ich liebe Deutschland so sehr, dass ich gerne zwei davon sehe« beschrieb die etwas zynische Haltung der politisch-intellektuellen Klasse ganz gut. Es hätte wohl auch in Holland geprägt werden können. Dahinter steckte weder simples Ressentiment noch Pragmatismus; es war

sozusagen Realpolitik mit dem Ziel, Deutschland an künftigen Aggressionen zu hindern.

Der Tag der Deutschen Einheit gibt Anlass, an solche Ereignisse und Empfindungen zu erinnern. Doch das beherrschte nicht lange das Bild. Die europäischen Nachbarn fürchten das vereinigte Deutschland nicht.

Der Sonderweg einer Orientierung nach Osten ist Deutschland schon darum versperrt, weil im Osten heute der Westen ist, weil also Polen und Tschechien und in gewisser Weise sogar die Ukraine und Russland sich ganz an westliche Orientierungsmuster halten. In der Europäischen Union hat die größer gewordene Bundesrepublik zwar ein paar Sitze mehr als die anderen im Europäischen Parlament, ansonsten aber ist sie bei ihrem mannschaftlichen Spiel geblieben. Sogar der Ruf nach dem ständigen Sitz im Sicherheitsrat ertönt aus dem Munde des deutschen Außenministers eher gedämpft. Und niemand ist ernsthaft beunruhigt darüber, deutsche Soldaten im Kosovo zu sehen.

Das heißt nicht, dass die Geschichte vergessen wäre; es gibt genügend Erinnerungen an deutsche Vergangenheiten. Es heißt auch nicht, dass alle latenten Ängste bei den Nachbarn ausgeräumt wären. Aber es heißt doch, dass Deutschland sich für jedermann sichtbar verändert hat. Die Veränderung trägt auch das vereinigte Deutschland noch. Die Bürger der neuen Bundesländer mögen es nicht gerne hören, aber für die Nachbarn war selbst noch die Form der Vereinigung – der »Anschluss« an die alte Bundesrepublik nach dem nun gestrichenen Art. 23 des Grundgesetzes – eine Hilfe. Sie haben das Vertrauen in die Bonner Republik auf die Berliner Republik übertragen, und sie sind dabei nicht enttäuscht worden.

(2.10.1999)

Zukunft ohne Partei
Die Blairs und die Schröders hätten sich deutlicher als Vertreter der Zukunft darstellen sollen

Waghalsig war der Versuch von Anfang an, sozusagen Verliererparteien als Vertreter der Gewinner auszugeben. Die Rede ist von Sozialdemokraten und der Globalisierung. Irgendwann in den 1970er Jahren haben ehrwürdige sozialdemokratische Parteien (und übrigens manche christlich-soziale mit ihnen) aufgehört, neue Horizonte zu suchen und stattdessen Bastionen gebaut. In einem Gespräch zwischen Biedenkopf und Blüm – dem »Liberalen« und dem »Sozialdemokraten« – aus dem Jahre 1978 kommt das sehr klar heraus. Biedenkopf fragt, ob es nicht bei der Arbeitslosenfinanzierung ein Maß an Selbstbeteiligung geben sollte. Blüm: »Eine Selbstbeteiligung derjenigen, die das Pech haben, in Arbeitslosigkeit zu geraten, halte ich für unannehmbar.«
Beide Gesprächspartner sind bekanntlich CDU-Politiker, aber sie vertreten Positionen, die man auch bei New Labour und Old Labour, der Traditions-SPD und der Schröder-SPD wiederfinden kann. Die Traditions-SPD verteidigt Besitzstände, die neue SPD – ja, was will sie! Bei Blair ist das etwas klarer. Er, der von jeder Tradition unbeleckt ist, will die Leute überzeugen, dass die neue Welt der Globalisierung und der Informationsgesellschaft vor allem Chancen bietet. Risiko ist nicht Bedrohung der Sicherheit, sondern Gelegenheit zur Verbesserung der Lebensverhältnisse. Flexibilität ist nicht Gefährdung des Arbeitsplatzes, sondern im Gegenteil, die neue Form des Arbeitens. So versuchen politische Führer auf den Wellen neuer technischer und wirtschaftlicher Entwicklungen zu reiten. Wähler, die das mitmachen können und wollen, sind begeistert. Vielleicht kann man sie die »neue Mitte« nennen. Aber andere werden von denselben Wellen überspült. Sie suchen Wellenbrecher, nicht Wellenreiter. Und viele von ihnen halten sich an die sozialdemokratischen Traditionsparteien, auch wenn diese CDU oder (in England) Liberaldemokraten heißen. Das Ergebnis ist verwirrend: Politische Führer gewinnen Wahlen und verlieren dabei ihre Parteien.
Der Politikbereich, in dem das Dilemma deutlich wird, ist die Reform des Wohlfahrtsstaates. Traditions-Sozialdemokraten und Old Labour akzeptieren allenfalls Flickwerk; im Kern halten sie Anrechte des Sozialstaats für Errungenschaften, die es zu verteidigen gilt. Selbstbeteiligung ist »Strafe«,

Reform-Sozialdemokraten und New Labour blicken in die Zukunft. Sie wissen, dass das jetzige System nicht zu halten ist, und sehen in den veränderten Bedingungen der Wissenschaftsgesellschaften die Chance zu neuen Wegen. Die meisten Menschen wissen, dass die an die Lohnentwicklung gekoppelte dynamische Rente auf mittlere Sicht nicht zu halten ist. Doch die einen verschließen die Augen vor der Notwendigkeit, solange es geht, und die anderen schaffen es nicht, Bürgern die Veränderung plausibel zu machen.

Das ist überraschend. An sich sind Public Relations eine der Stärken der globalen Klasse. Die Blairs und vor allem Schröders hätten sich viel deutlicher als die Sprecher der Zukunft darstellen sollen. So wie die Grünen die Bürger an zukünftige Generationen mahnen und in deren Namen eine neue Haltung zur Umwelt fordern, so könnten Reformsozialdemokraten für die Gesellschaft der Zukunft, den Sozialstaat zukünftiger Generationen sprechen. Sie tun es nur zögernd und mit offenbar schlechtem Gewissen. Manchmal hat man den Eindruck, dass sie selber nicht an die Zukunft glauben, in deren Namen sie gewählt wurden.

Das hängt wohl vor allem daran, dass die entscheidende politische Spaltung unserer Zeit quer liegt zu den Traditionsparteien. Es gibt eine Zukunftsposition und eine Verteidigungsposition, Optimismus und Protektionismus, Veränderungschancen und Besitzstandswahrung – und beide sind legitime Positionen. Zwischen ihnen sollten die großen Debatten der Zeit stattfinden. Indes hat die Zukunftsposition einstweilen keine Partei. Der Versuch von Blair und Schröder, ihre Parteien mit schönen Worten als Zukunftsparteien umzudefinieren, kann kaum gelingen.

(4.9.1999)

Auf leisen Sohlen
Die demokratischen Institutionen verlieren an Kraft, die Mächtigen agieren zunehmend selbstherrlich

Der neue Autoritarismus kommt auf leisen Sohlen und unverhofften Wegen. Auf einmal erweist sich die Demokratie, in der wir leben, als sonderbar hohl. Autoritarismus? Wir alle kennen autoritäres Gehabe. Adenauer war ein Meister in dieser Hinsicht, und oft – nicht immer – gelang es ihm, sein Gegenüber einzuschüchtern und zum Schweigen zu bringen. Dennoch brachte er die erste dauerhafte deutsche Demokratie auf den Weg. Das Gehabe übertrug sich nicht auf die Institutionen, die vielmehr zunehmend Fuß fassten, bis sie am Ende den aller Kritik abgeneigten Kanzler selbst aus dem Amt drängten.

Heute indes geschieht etwas anderes, und zwar nicht nur in Deutschland. Heute sind die politischen Führer erklärte Demokraten, die sich gerne im Nahkontakt mit dem Volk zeigen. Zugleich aber verlieren die demokratischen Institutionen an Kraft. Autoritär ist politische Herrschaft, wenn die politische Klasse nahezu unangefochten Entscheidungen trifft und das Wahlvolk zunehmend apathisch wird. Es gibt die Mächtigen, und es gibt die Desinteressierten; zwischen beiden klafft eine große Lücke.

Am auffälligsten ist die Schwächung der Mittel- und Mittlerinstitutionen, der Parteien, ihrer Fraktionen und des Parlaments überhaupt. Englische Beispiele sind mir besonders geläufig; sie stehen aber nicht allein. Einer der ersten Akte von Premierminister Blair war die Reduktion seiner parlamentarischen Fragestunde von zwei Tagen auf einen Tag in der Woche. Bald wurde den Abgeordneten klar, dass der Premier überhaupt andere Foren der parlamentarischen Debatte vorzieht. Volksabstimmungen wurden eingeführt und werden immer häufiger praktiziert (jedenfalls wenn klar ist, dass die Regierung sie gewinnt). Dass Volksabstimmungen nur dem Schein nach demokratisch sind, vor allem wenn es um große Fragen wie die Einführung eines schottischen Parlaments oder die Währungsunion geht, wird vielen erst langsam klar. Solche Abstimmungen sind immer Momentaufnahmen einer Grundstimmung, nicht Resultat einer gründlicheren Diskussion. Sie können in der Tat benutzt werden, um solche Diskussion im Parlament zu erschlagen: Das Volk hat gesprochen.

Immerhin, ganz lassen Volksabstimmungen sich nicht kontrollieren. Noch beliebter sind bei politischen Führern daher andere Methoden. Eine ist der direkte Kontakt mit den Wählern, was in Wahrheit die Reise durchs Land, möglichst weit weg von der Hauptstadt, mit Reden zu ausgewähltem Publikum bedeutet. Auch Talkshows gehören in dieses Kapitel.

Auffällig ist, wie leicht es den Führenden fällt, mit solchen Methoden ungeschoren am Ruder zu bleiben. Parteien, Fraktionen, Parlamente wehren sich nicht; im Gegenteil, sie machen sich selbst zu Instrumenten der neuen Methoden. Insbesondere aber wehrt sich das Volk in seiner politischen Gestalt, wehren sich die Wahlbürger nicht. Im Gegenteil, sie bleiben zu Hause oder bestätigen die Mächtigen in ihrem Tun.

Das ist der schleichende Autoritarismus unserer Tage, für den sich noch andere, eindringliche Belege geben lassen. Die großen Themen selbst fordern zu harten Entscheidungen heraus, die der Mehrheit durchaus recht sind. Der Gesamtbereich von Recht und Ordnung einschließlich der Fragen von Asylbewerbern und Ausländern liefert das deutlichste Beispiel. Gerade hier zeigt sich, dass die aktive Verteidigung der Freiheit zuweilen eine Sache argumentierender Minderheiten ist. Wenn die Argumente aber ins Leere laufen, weil das Volk immer schon gesprochen hat, dann verfällt die Freiheit.

Vielleicht ist es ein Traum, dass die repräsentative Demokratie frei gewählter Abgeordneter, die in gründlicher Debatte politische Entscheidungen treffen, sich wieder erleben lässt. Sie war selbst möglicherweise nur wirksam, solange es darum ging, gleiche Teilnahmerechte für alle Bürger zu erkämpfen. Doch ist das wortlose Hinnehmen der Herrschaft unbegründeter Behauptungen noch unerträglicher. Der Zwang zur Begründung von Entscheidungen ist ein notwendiger Teil der Freiheit.

(7.8.1999)

Föderalismus made in Germany
In Europa steigt der Druck zur Dezentralisierung
Könnte Deutschland ein Modell sein?
Sechs Anmerkungen zum deutschen Föderalismus

1.

Der deutsche Föderalismus findet in ganz Europa zunehmendes Interesse, ja mehr, er gilt vielen Ländern als Modell. Der Grund ist einfach. In den alten Zentralstaaten wächst der Druck zur Dezentralisierung. Das gilt in Italien und Spanien, in Großbritannien und sogar in Frankreich. Also blickt man sich um in der EU und findet ein Land, eben die Bundesrepublik Deutschland, das mit offenbarem Erfolg Zentralstaat und Länder zusammenführt. Der Bundesrat erscheint als Modell der Mitwirkung der Länder an der Gesetzgebung des Bundes. Bei der Reform des House of Lords in Großbritannien geht mancher Blick nach Bonn mit der Frage, ob man mit einer Art Bundesrat nicht zwei Probleme auf einmal lösen könne, eine demokratischere zweite Kammer zu schaffen und die auseinanderstrebenden Teile des Vereinigten Königreiches zusammenzubinden.
Die erste Anmerkung, die zu machen ist, ist daher, dass die Bundesrepublik als solche tatsächlich ein Erfolg war und ist. Ob sie sich kopieren lässt, ist eine andere Frage. Dass sie im Großen und Ganzen funktioniert hat, steht jedoch außer Zweifel.

2.

Blickt man genauer hin, dann wird das Bild indes bald komplizierter. Fangen wir am Anfang an, am Anfang des Grundgesetzes nämlich. Schon in der Präambel ist nicht einfach vom »deutschen Volk«, sondern vom »deutschen Volk in den Ländern Baden, Bayern usw.« die Rede. In Art. 79,3 wird das Prinzip vollends festgezurrt:

> Eine Änderung dieses Grundgesetzes, durch welche die Gliederung des Bundes in Länder, die grundsätzliche Mitwirkung der Länder bei der Gesetzgebung, oder die in den Artikeln 1 und 20 niedergelegten Grundsätze berührt werden, ist unzulässig.

Wer sagt das? Der Parlamentarische Rat, gewiss, auch die Länder selbst, die das Grundgesetz zu ratifizieren hatten. Vor allem aber waren die Länderrechte 1949 eine Auflage der Besatzungsmächte, die keinen starken deutschen Zentralstaat wollten. Das traf sich mit den Wünschen der deutschen Nachkriegspolitiker. Deutschland als politische Einheit entstand aus den Ländern, nicht vom Zentrum. Auch gab es eine Tradition der Länder, die allerdings in der Vergangenheit immer durch das Übergewicht Preußens eingeschränkt wurde. Dennoch handelte es sich um eine verordnete Dezentralisierung.

Hinzu kam und kommt, dass die Nachkriegsländer zumeist keineswegs historisch gewachsene Einheiten sind. Manche sind historisch eher absurd, wie Nordrhein-Westfalen, Rheinland-Pfalz, Mecklenburg-Vorpommern, ja auch Baden-Württemberg. Verglichen mit Schottland oder Katalonien gibt es hier kein »Nationalgefühl« im ursprünglichen Sinn des Wortes Nation. Die Länder sind eher künstliche Gebilde, was ihr politisches Gewicht nicht unbedingt verringert, ihre innere Bedeutung für die Bürger aber schwächt.

3.

Als politische Einheiten sind die Länder zudem erstaunlich schwach; das gilt vor allem für ihre Parlamente. Manchmal meint man, dass in ihnen eher Politik gespielt als gemacht wird. »Der Landtag möge beschließen, die Landesregierung zu ersuchen, sich bei der Bundesregierung dafür zu verwenden, dass bei den Brüsseler Agrarbeschlüssen die Bedürfnisse der Schwarzwaldbauern berücksichtigt werden [...].« Was die finanzielle Basis der Länder angeht, so sind diese ohnehin auf Verhandlungen mit dem Bund angewiesen und können nur sehr begrenzt selbst Steuern erheben. Das im Mai dieses Jahres zum ersten Mal zu wählende schottische Parlament kann etwa die Einkommenssteuer variieren, was Bundesländer nicht können.

In der Tat liegt das eigentlich starke Element der Dezentralisierung in Deutschland bei den Gemeinden. Als Gegengewicht ist die Gemeindehoheit wichtiger als der Länder-Föderalismus. Gemeinden, die zugleich Länder sind – die Stadtstaaten –, werden durch ihren Länderstatus eher geschwächt, nicht zuletzt weil sie sich veranlasst sehen, (Bundes-)Politik zu spielen. Auch Länder wie das Saarland, die von Zuwendungen des Bundes und des Finanzausgleichs abhängen, geben nicht gerade ein Bild der Stärke.

4.

Gewiss gibt es auch positivere Seiten des deutschen Föderalismus. Zum Beispiel sind die Länder zur Hohen Schule der Bundespolitik geworden. Alle Bundeskanzler und zunehmend die Mehrheit der Bundesminister haben Erfahrungen in Landesregierungen gewonnen. Anders formuliert hat Deutschland eine politische Klasse von nahezu 500 Ministern und Staatssekretären, ganz zu schweigen von 2 500 Abgeordneten, die sich auf ihre Tätigkeit verstehen. Das mag teurer sein als die École Nationale d'Administration oder selbst die Universität Oxford, in der zukünftige Premierminister PPE (Politics, Philosophy, Economics) studieren, ist aber durchaus wirkungsvoll.

5.

Dann ist der Bundesrat zu bedenken, durch den die Länder an der Gesetzgebung mitwirken. Ein Parlament kann er kaum genannt werden; seine Mitglieder werden von ihren Landesregierungen mit imperativem Mandat in den Bundesrat delegiert. Erregende Debatten sind sehr selten; es geht eher ruhig und gesittet zu in der zweiten Kammer. Doch ist der Bereich der Gesetzgebung, bei der der Bundesrat mitreden kann oder muss, hinlänglich breit, um die Kammer zu einer wichtigen Verfassungsinstanz zu machen. In der Tat haben die Länder durch den Bundesrat eine wirklich politische Rolle. In manchen Situationen können sie der Bundesregierung das Leben sehr erschweren.
Das hängt auch damit zusammen, dass die Zusammensetzung des Bundesrates nicht zur gleichen Zeit entschieden wird wie die des Bundestages. (Die Länder sind ohnehin einer der Gründe dafür, dass in Deutschland ständig gewählt wird.) Da alle Regierungen »Durchhänger« haben, in denen sie bei den Wählern an Zuspruch verlieren, kann dies bedeuten, dass die Wahrscheinlichkeit gegenläufiger Mehrheiten steigt. Damit wird der Bundesrat – die Länder – zu einem der vielen Elemente der deutschen Politik, die Entscheidungen verlangsamen. Anders formuliert: Der Bundesrat gehört zu den Institutionen, die Konsensus fördern. Man mag das begrüßen oder bedauern, jedenfalls ist die Konsenspolitik ein bestimmendes Merkmal der Bundesrepublik Deutschland, und die Länder leisten dazu ihren Beitrag.

6.

Und die Bürger? Was bedeuten ihnen die Länder? In einem tieferen, emotionalen Sinn wahrscheinlich wenig. Sie sind eben keine »Nationen«. Baden ist eine Nation, nicht Baden-Württemberg. Sie sind auch keine Stämme. Westfalen sind ein Stamm, nicht Nordrhein-Westfalen. Bayern mag da eine Ausnahme machen; doch wenn die Bürger von ihrer Heimat sprechen, denken die meisten nicht in erster Linie an ein Bundesland.
Zugleich sind die Länder zu einem akzeptierten Element der Bundesrepublik geworden. Die begrenzte Vielfalt, die sie bieten, ist den meisten recht. Eine gewisse Zugehörigkeit empfinden Menschen durchaus. Der »Auftrag zur Neugliederung« (in Art. 29 des Grundgesetzes) steht für die meisten sicher nicht sehr weit oben auf der Liste wichtiger Themen. Wird eine solche Neugliederung versucht – wie im Fall der Länder Berlin und Brandenburg –, dann ist die Wahrscheinlichkeit groß, dass sie keine Mehrheit findet. Esoterischere Fragen wie die des Finanzausgleichs sind zwar für alle wichtig, aber sicher nicht wahlentscheidend. Die Bundesrepublik mit ihrer Verbindung von Bund und Ländern war und ist ein Erfolg. Daher ist der Änderungsbedarf für die Bürger – zum Unterschied von Aktivisten und Funktionären – gering.

(30.4.1999)

Baden-Württemberg – Modell für Blair?
Direktwahl der Bürgermeister als »Fundament der Verfassung der Freiheit«

Vor zehn Jahren hielt ich auf Einladung der Londoner Fernsehstation LWT eine Rede über die Zukunft der Weltstadt. Frau Thatcher hatte den Stadtrat abgeschafft und seine Aufgaben teils auf die Bezirke, teils auf die Zentralregierung übertragen. Damit war die ohnehin schwache Einheit der Stadt weiter beschädigt worden. Niemand kümmerte sich um die Zukunft der Stadt. Ich plädierte nicht nur für eine neue London-Initiative, sondern schlug vor, den Bürgermeister direkt zu wählen, um auf diese Weise einen engagierten Repräsentanten der Stadt zu gewinnen.

Die Reaktionen waren absehbar, London hat mehr als tausend Bezirksstadträte, die eine machtvolle Lobby bilden. Bloß keine Macht über ihnen! Die Zentralregierung wollte um keinen Preis jenseits des Flusses, gegenüber dem Parlamentsgebäude also, in der Country Hall, eine Gegenmacht sehen. In der Tat hatte sie gerade das Londoner Rathaus an einen japanischen Immobilienunternehmer verkauft, der dort inzwischen ein Hotel, ein Aquarium und verkäufliche Appartements geschaffen hat. Außerdem sagten viele meiner Zuhörer: Du bist eben doch hoffnungsloser Kontinentaler. Direkt gewählte Bürgermeister passen nicht in die britische Szene.

Sie hatten recht. Ich war nicht nur Kontinentaler, sondern Baden-Württemberger. Die baden-württembergische Gemeindeordnung ist nach meiner Meinung ein Modell für die Verbindung von Effizienz und Legitimität. Sie schafft in den Gemeinden und Städten handlungsfähige Verwaltungen, die doch gegenüber gewählten Gremien verantwortlich bleiben. Bürgermeister gehören zwar in der Regel Parteien an, müssen sich aber über deren Enge erheben. Tatsächlich sind sie ihren Parteien oft ein Dorn im Auge. Zugleich repräsentieren sie sichtbar ihre Städte. Die Namen der großen Bürgermeister hallen noch lange nach ihrem Ausscheiden nach.

Britische Gemeinderäte sind hingegen weder sichtbar noch mächtig. Die Macht liegt in den Händen von Beamten, die die jeweils für ein Jahr gewählten Bürgermeister mit Amtskette zu festlichen Anlässen schicken, während sie selbst regieren. Als Besatzungsmacht hat Großbritannien das System in seiner Zone eingeführt, so dass heute noch in vielen Städten Nordrhein-Westfalens die Stadtdirektoren das Sagen haben.

Entscheidend ist in England die Zentralregierung. Gemeindeautonomie ist ein unbekanntes Prinzip. Die Regierungen Thatcher und Major haben vor allem durch die Kappung der Gemeindehaushalte den Zentralismus gestärkt. Erst Tony Blair ist – in seinen mutigen ersten Monaten – auch in dieser Hinsicht neue Wege gegangen. Zu jedermanns Überraschung hat er die Direktwahl des Londoner Bürgermeisters zum Regierungsprogramm gemacht.

Seine Partei ist (wie die der Liberaldemokraten) in mancher Hinsicht eine Partei der Gemeinderäte. Von diesen kam viel Widerstand gegen die Blairschen Pläne. Doch benutzte der Premier seine frische Mehrheit, um diese Widerstände zu brechen. Das Gesetz zur Direktwahl des Bürgermeisters sowie der getrennten Wahl von 25 Mitgliedern der Stadtregierung geht jetzt durch das Parlament. Im Mai 2000 soll die erste Wahl stattfinden. Dann wird London wieder ein politisches Gesicht haben, und eines mit stärkeren Konturen als zuvor.

Das hat inzwischen auch der Premierminister gemerkt, und auf einmal gefällt es ihm gar nicht mehr so gut. Da auch Blair im Kern ein britischer Zentralist, und zudem ein Control Freak, ein Kontrollbesessener, ist, der alles im Griff behalten will, begrenzt der Gesetzesentwurf die Rechte des Bürgermeisters entschieden. Bei allerlei Dingen behält der zuständige Minister das letzte Wort.

Dennoch hat das neue Amt die Fantasie möglicher Kandidaten angeregt, und das ist Blairs zweite Sorge. Der letzte Präsident des Londoner Stadtrates war ein Mann der unorthodoxen Linken, der U-Bahn-Fahrpreise gesenkt, aber auch die irischen Republikaner unterstützt hat. Der umtriebige Ken Livingstone ist heute Unterhausabgeordneter und entschiedener Blair-Gegner. Seit Monaten versucht die Labour Party, Auswahlmethoden für ihren Bürgermeisterkandidaten zu ersinnen, die Livingstone ausschließen. Das ist schwierig, weil Livingstone nicht nur in der Partei, sondern auch bei der Bevölkerung populär ist, gerade weil er kein Apparatschik ist.

Inzwischen haben die Konservativen ihr eigenes Problem. Geoffrey (Lord) Archer, Romanschreiber, Multimillionär und eine Zeit lang Parteivorsitzender in der Thatcher-Zeit, führt schon seit einem Jahr einen unübersehbaren Wahlkampf. Archer hat einen guten Teil seiner Biografie erfunden, ist zudem wegen unsauberer Börsengeschäfte mit dem Gesetz in Konflikt geraten, hat aber bei alledem die Sympathien seiner zahlreichen Leser nicht verloren. Auch die Tories versuchten zunächst, Vorwände zu finden, um den ungewollten Kandidaten auszuschließen, scheinen sich aber jetzt geschlagen zu geben. Zudem haben die beiden ungeliebten Exzentriker

Konkurrenz bekommen: Der Ballonfahrer, Fluglinien- und Eisenbahn-Unternehmer Richard Branson hat zu erkennen gegeben, dass er an dem Amt interessiert sein könnte.

Das neue Amt regt also zunächst einen eigentümlichen Außenseiter-Wettbewerb an. Am Ende werden möglicherweise doch farblosere Parteikandidaten obsiegen. Aber die gegenwärtige Diskussion zeigt, dass vielen noch nicht recht klar ist, was der neue Bürgermeister eigentlich sein und tun soll. Man muss befürchten, dass bei der ersten Direktwahl noch keine für London wirklich befriedigende Lösung herauskommt. Doch ist selbst das kein Argument gegen die Veränderung.

Starke Gemeinden sind ein Fundament der Verfassung der Freiheit. Das Londoner Beispiel wird gewiss Schule machen; schon spricht man in Manchester und Birmingham von ähnlichen Absichten. Auch in Deutschland hat sich ja die süddeutsche Gemeindeordnung nach Norden hin durchgesetzt. Italien ist in den vergangenen Jahren einen ähnlichen Weg gegangen. Sichtbare Repräsentanten, die doch eingebunden bleiben in demokratische Strukturen, sind für die nächste Zeit die beste Version des demokratischen Prinzips.

(2.2.1999)

Ein liberaler Punktsieg gegen Rudi Dutschke

Nachkriegs-Deutschland hat mittlerweile so etwas wie eine Geschichte. Genau genommen hat es sogar zwei Geschichten, wenngleich nur eine – die der alten und neuen Bundesrepublik – die Kontinuität aufweist, die es erlaubt zu sagen: Als wir das letzte Mal in einer solchen Lage waren, geschah Folgendes…
Als Deutschland das letzte Mal entdeckte, dass eine Epoche zu Ende gegangen war und auf einmal nichts mehr geht, riefen manche nach einem Ruck, der Veränderung bewirkt. Der langgediente Bundeskanzler wurde abgelöst, aber sein von ihm ungeliebter Nachfolger, der doch große Meriten hatte, fand sich mit der neuen Aufgabe nicht zurecht. Er kam zwar bei Wahlen mit Schrammen noch einmal davon, bald darauf aber löste ihn eine große Koalition ab. Diese leistete zwar mehr, als damals deutlich wurde, führte aber zu eher noch lautstärkerem Verlangen nach Wandel, nach einem Machtwechsel. Es ist nicht von 1998 die Rede, sondern von 1968, den späten 60er Jahren.
Das waren unruhige Jahre. Im Dezember 1966 wurde die große Koalition von CDU/CSU und SPD gebildet. Einzige Opposition im Bundestag war fortan die FDP, die sich ihrer Aufgabe mit bemerkenswerter Verve entledigte. Junge Leute wie der Ex-Minister Scheel, der Fraktionsgeschäftsführer Genscher machten sich einen Namen. Am Ende brachten sie sogar eine hinlängliche Zahl ihrer Freunde dazu, einen Sozialdemokraten zum Bundespräsidenten zu wählen. Das war das Vorspiel für die Bundestagswahl von 1969 und die Bildung der Regierung Brandt/Scheel. Neue Ostpolitik plus »Mehr Demokratie wagen« wurde zur Parole.
Indes fand das eigentliche Geschehen der Zeit nicht in Bonn statt. Die parlamentarische Opposition der FDP war nur ein Flämmchen, verglichen mit dem Feuer der außerparlamentarischen Opposition. Die APO beherrschte die Universitäten, bald auch die Straßen, vor allem aber die Aufmerksamkeit der Medien und der Öffentlichkeit. Sie hatte bedeutende Sprecher und wichtige Themen. Rudi Dutschke ist zum Symbol der APO geworden, aber andere wie Krahl und Nevermann und Litten und Cohn-Bendit waren nicht weniger bekannt und eher einflussreicher in jenen Tagen, die gerne mit »1968« beschrieben werden. In der Sache vertraten die 1968er immer zweierlei, eine anti-autoritäre Haltung und die Forderung nach Befreiung von für überflüssig gehaltenen Traditionen. »Unter

den Talaren der Muff von tausend Jahren« verband sich zwanglos mit der »sexuellen Revolution«. Studenten zogen in die Hochschulsenate ein, aber Studentinnen zogen sich auch vor dem verblüfften Professor Adorno in Frankfurt aus.

Viel Theorie hatte das alles nicht, obwohl ununterbrochen von Theorie geredet wurde. Auf den Bühnen der größten Hörsäle war für die geladenen Podiumsgäste kaum noch Platz, denn Tausende wollten hören, was die Neuerer und was das Establishment zu sagen hatten. Das sichtbare Establishment war dabei keineswegs repräsentativ. Es bestand eher aus Hildegard Hamm-Brücher und Rudolf Augstein und mir als auch den Herren von Politik und Wirtschaft. Noch hatte indes die Gewalt nicht begonnen. Ulrike Meinhof gab noch *konkret* heraus, Gudrun Ensslin studierte und saß mit Bernward Vesper und anderen bei mir im Tübinger Hörsaal. Rudi Dutschke sprach zwar manchmal von Gewalt, aber schien mir ein zutiefst humaner, eher friedlicher Mensch. Seine Endloszitate von Marx und Lenin umgaben ihn mit einer gewissen Aura des Wissens um den Weltgeist, aber langweilten noch seine Anhänger.

Manche erinnern sich an das Zusammentreffen von parlamentarischer und außerparlamentarischer Opposition – FDP und APO – vor der Freiburger Stadthalle am 29. Januar 1968. Die FDP hatte den Jungdemokraten (und mir) eine förmliche Diskussion mit der APO untersagt. Das war genau der Funke, den viele Studenten brauchten, um ihre revoluzzerische Flamme zu entzünden. Tausende versammelten sich vor der Stadthalle, in der die FDP ihren Bundesparteitag abhielt (und mit der Wahl von Scheel zum Vorsitzenden die Weichen zum Bonner Machtwechsel stellte). Rudi Dutschke kam und begann vom Dach eines Rundfunk-Übertragungswagens seine Lehre vom bevorstehenden Ende des Kapitalismus zu deklamieren. Mich hielt es nicht, und ich leistete ihm bald auf dem Autodach Gesellschaft. Wir diskutierten, wie schon häufig zuvor, über Politik und Protest. Als er mich einen »Fachidioten der Politik« nannte, fiel mir ein, ihm mit dem »Fachidioten des Protestes« zu antworten. Das war der erste Punkt zum so genannten Punktsieg. Der zweite war, dass Dutschke es eilig hatte, zum nächsten Revolutionstermin zu kommen, während ich noch zwei weitere Tage Zeit gehabt hätte. So ließ er mich mit der Menge allein.

Bald war das alles indes nicht mehr lustig. Das Attentat auf Dutschke war auch für mich ein tiefer Schock. Der Protest nahm hässlichere Züge an. Während in der Politik wenigstens milde Reformen eingeleitet wurden, war manchen Protestierenden die Diskussion nicht mehr genug. Eine Revolution ohne revolutionäre Situation – das konnte nicht gut gehen. Es musste zu Sektierertum und Gewalt führen. Dutschke war dabei Opfer, nicht Täter.

Eines von Dutschkes Themen war bekanntlich der »lange Marsch durch die Institutionen«. Da mischte sich Mao mit Lenin. Wenige nur nahmen wahr, welches mörderische Regime Mao Tse-tung gerade in jenem Jahr 1968 führte. (Zu wenige hatten übrigens den Prager Frühling von 1968 wahrgenommen, der für mich bei zwei Besuchen in Prag zum Inbegriff des Kampfes für Freiheit und Lebenschancen wurde.) Tatsächlich begann denn auch so etwas wie ein langer Marsch, in Deutschland wie in einigen anderen europäischen Ländern.

1968 markiert unter anderem die enorme Vergrößerung des öffentlichen Dienstes, nicht zuletzt in den Bildungsinstitutionen. Dieser öffentliche Dienst sollte dann bald zum bevorzugten Betätigungsfeld der 68er werden. Oder war es weniger Betätigung als Einfluss mit Pensionsanspruch, was gefragt war? War das einmal mehr die besondere deutsche Art der Revolution, deren Träger erst eine Bahnsteigkarte zu lösen pflegen, bevor sie den Bahnhof stürmen?

Die Wirkung von 1968 war in Deutschland – wie auch in Frankreich und in einigen anderen Ländern des europäischen Kontinents – nachhaltig. »Unter den Talaren der Muff von tausend Jahren« führte viele dazu, die Talare abzuschaffen. Gewiss, ohne Talare gibt es keinen Muff mehr darunter. Ohne Autoritäten gibt es keine autoritäre Herrschaft. Aber wäre es nicht auch denkbar gewesen, die Talare zu reinigen? Muss man Institutionen beseitigen, wenn man ihre Nebenwirkungen nicht mag? Hätte man nicht auch eine wirksamere Kontrolle der Autoritäten anstreben können? Gremiendemokratie führt jedenfalls nicht notwendig zu stärkerer Transparenz, geschweige denn zu besseren Entscheidungen.

An der London School of Economics (deren Direktor ich von 1974 bis 1984 war) habe ich erfahren, wie es auch geht. Die LSE war das erste Objekt des Zorns der aus Berkeley 1967 vertriebenen Reveluzzer; aber die Institution wackelte nur für kurze Zeit. Es gab und gibt keine Drittelparität, wohl aber gibt es heute die Notwendigkeit für die Verantwortlichen, allen Mitgliedern der Hochschule zu erklären, was sie getan haben und zu tun beabsichtigen.

Niemand, der wachen Sinnes dabei war, kann sich der 1968er-Nostalgie ganz entziehen. Manchmal muss ich lächeln, wenn ich von denen, die ganz und gar draußen standen, mit Rudi Dutschke und anderen in einen Topf geworfen werde. Schon die Berührung scheint mit der APO zu identifizieren. In der Sache ist das absurd. Für mich sind Institutionen das Fundament der Freiheit. Dennoch fühle ich mich in der Gesellschaft der 68er nicht immer unwohl.

Es war eine wichtige, erinnernswürdige Zeit. Solche Nostalgie ist indes noch leichter erträglich, wenn der nächste Schritt der Veränderung – der nächste Ruck – von der Generation Tony Blairs getan wird, der 1968 gerade zwölf Jahre alt war. Aber das steht auf einem anderen Blatt.

(3.6.1998)

Weltwirtschaft findet auf dem Dorfe statt
Chancen kleiner Städte in Zeiten sich immer mehr ballender wirtschaftlicher Kräfte

Die Weltwirtschaft findet auf dem Dorfe statt. Das ist – wie das mit eingängigen Formulierungen der Fall zu sein pflegt – eine Übertreibung. Dörfer sind heute zumeist Orte für ein paar verlorene Landwirte und viele Pendler. Beide tragen gewiss auch ihr Scherflein zur Weltwirtschaft bei; aber hier sind eher kleine Städte gemeint, Gemeinden wie Bonndorf, meine Wahlheimat am Rande des Hochschwarzwalds.

Da gibt es Landwirte, die die so genannte »primäre« Produktion aufrechterhalten. Da gibt es Tourismus, der geradezu der Inbegriff der »tertiären« Wirtschaftsbereiche, also der Dienstleistungen, ist. Und es gibt Handwerks- und Industriebetriebe, die »sekundären« Beschäftigungen. Die Mischung ist kräftig und gesund. Gewiss sind nicht alle Menschen glücklich, das sind sie wohl nie. Aber die Arbeitslosigkeit ist kein Problem, und die schlimmste Armut ist es auch nicht. Zugleich leidet die Stadt nicht an den Zivilisationskrankheiten der reinen Dienstleistungsorte, Discos, Drogen, Diebstahl, Depression.

Die herzhafte Mischung ist indes heute gefährdet, und zwar nicht zuletzt durch die Tatsache, dass die Weltwirtschaft einerseits auf dem Dorfe, andererseits indes in der Stratosphäre stattfindet. Firmen werden gekauft und verkauft ohne Rücksicht auf die, die in ihnen beschäftigt sind. Firmenzentralen wechseln von einer Stadt in die andere, ja von einem Land ins andere. Wenn die Zentrale erst weit genug weg ist, kümmert sich niemand mehr um die Produktionsstätte. Es wird »rationalisiert«, also gespart und geschlossen. Da kann es wohl sein, dass das Dorf, die kleine Stadt, den Kürzeren zieht.

Die 1980er Jahre haben diesen Prozess rücksichtslos vorangetrieben. Wer erinnert sich noch an Fritz Schumachers Plädoyer für das »menschliche Maß«? *Klein ist schön,* hieß sein Buch, das eine Antwort auf die Gigantomanie der 1960er Jahre darstellte, die uns unter anderem die Verwaltungsreform beschert haben. Dabei war das alles noch Zwergenmaß, gemessen an dem, was heute geschieht. Fünf Prozent Marktanteil? Viele Unternehmen sagen, dass sie erst bei 20, 30 Prozent sicher sein können, zu überleben. Und so entstehen immer größere Gebilde, fernab von den eigentlichen Produktions- und inzwischen auch Dienstleistungsstätten.

Für die kleine Stadt liegt darin eine Gefahr. Sie ist Entscheidungen ausgeliefert, die sie beim besten Willen nicht beeinflussen kann. Doch heißt das nicht, dass es keine Gegenwehr gäbe. Am Ende macht auch der größte Konzern keine Gewinne, wenn seine Grundlagen wackeln, und diese Grundlagen werden an vielen relativ kleinen Orten gelegt. Hier entscheidet sich, ob die Spieler auf der Weltbühne der Wirtschaft die Kraft haben, weiterzumachen. Insofern stimmt es doch, dass die Weltwirtschaft auf dem Dorfe stattfindet.

Allerdings entscheidet sich das nicht von selbst und auch nicht durch ein Lotteriespiel. Vielmehr hat die Wirtschaftsmacht der kleinen Orte einen Namen; der Name ist Qualifikation. Fachkenntnisse müssen vorhanden sein, damit kleinere Orte im Wohlstand überleben. Menschen müssen bereit und in der Lage sein, etwas zu lernen; diejenigen, die etwas gelernt haben, müssen am Ort bleiben. Das sind keine ganz einfachen Bedingungen, aber ohne sie läuft heute nichts mehr.

Die Bundesrepublik ist im Ganzen gut daran, wenn es um Qualifikationen geht. Die Berufsschule ist das Rückgrat der deutschen Volkswirtschaft. In kleineren Städten funktioniert auch die Realschule noch; ihr Beitrag ist unbezahlbar. Handwerker sorgen dafür, dass »Lehre« ein Wort mit gutem Klang bleibt. Sie jammern zwar, dass niemand mehr zu finden ist, der Fähigkeit und Motivation in der rechten Weise verbindet; aber wenn man Deutschland mit seinen europäischen Konkurrenten vergleicht, ist es gut bedient. Wahrscheinlich ist es das Qualifikationsniveau der Beschäftigten, das das anhaltende Wirtschaftswunder der 1980er Jahre in Deutschland erklärt. England und vor allem Amerika haben es da schwerer.

Viel spricht dafür, dass auch in Zukunft Qualifikation in Deutschland großgeschrieben wird. Jedenfalls gilt das für die Lehre und die Ausbildungsstätten bis hin zur Fachhochschule. (Die überfüllten Universitäten sind ein anderes Thema.) Das kommt gerade kleineren Orten zugute. Es bleibt indes die schwierigere Frage, wie man Menschen dazu bewegt, an kleinen Orten zu bleiben. Fernsehbilder, die Feriendias von Freunden und der Traum von einem aufregenden Leben in der Stadt ziehen manchen und manche an Orte, deren langfristige Chancen eher schlechter sind. Sicherheit ist schön und gut, aber scheinbar unbegrenzte Möglichkeiten sind besser. Das mag eine Mode sein, aber ihr entgegenzuwirken ist schwierig. Daran, ob es gelingt, wird sich am Ende entscheiden, ob »das Dorf«, also vor allem die kleine Stadt, die Stütze der Wirtschaft und damit die Quelle der Lebenschancen der Menschen bleibt.

(16.9.1989)

II. Reden, Interviews und Essays

Reden, Interviews und Essays

Die menschlichen Dinge voranbringen
Dankesrede zur Verleihung des Schader-Preises 2009
in Darmstadt 283

Bildungsreform
Erinnerung und Zweifel eines engagierten Beobachters 286

Draußen die APO, drinnen wir
Vor 40 Jahren tagte in Freiburg der richtungsweisende
Bundesparteitag der FDP 293

Die Verlockung der Globalisierung
Interview über unternehmerische Selbstkontrolle
und Managergehälter 296

»Mir reicht die Freiheit«
Interview mit dem Europäer Ralf Dahrendorf
zu dessen 75. Geburtstag 300

»Der Föderalismus ist geschwächt«
Interview zum 50-jährigen Jubiläum der Fusion von Baden
und Württemberg 306

Gesellschaft – Was uns zusammenhält
Die sozialen Bindungen vor Ort müssen intakt sein,
um die Globalisierung zu ertragen 309

»Der Euro eint nicht, er wird Europa spalten«
Mit der geplanten Währungsunion wird das gesamte
europäische Projekt aufs Spiel gesetzt 316

Die Wohlstandsdiktatur
Gefährliche Alternative: »Ein Haider hätte auch in Deutschland
großen Erfolg« 320

»Liberale Politik ist immer fortschrittliche Politik«
Interview vor dem Bundesparteitag der FDP in Freiburg 1983 323

Die menschlichen Dinge voranbringen
Dankesrede zur Verleihung des Schader-Preises 2009
in Darmstadt

Selten ist das wissenschaftlich informierte Verständnis der menschlichen Dinge wichtiger als in Zeiten der Auflösung und des Umbruchs. Selten ist indes auch die Wissenschaft ratloser als in Zeiten der Auflösung und des Umbruchs. Sogar eine der stärksten makrosozialen Theorien, die Theorie der Revolution, bleibt stumm angesichts der Frage, ob, geschweige denn wann und wie genau die auf raschen und radikalen Wandel drängenden Kräfte zur Explosion kommen.
Analogien aus der Geologie bieten sich an – zuletzt noch das Beben von L'Aquila in den Abruzzen –, doch wir brauchen Analogien nicht. Die »Zufälle« (wie man sagen könnte) um den Fall der Berliner Mauer haben uns aus Anlass des 20. Jahrestages an das Unvorhersehbare erinnert, und der Zusammenbruch von Lehman Brothers mit seinen absehbaren und unabsehbaren Folgen hat auch darum die Sozialwissenschaftler der Welt fast alle auf dem falschen Fuß erwischt.
Der Schader-Preis, den Sie mir verliehen haben, hat mit solchen Fragen zu tun. Ich nehme den Preis dankbar entgegen, auch wenn er wohl mehr meinen Absichten als meinen Leistungen entspricht. Ja, ich bin der Meinung, dass Wissenschaft, Sozialwissenschaft zumal, unter anderem die Aufgabe hat, das öffentliche Verständnis zu schärfen, sogar das öffentliche Bewusstsein zu prägen. In mir lebt ein Rest jenes hoffnungsvoll aufklärerischen 18. Jahrhunderts der schottischen Moralphilosophen, der Autoren der *Federalist Papers*, Immanuel Kants. Mein Freund Fritz Stern erinnerte mich unlängst daran, dass mein vielleicht schönster Buchtitel einem sonst nicht sonderlich bemerkenswerten Opusculum galt: *Die angewandte Aufklärung.*
Vielleicht gestatten Sie mir ein paar lakonische, daher zu meinem Entsetzen fast schon dogmatische Anmerkungen zu dem Thema. Wissenschaft ist zunächst und vor allem Ausdruck eines tiefen menschlichen Bedürfnisses: Rerum cognoscere causas (um das klassische Motto meiner geliebten London School of Economics zu zitieren), den Dingen auf den Grund gehen also.
Die Absicht hat durch alle Zeiten des Dogmatismus und der Ignoranz, aber auch der technischen Verwertung von Wissen Bestand. Kein Verbot und kein Verlangen entwertet diesen Kern des wissenschaftlichen Bemühens. Es soll auch niemand versuchen, uns im Namen behaupteter Geheimnis-

se oder Offenbarungen diesen menschlichen Grundimpuls auszureden. Rerum cognoscere causas, so schwierig und zuweilen peinlich und auch ärgerlich das sein mag.

Doch ist das nur der Anfang der Geschichte. Die Frage, was mit unserem Wissen wann, wo und wie geschieht, muss gestellt werden. Dass das zu gegebenen Zeiten Gewusste in Lehr- und Textbüchern verfestigt wird, reicht dabei nicht. Es reicht schon darum nicht, weil dieses Feste wieder schmelzen kann – glücklicherweise! Der große Karl Popper, mein Lehrer und in späteren Jahren Freund, hat uns nachhaltig an den Zusammenhang von Ungewissheit, Wissenschaft und Freiheit erinnert. Freiheit ist nicht ein Zustand, sondern immer eine Tätigkeit. Man kann sie Versuch und Irrtum nennen. Was also geschieht mit dem Wissen, außer dass es in Zweifel gezogen und dadurch zu neuen Horizonten ermuntert wird? Da gibt es viele Antworten. Wissen informiert. Das klingt gut, aber wie geschieht es? Wen informiert Wissen und mit welchem Effekt? Reden wir von »der Öffentlichkeit« oder »den Eliten«? Und wollen wir die Information überhaupt haben? Hat nicht das Nichtwissen seinen eigenen Charme? Brauchen wir das Wissen der Wissenschaft gar, um unsere Lebenschancen zu erhöhen?

Das wird nun alles sehr abstrakt, und ich sollte zurückkehren zu Lehman Brothers und der sozialen Theorie der Revolution. Wissenschaft ist Abstraktion, aber Wissenschaftler sind lebendige Menschen in ihrer Zeit, mit allerlei Zugehörigkeiten und Bindungen, Hoffnungen und Ängsten, Absichten und Plänen. Es wäre doch ein Jammer, wenn gerade diese Menschen sich zu Abstraktionen verflüchtigten oder zumindest in Abstraktionen aufgingen. Ich brauche Ihnen wohl nicht zu sagen, dass Platon nicht in meine Heldengalerie angewandter Aufklärer – ich spreche gelegentlich von Erasmiern nach dem großen Erasmus von Rotterdam – gehört.

Um das Regime der Philosophen-Könige zu verhindern, bin ich bereit, auf die Barrikaden zu gehen. Aber zwischen den Philosophen und den Königen ist Raum für eine eigene Kategorie. Auf Englisch nenne ich sie straddler, denn sie sitzen rittlings auf der Grenze zwischen Geist und Tat. Die Grenze ist wichtig. Man soll sie nicht verwischen. Aber es ist gut, in einem Land zu leben, in dem es Menschen gibt, die sozusagen als Tagespendler die Grenze mal in diese, mal in jene Richtung überschreiten. Das sind die öffentlichen Intellektuellen. Manche mögen das Wort nicht; aber mein alter Mit- und Gegenstreiter Jürgen Habermas, mit dem ich dieser Tage ein paar Worte zu dem Thema wechselte, bemerkte mit Recht, dass er und ich in kritischen Situationen sozusagen konstitutionell auf derselben Seite stehen. Habermas ist ein bedeutendes Beispiel für die Verbindung von reiner

Wissenschaft und öffentlicher Verantwortung. Auch er ein straddler! Das also ist die Gesellschaft, die mir bei diesem Anlass in den Sinn kommt.

Wie aber steht es mit Lehman Brothers und der Theorie der Revolution? Vor allem eines ist da zu bedenken: Straddler geben keine Gebrauchsanweisungen. Sie geben allenfalls Landkarten, unfertige Landkarten mit vielen weißen Flecken, und Wegweiser, grobe Wegweiser mit unvollständigen Richtungs- und Entfernungsangaben. Sie schaffen Verständnis für den Kontext des Handelns und auch für die Folgen von Entscheidungen. Hier muss ich sagen, dass die modernen Ökonomen (von deren Talent und Interessen ich an sich eine hohe Meinung habe) versagt haben. Sie haben sich durch den methodischen Reiz des Anscheins der Präzision verführen lassen. Am Ende fanden sie sich fast am gleichen Ort der derivierten Realitätsferne wie der Gegenstand ihres Interesses bei Lehman Brothers und anderswo.

Soziologen müssen aufpassen, dass ihnen nicht dasselbe geschieht mit ihren Theorien der Revolution und überhaupt der Gewalt. Die krisengeschüttelte Welt steckt nicht in einer revolutionären Situation. Es gibt die große Dynamis nicht, die die Energeia des Status quo auflösen und ersetzen könnte. (Aristoteles – Sie sehen es – zitiere ich immerhin mit Zustimmung.) Was es heute gibt, entspricht eher dem Bild, das Marie Jahoda und andere nach der großen Depression in ihrem Buch *Die Arbeitslosen von Marienthal* eindringlich geschildert haben. Es taucht auch bei Marx als eine Art Auflösungserscheinung auf: Es gibt Ratlosigkeit gemischt mit Angst und auch einen ohnmächtigen Zorn bei vielen. Gelegentlich wird dieses Gebräu explodieren, oft zu unerwarteter Zeit und an überraschenden Orten. Im Kern aber werden wir wohl ein Jahrzehnt der stummen Verarmung vieler erleben – ein Jahrzehnt, in dem das Verständnis von Kontext und Richtung unseres Tuns von besonderer Bedeutung sein wird.

Das ist kein besonders hoffnungsfrohes Ende meiner kleinen Dankesrede an die Schader-Stiftung. Indes bin ich kein Wahlkämpfer mehr und brauche Ihnen daher keine Märchen zu erzählen. Allerdings bin ich ein straddler, den die Überzeugung nicht verlassen hat, dass wir die menschlichen Dinge mit immer neuen Versuchen – und Irrtümern – voranbringen können. Opportunity und Diversity, Chancen für alle in der bunten Vielfalt des Daseins: So etwas schwebt mir vor.

Die Verleihung des Schader-Preises am 7. Mai 2009 war wahrscheinlich der letzte öffentliche Auftritt von Ralf Dahrendorf. Die Badische Zeitung *druckte diese Rede am 19. Juni 2009 aus Anlass seines Todes.*

Bildungsreform
Erinnerung und Zweifel eines engagierten Beobachters

Im Jahre 2009 ist es 49 Jahre her, seit ich zum ersten Mal diese hehren Hallen betrat. Das heißt, es waren natürlich nicht die Hallen des Ministeriums für Wissenschaft, Forschung und Kunst, das gerade erst 30 Jahre alt wird, sondern die des ehrenwürdigen Kultusministeriums, in dem die Religion neben Schulen und Hochschulen ihren Platz hatte. Es waren auch nicht die weißen Hallen des Neuen Schlosses, sondern meine erste Begegnung fand im düsteren Turmbau gegenüber statt. Die Gesprächspartnerin war die damals schon sagenumwobene Hochschulreferentin, Regierungsdirektorin Hoffmann. (Sie kam aus Allensbach am Bodensee, wo auch sonst Respekt gebietende Frauen ihren Lebensmittelpunkt fanden.) Frau Dr. Hoffmann wusste alles über »ihre« Professoren, z.B. ob die beantragte Sekretärin wirklich nötig oder doch eher ein Statussymbol für den frischgebackenen Ordinarius sein würde. Ich konnte mir immerhin zugute halten, ihr ein Sofa für mein Arbeitszimmer abgehandelt zu haben. In jenen Muße-reichen Zeiten ging der Tübinger Professor noch mittags mit seinen Assistenten in die »Neckarmüllerei«, wobei es nicht immer beim ersten Viertele blieb. Also war ein Mittagsschlaf auf dem Sofa aus Titel 300 durchaus angesagt.

Vielleicht vermuten Sie schon, dass ich die alte Geschichte nicht ohne Hintersinn erzähle. Frau Hoffmann kannte ihre Professoren auch, weil ihre Zahl überschaubar war. Die Statistik mag mit allerlei technischen Problemen belastet sein, verrät aber doch die Dimension des Wandels in den letzten Jahrzehnten: 1960 gab es in der ganzen Bundesrepublik Deutschland etwa 6 000 Professoren – heute sind es über 60 000. Auch andere Zahlen, zum Beispiel die Zahl der Studierenden, bestätigen diese Beobachtung, dass sich im Hochschulbereich in einem halben Jahrhundert vieles verzehnfacht hat. Die Expansion der tertiären Bildung war ein spektakulärer Erfolg. Sie hat aber auch die Hochschullandschaft fundamental verändert. Wer heute humboldtsche Maßstäbe von Einsamkeit und Freiheit an den Hochschulen anzulegen sucht, begibt sich auf einen rührenden, aber schwerlich relevanten Nostalgie-Weg. Noch die Rede von der Benachteiligung bildungsferner Gruppen geht an den Problemen einer Welt vorbei, in der 30 Prozent – in manchen Ländern wie Großbritannien sogar 50 Prozent – jedes Jahrganges den Weg zur Hochschule finden. Bildungsreform 2009 ist daher etwas radikal anderes als Bildungsreform 1960.

Da ich an diesem Prozess des Wandels zumindest am Anfang intensiv beteiligt war – als Autor der Schrift *Bildung ist Bürgerrecht*, als Berater des baden-württembergischen Kultusministers mit dem Hochschulgesamtplan, dann auch als streitbarer Landtagsabgeordneter –, darf ich vielleicht bei der Mischung von persönlichen Erinnerungen und Gedanken zur Sache bleiben. Was die Hochschulen betrifft, so begann die große Expansion mit den Empfehlungen des Wissenschaftsrates von 1960. Das Datum ist wichtig: 1960, nicht 1968 oder 1969. Im gegenwärtigen Jubiläumsjahr der Bundesrepublik Deutschland sollte manches Irrige an unseren Erinnerungen zurechtgerückt werden. Deutschland begann nach dem Krieg mit einer Phase des Aufbaus. Wer die Zeit miterlebt hat, erinnert sich an die diversen »Wellen« der Normalisierung: die Esswelle, die Wohnwelle, die Reisewelle. Am Beginn der 1960er Jahre indes wurden Reformen zum Thema. Die unruhigen letzten Adenauer-Jahre waren eine Zeit der Saat des Wandels in vielen Bereichen. Ludwig Erhard, dem die westdeutsche Republik die Grundlagen des Wohlstandes in Freiheit verdankt, konnte als eher reformunwilliger Kanzler den Wandel nicht aufhalten. Es folgte die Große Koalition und dann das oft beschworene Jahr 1968, das gleichsam aufgelöst wurde in der Regierung Willy Brandts 1969, der ich am Rande, als Parlamentarischer Staatssekretär bei Außenminister Scheel, angehörte. So erinnere ich mich lebhaft an die Regierungserklärung vom Oktober 1969 mit den bewegenden Worten: »Wir wollen mehr Demokratie wagen!« Ich erinnere mich aber auch daran, schon damals erkannt zu haben, dass es eigentlich kein neues Reformprogramm gab. Die großen Reformen, nicht zuletzt die Bildungsreform, waren alle schon auf dem Weg.
Im Frühjahr 1964 hielt ich aus Anlass eines neuen Studentenjahrganges den Festvortrag über *Arbeiterkinder an deutschen Universitäten*. Meine Hauptthese war, dass der geringe Anteil von (damals fünf Prozent) Studenten aus Arbeiterfamilien auf etwas beruhe, was man heute Bildungsferne nennt. Arbeiter waren keinesfalls die einzigen, für die Universitäten eine fremde Welt blieben. Frauen waren an den Universitäten deutlich unterrepräsentiert. Karl Erlinghagen schrieb ein Buch über das »katholische Bildungsdefizit«. Mein Freund und Kollege Hansgert Peisert produzierte eine im Tübinger Soziologischen Seminar erstellte Karte der regionalen Bildungschancen und -differenzen, die man heute noch im Haus der Geschichte Baden-Württemberg betrachten kann.
War Ministerpräsident Kiesinger bei meinem Vortrag anwesend? Er nahm sich ja oft die Zeit, einen Tag in seinem Tübingen zu bleiben, teils um im Schönbuch zu wandern, teils um mit Professoren zu reden. Jedenfalls rea-

gierte er auf meinen Vortrag: Da müsse man doch etwas tun. Bald wurde etwas getan. Junge Leute organisierten eine Initiative »Student aufs Land«, die regelrecht Bildungswerbung betrieb. Im Ministerium entstand bei Kultusminister Wilhelm Hahn und dem unermüdlichen Spitzenbeamten Piazolo ein Beirat und eine effektive Planungsabteilung. Mit Hansgert Peisert zog ich eine Zeit lang ins Ministerium, um am Gesamtplan für die Hochschulen des Landes zu arbeiten. Fast wäre damals schon der Vorschlag realisiert worden, der heute unter dem Namen »Bologna« läuft. Höhere Bildungsbeteiligung über das Abitur hinaus verlangt strukturierte, verkürzte Studiengänge für die Mehrheit und die Chance für die Beteiligung an der Forschung für eine Minderheit.

Das ist nach wie vor meine Überzeugung. Es gab gute Gründe warum am Ende des 19. Jahrhunderts weitblickende Reformer nach Deutschland blickten. Sowohl die London School of Economics and Political Science als auch das Imperial College of Science and Technology markierten die Abkehr vom englischen – auf Deutsch würde man sagen: verschulten – College. Ein Jahrhundert später aber blickten Engländer wie Deutsche nach Amerika, auf die großen Universitäten, die gleichsam die humboldtsche Einheit von Forschung und Lehre als Graduate School auf das eher lernorientierte mittelalterliche College gepflanzt hatten.

Das ist ein weites Feld, das ich hier sehr schnell durchmesse und das durch zwei nötige Fußnoten nicht übersichtlicher wird. Die eine Fußnote betrifft die Motive für die Expansion der höheren Bildung. Die deutschen Reformen der 1960er Jahre wurden angestoßen durch Georg Pichts Buch *Die Bildungskatastrophe*. Der gebildete, nachdenkliche Philologe begab sich hier auf die schlüpfrigen Pfade der Ökonomie und beschwor das Gespenst einer Gefährdung des Wirtschaftswachstums, wenn nicht die Zahl der Abiturienten und Hochschüler massiv gesteigert würde. Ich hatte Zweifel an dieser Argumentation. Wenn ein Land ein bestimmtes Niveau der Bildung und der Wirtschaft erreicht hat, wird der Zusammenhang beider loser. Heute würde ich dasselbe nicht mehr ganz so entschieden sagen. Die Schweiz zieht zweifellos wirtschaftlichen Gewinn aus der starken Zuwanderung von Akademikern, so wie Nordrhein-Westfalen unter deren nicht minder starken Abwanderung wirtschaftlich leidet. Nach wie vor meine ich aber, dass Bildung vor allem ein Bürgerrecht ist. Eine Gesellschaft der Chancen muss zuerst eine Gesellschaft der Bildungschancen sein. In der Tat sind Chancen der Befähigung für alle Bürger zugleich Quellen des Wohlstandes, der sozialen Integration und des individuellen Strebens nach Glück.

Das sind luftige Gedanken. Die zweite Fußnote hingegen ist durchaus irdisch. Ich sprach von Ministerpräsident Kiesinger und der Planung der Bildungsgerechtigkeit durch Expansion der höheren Bildung. Der gleiche Ministerpräsident ist es indes auch gewesen, der bei der Rückkehr von einer Reise in den Süden nach Konstanz kam. Er fand die Stadt schön, so schön, dass er beim Empfang des örtlichen Landrates sagte, sie müsse doch eigentlich eine Universität haben. Und falls die milde Ironie dieser Anmerkung Sie stören sollte, lassen Sie mich sogleich selbstkritisch gestehen, dass ich nicht nur den Vortrag über »Arbeiterkinder« gehalten, sondern auch große Teile des Gründungsberichts für die Universität Konstanz verfasst habe.

Das Dilemma war mir seinerseits wohl bewusst. Der Wissenschaftsrat hatte ein kleines Gremium berufen, um »Anregungen zur Gestaltung neuer Hochschulen« zu produzieren. Wenn Sie das schmale, aber inhaltsreiche Heft zur Hand nehmen, werden Sie bald merken, dass hier zwei grundverschiedene Modelle nebeneinander entworfen werden: eine Entlastungsuniversität für die Massengesellschaft und eine Forschungsuniversität für die Elite. So kam dann einerseits die Ruhr-Universität Bochum und andererseits »Klein-Harvard am Bodensee« zustande. Das Dilemma war nicht lösbar; es war übrigens für mich und meinen allzu früh verstorbenen Freund Waldemar Besson eine Quelle der Beunruhigung. Tatsächlich hat Konstanz das Dilemma dadurch für sich gelöst, dass es sich weit von den Details des Gründungsberichts entfernt hat, ohne dessen Grundidee einer forschungsintensiven Reformuniversität aufzugeben. Bei 3 000 Studenten (wie der Gründungsbericht es vorschlug) blieb es allerdings nicht. Zeitweise hatte Konstanz mehr als die dreifache Zahl. Wichtiger noch, Konstanz blieb nicht bei dem Gedanken einer Universität der Natur- und Sozialwissenschaften mit einer Art Interfakultät für Philosophie und Mathematik. Die Literaturwissenschaften fanden früh schon einen prominenten Platz und ihnen folgten die Rechtswissenschaften, die Verwaltungswissenschaften und mancher andere Fachbereich, den wir bei der Gründung nicht im Sinn gehabt hatten. Dass Konstanz als einzige der Neugründungen in den Kreis der Exzellenz-Hochschulen aufgenommen worden ist, zeigt den wohlverdienten Erfolg der wirklich erstklassigen Wissenschaftler weit über die dann doch begrenzte Fantasie der Gründer hinaus.

Doch zurück zum roten Faden meiner Argumentation. Das Dilemma der Bildungsreform der 1960er Jahre im Hochschulbereich, aber keinesfalls nur dort, lag darin, dass zwei durchaus verschiedene Motive aufeinanderstießen. Das eine war die Reform im Geiste Humboldts. So wie Wilhelm von Humboldt in Berlin die Philosophische Fakultät zum Kern einer seinerzeit modernen Einheit von Forschung und Lehre machte, suchten manche von uns diese Konstruktion aus dem Geist der in unserer Zeit modernen Erfahrungswissenschaften von Natur und Gesellschaft zu erneuern. Der Versuch fand sich jedoch in einem Umfeld, in dem ein anderes Motiv dominierte, nämlich die Öffnung der Hochschulen für bisher benachteiligte Gruppen, damit der Expansion der tertiären Bildung. Es entsprach den Zeichen der Zeit, dass das zweite Motiv obsiegte. Eine wissenschaftstheoretische Reform der Universität hat es also weder in Deutschland noch sonst auf dem europäischen Kontinent gegeben. Nicht philosophierende Kultusminister waren die treibende Kraft der Reform, sondern die OECD, die auf Wachstum bedachte Organisation für wirtschaftliche Zusammenarbeit und Entwicklung.

Das Resultat steht heute vor uns. Es ist eine Hochschullandschaft ohne hohe Gipfel und eine Gesellschaft, die manchmal als Meritokratie beschrieben wird. Dass nur wenige die schwarze Utopie des Erfinders dieses Begriffes, des britischen Soziologen und Sozialreformers Michael Young, gelesen haben, sei hier nur angemerkt. Sein 1959 zuerst erschienenes Buch *The Rise of Meritocracy* zeigt, dass der schön klingende Gedanke einer Leistungselite kraft Bildung manche neue Fragen aufwirft, darunter die beiden, mit denen ich diese Anmerkungen zu »Bildungsreform« gleichsam auf den heutigen Stand bringen will: erstens die Suche nach einem neuen Ort für die Minderheit der zur Einheit von Forschung und Lehre Befähigten, die zugleich Quellen der Innovation sind; zweitens die Sorge um diejenigen, die den Weg in die Meritokratie nicht finden, also der neuen Unterschichten der Bildung.

Die erste dieser Aufgaben wird in Deutschland nur verschämt diskutiert. Ein Begriff wie »Elite« gilt als politisch nicht korrekt, und die Rede von der »Exzellenz« zeigt die Verlegenheit bei der Suche nach einer Rechtfertigung. Der baden-württembergische Spruch »Wir können alles« gilt trotz des Zusatzes »außer Hochdeutsch« in weiten Teilen der Republik als arrogant. Deutschland schätzt das Mittelmaß und verliert auch darum viele seiner Fähigsten und Ehrgeizigsten an die Schweiz, an England, an Amerika. Glücklicherweise mehren sich jetzt die Zeichen der Veränderung. Die »Exzellenz«-Initiative von Bund und Ländern hat eine stimulierende Wirkung. Der Zug nach Süden, in die süddeutschen Bundesländer, hat auch etwas mit einem durch Spitzenleistungen geprägten sozialen Klima zu tun. Die großen Forschungsinstitute etwa der Max-Planck-Gesellschaft können jeder Konkurrenz in der Welt standhalten. Ein paar private Hochschulen und vor allem Stiftungen verändern den Ton der tertiären Bildungswelt, indem sie Erstklassigkeit erstreben, ohne rot zu werden.

Da bleibt sicherlich noch manche Fragen offen. Zum Beispiel ist noch keineswegs ausgemacht, wie sich der Anspruch auf Spitzenleistungen im Verhältnis zu den Hochschulen insgesamt realisieren lässt. Die institutionelle Absonderung der Exzellenz von der Regel hat deutliche Nachteile. Die französischen »grandes écoles« fördern eher eine abgehobene als eine verantwortliche Elite. Umgekehrt ist es kein Zufall, dass Max-Planck-Institute in zunehmendem Maße Doktoranden und vor allem die Schlüsselgruppe, die »postdocs«, der bereits promovierten jungen Wissenschaftler anziehen. In meiner Zeit als Direktor der London School of Economics kam immer wieder die Frage auf, ob wir nicht zur reinen Graduierten-Universität werden sollten. Sie wurde glücklicherweise immer wieder neu mit Nein beantwortet. Es gibt an den großen US-Universitäten aus gutem Grund nicht nur die Fakultäten der Graduate School, sondern auch das College, die Lehrerbildung, die »professional schools« für Ärzte und Anwälte und andere. Man kann mit der deutschen Vielfalt leben, aber als Modell ist die innere Differenzierung großer Universitäten der äußeren Differenzierung von Institutionen vorzuziehen. Forschung und Lehre gedeihen unter einem Dach, auch ohne in jedem Labor oder Hörsaal der Hochschule vereint zu sein.

Es bleibt ein letzter Gedanke, die zweite Aufgabe der »Bildungsreform« heute. Sie kommt hier zu kurz, schon weil sie außerhalb der Kompetenzen des Ministeriums liegt, dessen Jubiläum wir heute feiern. Es handelt sich dennoch nach meinem Urteil um das zentrale Thema der »Bildungsreform« heute. Damit meine ich nicht die mit mittelitalienischen Städten verbundenen Initiativen, also weder »Pisa« noch »Bologna«. Ich meine vielmehr die Antwort auf die zentrale, dennoch viel zu selten gestellte Frage: Nehmen wir an, dass eines nicht zu fernen Tages 50 Prozent jedes Jahrganges den Weg zur Hochschule finden – was geschieht mit den übrigen? »What about the rest?«, habe ich vor einiger Zeit einen führenden britischen Politiker gefragt. Er blickte mich nachdenklich an und bemerkte dann ganz ohne Lächeln: »Dann müssen wir eben 60 Prozent zur Hochschule bringen!«

Michael Young hatte seine eigene Theorie dazu. Er glaubte, dass die Meritokratie irgendwann ihre Tore schließen und die Zugbrücke hochziehen würde, um Nachkömmlinge fernzuhalten. Eines Tages endet der neue Klassenkampf in revolutionären Unruhen. Es sollte bessere Lösungen geben. Eine davon ist die von vielen beneidete deutsche Tradition des »dualen Systems«. Daran ist nicht nur die Berufsschule, sondern vor allem der Betrieb als Arbeitsplatz und Ort der Befähigung, also der Bildung, wichtig. »Befähigung also Bildung«: Diesen praktischen Bildungsbegriff gilt es zu pflegen.

Auch dann noch bleibt allerdings die Frage: Was geschieht mit den Übrigen? Was geschieht mit denen, die weder lesen noch rechnen können? Was geschieht mit denen, die keinen, auch keinen Hauptschulabschluss erreichen? Was geschieht mit Zuwanderern der zweiten, manchmal auch der dritten Generation? Und dann: Was bieten wir denen an, denen ein erbarmungslos flexibler Arbeitsmarkt zumutet, mitten im Leben neue Wege zu suchen? Wie sorgen wir also dafür, dass Bildung die Gesellschaft nicht spaltet, sondern eint?

Hier sind Antworten schwer zu finden und doch wichtig. An ihnen entscheidet sich, in welcher Art Welt wir leben wollen. Der Gedanke, der mich dabei leitet, ist vielleicht an meinen Beispielen aus Vergangenheit und Gegenwart deutlich geworden. Es muss einen festen Boden geben, auf dem alle sicher stehen können, einen Grundstatus für alle Bürger. Das gilt gerade auch für die Bildung. Darüber aber sollte es vielfältige Chancen geben, zu denen auch der Anreiz zu Spitzenleistungen für die Besten gehört. Diese dürfen nicht gegeneinander abgeschottet sein. Wer auf einem Weg begonnen hat, muss die Möglichkeit haben, auf einen anderen Weg überzuwechseln. Ungleichheit ist also dann ein Problem, wenn sie die Startchancen für das Streben nach Lebenschancen betrifft oder Menschen einklemmt in einen einzigen, möglicherweise eher zufällig eingeschlagenen Weg voran. Wenn aber Chancengleichheit und Durchlässigkeit garantiert werden, sind Vielfalt und Ungleichheit das Lebenselixier der Freiheit.

Ralf Dahrendorf hielt diese Rede auf einem Symposium des Wissenschaftsministeriums Baden-Württemberg am 3. Februar 2009.

Draußen die APO, drinnen wir
Vor 40 Jahren tagte in Freiburg der richtungweisende
Bundesparteitag der FDP

Vor genau 40 Jahren war die Freiburger Stadthalle Schauplatz eines bemerkenswerten Ereignisses. Genau genommen waren es sogar zwei Ereignisse: In der Stadthalle hielt die FDP den Bundesparteitag ab, auf dem sie sich von einer älteren Generation politischer Führer, insbesondere von dem Vorsitzenden Erich Mende, verabschiedete. Vor der Stadthalle warteten viele hundert Studenten und andere Freiburger Bürger auf den reisenden Revolutionsredner Rudi Dutschke.

Das Zusammentreffen hatte seinen Sinn. Auch damals regierte im Bund eine große Koalition. Die FDP war die einzige Oppositionspartei und rückte damit ins Zentrum der öffentlichen Wahrnehmung. Dutschke und seine Anhänger hingegen waren die APO, die außerparlamentarische Opposition, die nicht glaubte, dass Bundestag und Bundesregierung die richtigen Instrumente seien, um nötige Veränderungen in die Wege zu leiten.

Die beiden, parlamentarische und außerparlamentarische Opposition, trafen sich dann auf dem Dach eines Fernsehwagens zu einem munteren verbalen Schlagabtausch. Rudi Dutschke war dazu immer bereit; ich, sein Gegenüber, eigentlich auch, wenngleich an diesem Tage die offizielle FDP große Zweifel hatte, ob eine offene Diskussion mit Vertretern der APO ihr nützen würde.

Ich hatte schon in manchem Audimax mit Dutschke diskutiert und mochte den Mann, auch wenn ich seine Theorien eher abstrus fand. Die Bilder unseres Streitgesprächs auf dem Autodach gingen um die Welt und finden sich noch heute in vielen Texten über »1968«. »Fachidioten der Politik« nannte Dutschke mich und meine neuen Parteifreunde, worauf mir das Wort von »Fachidioten des Protestes« einfiel.

In den vielen Beschreibungen der Situation wird immer der öffentliche Teil betont, also das, was vor der Stadthalle geschah. In der Stadthalle vollzog sich indessen eine folgenschwere Veränderung, die für die meisten zunächst unsichtbar blieb. Die FDP begann, sich zu wandeln von einer Partei der Rechten zu einer liberalen Partei, die auch mit Sozialdemokraten Koalitionen bilden konnte.

Das geschah nicht sofort. Als Walter Scheel zum Vorsitzenden gewählt wurde, hatten die meisten Delegierten keineswegs die Absicht, einen großen Richtungswechsel herbeizuführen. Dennoch verspürten bisher am Rande stehende Aktivisten, dass ein Wandel bevorstand. Hildegard Hamm-Brücher und der damalige Berliner Landesvorsitzende der FDP, Hermann Oxfort, und ein paar andere kamen aus der Stadthalle, um sich an der öffentlichen Diskussion zu beteiligen. Die Drohungen mancher Altliberaler, die APO-Diskutanten zur Rechenschaft zu ziehen, fielen in sich zusammen, als klar wurde, dass die Diskussion auf dem Vorplatz zumindest unentschieden ausgehen könnte.

Dabei half es, dass Walter Scheel sich zwar zunächst bedeckt hielt, einige Landesverbände der FDP aber einem tieferen Liberalismus huldigten als die bisher dominanten. Das galt insbesondere für die Baden-Württemberger. So begann in Freiburg mit der Wahl von Scheel eine Neuorientierung, die sich an vier Themen festmachte.

– Das erste und offenbarste dieser Themen war die scharfe Ablehnung der großen Koalition aus verfassungspolitischen Gründen. Demokratie bedeutet Veränderung ohne Gewalt. Diese aber verlangt das Widerspiel von Regierung und Opposition.

– Dann war da die CDU-Frage. Seit der Ära Adenauer-Heuss schien das Bündnis der FDP mit der CDU gleichsam normal. Allmählich jedoch fand die FDP dieses Bündnis belastend. Mit der Machtübernahme der so genannten Jungtürken in Nordrhein-Westfalen (zu denen Walter Scheel gehörte) wurde die Öffnung für Alternativen immer stärker. Auch hier spielte Baden-Württemberg, wo Reinhold Maier eine Regierung von FDP-DVP und SPD gegen die CDU geführt hatte, eine wichtige Rolle.

– Die 1960er Jahre waren eine Zeit der inneren Reformen, insbesondere in der Bildungspolitik. Nicht nur weil Hildegard Hamm-Brücher, einige andere und ich Protagonisten dieser Reformen waren (»Bildung ist Bürgerrecht«), wurde die FDP zur Verfechterin innerer Reformen, die die große Koalition nicht anpackte.

– Die FDP hatte eine ganz eigene Tradition der Ostpolitik. Deren Motive kamen zwar aus einer anderen Ecke als die von Willy Brandt und Egon Bahr; sie waren eher nationalpolitisch als friedenspolitisch; aber die angestrebten Schritte waren doch ähnlich. Mit der CDU dagegen war eine Ostpolitik nicht zu machen. Die Delegierten des Freiburger Parteitages vom Januar 1968 wären entsetzt gewesen, wenn man ihnen dieses Programm zugemutet hätte. Ein Jahr später allerdings fanden sich viele seiner Elemente in der Nürnberger Wahlplattform für die Bundestagswahl vom Oktober 1969. Freiburg, einschließlich der offenen Auseinandersetzung mit der außerparlamentarischen Opposition, hatte das möglich gemacht.

Inzwischen war allerdings manches geschehen. In Baden-Württemberg, wo wie im Bund eine große Koalition regierte, fanden im Frühjahr 1968 Landtagswahlen statt. Die FDP schnitt mit 14 Prozent gut ab. Ich wurde in Stuttgart gewählt. Am Tag nach der Wahl versammelte der überaus clevere, immer auch ein wenig schlitzohrige Landesvorsitzende Hermann Müller (der übrigens seinen Wahlkreis Schwäbisch Hall direkt gewonnen hatte) die Landtagsfraktion und dämpfte ihre Triumphstimmung: »Für eine Koalition mit der SPD reicht es nicht, und eine Koalition mit der CDU ist nicht mehr möglich.« Dabei guckte er mich scharf an, und ich bestätigte seine Analyse. So erzwangen wir die Fortsetzung der verhassten großen Koalition, um zu demonstrieren, dass wir seit Freiburg, also seit jenem Parteitag heute vor 40 Jahren, eine andere, neue Partei geworden waren. Es begann der lange, nicht von allen mit offenen Karten geführte Wahlkampf für die Bundestagswahl von 1969, die bekanntlich mit der Bildung der Regierung Brandt-Scheel endete.

In der Erinnerung vieler ist der Gang der Dinge in jenen Jahren nur noch ungenau präsent. Sie verbinden daher die »Freiburger Thesen«, das sozialliberale Programm der FDP, mit dem Parteitag von 1968. Tatsächlich kehrten vor allem FDP-Reformer gerne nach Freiburg zurück. Indes sind die Thesen das Werk von Werner Maihofer und seinen Anhängern, und sie stammen aus dem Jahr 1972. Da sind wichtige Unterschiede im Spiel. Ich war an den »Thesen« in keiner Weise beteiligt, stimme ihnen auch nicht zu. Mein Interesse – und das der FDP – war in den späten 1960er Jahren vor allem verfassungspolitisch. Es ging um Grundpositionen einer liberalen Partei angesichts der Gefahren für die Demokratie in einer Zeit der großen Koalition.

Darüber, was »1968« bewirkt hat, wird nach 40 Jahren viel gesprochen und geschrieben. Die Diskussion mit der APO und die Wende der FDP waren in diesem Zusammenhang stehende Ereignisse. Sie waren jedoch in gewisser Weise der Abschluss eines Jahrzehnts der Reformen. Für sie hat Willy Brandt in seiner Regierungserklärung von 1969 (»Mehr Demokratie wagen«) Worte gefunden. Doch gingen die meisten Taten diesen Worten voraus. Die Freiburger Episode vom Januar 1968 war ein kleines, durchaus wichtiges Steinchen im Mosaik dieser Zeit.

(30.1.2008)

Die Verlockung der Globalisierung
Interview über unternehmerische Selbstkontrolle
und Managergehälter

In der VW-Affäre um Tarnfirmen, Schmiergelder und Lustreisen kommen ständig neue Details ans Licht. Der Energiekonzern RWE hatte Politikern ein zweites Gehalt gezahlt, Eon Ruhrgas Politiker auf Firmenkosten zu Privatreisen eingeladen. Sind dies drei Beispiele für einen Verfall der Moral in der Wirtschaft? Wie können solche Affären verhindert werden? Darüber sprach Ronny Gert Bürckholdt mit dem Soziologen Lord Ralf Dahrendorf.

VW hat reagiert und setzte Ombudsleute ein, an die sich Mitwisser von Skandalen vertraulich wenden können. Kann das solche Auswüchse verhindern?
DAHRENDORF: Es ist ein Schritt in die richtige Richtung. Es ist für Beschäftigte nicht einfach, ihre Informationen an irgendjemand in der Firma weiterzugeben. Deshalb ist es angebracht, externe Rechtsanwälte damit zu betrauen, wie Volkswagen das jetzt tut. Ich glaube, dass Volkswagen, wie auch andere Firmen, die ins Gerede gekommen sind, heute ernsthaft auf der Suche nach solchen Auswegen sind.

Bei VW war es aber wohl nur eine kleine Clique an der Spitze des Konzerns, die an diesen Auswüchsen beteiligt war. In einem solchen Fall dürfte es schwierig sein, zu wissen, was die Chefs treiben.
DAHRENDORF: Das ist nicht einfach, aber irgendwie scheint doch oft Einblick möglich. Bei Volkswagen, wie auch in anderen Fällen, sieht man einerseits zwar die Schattenseite der betrieblichen Mitbestimmung: eine zu enge Beziehung zwischen Vertretern der Arbeitnehmer und Führungskadern des Unternehmens. Dabei entsteht ein Klima der Geheimnistuerei, das besonders verderblich ist. Andererseits ist auch richtig, dass, wenn Arbeitnehmervertreter beteiligt sind, irgendjemand von der Sache Wind kriegt.

War der erste Teil Ihrer Antwort eine Forderung, die betriebliche Mitbestimmung von Arbeitnehmern zu verändern?
DAHRENDORF: Das wäre etwas abwegig. Die Mitbestimmung gehört zu den heiligen Kühen der deutschen Betriebsverfassung. Aber ich glaube, wer unzweifelhaft vorhandene Konfliktlinien verwischt, indem er die Vertreter

der Fordernden in die merkwürdige Rolle bringt, selbst Entscheidungen zu treffen, der läuft in die Gefahr einer zu engen und unklaren Beziehung. Das ist wohl meine angelsächsische Einstellung, dass man Konflikte austragen und nicht verwischen soll.

Teil der VW-Affäre ist das Verhalten des Skoda-Managers Schuster, der im Ausland Tarnfirmen gegründet hatte. Steigt generell mit der zunehmenden Internationalisierung und damit Dezentralisierung von Unternehmen die Verlockung für Betrüger?

DAHRENDORF: Unzweifelhaft. Der Prozess der Internationalisierung entzieht sich den nationalstaatlichen Kontrollen. Es braucht zusätzliche Institutionen. Eine davon ist Transparency International. Sie deckt Korruptionsfälle auf, auch wenn sie stärker mit Regierungen als mit Unternehmen befasst ist. An der Notwendigkeit einer solchen privaten und unorthodoxen Institution sieht man, dass die Globalisierung die vorhandenen Kontrollinstitutionen geschwächt hat. Wir müssen uns neue Ideen einfallen lassen.

Wie weit sind solche Ideen gediehen?

DAHRENDORF: Nicht weit genug. Es gibt aber einen relativ starken Druck, neue Wege zu gehen, um durchsichtige rechtliche Verhältnisse zu garantieren. Ich bin sicher, dass die entwickelten Industrieländer alle Interesse daran haben, dies zu fördern. Aber so alt ist die Globalisierung noch nicht, dass diese Notwendigkeit schon voll befriedigt sein könnte.

Bei der Bahn sind fünf Jahre nach Einführung von Ombudsleuten mehr als 100 Fälle von Korruption im Unternehmen beim Staatsanwalt gelandet. Warum folgen so wenige Firmen diesem Beispiel – obwohl es sich doch offensichtlich lohnt?

DAHRENDORF: Mein Eindruck ist, dass es eine ganze Reihe von großen Unternehmen gibt, vor allem unter den öffentlich sichtbaren, die sich mit der Frage eines Verhaltenskodex und der damit verbundenen Sanktionen Gedanken machen. Es gibt bereits einen internationalen Kodex, den viele deutsche Unternehmen übernommen haben.

Gehört zur Offenheit von Firmen auch, dass Manager ihre Gehälter einzeln offenlegen?

DAHRENDORF: Eindeutig ja. Das gilt jedenfalls für Unternehmen, die ihren Aktionären gegenüber verantwortlich sind oder durch ihren Status einen öffentlichen Charakter haben. Bei Aktiengesellschaften geht es besonders um die Stärkung der Aktionärsrechte.

Wie können Aktionäre Skandale wie bei VW verhindern?
DAHRENDORF: Es ist oft sehr schwierig für Aktionäre, Druck zu machen. In vielen Unternehmen haben einige wenige große Aktienpakete, andere nur einzelne Stimmen. Man weiß aber aus der Geschichte der Bundesrepublik, dass es immer wieder mutige Sprecher der Aktionäre gab, die aber allein blieben, solange die großen Aktienpakete durch Versicherungen oder andere Große vertreten wurden. Ich bemerke aber einen Klimawandel, was die Einstellung zu Unternehmen und deren Führung angeht. Dieser Wandel zeigt sich auch darin, dass Aktionäre mehr Informationen fordern.

Wie sieht das neue Klima aus?
DAHRENDORF: Es wird nicht mehr einfach hingenommen, dass Unternehmen und ihre Leiter tun und lassen können, was sie wollen. Es gibt eine zunehmende Diskussion – von den Managementgehältern bis hin zu der Frage, wie man sich dazu stellen soll, wenn die Unternehmensgewinne auf Kosten der Beschäftigung ins Unermessliche steigen. Ich denke, dass diese Diskussion ihre Wirkung nicht verfehlen wird. Diese Klimaveränderung wird sich zuerst im auch in dieser Hinsicht flexibelsten Land auswirken, nämlich in den Vereinigten Staaten.

Zeigt sich dies bereits jetzt?
DAHRENDORF: Es gibt im Kongress nicht unbedeutende Sprecher, und wenn man den republikanischen Senator John McCain dazurechnet, mögliche Präsidentschaftskandidaten, die diese Thematik öffentlich machen. Amerika hat einen Vorteil gegenüber vielen europäischen Ländern: Man kann die Exzesse des Kapitalismus öffentlich attackieren, ohne damit Systemkritik zu üben. In Europa wird gleich der ganze Kapitalismus attackiert.

Eine zweite Affäre waren jüngst die Politikerreisen bei Eon Ruhrgas. Eon will nun per Selbstverpflichtung solche Reisen verhindern. Sie selbst haben den Konkurrenten RWE dabei beraten, einen Verhaltenskodex aufzusetzen. Was steht darin?
DAHRENDORF: Im RWE-Kodex steht, dass Politiker nicht beschäftigt und bezahlt werden dürfen, wenn sie nicht eine angemessene Leistung erbringen. Sie können unter keinen Umständen unter Vertrag genommen werden, nachdem sie in ein öffentliches Amt gewählt worden sind. Darin finden sich auch Verfahren, wie RWE-Mitarbeiter außenstehende Personen informieren können, wenn sie unzulässige Handlungen sehen. Ich glaube,

dass bereits die Existenz des Kodex eine löbliche Wirkung hat. Wenn dem andere Vorstände folgen, ist die Hälfte des Weges zur Abhilfe geschafft.

Ist die andere Hälfte, die staatlichen Ermittler zu stärken: mehr Staatsanwälte und wieder eine Kronzeugenregelung?
DAHRENDORF: Ich bin eher überzeugt von dem, was die Unternehmen selbst tun können. Wenn man sich die Fälle bei RWE anschaut, bei denen Politiker ein zweites Gehalt ohne große Leistungen bezogen haben, stellt man fest, dass dies nicht kriminell war. Diese Fälle sind mit dem Strafrecht nicht zu fassen – oder nur mit großer Mühe. Wir bewegen uns hier im Moralischen. Deshalb scheint mir ein Kodex und Ombudsleute sehr viel sinnvoller. Ich würde nicht zuerst auf die Verschärfung der Rechtsmittel blicken.

Sind die Fälle VW, RWE und Eon Beispiele für einen allgemeinen Verfall der Sitten von Managern?
DAHRENDORF: Das ist ein großes Wort. Es steht mir überhaupt nicht zu, eine solche Verallgemeinerung zu machen. Was man aber sagen kann, ist, dass der viel gepriesene deutsche Korporatismus (Einbindung von Interessengruppen wie Gewerkschaften in die Politik und Unternehmensentscheidungen – d. Red.) seine Nachteile hat, nämlich eine zu enge Verflechtung von Arbeitnehmervertretern und Aktionärsvertretern. Man kann auch sagen, dass die enorme Explosion der Globalisierung eine Verlockung für viele Manager darstellte, der manche erlegen sind. Eine Verlockung, an sich normale moralische Regeln des Führungsverhaltens zu vergessen.

Altkanzler Schröder und Ex-Wirtschaftsminister Clement beraten Energiefirmen, Ex-Finanzstaatssekretär Koch-Weser wechselt zur Deutschen Bank. Der Bundestag will per Selbstverpflichtung den Wechsel von Politikern nach ihrer Amtszeit in die Wirtschaft erschweren. Wäre die Einführung von Sperrzeiten nicht die bessere Lösung?
DAHRENDORF: Mir scheint es richtig, solche Sperrzeiten einzuführen. Es sollten keine unmittelbaren Wechsel in ein Unternehmen möglich sein, mit dem ein Politiker in seiner politischen Funktion zu tun hatte. Auch diese Diskussion zeigt, dass das Thema nicht mehr weggeht. Ich bin überzeugt davon, dass Wege gefunden werden, in den gröbsten Fällen Abhilfe zu schaffen.

(28.2.2006)

»Mir reicht die Freiheit«
Interview mit dem Europäer Ralf Dahrendorf
zu dessen 75. Geburtstag

Wer Visionen habe, solle zum Arzt gehen, hat Helmut Schmidt gesagt. Ralf Dahrendorf würde ihm da zustimmen. Mit dem ebenso begeisterten wie skeptischen Europäer sprachen Thomas Hauser und Stefan Hupka.

Herr Dahrendorf, trotz Ihrer europäischen Biografie hat man den Eindruck, dass Sie immer skeptischer werden, was Europa betrifft.
DAHRENDORF: Nicht, was den 1. Mai betrifft. Das ist für mich ein großer Moment und einer, auf den ich jetzt 15 Jahre gewartet habe. Wir sind damit einen großen Schritt näher an einem Gesamteuropa, das einen großen Teil der potenziellen Mitglieder und vor allem die nachkommunistischen Länder einschließt. Das ist für mich ein wirklicher Moment der Freude.

Wo ist der Hauptgrund der Freude? Zunächst einmal wird ja alles schwieriger und komplizierter.
DAHRENDORF: Es ist ja kalt außerhalb der EU für alle Nachbarn, eisig. Und die Union ist nie nett gewesen zu ihren Nachbarn, sie hat denen das Leben fast immer schwer gemacht, das gilt auch für die Schweiz. Das ist aber das Letzte, was Länder brauchen, die sich aus einer langen Zeit der Diktatur befreit haben. Insofern sind das jetzt schon ein paar freundliche Wärmegrade mehr für eine wichtige Zahl von Ländern. Und was die Komplikationen betrifft, damit kann man fertig werden.

Aber man spürt bei Ihnen Zweifel, dass aus Europa mehr werden könnte als ein bloßer Zusammenschluss von Staaten.
DAHRENDORF: Mit Recht. Ich glaube, dass der Nationalstaat bis heute die einzige institutionelle Form ist, die wir gefunden haben, um die Grundsätze einer liberalen Ordnung zu verwirklichen. Ich glaube, dass Europa dazu, wenn überhaupt, nur einen äußerst begrenzten Beitrag geleistet hat. Ich habe nie von den Vereinigten Staaten von Europa geträumt und tue das heute auch nicht.

Ein gemeinsames europäisches Staats- und Wahlvolk halten Sie für Utopie?

DAHRENDORF: Ja. Ich halte das für eine gefährliche Utopie, weil es uns täuscht über das, was tatsächlich ist. Daher glaube ich auch, dass die Legitimität eines direkt gewählten Europäischen Parlaments sehr begrenzt ist. Die Legitimität eines Parlaments aus Delegierten der nationalen Parlamente wie in den Anfangsjahren der Gemeinschaft war mindestens so groß.

Eifern die Institutionen dieser Utopie nach?
DAHRENDORF: Sehr begrenzt. Wenn Sie sich den Verfassungsvertrag ansehen, dann entdecken Sie, dass es ein Vertrag zwischen Staaten ist und eben keine Verfassung. Sie entdecken zweitens, dass die supranationalen Elemente sehr begrenzt bleiben, nämlich auf das begrenzt sind, was heute schon da ist, und das ist insbesondere der Binnenmarkt – den ich allerdings für eine große Sache halte. Ich teile die deutsche Geringschätzung des Binnenmarktes überhaupt nicht. Sie hängt zusammen mit dem deutschen Unverständnis für ökonomische Fragen. Insofern kann man nicht sagen, dass der Verfassungsvertrag eine Road Map zu den Vereinigten Staaten von Europa wäre.

Ist es denn gut, dass es jetzt vorangeht mit der Verfassung, oder sollte man da nichts überstürzen?
DAHRENDORF: Es wäre kein Drama, wenn dieser Vertrag, der keine Verfassung ist, nicht in Kraft träte.

Noch nicht oder gar nicht?
DAHRENDORF: Nicht. Wenn, dann hätte ich lieber einen, der dann wirklich von Grund auf über die institutionellen Bedingungen nachdenkt, was dieser Vertrag ja überhaupt nicht tut. Also: Wenn dieser Vertrag irgendwo in der Versenkung verschwände, wäre das nach meiner Meinung kein europäisches Drama. Man wird sehen. Zunächst kommt die Regierungskonferenz, die sich möglicherweise einigt. Dann kommt die Ratifizierung in 25 Ländern. Und da ist es sowieso nicht ausgemacht, dass die alle Ja sagen.

Wird Blairs Referendum der Todesstoß?
DAHRENDORF: Im Grunde hofft Blair ja auch, dass andere vorher dem Vertrag den Todesstoß geben. Aber das ist, wie ich zugebe, etwas zynisch gedacht.

Mit dem Status der Gemeinschaft als gehobener Freihandelszone sind Sie zufrieden?

DAHRENDORF: Das ist so ein deutscher Begriff. Die EU ist ein Binnenmarkt, und zwar im vollen Sinn von Jacques Delors. Dieser Binnenmarkt schließt ja außerordentlich viele Dinge ein, zum Beispiel was die Mobilität von Personen angeht. Ich halte Delors nach der Generation von Monet und Hallstein für den größten Föderator Europas. Da stehen wir, und das ist eine beträchtliche Leistung.

Spricht da der Brite oder Deutsche oder Europäer?

DAHRENDORF (*lacht*): Ich bin nicht zuerst Europäer, das würde ich nie von mir sagen.

Weltbürger vielleicht?

DAHRENDORF: Schon viel eher. Denn alles, was wir hier tun, sollten wir im Hinblick darauf tun, dass es auch für einen weiteren Raum gelten kann und sicher nicht darauf, dass Europa selber als eine Supermacht betrachtet wird. Aber ein bisschen britischer Einfluss ist bei mir sicher unverkennbar.

Es gibt ja viele, die sagen, Europa müsse eigene Stärke entwickeln, als Gegengewicht zu den USA.

DAHRENDORF: Zu denen gehöre ich nicht. Ich hielte das für eine sehr gefährliche Entwicklung, die aber glücklicherweise auch nicht möglich ist, denn ich sehe nicht recht, dass die Bundesrepublik 20 Jahre lang ihren Verteidigungshaushalt jedes Jahr um fünf Prozent erhöht, und ohne das scheint mir die Rede vom Gegengewicht eher abstrakt.

Fragt sich, wie lange die USA selbst sich das noch leisten können.

DAHRENDORF: Das ist wahr. Aber sie haben es immerhin lange genug gemacht. Es ist auch nicht der einzige Aspekt. Ich bin tatsächlich der Meinung, dass die bewusste Spaltung dessen, was man freie Welt nennen kann, ein Irrweg wäre.

Mit verschiedenen Staatsangehörigkeiten zu spielen, ist das reizvoll oder auch komfortabel?

DAHRENDORF: Komfortabel ist vielleicht nicht das, was ich je gesucht habe im Leben. Aber es kann Spaß machen, beleben, befruchten. Was politische

Tätigkeit betrifft, so ist diese bei mir in diesen Jahren im Kern in Großbritannien gewesen, wo ich Mitglied des Parlaments bin. Und ich habe nicht den Anspruch erhoben, außer als intellektueller Kommentator, mich in deutsche politische Prozesse in diesen Jahren einzumischen. Das würde ich auch für ein bisschen verfehlt halten. Auch das hängt mit meinem Europabild zusammen.

Werden Sie in London noch als Deutscher identifiziert?
DAHRENDORF: Als Deutscher im engeren Sinn nicht, aber als jemand, der eine besondere Beziehung zu Deutschland hat, ganz sicher. Da ich das nie geleugnet habe, fragen mich auch viele danach.

Und in Deutschland, sind Sie da heute manchmal der »Vaterlandslose«?
DAHRENDORF: Tja, Deutschland hat ja neuerdings für manche Dinge den Patriotismus entdeckt, zum Beispiel, wenn Unternehmen in andere Länder gehen, um dort zu produzieren. Wer weiß, da kann mir auch noch einiges blühen.

Es gab und gibt eine Reihe von Affären in der EU. Muss die EU sich Gedanken machen, wie sie den Bürgern legitimer gegenübertritt?
DAHRENDORF: Ja. Aber es geht nicht um Affären allein. Es ist ja kein Zufall, dass jetzt vier Mitglieder der Kommission die nationale Politik ihrer Kommissionsmitgliedschaft vorziehen. Und ich kenne eine ganze Reihe von jüngeren Mitgliedern des Europäischen Parlaments, die diese Mitgliedschaft ganz eindeutig als zweitklassig ansehen und sich intensiv um nationale Parlamentssitze bemühen. Daran sieht man, dass gerade bei den Beteiligten eine Vorstellung der Wirkungsmöglichkeiten, aber auch der Legitimierung vorherrscht, die nicht ganz mit den Idealen übereinstimmt. Es sind nicht nur die Affären. Sondern Europa ist eben so konstruiert, dass es außerordentlich schwierig ist, Bürger davon zu überzeugen, dass das ihre Institutionen sind.

Ist die gegenwärtige Aufgabenverteilung zwischen Nationalstaaten und Europa sinnvoll?
DAHRENDORF: Ich bin nicht der Meinung, dass Europa im Augenblick eine große Programmatik braucht. Ich halte den Binnenmarkt, wie gesagt, für enorm wichtig. Ich würde mich ganz gerne damit begnügen, dass man dort, wo es sich als aktuell notwendig erweist, intensiver zusammenarbei-

tet. Ich bin aber sehr skeptisch gegenüber allen Ansätzen einer im ernsten Sinn gemeinsamen Außen- und Verteidigungspolitik.

Sehen Sie Chancen, dass man sich auf eine oder wenige Amtssprachen verständigt?

DAHRENDORF: Man soll sich die hohen Ausgaben für Übersetzer und Dolmetscher ruhig leisten. Es muss sein, dass im Prinzip jeder Minister und Abgeordnete sich in seiner Sprache ausdrücken kann. Die Vielfalt der Sprachen ist ein Teil des Charmes von Europa und es wäre sehr falsch, eine Identität zu konstruieren, die das durch Esperanto ersetzt. Wenn Europa eine Veranstaltung wird, bei der man nur mitwirken kann, wenn man ein englisches oder französisches Sprachexamen gemacht hat, dann ist es noch wieder ein paar Meilen weg von den Bürgern.

Wie groß ist die Gefahr, dass man gegen Europa wieder Wahlen gewinnt?
DAHRENDORF: Groß.

Wächst die Gefahr bei wirtschaftlichen Schwierigkeiten und Verteilungskämpfen?

DAHRENDORF: Früher war die Rechte pro Europa und die Linke dagegen. Heute ist die Rechte dagegen und die Linke dafür, mit dem Argument, das europäische Sozialmodell müsse gegen neoliberale Tendenzen in manchen Mitgliedstaaten verteidigt werden. Aber ausgetreten ist noch niemand. Wenn der Verfassungsvertrag durchkommt, gibt es diese Möglichkeit. Vielleicht wird dann mal jemand austreten.

Was hielten Sie von dem umstrittenen, von manchen geforderten Gottesbezug in der Präambel?

DAHRENDORF: Die hätte darin nichts zu suchen und verstärkt nur den Anschein, dass es sich um etwas handelt, was es nicht ist, nämlich eine Verfassung. Aber es gibt auch hinlänglich viele strikt säkularisierte Staaten in Europa, um den Gottesbezug für manche sehr problematisch werden zu lassen.

Was bleibt als Identifizierungsmerkmal übrig für Europa ohne christliche Tradition? Abendland?

DAHRENDORF: Ich habe da kein Bedürfnis. Da müssten Sie jemand anderen fragen. Mir reicht die Freiheit und die liberale Ordnung. Ich brauche keine europäische Identität.

Was wünschen Sie sich zu Ihrem Geburtstag für Europa?

DAHRENDORF (*lacht*): Ein Europa, das offen ist und gegenüber den Nachbarn und der weiteren Welt die Art von Generosität zeigt, die Churchill und andere nach dem Krieg Deutschland gegenüber gezeigt haben. Das wäre ein Europa, das auf Grundsätze baut, die ich die Grundsätze der liberalen Ordnung nenne. Und das ist ein großer Wunsch, denn das ist ziemlich weit weg vom heutigen Europa.

(30.4.2004)

»Der Föderalismus ist geschwächt«
Interview zum 50-jährigen Jubiläum der Fusion
von Baden und Württemberg

Ist der deutsche Föderalismus im Großen und Ganzen ein Erfolgsmodell? Darüber sprach Thomas Hauser mit Lord Ralf Dahrendorf. Dahrendorf ist Soziologe und Publizist mit einer langen Karriere als Politiker und Wissenschaftler. Er hat einen Sitz im britischen Oberhaus und ist Berater der *Badischen Zeitung*.

Lord Dahrendorf, der Zusammenschluss von Baden, Württemberg-Baden und Württemberg-Hohenzollern zum Land Baden-Württemberg vor 50 Jahren gilt als einzig gelungene Länderfusion in Deutschland. Wo sehen Sie das Vorbildliche?

DAHRENDORF: Man kann die Situationen nicht vergleichen. Zwischen, sagen wir, Hamburg und Niedersachsen oder Berlin und Brandenburg stellen sich andere Fragen als damals im Südwesten. Wenn man etwas Vorbildliches an der Baden-Württemberg-Bildung sehen will, liegt das weniger in dem Prozess der Bildung des einen Landes als in dem Erfolg des Ergebnisses. Das heißt, der Prozess der Vereinigung selber lässt manche Fragen offen. Aber der Erfolg ist heute unbestreitbar. Das ist das Vorbildliche.

Wo sehen Sie den Erfolg?

DAHRENDORF: In der außerordentlichen, fast magnetischen Anziehungskraft des Landes Baden-Württemberg. Ich glaube, wir sind jetzt so beunruhigt über Zuwanderung und solche Sachen, dass wir darüber vergessen, dass Zuwanderung ja ein Erfolgssignal ist. Und Baden-Württemberg hat von Anfang an Menschen aus dem Rest der Bundesrepublik, vor allem aus den nördlicheren Bundesländern, in großem Umfang angezogen. Und auch die Ausländer, die es heute anzieht, sind ein Zeichen einer Attraktivität. Ich glaube, dass das ein Erfolgsmaßstab ist, den man nicht vergessen sollte. Insbesondere nicht in einem Land, und hier spreche ich mehr von Baden als von Württemberg, das vor 100, geschweige denn 150 Jahren ein Auswanderungsland war.

Braucht die Bundesrepublik heute weitere Fusionen?

DAHRENDORF: Nach meiner Vorstellung verträgt der Föderalismus große Unterschiede zwischen Bundesländern, auch Unterschiede in der Größe. Wenn man sechs gleich große Bundesländer will, dann braucht man gar keinen Föderalismus. Insofern sind weitere Zusammenschlüsse grundsätzlich nicht nötig. Eine Fusion aber scheint mir ganz unentbehrlich, und das ist die im Prinzip ja bereits beschlossene, aber von der Bevölkerung noch nicht gutgeheißene Fusion Berlin-Brandenburg. Denn was sich in Berlin an Politik abspielt, ist für die Hauptstadt höchst unzuträglich und auch ganz abwegig.

Wie steht es überhaupt um den Zustand des Föderalismus? Spielen die Länder noch die Rolle, die ihnen die Väter des Grundgesetzes zubilligen wollten?
DAHRENDORF: Der Föderalismus in Deutschland ist schwach. Er ist jedenfalls schwach geworden. Das hat mehrere Gründe. Ein Grund liegt bei den Ländern selbst, die seit den 1960er Jahren in zunehmendem Maße versucht haben, sich nicht zu unterscheiden, also Dinge zu harmonisieren. Ein zweiter Grund liegt ganz sicher darin, dass der Bund sich immer stärkere Vollmachten angeeignet hat, gerade auch im Kulturbereich. Und diese Vollmachten wurden verbunden mit der Finanzierung. Wer aber den Geldsack hat, der hat eben immer auch die Kontrolle. Das heißt also, Harmonisierung, Gemeinschaftsaufgaben, all diese Dinge haben den Föderalismus geschwächt. Ich bedaure das, denn der Föderalismus oder die starken Länder sind ein wichtiges Gegengewicht gegen eine Tendenz der Zentralisierung, die es auch gibt. Ein erster Schritt zur Stärkung der Länder wäre eine Reform des Länderfinanzausgleichs. Die aber ist bislang leider nicht gelungen.

Müssten heute nicht wieder Aufgaben an die Länder zurückverlagert werden? Oder geht die Tendenz eher zum zentralen Staat nach französischem Vorbild?
DAHRENDORF: Die Tendenz geht zweifellos zu einem zentralen Staat. Ich würde dieser Tendenz nicht durch eine Kompetenzdiskussion begegnen. Mir scheint der richtige Weg der zu sein, dass Länder eigene politische Wege mit größerem Selbstbewusstsein verfolgen, experimentierfreudiger werden, dabei auch im Inneren viel Spielraum lassen und vor allem den Zentralismus innerhalb des Landes selbst nicht vorantreiben. Ich bin ein großer Anhänger der Gemeinden und glaube, dass die baden-württembergische Gemeindeordnung zu den stolzeren Stücken der baden-

württembergischen Verfassungswirklichkeit gehört. Mit anderen Worten, keine abstrakte Kompetenzdiskussion, wohl aber mehr Mut bei Experimenten.

Bleibt denn im vereinten Europa für die Länder überhaupt noch eine Aufgabe?

DAHRENDORF: Ganz sicher. Es gibt ja heute diese merkwürdige Doppeltendenz. Die lässt sich mit dem Wort von der Glokalisierung, das andere geprägt haben, umschreiben, das heißt gleichzeitig global und lokal. Das gilt auch in Europa. Das heißt, das eigentliche Problem haben, wenn man es in diesen Kategorien sieht, die Nationalstaaten. Obwohl ich auch denen weiter eine beträchtliche Rolle gebe.

Südbaden war im Laufe seiner Geschichte durchaus unterschiedlich orientiert. Mal nach Westen, Richtung Elsass, Frankreich, mal nach Osten, Richtung Württemberg oder lange Zeit nach Österreich. Könnte es sein, dass die Europäische Union die Kooperation über den Rhein wieder in den Vordergrund rückt?

DAHRENDORF: Ich glaube, dass diese Tendenzen ebenso willkommen sind wie in gewisser Weise folgenlos. Ich meine, es gibt da an zwei Stellen, die Südbaden betreffen, eine intensive grenzüberschreitende Zusammenarbeit, die eine ist am Bodensee und die andere ist natürlich die herrliche Ecke Freiburg-Straßburg-Basel. Ich glaube, diese Zusammenarbeit kann noch viel intensiver werden, ohne dass dadurch irgendwelche negativen Nebenwirkungen für das gemeinsame Bundesland entstehen.

(20.4.2002)

Gesellschaft – Was uns zusammenhält
Die sozialen Bindungen vor Ort müssen intakt sein,
um die Globalisierung zu ertragen

Unlängst, bei der Beratung des Gesetzes über die Neuordnung der Londoner Stadtverwaltung, gab es zu später Stunde im britischen Oberhaus einen nachdenklich stimmenden Disput. Der nun schon betagte Gemeindesoziologe Lord Michael Young fragte die Regierung, warum das Gesetz zwar Bezirksversammlungen, aber keine Parish Councils, keine Beiräte für die kleinsten Wohngemeinschaften, vorsehe. Die Weltstadt habe zwar 27 Bezirke, bestünde aber in Wahrheit aus lauter Dörfern, in denen die Leute sich wirklich zu Hause fühlten. Ihm widersprach merkwürdigerweise der Bischof von London, der mit zwei Dutzend seiner Kollegen einen Sitz im Oberhaus hat. Nur zu gerne, sagte der Bischof, würde er an die »Dörfer« in der Großstadt glauben, mindestens an Kirchensprengel, doch die Wahrheit sei anders. Die meisten Leute gehörten mehreren für sie wichtigen Gruppen an, einer um ihre Arbeit, einer um ihren Sport, einer in ihrem Wohnhaus oder ihrer Straße, von Vereinen und Parteien und der Kirche ganz zu schweigen. Diese Gruppen aber bilden kein Ganzes, kein »Dorf«, sie überschneiden sich noch nicht einmal; daher hätten Sprengelbeiräte wenig Sinn.
Die Regierung war's zufrieden, denn sie liebt die vielen Räte nicht, die ihr das Leben schwer machen. Der im Alter etwas romantisch gewordene Soziologe war traurig. Wir übrigen, die zu dieser Stunde noch im Parlament saßen, spürten indes, dass der Bischof der Realität näher kam als Lord Young. Es sind jedenfalls nicht kleine Sprengel, die die Menschen in der modernen Welt zusammenhalten. Was ist es überhaupt? Was insbesondere in einer Zeit, in der nicht einmal das Fernsehprogramm von gestern Abend noch ein gemeinsames Gesprächsthema abgibt, weil es so viele Programme gibt, dass selbst am Stammtisch fast jeder ein anderes gesehen hat?
Moderne, das heißt ja vor allem Beweglichkeit, Vielfalt und Wahlchancen. Es heißt also, dass Individuen selbst ihr Leben gestalten. Mit dem Prozess der Moderne fallen immer neue feste Bindungen fort. Die Großfamilie ist nicht mehr das Netz, das alle – auch die Alten, die Kranken, die Behinderten, die Armen – hält. Die Zugehörigkeit zu einem Stand liefert nicht mehr klare Verhaltensregeln. Die Wohngemeinde mischt Fremde und Einheimische, Katholiken und Protestanten, und viele sind auf dem Sprung nach

anderswo. Kirchen haben ihren Zugriff auf Menschen verloren; selbst zu Ostern und zu Weihnachten kommt nur noch eine Minderheit zum Gottesdienst. Auch die Arbeit, der Arbeitsplatz, verbindet nur noch bedingt, seit Flexibilität gefragt ist und vor allem die Arbeit einen immer mehr schrumpfenden Raum im Leben der meisten einnimmt. Wer nur von, sagen wir, 25 bis 55 arbeitet, und dann nur sieben Stunden an weniger als 200 Tagen im Jahr, kann in seinen Arbeitskollegen schwerlich die bindende Gemeinschaft finden.

Das ist nun nicht mit der Wehmut meines Soziologen- und Oberhauskollegen Michael Young gesagt. Moderne heißt auch ein enormer Gewinn von Freiheit. All die schönen Bindungen der Vergangenheit waren ja immer zugleich Zwänge. Nur ist die Freiheit am süßesten, wenn sie nicht zur existenzialistischen Sinnlosigkeit ausartet, zum Leben als einer Folge von Actes Gratuites, von Handlungen um ihrer selbst willen, zu einer Welt, in der alles gleich gültig ist. Freiheit bewährt sich am besten innerhalb gewisser Strukturen, in Institutionen sogar, wenn und solange diese nicht totale Institutionen werden, die uns keinen Ausweg lassen.

Darum ist die Frage wichtig, ob es denn irgendwo eine gute Mischung von moderner Individualität und hergebrachter Bindung, von Freiheit und Zugehörigkeitsempfinden gibt. In England war das lange Zeit der Fall, wobei allerdings die Tradition vor allem die Form der Vorherrschaft einer Aristokratie annahm. Dass diese sich ständig erneuerte – bis hin zum Oberhaus, das nun sogar Soziologen zu seinen Mitgliedern zählt –, machte sie erträglich, aber Vorherrschaft war es doch. Erst seit Margaret Thatcher und nun Tony Blair hat der moderne Bürgerstaat, die »neue Mitte«, sich durchgesetzt. Italien kannte und kennt zum Teil noch heute weitverzweigte Netzwerke familiärer Zusammengehörigkeit. Die hohe Arbeitslosigkeit bei schwach entwickelter Arbeitslosenhilfe wäre ganz unerträglich ohne die stets hilfsbereiten Familien. Zugleich beruht Italiens Wirtschaftskraft auf in ihren Gemeinden verankerten Familienunternehmen. Über die Schweiz und ihre Gemeinden ließe sich Ähnliches sagen.

Und Deutschland? Lassen wir zunächst das große, vielfältige, als Ganzes so schwer zu vereinigende Deutschland und blicken auf seine Teile, auf Baden zum Beispiel. Dass das Badenerlied und die rot-goldene Fahne es zusammenhält, gilt sicher in Mannheim weniger als in Freiburg. Ohnehin soll zunächst nicht vom ganzen Baden die Rede sein, sondern von seinen vielen kleinen und mittleren Gemeinden. Auch sie haben übrigens seit der Verwaltungsreform Probleme wie die der in London fehlenden »parish councils«, also der Vertretung sichtbarer Kleingemeinden im größeren

Ganzen. Wer (wie ich) in einem »unechten Teilort« wohnt, kann davon ein Lied singen. Dabei ist das immer noch besser als Gemeinden, die es gar nicht gibt, weil ihr Name keinen der Teilorte ursprünglich beschreibt, wie »Wutach« oder »Klettgau«. Aber das ist vermutlich schon wieder Altersromantik. Wichtiger ist, was die Gemeinden tatsächlich zusammenhält.
Da gibt es nach wie vor eine Reihe von wichtigen Elementen. Auch wenn sie alle etwas Unvollständiges, um nicht zu sagen Zufälliges haben. So ist die Erfahrung eines Ortes kaum auf andere übertragbar. Wenn der örtliche Pfarrer einen ungezwungen ökumenischen Sinn mit dem Verständnis für menschliche Schwächen verbindet, kann er viele in der Gemeinde einbinden; viele, indes keineswegs alle. Die Fasnacht, ihre Vorbereitung und Nachsorge ist für viele – wenn auch wiederum nicht für alle – eine verbindende Erfahrung. Manche Bürgermeister haben das Unmögliche geschafft und alle Vereine ihrer Gemeinde dazu bewogen, ein gemeinsames Sommerfest zu arrangieren. Überhaupt sind Feste ein wichtiges Bindemittel. Sogar in den Wohnanlagen der großen Städte können sie zum Anfang der Bildung rudimentärer Gemeinschaften werden. Badener (soweit ich das aus meiner Schwarzwaldgemeinde beurteilen kann) lieben Feste, öffentliche und private, und zu allen Hochzeiten, Jubiläen und Sommerfesten die Musik, die schon für die Jungen kräftige Bindungen stiftet.
Feste sind, bis zu einem gewissen Grade zumindest, freiwillige Instrumente sozialer Bindung. Manche mögen sich bedrängt fühlen, in der Meinung, sie müssten sich an ihnen beteiligen, aber den meisten macht das Festefeiern im Großen und Ganzen Spaß. Wie aber steht es mit den notwendigen Bindungen, mit denen, die sich aus der alltäglichen Lebenstätigkeit ergeben? Drei Dinge kommen einem in den Sinn, Arbeit, Politik und das, was man das tägliche Leben nennen kann. Die Arbeit verbindet auch in kleinen Gemeinden immer nur Gruppen. Wenn es aber Gemeinden gibt, die von einer einzigen Firma, einem Unternehmen abhängen, dann bedeutet das oft auch eine Bedrohung. Die zu starke Abhängigkeit wird als solche schon belastend empfunden; dazu gesellt sich heute die Gefährdung durch Wechselfälle der Konjunktur und des Strukturwandels. Man muss Gemeinden geradezu wünschen, dass es nicht das eine und einzige Unternehmen ist, das sie zusammenhält.
Die Politik – gemeint ist hier die Gemeindepolitik – leistet nur sehr bedingt, was sie im klassisch-demokratischen Sinne tun sollte, nämlich die Bürger verbinden. Am ehesten geschieht dies noch durch die direkt gewählten Bürgermeister. (Die Direktwahl eines Bürgermeisters für London ist übrigens der Kernpunkt des Gesetzes, von dem eingangs die Rede war, und viele

erhoffen sich davon die wenigstens symbolische Zusammenführung der so grenzenlos vielfältigen Stadt.) Gemeinderäte binden Städte und Dörfer nur noch sehr bedingt zusammen. Dass die Politikmüdigkeit auch diesen unmittelbaren Lebensbereich ergriffen hat und es hier und da schwierig geworden ist, Kandidaten für Gemeindewahllisten zu finden, gibt der Demokratie ein trauriges Zeugnis.

Mit dem täglichen Leben ist es eine eigene Sache. Wieder muss meine badische (Wahl-)Heimatgemeinde als Beispiel dienen. Hier wie vielerorts gibt es eine lebhafte Diskussion über den Ladenschluss. Meine Berichte über Supermärkte in London, die an sieben Tagen in der Woche 24 Stunden lang geöffnet sind, werden am Stammtisch beiseite gewischt. Was soll's? sagen die Gesprächspartner. Wer am späten Abend oder am Wochenende etwas braucht, geht hin, klingelt beim Geschäftsinhaber und kriegt, was er oder sie will. Solange es solche Geschäfte noch gibt! Dienstleistungen werden geboten, wenn sie verlangt werden. Was soll ich meinen Salon offenhalten? sagt der Friseur. Es kostet weniger, wenn ich nach Geschäftsschluss noch einmal hingehe und jemanden bediene, der oder die nur zu dieser Zeit kommen kann. Das klingt gut. Aber wie viel Prozent der Bewohner des Städtchens sind von so nachbarlicher Behandlung ausgeschlossen? Was, wenn ein Albaner kommt oder nur ein Zugereister aus »dem Osten«?

Dennoch, das Bild, das sich aus solchen Mosaiksteinchen ergibt, ist nicht ermutigend. Es würde wahrscheinlich Lord Young gefallen, auch ohne Sprengelbeirat. In vielen kleineren Gemeinden gibt es nach wie vor eine Menge sozialen Kitt. Das macht nicht alle glücklich; auch Zerfallserscheinungen zeigen sich in beträchtlicher Zahl. Vielfach schütteln sich indes sogar zunehmend heterogene Gemeinwesen irgendwie zusammen. Die Ausnahmen bestätigen tatsächlich die Regel, denn sie haben oft sehr spezielle Gründe, einen lästigen Bürgermeister, den brutalen Eingriff eines Großunternehmers oder Ähnliches.

Allerdings bedarf die Gemeinde-Idylle einer entscheidenden Korrektur. Gemeinden leben nicht für sich allein, schon gar nicht in Zeiten der Europäisierung, ja Globalisierung. Die Europäisierung ist in manchem noch erträglich; Städtepartnerschaften können im günstigen Fall zum Zusammenhalt der eigenen Gemeinde wie zu dem Europas beitragen. Aber die Kräfte der Zeit, die wirtschaftlichen zumal, greifen noch auf andere Weise ein. Sparkassen und Genossenschaftsbanken zum Beispiel waren – und sind – wichtige Elemente des Zusammenhalts von Gemeinden. In dem Maße, in dem sie hineingezogen werden in die anonyme Welt europäischer und globaler Großbanken, verlieren sie diese Funktion. Die Transformation der öffentlichen Sparkassen nach dem Modell der Banken hätte gerade in kleinen und mittleren Gemeinden eine unselige Wirkung auf den inneren Zusammenhalt, damit die bürgergesellschaftliche Basis der Demokratie.

Solche Fragen lassen sich auch in umgekehrter Richtung stellen, also nicht als Wirkung der Welt auf die Gemeinde, sondern als Einbeziehung der Gemeinde in die Welt. Wie steht es mit dem Zusammenhalt, wenn wir nicht mehr von den überschaubaren Städtchen im Schwarzwald, sondern von Baden selbst, gar Baden-Württemberg, ja der Bundesrepublik Deutschland und noch der Europäischen Union sprechen. Was hält sie zusammen? Sind diese Gebilde überhaupt reale Einheiten, gestützt durch lebendige Gemeinschaften, im strengen Sinn durch Bürgergesellschaften?

Da sind ein paar skeptische Anmerkungen unumgänglich, Fragen zumeist, und zwar solche, die mit Recht hoch auf der Tagesordnung der öffentlichen Diskussion stehen. Um mit Europa zu beginnen: Welches Europa? In der Region der Kathedralenstädte Freiburg, Basel und Straßburg gibt es zweifellos einen gewissen alemannischen Zusammenhalt; doch ist die Schweiz nicht einmal Mitglied der Europäischen Union. Welchen Zusammenhalt aber will man konstruieren zwischen Freiburg, Granada, Saloniki, Uppsala und St. Andrews? Dabei sind das alles Universitätsstädte; man hätte leicht viel unvereinbarere Beispiele wählen können. Einen europäischen *demos* gibt es einstweilen nicht, daher auch keine Demokratie, von einer Bürgergesellschaft ganz zu schweigen. Da reicht die blaue Sternenflagge nicht und auch nicht der Euro.

Sogar was Deutschland betrifft, begleitet die große Frage die deutsche Politik, was denn das endlich vereinigte Land zusammenhält. Noch gibt es nicht genug gemeinsame Geschichte der früheren Teile, um die unterschiedliche Entwicklung von 45 Nachkriegsjahren zu überlagern. Sogar in Berlin liest noch kaum ein Westberliner die *Berliner Zeitung* und kaum ein Ostberliner den *Tagesspiegel*. Erst wenn die Nostalgiepartei PDS in den nicht mehr ganz so neuen Bundesländern aus dem kollektiven Gedächtnis verschwunden ist, wird man davon sprechen können, dass wachsende Gemeinsamkeiten die Teile Deutschlands zusammenhalten, dass es also gemeinsame Gesprächsthemen gibt zwischen Bürgern im ganzen Land.

Und Baden-Württemberg? Aber lassen wir die allzu nahen Quellen der Pein beiseite. Ohnehin stellt sich die Frage des Zusammenhalts anders, wenn man die überschaubare Welt, in der »jeder jeden kennt«, verlässt. Es geht dann zum Beispiel um die gemeinsamen Gesprächsthemen. Es geht wohl immer auch um ein Maß der Abgrenzung nach außen, der Unterscheidung von anderen. Da wird Zugehörigkeit heikel, aber darum

313

nicht minder wichtig. Es geht um Geschichte. Die Moderne ist vor allem in jüngerer Zeit eigentümlich geschichtslos geworden. Auch das macht sie zur Zerstörerin von Zusammenhalt. Ein gemeinsames Bild der Geschichte, verbunden mit unterschiedlichen Vorstellungen der Zukunft – das ist kein schlechtes Rezept für den Zusammenhalt von Nationen. Es gehört zu Deutschlands Schwächen, dass die Leute über die Geschichte heftig streiten können, aber angesichts der Probleme der Moderne gemeinsam dem Traum von der großen Koalition anhängen, also unterschiedliche Geschichtsbilder mit einem einheitlichen Zukunftskonzept verbinden.

Dass der Wunsch nach Individualität überlieferte und unbefragte Bindungen zuerst lockert und dann ganz beseitigt, ist seit langem bekannt. Es ist das vertraute Thema des Verhältnisses von Gemeinschaft und Gesellschaft. Die Frage ist: Wie können wir den Freiheitsgewinn der Moderne mit jenem Maß an sozialem Zusammenhalt verbinden, das unumgänglich ist, um unseren Entscheidungen Sinn zu verleihen? Was also kann und soll der Bischof von London tun, der die Auflösung des Zusammenhalts nicht nur sieht, sondern anerkennt, aber doch kräftige und aktive Gemeinden will, in denen Menschen sich zugehörig fühlen? Mit dem Tun von Bischöfen kenne ich mich nicht genug aus, um darauf eine plausible Antwort zu geben. Indes ist diese Antwort gewiss, dass wir Institutionen brauchen, die uns zusammenhalten. Dazu gehört das, was wir Verfassung nennen, jedenfalls der Verfassungsrahmen im engeren Sinn. Das schöne Dolf-Sternberger-Wort vom Verfassungspatriotismus, das Jürgen Habermas dann aufgenommen hat, ruft ebenso viele Fragen wach, wie es beantwortet. Nur in den USA gibt es das Phänomen, und da ist (Hand aufs Herz!) die Verfassung von allerlei anderen Emotionen umlagert. Immerhin, hier liegt ein Vorschlag.

Der andere, aktuellere Vorschlag zur Stärkung des Zusammenhalts in Räumen, die nicht mehr überschaubar sind, wird den Leser dieser zwar in London beginnenden, aber dann vornehmlich badisch-kleinstädtischen Betrachtung überraschen. Hier, genau hier liegt die tiefere Bedeutung der aktuellen Debatte über den Wohlfahrtsstaat und seine Reform. Der ursprüngliche Wohlfahrtsstaat ist nicht zufällig in vielen Ländern aus den nationalen Solidaritätserfahrungen der Weltkriege geboren. Alle haben gekämpft, nun haben alle gewisse Anrechte. Nun ist dieser ursprüngliche Wohlfahrtsstaat aus mancherlei Gründen nicht mehr einfach fortsetzbar. Er belastet zukünftige Generationen in einer Weise, die ebenso unvertretbar ist wie die Zerstörung der Lebensumwelt. Der Generationenvertrag ist zum Generationenkampf geworden. Es wird viel darauf ankommen, dass im Lichte dieser Erwägung ein Weg gefunden wird, der Gegenwart und Zukunft, Lernende, Aktive und Alte miteinander auf sinnvolle Weise verbindet. Übrigens wird das nach meiner Vermutung ein nationaler Weg sein; gerade in dieser Hinsicht sind die europäischen Länder noch sehr weit voneinander entfernt.

Der Bischof und der Soziologe haben ihren Platz in dieser Welt. Noch nötiger ist es allerdings, dass die tieferen Bande der Zugehörigkeit die institutionellen Bindungen ergänzen. Es gibt einen guten Grund für das nächste Fest: das Lob der badischen Kleinstadt.

Dieser Beitrag erschien zuerst in dem Buch Badische Zeiten, *das die Badische Zeitung zur Jahrtausendwende herausbrachte (Freiburg i.Br. 2000, S. 16-21).*

»Der Euro eint nicht, er wird Europa spalten«
Mit der geplanten Währungsunion wird das gesamte
europäische Projekt aufs Spiel gesetzt

OXFORD. Europa und der Euro: Was bringt die Einheitswährung? Welche Risiken für die europäische Einigung stecken in dem Vorhaben? Warum hält gerade Bundeskanzler Helmut Kohl so entschlossen an der Währungsunion fest? Fragen unseres Redakteurs Wolfgang Storz an Lord Ralf Dahrendorf. Der renommierte Soziologe war in den 1970er Jahren politisch aktiv: Zunächst als Staatssekretär in Bonn und dann als EU-Kommissar. Dahrendorf, ehemals Direktor der London School of Economics, forscht und lehrt am St. Antony's College der Universität Oxford.

Herr Dahrendorf, Helmut Kohl will die Währungsunion, um Europa zu einigen. Viele sagen, damit wird er das Gegenteil erreichen, nämlich die Spaltung Europas.
DAHRENDORF: Ich will auch Europa einigen. Gerade aus diesem Grunde habe ich bei der Währungsunion zwei Fragen. Die erste Frage ist: Haben wir eigentlich nichts Besseres zu tun in einer Zeit, in der die beiden großen europäischen Probleme Wettbewerbsfähigkeit und Arbeitslosigkeit heißen und die Währungsunion nichts, aber auch gar nichts zur Lösung dieser Probleme beiträgt. Und zweitens die Frage, wie dieses Projekt zu verantworten ist, da es in der Tat spaltet und nicht eint. Die Osteuropäer bleiben außen vor, auch Griechenland, weil sie die Kriterien nicht erfüllen. England, Dänemark und Schweden wollen nicht, Norwegen und die Schweiz sind sowieso nicht dabei. Das halte ich für eine Katastrophe.

Nun wird Ihnen entgegengehalten werden, gerade aus wirtschaftlichen Gründen, gerade um die Wirtschaft wettbewerbsfähig zu machen, sei eine gemeinsame europäische Währung notwendig, um weltweit mithalten zu können.
DAHRENDORF: Ich kann die Kraft des Arguments nicht sehen. Ich meine, Großbritannien ist ziemlich wettbewerbsfähig, mehr als Deutschland. Die Währungsfrage stellt sich in Europa gar nicht, weil sich die Währungen genügend angeglichen haben. Ich kenne keine größere Firma, noch nicht mal eine mittlere, deren Wettbewerbsfähigkeit in irgendeiner Weise abhängig wäre von der Schaffung einer Währungsunion. Die Wettbewerbsfähigkeit hängt ab von den Kosten, von der Innovationskraft, von der Fähigkeit, in

andere Märkte zu gehen. Insofern ist dieses Argument – ich darf mal sagen, für uns hier in Großbritannien – eher rätselhaft. Übrigens: Der Euro wird ökonomisch auch keinen Schaden anrichten. Er ist einfach irrelevant.

Nun haben Sie gesagt, es werde eine Spaltung geben. Das Gegenargument: Zwar werden in der ersten Runde nicht alle dabei sein, aber nach und nach werden sich immer mehr Staaten beteiligen können. Also doch keine Spaltung.

DAHRENDORF: Ich kenne natürlich diese These. Wenn die Währungsunion kommt, kann ich nur inständig hoffen, dass das auch so geschieht. Die Wahrscheinlichkeit ist sehr gering, und zwar unter anderem aus diesem Grund: Diejenigen, die drin sind, werden ja zunächst eine sehr, sehr wackelige Währung haben. Es ist eine neue Währung, keiner kennt sie, sie muss sich erst bewähren. So was dauert 20, 30 Jahre, bevor eine Währung stabil sein kann. Da werden also die, die zuerst dabei sind, sehr darüber wachen, dass nichts geschieht, um noch mehr Zweifel aufkommen zu lassen an der Stabilität dieser neuen Währung. Ich halte also zumindest die zweite Runde für unwahrscheinlich und glaube, dass der Natur der Sache nach alles getan werden wird, um diese zu erschweren. Nicht aus bösem Willen, sondern aus Schutz derer, die drin sind.

Nun wird diese Währungsunion aber aller Voraussicht nach Wirklichkeit werden. Ist dies ein Desaster?

DAHRENDORF: Eine Katastrophe für Europa wäre es, wenn zwischen 1999, also der Grundentscheidung, und 2002, der Realisierung der Währungsunion, aus irgendwelchen Gründen dieses Projekt zerbrechen würde. Das wäre nun wirklich die Zerstörung Europas überhaupt. Das zeigt aber, dass mit diesem Projekt der Währungsunion tatsächlich mutwillig das gesamte europäische Projekt aufs Spiel gesetzt wird.

Wie ist es für Sie erklärbar, dass ein Politiker wie Kohl dieses Projekt, das viele für falsch halten, geradezu zu seiner persönlichen Vision macht, zu seinem letzten großen Projekt?

DAHRENDORF: Ich habe nicht den geringsten Zweifel daran, dass Helmut Kohl im tiefsten ehrlich glaubt, dass die europäische Einigung, was immer das heißt, die große Aufgabe ist, die seine Generation für zukünftige Generationen noch erfüllen kann. Seine Generation, die übrigens auch meine ist. Und richtig ist auch, dass Kohl vor allem von einem geprägt ist: von dem deutschen Glauben aus den 1950er Jahren, dass die Wirtschaft alles bewegt. In meinen ironischen Momenten sage ich: Kohl ist der letzte Marxist. Er glaubt noch, dass Wirtschaft die dominante Kraft ist, alles von wirtschaftlichen Kräften bewegt wird und Politik am Ende nur gesteuert wird durch Wirtschaft. Es ist aber ein großer Irrtum zu meinen, dass Währungsentscheidungen politische Entscheidungen erzwingen. So kann ein Scheitern des Währungsunion-Projekts politisch zerstörerische Folgen haben. Ein erfolgreiches wird noch längst nicht politische Union schaffen.

Dann wird in diesem Projekt eine gewisse Tragik von Helmut Kohl sichtbar, der ja ein großer Europäer sein will?

DAHRENDORF: Ja, das kann man sagen. Vielleicht ist das Wort Tragik da sogar angemessen. Denn ich sage noch einmal: Ich glaube ihm nicht nur seine Absichten, sondern habe auch großen Respekt vor diesen.

In Deutschland wird über diese zentrale Frage kontrovers nicht einmal diskutiert. Was sagt das denn über den Zustand dieser Gesellschaft?

DAHRENDORF: Das beunruhigt mich. Es ist immer beunruhigend, wenn ein ganz zentrales politisches Thema zum Tabu wird, und es ist ein Tabu in Deutschland. Ich kann es schwer erklären. Sogar Lafontaine und Fischer tragen dazu bei, dass es keine wirkliche Debatte gibt. Richtig ist natürlich, dass sich das Thema Währungsunion nicht eignet für eine Unterscheidung zwischen den Parteien. Mir wäre eine lebhafte öffentliche Diskussion am liebsten, bei der die Parteiführer sozusagen Meinungsfreiheit geben. Und am Ende gibt es eine freie Abstimmung im Bundestag.

Sie reden von Tabu und Unterdrückung. Es gibt doch niemanden in Deutschland, der diese Diskussion unterdrückt.

DAHRENDORF: Sowie sich jemand äußert, ob es Gerhard Schröder ist oder Edmund Stoiber, gibt es aus den eigenen Reihen eine Art von Zurechtweisungen, die schon ganz nahe an Unterdrückung ist. Das heißt, damit wird allen deutlich gemacht: Leute, dieses Thema bitte nicht. Und das sitzt in manchen Kreisen in Deutschland so tief, dass Leute bewusst nicht sagen, was sie denken.

Wir haben zeitgleich instabile Parteien, hohe Schulden, eine hohe Arbeitslosigkeit, der Abschied von der Deutschen Mark steht bevor, eine sehr emotionale Frage. Kann die Politik alles noch verkraften oder kann es in Deutschland zu Eruptionen kommen, so dass Entwicklungen politisch außer Kontrolle geraten?

DAHRENDORF: Also, im Prinzip ist das zu bewältigen. Ich bin ein großer Bewunderer Italiens, das viel mutigere Schritte in den letzten Jahren getan hat, als man sie in Deutschland seit 20 Jahren gesehen hat. In der Kürzung von Ansprüchen für Leute im öffentlichen Dienst und in der Gesellschaft allgemein, in der Kontrolle eines außer Rand und Band geratenen Haushaltsdefizits. Ich meine, an Italien sollte sich Deutschland mal ein Beispiel nehmen. Das tiefste deutsche Problem liegt in der Thematik Wirtschaft und Politik. Es ist in Deutschland in der Tat noch immer so, dass wenn es wirtschaftlich nicht mehr so gut geht, die Leute anfangen, an der Demokratie zu zweifeln. Die großen Demokratien blieben auch in tiefen Wirtschaftskrisen letztlich stabil, in Deutschland kam es zur Nazi-Diktatur. Ich habe seit langem die These vertreten, dass das heute, nach Jahrzehnten Demokratie, auch in Deutschland anders ist, dass die Menschen in demokratischen Institutionen einen eigenen Sinn sehen, gleichgültig wie es wirtschaftlich geht. Das musste sich in der Wirtschaftskrise Mitte der 1960er Jahre zum ersten Mal bewähren. Es hat sich bewährt. Mit Mühe, aber es hat sich bewährt. Heute ist die zweite große Bewährungsprobe. Sind also deutsche Wähler in der Lage, diese wirtschaftlichen und sozialen Probleme mit Hilfe der demokratischen Institutionen zu bewältigen? Oder sind, umgekehrt, diese Probleme Anlass für die Deutschen, ihre Demokratie in Frage zu stellen. Das ist der Test.

(28.2.1997)

Die Wohlstandsdiktatur
Gefährliche Alternative: »Ein Haider hätte auch in Deutschland großen Erfolg«

BONNDORF. Wie kann die Politik die zentrale Herausforderung bewältigen: zugleich Wohlstand, sozialen Zusammenhalt und politische Freiheiten garantieren? Mit Ralf Dahrendorf sprach unser Redakteur Wolfgang Storz.

Herr Dahrendorf, der Streit um das Kruzifix in Schulräumen könnte sich wenigstens zu einem Kulturkämpfle entwickeln. Es geht ja im Kern dabei um die Trennung von Staat und Kirche, ein altes Thema der Liberalen. Ist politischer Streit um diese Frage in Deutschland nicht überfällig?

DAHRENDORF: Diese Debatte zeigt, wie in Deutschland alles sehr stark miteinander verfilzt ist. Alle Großorganisationen, eben auch die Kirchen sind tief verwoben mit dem politischen System. Jedes Mal, wenn die Gewerkschaften eine Lohnerhöhung durchsetzen, profitieren die Kirchen indirekt davon, weil sie so mehr Kirchensteuer bekommen. In Deutschland hat eben die Französische Revolution nicht stattgefunden. Weil alle und alles so ineinander verstrickt sind, führen solche kleinen Änderungen wie das Kruzifix-Urteil zu solch enormen Protesten.

Kirchensteuer abschaffen?

DAHRENDORF: Das habe ich immer abenteuerlich gefunden, dass der Staat die Kirchensteuer einzieht. Und dass jeder Arbeitgeber über die Lohnsteuer erfährt, welcher Kirche seine Beschäftigten angehören.

Dies abzuschaffen fordert aber keine Partei.

DAHRENDORF: Die werden nicht einmal im Traum wagen, an dieses verfilzte Gefüge zu rühren. Da profitieren doch alle davon.

Geht es nicht um mehr als um Interessen, nämlich um tiefe religiöse Gefühle? Führen die, die das Kruzifix in den Schulen haben wollen, nicht einen letzten Kampf gegen die scheinbar unaufhaltsame Verweltlichung unserer Gesellschaft?

DAHRENDORF: Von einem letzten Kampf kann doch wohl nicht die Rede sein. Ich sehe eher einen Trend gegen die Verweltlichung, gegen die Säkularisierung. Der Wunsch der Menschen sich zu binden, wird stärker: Da sind die Kirchen, die vielen Privatreligionen.

Aber ist es nicht vielmehr so, dass Kirchen an Mitgliedern und Einfluss verlieren, dass die Religion keine Kraft mehr entfaltet?
DAHRENDORF: Kirche und Religion stehen nicht im Zentrum meiner Analyse. Aber die Sorge wird stärker, dass in dieser auf Wettbewerb und Gewinn ausgerichteten Gesellschaft menschliche Bindungen geschwächt werden. Der weltweite Wettbewerb verschärft dieses Problem noch gewaltig. Die Frage kommt auf, was das alles eigentlich noch soll. Und da suchen Menschen, wenn man es so formulieren will, Gemeinschaft, und suchen alles, was Gemeinschaft stiften kann. Dazu gehören auch die Kirchen.

Herr Dahrendorf, Sie blicken mit Sorge auf die asiatischen Staaten, die wirtschaftlichen Wohlstand schaffen, ihn auch bewahren, die politisch aber sehr autoritär sind. Also Wohlstand minus Bürgerrechte. Gesellschaften, in denen so viele Menschen so frei oder bindungslos leben, wie in den unseren, die sind doch besonders empfänglich für solche autoritären Strukturen. Mit anderen Worten: Könnte dieses asiatische Modell bei uns, zumal in Zeiten der Wirtschaftskrise, auch Erfolg haben?
DAHRENDORF: Zweifellos. Für mich ist die größte politische Aufgabe von heute das, was ich die Quadratur des Zirkels nenne. Wirtschaftliche Wettbewerbsfähigkeit und Wohlstand und sozialen Zusammenhalt und politische Freiheit bewahren. Und nun gibt es immer mehr Menschen, die sagen, das geht nicht. Man kann wirtschaftliche Wettbewerbsfähigkeit und politische Freiheit haben wie in England und Amerika und opfert dann den Zusammenhalt von bürgergesellschaftlichen Gemeinwesen. Man kann wirtschaftliche Wettbewerbsfähigkeit und Gemeinwesen haben, wie in Singapur, und opfert dann die politische Freiheit. Aber alle drei Dinge zusammen, das geht nicht. Ich akzeptiere das nicht.

Wer in Westeuropa und in Deutschland will das autoritäre asiatische System, also eine Diktatur, bei uns einführen?
DAHRENDORF: Wirtschaftsführer sagen das sehr oft. Im vorigen Jahr war ich auf einer Konferenz von Unternehmern, wo der Informationsminister von Singapur sprach. Und die haben ihm stehende Ovationen gegeben. Der Informationsminister, der Oberzensor, der Mann, der Zeitungen und Kritik verbietet, der Mann hat eine scharfe Attacke auf den amerikanisch-westlichen Individualismus geritten und praktisch eine Regierungspolitik

vertreten, die man nur autoritär nennen kann, und kriegt stehende Ovationen. Ich habe eine ganze Sammlung von öffentlichen Äußerungen nicht unbedeutender Leute, die in diese Richtung gehen.

Bezogen auf Deutschland: Wie stark sind die politischen Strömungen zugunsten dieser autoritären Modelle?
DAHRENDORF: Autoritarismus ist ja nicht Totalitarismus. Autoritarismus bedeutet, dass die Regierenden allein gelassen werden und tun können, was sie wollen. Sie lassen aber auch die Leute allein, solange die sich nicht kritisch mit der Regierung auseinandersetzen. Wer also in seiner Nische lebt und sich nicht politisch interessiert, dem passiert nichts.

Das wäre so etwa das Modell einer wirtschaftlich erfolgreichen DDR.
DAHRENDORF: Sehr wahr. Die letzten Phasen der kommunistischen Regimes waren eher autoritär als totalitär. Und es gibt hier einen starken Trend zu einem schleichenden Autoritarismus. Harte Polizeieinsätze beispielsweise bei den Chaostagen. Diese schleichende Aushöhlung einer vielfältigen Bürgergesellschaft, die ist schon sehr verbreitet. Das Denken, die großen Probleme von heute per Diktat zu entscheiden: Die Firmen müssen den Jugendlichen einfach eine Lehrstelle geben. Oder diese sollen einen Arbeitsdienst leisten. Das ist ja auch verständlich: Die Probleme sind groß, und es gibt oft genug keine liberalen oder nicht autoritären Lösungen. Da kommen durchaus auch demokratische Politiker in ihrer Not auf Abwege. Ich denke, bis zum Jahr 2000 werden wir in vielen Ländern, nicht in Deutschland, aber in vielen Ländern wieder die Todesstrafe haben. So ist die Stimmung.

In Österreich verkörpert der Politiker Haider dieses Programm.
DAHRENDORF: Ja.

Warum gibt es bei uns noch keinen wie Haider?
DAHRENDORF: Das ist eine interessante Frage. Aber wenn einer auftaucht, wird er großen Erfolg haben. Denn die Demokratie ist nicht unumstritten, und sie ist nicht unbestritten effektiv. Es gibt zu ihr eine Alternative, eben diese Wohlstands-Diktaturen. Das ist für mich die beunruhigendste Erfahrung, die ich in den letzten Jahren gemacht habe.

(18.8.1995)

»Liberale Politik ist immer fortschrittliche Politik«
Interview vor dem Bundesparteitag der FDP in Freiburg 1983

Freiburg ist für die FDP ein historisches Datum: 1971 begründeten die Freidemokraten hier mit ihren »Freiburger Thesen« programmatisch ihre Politik im sozialen Bündnis der 70er Jahre. Wahlparteitag 1983 in Freiburg: Markiert die Breisgaustadt wieder eine politisch-programmatische Wende für die FDP? Die *Badische Zeitung* sprach mit Ralf Dahrendorf, Leiter der FDP-nahen Friedrich-Naumann-Stiftung, seinerzeit einer der Inspiratoren der »Freiburger Thesen«, über die Lage der Partei.

In ihren Freiburger Thesen hat sich die FDP für eine »Reform des Kapitalismus« ausgesprochen. Ist dies unter den heutigen Bedingungen einer Koalition mit der Union noch ein vordringliches Thema für die FDP – und wenn ja, wie hätte diese Reform auszusehen?

DAHRENDORF: Die FDP hat sich in den »Freiburger Thesen« vor allem dafür ausgesprochen, dass Bürgerrechte auch sozial gesichert werden. Das bleibt trotz eines veränderbaren wirtschaftlichen Klimas wichtig. Im Übrigen ist der erste Grundsatz einer liberalen Wirtschaftspolitik: Die Wirtschaft muss funktionieren. Das verlangt weniger und nicht mehr Staat. Es verlangt im Übrigen Vertrauen durch verlässliche innere und äußere Rahmenbedingungen.

Die »Wende« in Bonn hat zu einem Auszug vieler Sozialliberaler aus der FDP geführt. Kann die Partei ohne Gefahr für ihr Überleben auf diesen Teil des liberalen Spektrums verzichten?

DAHRENDORF: Hier stellt sich weniger die Frage des Überlebens der FDP als die ihres Charakters. Ich wäre froh, wenn die FDP durch ihre Politik manche von denen, die sie in den letzten Monaten verloren hat, wiedergewinnen könnte.

Was halten Sie von der These, dass die FDP jetzt ihren gesellschaftspolitischen Standort »rechts« von der Union eingenommen habe?

DAHRENDORF: Ich halte diese These für abwegig. Liberale Politik ist immer fortschrittliche Politik. Gerade in der Gesellschaftspolitik geht es jetzt darum, ein neues Gleichgewicht zwischen Gemeinschaftsverpflichtung und Eigenleistung zu finden, um mehr Lebenschancen für mehr Menschen zu schaffen. In der Rechts- und Verfassungspolitik ist die Sicherung der Rechte des Einzelnen gemeinsame Grundlage aller Liberalen.

Sie haben selbst angedeutet, dass die FDP am 6. März in Gefahr ist, die Fünf-Prozent-Grenze zu verfehlen. Worin besteht heute die Notwendigkeit einer liberalen Partei?

DAHRENDORF: Die Notwendigkeit einer liberalen Partei besteht konkret darin, hessische Verhältnisse zu vermeiden, also die Unmöglichkeit zum Regieren, aber vor allem auch, kritische Verhältnisse zu vermeiden, also das Abrutschen der großen Parteien in ihre Extreme. Vor allem aber muss die liberale Partei Ahnung des Neuen, damit treibende Kraft des Wandels sein.

An welche Wähler müsste sich die FDP vordringlich wenden, um ihr Wahlziel zu erreichen? Muss sie da nicht mit der Union um die gleichen Wählerschichten konkurrieren?

DAHRENDORF: Es geht heute eigentlich nicht mehr um bestimmte Wählergruppen, sondern darum, dass in einer großen Zahl von Menschen Elemente liberalen Denkens sind. Diese muss eine liberale Partei aktivieren, und ich bin sicher, dass sie das bei zehn bis 15 Prozent auch kann.

Ihr Name ist im Gespräch, wenn es um eine personelle Erneuerung der FDP geht. Unter welchen Bedingungen besteht die Notwendigkeit einer solchen Erneuerung und welche Rolle könnten Sie sich dabei für sich selbst vorstellen?

DAHRENDORF: Ich bin mit meiner gegenwärtigen Rolle sehr zufrieden. Gerade von ihr aus ist die programmatische Erneuerung der FDP möglich, bei der es darum geht, alte liberale Grundsätze in neuen Verhältnissen anzuwenden.

(30.1.1983)

III. Artikel über Ralf Dahrendorf

Artikel über Ralf Dahrendorf

THOMAS FRICKER
Von der »Tugend der Freiheit«
Ralf Dahrendorf über Intellektuelle, die immun blieben
gegenüber totalitären Heilslehren 329

ULRICH ROSE
Politik muss Interessen verletzen
Ralf Dahrendorf diskutiert an der Universität
mit Freiburgs Oberbürgermeister Dieter Salomon 332

JULIA LITTMANN
Schüler beuten den Lord aus
Ralf Dahrendorf sprach mit Schülern der Staudinger Gesamtschule
in Freiburg 334

THOMAS HAUSER
Am Horizont der Möglichkeiten
Ralf Dahrendorfs Lebenserinnerungen *Über Grenzen* 336

GERT KEIL
Kein Ausweg aus der Krise
Dahrendorf spricht zur Globalisierung und
zu Krisen der Demokratie 338

JÜRGEN BUSCHE
Ein Anwalt als Verleger
Ralf Dahrendorf hat die Biografie
von Gerd Bucerius geschrieben 340

LEOPOLD GLASER
Liberaler Bekenner
Eine Würdigung des Wissenschaftlers und Politikers
zu dessen 65. Geburtstag 344

LEOPOLD GLASER
Wegweisung in das Reich der Freiheit
Anmerkungen zu Ralf Dahrendorfs neuem Buch
Die Chancen der Krise 346

ANSGAR FÜRST
Dahrendorf predigt der FDP den Wandel
Noch keine neue Politik, aber ein neues »Makeup« –
Erfolg der Reformer bei den Wahlen 351

THOMAS FRICKER

Von der »Tugend der Freiheit«
Ralf Dahrendorf über Intellektuelle, die immun blieben gegenüber totalitären Heilslehren

Kluge Leute gibt es viele. Und auch an Gelehrten von Rang herrscht in der globalen Wissensgemeinde kein Mangel. Aber wo sind die Geistesgrößen, die ganze Epochen begleitet, oft auch mitgeprägt haben – jedoch ohne sich gemein zu machen mit den jeweils dominierenden Ideologien und Herrschaftssystemen?
Ralf Dahrendorf, selbst einer der großen europäischen Intellektuellen unserer Zeit, hat ihnen in seinem jüngsten Buch nachgespürt. Herausgekommen ist eine erstaunliche Betrachtung maßgeblicher Denker zuzeiten der Umbrüche des 20. Jahrhunderts. Erstaunlich, weil in ihrem Kern eine für Dahrendorf außergewöhnlich moralische »Tugend der Freiheit« gepriesen wird. Erstaunlich aber auch, weil Dahrendorfs Herangehensweise in diesem Fall erst einmal irritiert.
Zu spüren ist, wie sehr ihn, den Soziologen, Europäer, liberalen Freigeist und doch auch traditionsbewussten Lord im britischen Oberhaus, das Thema beschäftigte, ja, wohl auch über Jahre gefangen hielt. Weshalb haben sich Männer und Frauen von exzellenten geistigen Fähigkeiten immer wieder von totalitären Heilslehren verführen lassen? Weshalb ließ sich ein Martin Heidegger, 1933 bekanntlich Rektor der Freiburger Universität, »eine Zeit lang vom reißenden Strom der Zeit davontragen«? Mehr noch als die Suche nach den Gründen für das Versagen vieler fasziniert den Autor die Frage, weshalb andere standhaft geblieben sind, weshalb diese ihren kritischen Verstand im Angesicht monströser Anmaßungen nicht preisgegeben haben. »Was ist das Geheimnis des unversuchbaren liberalen Geistes?«, fragt Dahrendorf – und schon hier blitzt beim Leser der Gedanke auf, dem Autor könnte es nicht zuletzt um die Ergründung der eigenen Kraftquelle, ums eigene Vermächtnis gegangen sein.
Ehrenrührig wäre das keineswegs. Allein, die Konstruktion des Buches als scheinbar streng wissenschaftliche Untersuchung legt nahe, dass Dahrendorf peinlich genau darauf geachtet hat, jeden Anflug von Selbstbezogenheit zu vermeiden – und diesen womöglich gerade dadurch ahnen lässt. Bewusst erhebt er eine Gruppe von Intellektuellen, die allesamt zwischen

1900 und 1910 geboren wurden, zum zentralen Untersuchungsgegenstand (um die eigene Person, geboren 1929, schon durch den Jahrgangsfilter abzuschirmen?). Sodann skizziert er die Versuchungen, denen seine »Sozialisationskohorte« ausgesetzt war, nach der Art eines Forschers, der die Anordnung eines Experimentes erläutert. Das Erlebnis von Bindung und Führung im Faschismus sowie die Mischung aus Bindung und Verheißung im Kommunismus – Dahrendorf identifiziert beide Phänomene als Ursachen für nicht widerstandene Versuchungen. Wobei der Grad der Verstrickung oder auch bloß Anbiederung variiert: von Theodor W. Adorno, der sich noch Jahrzehnte später über eine völkisch angehauchte Musikkritik aus dem Jahr 1934 genierte, bis zu Jean-Paul Sartre, der so ziemlich jeder Spielart eines linken Totalitarismus blindlings auf den Leim ging.

Drei »unversuchbare« Intellektuelle benennt Dahrendorf: Es sind dies Karl Popper, Isaiah Berlin und Raymond Aron. Deren Überlegungen etwa über den Stellenwert der Freiheit im Verhältnis zur Gerechtigkeit, aber auch über den Umstand, dass gegensätzliche Werte gleichwohl gut sein können, führen Dahrendorf zu der These, wonach diejenigen Denker für die Unfreiheit anfällig gewesen seien, welche »Freiheit nicht ertragen können«. Um sie zu ertragen, bedürfe es indes innerer Kräfte; eben der schon erwähnten »Tugendlehre«.

Diesen Tugenden forscht Dahrendorf nun nach. All seine Entdeckungen nachzuzeichnen ist hier nicht möglich. Der Hinweis muss reichen, dass in der Folge viel die Rede ist vom Mut auf die eigene Meinung, von der Kraft zum Ertragen von Widersprüchen, von der Besonnenheit des »engagierten Beobachters«. Dieser verschreibt sich ganz der Vernunft, tut dies freilich aus einem irrationalen Grund: einer moralischen Entscheidung, die ihn auch dazu bringt, sich für die Vernunft voller Leidenschaft einzusetzen. Ein Widerspruch? Laut Dahrendorf gehört es zu den fundamentalen Schwächen der liberalen Ordnung, dass sie »fast kraft Definition eine Sache des Kopfes, nicht des Herzens« sei. Sein Anliegen scheint es zu sein, Leidenschaft für die kühle Kraft der Vernunft zu entfachen.

Ein dringendes und berechtigtes Anliegen. Die Frage ist bloß, ob dafür die Figur des Erasmus von Rotterdam als Prototyp des liberalen Geistes hätte eingeführt werden müssen. Dahrendorf benutzt das Beispiel dieses frühen »öffentlichen Intellektuellen« zur Gründung eines Klubs: Es ist die Vereinigung der so genannten Erasmier. Nur echte Repräsentanten des liberalen Geistes gehören ihr an. Über die Mitgliedschaft entscheidet der Autor – nach Kriterien, die der Laie letztlich nicht nachprüfen kann. So bleibt vielen Lesern wohl nur, Dahrendorfs Urteilskraft zu vertrauen oder aber das Buch als das zu nehmen, was es auch ist: eine temporeiche Zeitreise durchs 20. und bis ins 21. Jahrhundert hinein, erzählt anhand knapper Schlaglichter auf Leben und Gedankenwelt vieler spannender und streitbarer Geister.

(11.3.2006)

Ralf Dahrendorf: Versuchungen der Unfreiheit – Die Intellektuellen in Zeiten der Prüfung. *Verlag C.H. Beck, München 2006.*

ULRICH ROSE
Politik muss Interessen verletzen
Ralf Dahrendorf diskutiert an der Universität mit Freiburgs
Oberbürgermeister Dieter Salomon

»Die Politik bedeutet ein starkes langsames Bohren von harten Brettern mit Leidenschaft und Augenmaß zugleich.« Wo über Politik geredet wird, über ihre Möglichkeiten und Unmöglichkeiten, da darf Max Weber nicht fehlen. Schon gar nicht, wenn unter dem Dach einer Universität, in diesem Fall der Freiburger, ein Denker (mit reicher praktischer Erfahrung) und ein Praktiker (mit fundiertem theoretischen Wissen) diskutieren: Ralf Dahrendorf, Politikwissenschaftler und Mitglied des britischen Oberhauses, und Dieter Salomon, Freiburgs Oberbürgermeister, nahmen sich, eingeladen von der *Badischen Zeitung*, der Frage an, ob Politik heute noch machbar ist. Wie sieht es also aus? Sind die Bretter härter als früher, die Bohrer stumpfer? Die Frage ist alles andere als theoretisch. Schließlich ist der Eindruck weit verbreitet, so Dahrendorf, dass für die Politik die »Spielräume so weit geschrumpft sind, dass man gar nicht mehr handeln kann«. Dass das so sei, bestreitet Salomon, was nicht überrascht.

Wobei er auf die paradoxe Situation verweist, in der die Politik steckt: »Eine Partei, die handelt, wird abgestraft – eine Partei, die nicht handelt, wird auch abgestraft.« Dafür gibt es angesichts unbestreitbarer Herausforderungen, bei der Alterssicherung, beim Arbeitsmarkt, handfeste Gründe: Politik muss, so Dahrendorf, gewachsene, berechtigte Interessen verletzen.

Politik sieht sich zahllosen Zwängen und Notwendigkeiten gegenüber. Da ist der Zwang, Regierungskoalitionen zu bilden, der Zwang, Mehrheiten zu zimmern – was meist zum Kompromiss auf kleinstem gemeinsamen Nenner führt. Da ist die Notwendigkeit, nach dem Ende des »sozialdemokratischen Jahrhunderts«, so Dahrendorfs weit verbreiteter und häufig missverstandener Begriff, die Balance zwischen staatlicher Fürsorge und Eigenverantwortung neu auszutarieren. Da ist die Verrechtlichung, nicht nur der Politik, die Last der Bürokratie, die auch freundliche Bürokraten kaum mildern können. Da ist die Neigung zur »Schnappschusspolitik« (Dahrendorf) vor laufenden Kameras. Und da ist, nicht zuletzt, aber von Dahrendorf und Salomon kaum gestreift, die Macht der Verbände und der Konzerne: Für das eine liefert die Gesundheitspolitik der vergangenen 20 Jahre Anschauungsmaterial, für das andere der Waggonbauer Bombardier. Wenn der, wie in Halle, ein Werk zumacht, richtet auch üppigste Strukturpolitik nichts mehr aus.

Wenn Politik überhaupt noch üppig sein kann. Nicht nur die Zeit der großen Entwürfe sei vorbei, sagt Dieter Salomon, sondern: »Unterm Strich fehlt das Geld.« Davon kann ein Stadtoberhaupt ein Lied singen und davon, dass das Geld, welches noch da ist, gebunden ist in Personalbudgets und Sachetats. »Was Sie beschreiben«, hielt *BZ*-Chefredakteur Thomas Hauser, der Moderator des Gesprächs, Salomon da entgegen, »was Sie beschreiben, ist Verwaltung.« Vielleicht ist das ja genau der Punkt: Dass Politik im modernen Staat nur noch möglich ist in Abgrenzung zur Verwaltung. Dass sie nur noch jenseits davon, wie Dahrendorf sagt, »tonangebendes Instrument« sein kann.

Der Befund zur Lage der Politik ließe sich, salopp und zugespitzt, wohl so beschreiben: Die Lage ist hoffnungslos, aber nicht ernst. Auch Ralf Dahrendorf und Dieter Salomon verfielen angesichts der Lage keineswegs in deutschen Trübsinn. Im Gegenteil, Salomon fühlte sich erinnert an »zwei Leute, die hier aus dem Stegreif mehr oder weniger dummes Zeug reden«. Was natürlich nicht stimmt. Was wiederum verrät, dass der, der so etwas sagt, sehr genau weiß, was er sagt.

(2.4.2004)

JULIA LITTMANN

Schüler beuten den Lord aus
Ralf Dahrendorf sprach mit Schülern der Staudinger
Gesamtschule in Freiburg

FREIBURG. Dass die Schüler der Staudinger Gesamtschule mit interessanten Persönlichkeiten ins Gespräch kommen, hat durchaus Tradition. Gestern war Lord Ralf Dahrendorf in der Schule zu Gast, um den Schülerinnen und Schülern der 12. und 13. Klassen Rede und Antwort zu stehen. »Ich bin hergekommen, um mich von Ihnen ausbeuten zu lassen«, ermunterte er sein jugendliches Publikum zu Fragen. Und tatsächlich gab es viel »Beute« zu machen mit diesem Mann, der von sich selber sagt, er lebe immer mehrere Leben gleichzeitig. Im Moment sind es zwei: eines als publizierender Allrounder in Bonndorf und eines als Lord im britischen Oberhaus. Dass der 74-jährige gelernter Soziologe ist und sich mit vielfältigem Engagement in Wissenschaft und Politik hervorgetan hat und hervortut, gehörte zum vorbereiteten Kenntnisstand der Klassen. Die befragten den Gast zunächst direkt zu den Eindrücken seines »Doppellebens«: Wie unterscheidet sich das politische System in England von dem deutschen? In Deutschland, so der Politiker Dahrendorf, sei der Staat sehr stark und das Parlament musste ihm quasi alles abtrotzen. »In England ist das System praktisch von unten gewachsen«, erklärt der Lord sodann, »da hat das Parlament so umfassende Rechte, dass es sogar die Monarchie abschaffen könnte.« Wer hat's folglich leichter zu reformieren, Schröder oder Blair? »Ganz klar Blair!« Schließlich muss ein Gesetz nach der parlamentarischen Zustimmung keinen Berufungsausschuss mehr passieren.
Da spitzt der Politik-Leistungskurs die Ohren: Ach so ist das, es gibt in England keine verfassungsmäßige Kontrolle. Das heißt ja, eine Art Ermächtigungsgesetz wäre möglich? Stimmt, bestätigt der Lord. Und doch hat sich ausgerechnet in den Ländern Demokratie als äußerst beständig erwiesen, wo keine geschriebene Verfassung sie behüten sollte. Wie funktioniert das? Sind die Engländer bessere Menschen? Nein, widerspricht Dahrendorf, »es gibt dort nur eine ganz andere Bindung an demokratische Strukturen«. Themenschwenk auf die USA: Ob das nicht geradezu diktatorisch zu nennen sei, was derzeit in den USA an Vorherrschaftsdenken propagiert werde? Auch da ein klares »Nein«, denn natürlich seien die USA nach

innen zutiefst demokratisch. Dass sie nach außen Weltmacht sind, sei seit 1945 klar, »auch wenn sich manche erst im vergangenen Jahr wieder daran erinnert haben«.
Im vergangenen Jahr? Themenschwenk auf den Irak-Krieg: »Was halten Sie davon, dass England die USA im Irak-Krieg unterstützt hat?« Lord Dahrendorf holt weit aus, um das enge Verhältnis der beiden Staaten verstehbar zu machen. Aus dem resultiert diese Allianz. Klar. Und: »Ich selbst bin keineswegs gegen Intervention, nur müssen die Regeln dafür festgelegt sein.« Nach typischerweise zögerlichem Beginn taut die große Runde zusehends auf, es kommen neue Themen: die Macht der Medien, die kulturelle Selbstzensur, die Eliteuniversität. Und zum Schluss ein Tipp: »Fällen Sie Ihre eigenen Entscheidungen und warten Sie nicht auf die Vorschriften anderer – Freiheit kriegt man nicht, man muss sie sich nehmen!« Eine Lektion wie gemacht für Nachhaltigkeit.

(31.1.2004)

THOMAS HAUSER
Am Horizont der Möglichkeiten
Ralf Dahrendorfs Lebenserinnerungen *Über Grenzen*

Eine Autobiografie hat er nicht schreiben wollen. Die, so zitiert er einen nicht benannten jungen Historiker, seien Lebenslügen. Und Lügen sind Ralf Dahrendorfs Sache nicht. Davon wurde ihm in seiner Jugend im Nazi-Deutschland, und danach für kurze Zeit auch im sowjetisch besetzten Berlin, ebenso eine Überdosis verabreicht wie in Sachen Willkür und Totalitarismus. Das machte immun, entwickelte den liberalen Geist und die wachsame Neugier, die den Wissenschaftler, Politiker und Journalisten bis heute auszeichnen.

Und vielleicht ist dies auch der Schlüssel zu Dahrendorfs überraschender Überzeugung, er sei in seinem Leben immer 28 Jahre alt gewesen. Wie passt das zusammen mit dem wirklichen Leben des britischen Deutschen, der nach jenem Geburtstag eine beispiellose Karriere als Wissenschaftler, Zeitkritiker und Politiker startete, die ihm schließlich die Aufnahme ins britische Oberhaus als »Baron of Clare Market in the City of Westminster« brachte. Und heute, als 73-Jähriger sind seine Analysen, ist sein Rat gefragter denn je. Weltweit. Und so einer will immer 28 geblieben sein?

Um Dahrendorfs These zu verstehen, muss man bei Ingeborg Bachmann nachlesen. »Denn bisher hatte er einfach von einem Tag zum anderen gelebt, hat jeden Tag etwas anderes versucht und ist ohne Arg gewesen. Er hatte so viele Möglichkeiten für sich gesehen und er hat, zum Beispiel, gedacht, dass er alles Mögliche werden könnte«, zitiert Ralf Dahrendorf in seinen heute erscheinenden Lebenserinnerungen seine Lieblingsschriftstellerin und charakterisiert damit ein gutes Stück sich selbst. Seine eigenen Worte dazu finden sich deutlich später im Buch, wenn er schreibt: »Warum sich entscheiden, wenn es doch die Chance immer neuer Anfänge gibt?« Das könnte eine Art Lebensmotto Ralf Dahrendorfs sein und in diesem Sinne ist er in der Tat bis heute 28 geblieben, hat er immer am Horizont fast unbegrenzter Möglichkeiten gelebt.

Dahrendorfs Lebenserinnerungen sind denn auch eine kurzweilige, eindrückliche Erzählung dieser Möglichkeiten und der so möglich gewordenen Erlebnisse. Aber weit eindrücklicher als diese zweite Hälfte des vorliegenden Buches lesen sich die ersten 13 Kapitel, in denen Dahrendorf von seiner Kindheit, Jugend und Lehrzeit als Wissenschaftler erzählt. Dazu muss man wissen, dass Dahrendorf von klein auf in einem politischen Haushalt aufwuchs. Sein Vater war der Sozialdemokrat Gustav Dahrendorf, der in der Weimarer Zeit und auch im Widerstand gegen Hitler eine gewichtige Rolle spielte und nach dem Attentat gegen Hitler am 20. Juli 1944 vom berüchtigten Volksgerichtshof der Nazis in Berlin zu einer langjährigen Haftstrafe verurteilt wurde. Nach dem Krieg widersetzte er sich dem Werben der Sowjets in Berlin und ging mit seiner Familie zurück nach Hamburg. Ralf Dahrendorf beschreibt diese Jugend als eine, in der er nicht zum Auswandern gezwungen war, aber doch in den Widerstand gegen Hitler geriet. Er erzählt, wie die Sowjets als Besatzer nahtlos dort weitermachten, wo die Nazis nach der Niederlage gegen die Alliierten aufhören mussten.

Und er beschreibt seine Studienzeit in der britischen und französischen Besatzungszone, aber vor allem auch in Kalifornien – eine Zeit, deren Weltoffenheit und Liberalität im wohltuenden Kontrast zur totalitären Enge und Kleinkariertheit stand, die Dahrendorf bei Nazis und Kommunisten erlitten hatte. Wer den zeitkritischen Intellektuellen heute verstehen will, muss diese Kapitel lesen. Der Rest ist vergnügliche Zugabe. Etwa jenes in der gedruckten Version leider entschärfte Kapitel mit der Überschrift *Die heilige Familie*, das von Dahrendorfs kurzem Abstecher an das Frankfurter Institut für Sozialforschung berichtet, die Geschichte eines grandiosen Missverständnisses zwischen dem jungen Sozialwissenschaftler und der lebenden Ikone Max Horkheimer.

Trotzdem, wer Dahrendorfs Leben lückenlos abarbeiten will, wird von diesem Buch enttäuscht sein. Zentrale Lebensdaten wie die Diskussion mit Rudi Dutschke auf dem Autodach vor der Freiburger Stadthalle oder die Wieland-Europa-Artikel des unbotmäßigen EG-Kommissars fehlen. Das Buch ist denn auch mehr eine Erzählung als eine Biografie. Und es lässt in seiner Offenheit erahnen, dass da nicht einer abschließend zurückblickt, sondern nur Zwischenbilanz gezogen wird, um den Kopf freizumachen für neue Anfänge. Als 28-Jähriger hat man schließlich jede Menge Energie.

(6.8.2002)

Ralf Dahrendorf: Über Grenzen – Lebenserinnerungen. *Verlag C.H. Beck, München 2002.*

GERT KEIL

Kein Ausweg aus der Krise
Dahrendorf spricht zur Globalisierung und zu Krisen
der Demokratie

Mehr als 400 waren in die Aula der Freiburger Universität gekommen. Sie waren überwiegend jung, neugierig, ja wissbegierig. In der vom Colloquium Politicum der Universität und *BZ* veranstalteten Reihe *Globalisierung – Chancen und Gefahren* war Lord Ralf Dahrendorf angesagt, ein Klassiker der Soziologie, elegant eingeführt vom Freiburger Soziologen Hermann Schwengel.
Dahrendorf sprach über die »Globalisierung und die Krisen der Demokratie«. Die Demokratie ermöglicht Veränderungen ohne Gewalt und eine angemessene Beteiligung des Volkes. Das ist ihr formaler Wesenskern. Die Demokratie wird heute bedrängt und ausgehöhlt. Die Veränderungsverheißung entleert sich, wenn die Parteien nur noch um eine krude Mitte konkurrieren, die im wesentlichen durch Kommunikation – so Schwengel kritisch – zusammengehalten wird. Die Gesellschaft in ihrer Interessenverflechtung wird durch die heutigen Parteien nicht mehr repräsentiert. Ihren Ausdruck findet diese Entleerung der Demokratie in der abnehmenden Wahlbeteiligung und in dem zunehmenden Geraune, ob die demokratische Auseinandersetzung noch einen Sinn habe. Lord Dahrendorf, der einen ausgeprägten Sinn für lange Linien hat, nennt das Gerangel um die (neue) Mitte eine Episode des demokratischen Prozesses, die bald vergessen sein wird.
Die demokratische Form der Willensbildung war bisher mit dem Nationalstaat auf Gedeih und Verderb verbunden. Hier meldet sich die Globalisierung zu Wort, die, von Dahrendorf als die weltweite Verfügbarkeit von Informationen gedeutet, über die Finanz- und Aktienmärkte ihre Kraft entfaltet. Was aber hat ein Staat noch zu besorgen, wenn er den Spekulanten George Soros nicht davon abhalten kann, den Austritt des britischen Pfunds aus dem Währungssystem zu erzwingen? Ein Staat, der nicht mehr über seine Wirtschaftsordnung autonom entscheiden kann, hat abgedankt.
Wie können der wirtschaftliche und der politische Raum wieder synchronisiert werden? Da kaum jemand dem wirtschaftlichen Protektionismus das Wort redet, hofft man auf intermediäre Instanzen – wie die EU – jen-

seits des Nationalstaats und diesseits des Weltstaats. Doch hier schließt sich für Dahrendorf die Kette zwischen der Krise der Repräsentanz und der Entgrenzung der Demokratie. Eine Demokratie bedarf des Staatsvolkes und einer öffentlichen Willensbildung: Beides ist schon im europäischen Einigungsprozess nicht gegeben. »Alles was europäisch getan wird, wird weniger demokratisch getan.«

Es gibt keinen Ausweg aus der Krise der Demokratie, es bleibt aber der Trost des erfahrenen europäischen Praktikers Dahrendorf: »England und Italien sind in etwa gleich groß und in etwa gleich reich. Und doch sind sie völlig verschieden.« Der Nationalstaat kann viel mehr selbst entscheiden, als ein blinder Globalisierungseifer suggeriert.

(12.6.2002)

Jürgen Busche

Ein Anwalt als Verleger
Ralf Dahrendorf hat die Biografie von Gerd Bucerius geschrieben

Seit langem schon ist in Deutschland bei vielen Gelegenheiten von den Gründerfiguren der Bundesrepublik die Rede. Seit langem schon – denn für den gelungenen Aufbau des Landes waren Persönlichkeiten aus mindestens zwei Generationen wichtig. Konrad Adenauer und Theodor Heuss waren schon vor der Zeit der nationalsozialistischen Diktatur bedeutende Männer gewesen, sie brachten die Erfahrung von den demokratischen Anfängen der deutschen Politik in die Arbeit mit ein, die in Bonn zu leisten war. Bei vielen Gelegenheiten – denn der Aufbau der Bundesrepublik und die Gründe für das Gelingen lagen mitnichten allein in der Politik. Zu den großen Gründerfiguren der Bundesrepublik Deutschland zählen Männer der Wirtschaft und Kirchenleute, Gelehrte und Künstler, Gewerkschafter und Sportler. Und es zählen dazu Journalisten und Verleger. Das mag in vielen anderen Ländern bei einem Neuanfang ähnlich gewesen sein.
Aber auffallender als in anderen Gründungsgeschichten ist im Beispiel der Bundesrepublik Deutschland das Folgende: Die Leistung der bedeutenden Einzelnen wurde nicht in einem historischen Augenblick oder in einer wie auch immer zu bemessenden Gründungsphase des Staates erbracht, sie ist vielmehr in jahrzehntelanger Arbeit erkennbar, und erkennbar ist auch, dass diese Arbeit über so lange Zeit hinweg notwendig war. Statt von einem Gründungsakt muss man von einem langen Gründungsprozess sprechen, der die Bundesrepublik zu dem machte, was sie ist.
Einer der Männer, die zu dieser großen und heterogen zusammengesetzten Gruppe der Gründerpersönlichkeiten der Bundesrepublik gehören, ist der Verleger Gerd Bucerius, der 1906 in Westfalen geboren wurde, aber als Hamburger im Bewusstsein derer, die ihn kannten, lebendig ist. Hamburger scheint Bucerius deshalb zu sein, weil sein Lebenswerk – das aber nur Zeit seines Lebens sein Werk sein sollte – so überaus eng mit Hamburg verbunden ist: die Wochenzeitung *Die Zeit*, deren Geschicke Bucerius über ein halbes Jahrhundert hinweg, von den 1940er bis in die 90er Jahre, als Verleger entscheidend bestimmte. Und umgekehrt bestimmte die Sorge um *Die Zeit* viele der wichtigsten Entscheidungen, die der Geschäftsmann und Homo politicus Gerd Bucerius in diesem Zeitraum zu treffen hatte.

Das ist über die Jahrzehnte hinweg eine faszinierende Geschichte – und es war eine glückliche Geschichte, solange Bucerius lebte.
Die ganze Geschichte hat jetzt Ralf Dahrendorf in seiner Biografie des leidenschaftlichen Rechtsanwalts erzählt, der Bucerius bei alledem immer auch war. Diese Biografie hält sich fast durchweg bei dem auf, was in diesem rastlosen Leben getan wurde und geschah. Dennoch gelingen ihr unaufdringlich Bilder von der Wesenseigentümlichkeit des Menschen, die den Eindruck, den der Leser von ihm gewinnt, begleiten, ohne ihn schon zu formulieren. Gewiss fallen die treffenden Worte, »Freund« oder »Patriot«, Bucerius war vor allem »unabhängig und frei«. Aber wenn diese Worte fallen, am Ende des Buches, dann scheinen sie gleichsam zu einem Index zu gehören, den der Autor zum Schluss noch in liebevollen Sätzen zusammenstellt, um noch einmal zu pointieren, wovon in dieser Biografie die Rede war. Wer wissen will, was diese Worte hier bedeuten, muss das Ganze lesen oder gelesen haben. Dahrendorf hat keine historische oder politische Monografie geschrieben, sondern eben eine Biografie, was heißt, dass alle sichtbaren Züge dieses Lebens aufgezeichnet werden, maßgerecht und menschengerecht.
Rechtsanwalt war und blieb Bucerius stets, insofern er niemandem auf den Leim ging, auch sich selbst nicht. Er traute den Dingen, die in Bewegung blieben oder jederzeit wieder in Bewegung zu bringen waren, mehr als denen, die scheinbar oder wirklich festgezurrt und wie in Zement gegossen vereinbart waren. Darum liebte er es, wie Dahrendorf mehrfach hervorhebt, die Vereinbarungen, die er treffen musste, kompliziert zu machen, sodass jederzeit weiter über sie zu streiten war, oder ihnen schon gleich nach ihrem Abschluss zu misstrauen. Wer sich mit dem Geschäftspartner Bucerius einig wurde, hatte keinen Grund zur Ruhe, er hatte einen jederzeitigen Anlass zur Unruhe geschaffen. Für Bucerius mag es umgekehrt gewesen sein. Solange er in einer Konstellation eine Chance sah, das Zusammengestrickte wieder aufzuribbeln, fühlte er sich wohl.
Oder doch nicht ganz? *Die Zeit* empfand Bucerius von Anfang an als eine Lebensaufgabe. Um sie kämpfte er, für sie kämpfte er, in ihr kämpfte er. Als der heute, auch schon zu Lebzeiten legendäre *Stern*-Gründer Henry Nannen für seine Illustrierte einen Verlag – sprich: Verleger – suchte, verfiel er auf den Verlag der *Zeit* und Bucerius. Das war damals kein wirtschaftlich starker Partner. Doch darum scheint es Nannen auch nicht gegangen zu sein, er suchte einen kompetenten Partner auf der Verlagsseite. Spektakuläre journalistische Leistungen allein können den Erfolg einer *Zeit* oder Zeitschrift nicht sichern. Dazu braucht es der Arbeit des Verlegers. Es war

dann bald der Erfolg des – von Bucerius stets ungeliebten – *Stern*, der half, die *Zeit* bei hohem journalistischen Anspruch trotz dauerhafter Verluste weiterzuführen. Erst Anfang der 1970er Jahre begann die *Zeit*, ihr Geld selbst zu verdienen.

Bucerius war, was seine Wochenzeitung anging, oft des Lobes voll und immer besorgt. Aufs Ganze gesehen war die *Zeit* das, was er haben wollte; im Detail fand er unentwegt etwas auszusetzen – und das tat er auch. Er konnte dabei ruppig sein, mürrisch und ungerecht. Zugleich aber unterdrückte er selten seine Bewunderung für die Gesamtleistung der Redaktion. Die *Zeit* in der Rolle, die sie sich rasch in Deutschland eroberte, war das, was er wollte; doch in der *Zeit* stand oft das, was er nicht lesen wollte. Auch hier mischte er sich ein, aber als einer, der dazugehört und das Prozesshafte des Zeitungmachens in Bewegung halten will.

Man könnte sagen, die unüberbrückbare Distanz, die Bucerius zur Redaktion der *Zeit* empfand und die er immer wieder erkennbar werden ließ, rühre daher, dass er politisch nach dem Krieg zur CDU gefunden habe, für diese Partei einige Jahre im Deutschen Bundestag saß, und ihren Grundvorstellungen auch nach seinem Parteiaustritt – er wurde als Verleger des *Stern* unqualifiziert angegriffen – geistig verbunden blieb. Aber das wäre zu einfach. Tatsächlich erlebte der Anwalt mit der CDU dasselbe gespaltene Verhältnis wie mit seiner Wochenzeitung, nur mit umgekehrter Akzentsetzung.

Dahrendorf zitiert eine hübsche Beobachtung von Bucerius, in der auch die Gründe genannt sind, weshalb dieser sich früh der CDU angeschlossen hatte: »Das Programm der Aussöhnung mit dem Westen, voran des Beitritts zum Europarat, war der SPD nach dem Kriege geradezu auf den Leib geschrieben – verwirklicht hat es Adenauer. Die Vermögensbildung und die Volksaktie wären natürlich Themen der Linken. Aber die Gewerkschaften haben gegen beides Front gemacht. Die dynamische Rente, eine durchaus soziale Idee, wurde unter Adenauer eingeführt.«

Bucerius' Dilemma in beiden Fällen war, dass Tat und Auftritt nicht zusammenpassten. Die CDU machte die richtige Politik. Aber die CDU-Leute waren intellektuell nicht das, wonach er sich sehnte. Das fand er in der *Zeit*-Redaktion, aber wenn dort Politik gemacht wurde, so war das nach seiner Überzeugung oft die falsche.

Bucerius achtete die Freiheit mehr als alles andere. Aber er machte sie sich und anderen unbequem. Wie etliche andere Gründungspersönlichkeiten der Bundesrepublik setzte er sich das, was zu schaffen war, als Lebensaufgabe. Das demokratische Ideal sollte nicht über den Weg angestrebt werden, die perfekte Konstruktion zu schaffen, die ein für allemal halten würde, sondern den unbeendbaren Prozess zur Gewohnheit werden zu lassen, bei dem immer wieder Ernst gemacht wird mit der Frage, wie es um die Freiheit und Unabhängigkeit der Menschen steht. Aus diesem Prozess wollte und konnte er sich nicht verabschieden. Aber ein wenig Konstruktion auf längere Dauer sollte dann doch sein. Bucerius versuchte, die *Zeit* über seinen Tod hinaus als unabhängiges, seinen Vorstellungen entsprechendes Blatt zu erhalten. Dahrendorf widmet in seiner Biografie diesem Bemühen Passagen, die denen anrührend privaten Inhalts an Intensität und Einfühlsamkeit kaum nachstehen. Das ist recht getan, denn in diesem Bemühen zeigt sich noch einmal das ganze Streben und das ganze auf Distanziertheit angelegte Wesen seines Helden.

Bucerius hat diesen letzten Kampf verloren. Die *Zeit* ließ sich so, wie es seinen Wünschen entsprochen hätte, nicht sichern. Bucerius gründete mit seinem Vermögen die *Zeit*-Stiftung, aber diese konnte – und durfte – die *Zeit* nicht herausgeben und weiterführen. Bucerius zog sich vom *Stern* zurück und verband sich mit dem Bertelsmann Verlag, der zur Aktiengesellschaft wurde mit ihm als einem wichtigen Aktionär. Aber Bertelsmann sollte nach seinem Willen die *Zeit* auch nicht in die Hände bekommen. So beispielhaft, wie Bucerius handelte, wenn es um private Freundschaften oder familiäre Bindungen ging, so problematisch blieben oder wurden bei ihm doch Beziehungen, die freundschaftlich hätten sein können, bei denen jedoch auch geschäftliche Fragen zu berücksichtigen waren. Dies musste zuletzt Reinhard Mohn erfahren.

Das Ende vom Lied ist, dass Bucerius sein gesamtes, milliardenschweres Vermögen der *Zeit*-Stiftung hinterließ, diese aber nichts mehr mit der Wochenzeitung *Die Zeit* zu tun hat, die an den Holtzbrinck-Konzern verkauft wurde. Auf keinen Fall, auch da war Bucerius sehr entschieden, was Dahrendorf nicht verschweigt, sollte die Redaktion der *Zeit*, sollten Journalisten sein Geld in die Hände kriegen.

In diesen Wochen wird in Hamburg die private Law-School, das ehrgeizigste Projekt der *Zeit*-Stiftung, eröffnet. Die Ausbildung von Elite-Juristen ist das, was zunächst mit dem Namen von Gerd Bucerius in Verbindung bleiben wird. Das Weitere besorgt diese Biografie. Ihr ist zu vertrauen.

(26.8.2000)

Ralf Dahrendorf: Liberal und unabhängig. Gerd Bucerius und seine Zeit. *C.H. Beck Verlag, München 2000.*

Leopold Glaser
Liberaler Bekenner
Eine Würdigung des Wissenschaftlers und Politikers zu dessen 65. Geburtstag

»Wo immer er ankam, war Dahrendorf der erste«, hat Jürgen Habermas gesagt: In seiner Generation hat er, 23-jährig, als erster promoviert, ging als erster ins Ausland, habilitierte sich als erster, wurde der jüngste Professor, and so on. Ein vibrierender Geist von großem intellektuellem Ehrgeiz. Soziologe von Haus aus, Universitätslehrer, Politiker war er auch, Bundestagsabgeordneter (FDP), Staatssekretär im Außenministerium (der jüngste), EG-Kommissar (der jüngste). Dann Rektor der London School of Economics. Jetzt leitet er ein College in Oxford.

Ein Mann vieler Funktionen. Und keine kennzeichnet ihn besser als diese: Er ist ein durch und durch politischer Zeitgenosse, einer der in Deutschland viel zu seltenen Spezies des »öffentlichen Professors«, des Bekenners in staatsbürgerlichen Angelegenheiten, derer unsere in provinzieller Enge ermüdende Demokratie so überaus dringend bedarf, damit sie in den jüngsten Strudeln nicht umgerissen werde. Deutscher war, ist er und Brite nach seiner freien Wahl (Doppelstaatsbürger), geadelt von der Queen: Sir Ralf, Mitglied des britischen Oberhauses, wird am 1. Mai 65 Jahre alt.

Natürlich ist er ein Star: stets brillant (was er weiß), von souveräner Gestalt und glänzender Redebegabung. Seine entschiedene wie wohl temperierte Einmischung ist nahezu überall willkommen. Er hat viele Bücher geschrieben, darunter früh bedeutende wissenschaftliche: *Vom Ursprung der Ungleichheit unter den Menschen* (die Tübinger Antrittsvorlesung von 1961); *Gesellschaft und Demokratie in Deutschland* (1965), ein Standardwerk über unsere verspätete Demokratie.

Als politischer Essayist hat er in den letzten Jahren manches wichtige Stichwort in die Debatte geworfen. So, vor allem, jenes von der offenen »Bürgergesellschaft«, verfasst in Freiheit, die sich zur »Weltbürgergesellschaft« entfalten müsse, um überlebensfähig zu sein: »Wenn wir uns die bürgerliche Gesellschaft ernsthaft denken wollen, dann können wir nicht anders, als sie als eine Gesellschaft zu denken, die nicht einfach an den Grenzen des eigenen Landes aufhört.« Alternativen zum Status quo brauchen immer Theorie, sagt er. *Der moderne soziale Konflikt*: sein bisher letztes Buch.

Einen »radikalen Liberalen« nennt er sich, für den dominierenden deutschen Denkspielraum schier schon unzeitgemäß. Er hat, mit Joseph Wirth, immer gesagt: »Der Feind steht rechts.«

(30.4.1994)

LEOPOLD GLASER

Wegweisung in das Reich der Freiheit
Anmerkungen zu Ralf Dahrendorfs neuem Buch
Die Chancen der Krise

Ralf Dahrendorf – das ist bekannt – ist ein ziemlich gescheiter Mann, ein politischer Analytiker von Rang. Sein Buch *Gesellschaft und Demokratie in Deutschland*, vor 20 Jahren geschrieben, ist ein Klassiker. Man muss es kennen, will man sich die Entwicklung der Bundesrepublik vergegenwärtigen.
Aber er ist auch ein Politiker, will es sein, hat jedenfalls parteipolitische Ambitionen. Ziemlich starke werden ihm nachgesagt. Das ist kein prinzipieller Nachteil – im Gegenteil: Der Versuch, »Geist und Macht«, unser leidiges deutsches Thema, zu versöhnen, ist notwendiger denn je und aller Ehren wert, wenn auch immer wieder vom Scheitern bedroht. Der Vorteil, dass sich der Intellektuelle in die politischen Kämpfe des Tages einmischt, liegt darin, dass die öffentliche Rhetorik aus der flachen Öde der ewig gleichen leeren Sprüche herausgehoben wird. Der Nachteil kann sein, dass der Politiker dem Analytiker im Wege steht, dass die Analyse sich um der politischen Wirkung willen zu sehr auf Vereinfachungen, auf zu glatte Begriffe einlässt. Das ist der durchscheinende Konflikt in Dahrendorfs neuem Buch *Die Chancen der Krise*, einem Versuch, die Lage der Bundesrepublik (in den internationalen Zusammenhängen) zu beschreiben, dem Land neue Perspektiven zu zeigen und ein Programm für die liberale Partei zu entwickeln. Ein großes, schweres Unterfangen. Denn wie soll aus einer ziemlich kaputten FDP (was er frank und frei zugibt) neue Zukunft und Hoffnung für die Republik wachsen?
Über die Zukunft des Liberalismus heißt der Untertitel des Buchs. Dahrendorf macht es sich als nachdenklicher Mensch natürlich nicht so einfach wie die Sprechblasensammler für Wahlprogramme, die mit vielen hehren Worten nichts sagen (können). Er geht sehr kritisch mit seiner »mutlosen« und »orientierungslosen« Partei ins Gericht. Sein Entwurf, ein ansehnliches Gebäude von Ideen, geht weit über eine Partei hinaus. Er sagt: »Der Liberalismus ist wichtiger als die FDP.« Aber immer wieder – ein wenig exklusiv und ein wenig zu ambitioniert – führt er die Argumentationsfäden zu ihr

hin. Da steht der parteipolitische Ehrgeiz der analytischen Überzeugungskraft der Argumente (zumindest psychologisch) im Wege. Das kann Leser, die dieser Partei nicht (mehr) nahestehen, irritieren. Schade. Denn das Buch ist ein Container erhellender Einsichten und geistreicher Vorschläge, die kennenzulernen sich lohnt – gut lesbar geschrieben und auf der Höhe des »Problembewusstseins« angesiedelt.

Ein Plädoyer für die Zukunft der Freiheit. Und kritische Auseinandersetzung mit dem – wie er sagt – überholten »sozialdemokratischen Jahrhundert«. Und zugleich scharfe Abrechnung mit den scheinbar wieder brauchbaren konservativen Lösungsmustern (zurück zu Adenauer und den Großvätern der Republik? Rückweg als Ausweg?). Harsche Kritik auch an den Grünen (sie »verändern nichts, weil sie alles wollen«), deren Themen er sich allerdings weitgehend aneignet.

Das Ende des sozialdemokratischen Jahrhunderts – eine seiner zentralen Thesen. »Sozialdemokratie« – das scheint zunächst verwirrend – ist für Dahrendorf der Name der letzten 100 Jahre. Seine Begründung, die das Sozialdemokratische allerdings ziemlich weit fasst und damit unscharf, vielleicht unpraktisch, ist plausibel: »*Damit ist nicht nur der Name einer Partei gemeint. Viele Parteien und Gruppen haben daran mitgewirkt, das sozialdemokratische Jahrhundert, das hinter uns liegt, zu gestalten – Liberale und Demokraten, Volksparteien und Republikaner, Zentrumsparteien und Radikale, schließlich sogar Konservative. Dennoch ist der Ausdruck ›sozialdemokratisch‹ berechtigt. In seinen besten Möglichkeiten war das Jahrhundert sozial und demokratisch. An seinem Ende sind wir (fast) alle Sozialdemokraten geworden. Wir haben alle ein paar Vorstellungen in uns aufgenommen und um uns herum zur Selbstverständlichkeit werden lassen, die das Thema des sozialdemokratischen Jahrhunderts definieren: Wachstum, Gleichheit, Arbeit, Vernunft, Staat, Internationalismus.*«

Dahrendorf polemisiert nicht dagegen. Er beschreibt die Lage unter dem von ihm gewählten Etikett, nennt auch die »Errungenschaften dieser Epoche«: »*Noch nie haben so viele Menschen so breitgefächerte Möglichkeiten gehabt wie am Ende der sozialdemokratischen Epoche.*« Und er setzt sich gründlich und ausführlich, jeweils in eigenen Kapiteln, mit den Stichworten dieser Epoche auseinander, deren Inhalte sich tatsächlich wandeln, gewandelt haben; die mit anderen Inhalten gefüllt werden müssen, wenn die Republik – die Welt überhaupt – eine Zukunft haben soll. Dahrendorf nennt das »Themenwechsel«, und sein Thema heißt: »Zukunft des Liberalismus«. Genauer wäre: »Überleben in Freiheit«.

»Liberalismus«, der Name einer neuen Gesellschaft in Freiheit, ist für Dahrendorf »*im Grundsatz eine durchaus klare und einfache Zielrichtung des po-

litischen Handelns: Es kommt darauf an, alles zu tun, um die Lebenschancen des Einzelnen zu erweitern. Je mehr Menschen mehr Lebenschancen haben, desto liberaler ist eine Gesellschaft.« Wobei sich die Chancen nicht mehr wie bisher, unter dem Diktat der Ökonomie, auf materiellen Wohlstand beschränken dürfen.

Das wird erläutert. Im Kapitel *Wohlfahrt ohne Wachstum* schreibt Dahrendorf: *»Wir sind am Ende einer Periode der Geschichte angekommen, in der der Wirtschaftsprozess alle Lebensbereiche beherrscht.«* Künftig gehe es mehr um Qualität als um Quantität; und um die Möglichkeit, dass der Einzelne sich Spielräume schaffen könne, in denen er sein Leben unter veränderten materiellen Bedingungen – und vielleicht gerade deswegen – besser entfalten könne. Ein Beispiel »qualitativer Wohlfahrt«: die Schattenwirtschaft (= Schwarzarbeit), die den in ihr Tätigen nicht nur Einkommen, sondern auch Befriedigung verschaffe. Das Thema alternativer Arbeit, im Zusammenhang mit dem Rückgang der Lohnarbeit (also wachsender Arbeitslosigkeit) von zentraler Bedeutung (und zugleich ein Schritt »ins Reich der Freiheit«), wird im Kapitel »die Tätigkeitsgesellschaft« behandelt. Dabei werden der herkömmliche Begriff der Arbeit und das herrschende Arbeitsethos kritisch befragt. *»Wir müssen künftig weder mehr arbeiten noch nur weniger arbeiten, sondern anders arbeiten.«* Stichwort: Eigenarbeit. Sie eröffnete überdies die Möglichkeit sinnvollen Tuns: Lebensgestaltung nach eigener Vorstellung, vernünftiger Umgang mit der Freizeit.

Den Wandel der Arbeitsgesellschaft zur Gesellschaft der Tätigkeit in eigener Verantwortung eröffnet auch die Chance, in einem Sozialstaat, der an seine Grenze geraten ist, das Netz der sozialen Sicherheit so zu knüpfen, dass es nicht reißt. Dahrendorfs Liberalismus ist ein sozialer: *»Wer am Sozialstaat rüttelt, der rüttelt auch am liberalen Konzept einer modernen Gesellschaft.«* Staatsbürgerrechte sind auch soziale Rechte. »Besitzstände« müssen sich allerdings daraufhin überprüfen lassen, ob sie noch gerechtfertigt sind. Dahrendorf schließt sich da weitgehend dem Sozialdemokraten Johano Strasser an, der in seinem Buch *Grenzen des Sozialstaats* (vor Jahren schon) Ziele einer neuen Sozialpolitik formuliert hat, indem er »die Möglichkeit und Fähigkeit der Bürger zur selbstorganisierten Problemlösung« fördern will. Stichwort: kleine soziale Netze. Dabei füllt Dahrendorf die Phrase »weniger Staat« mit konkreten Inhalten und entwirft Überwindungsstrategien: »Nur Verantwortung macht verantwortlich.« Notwendig: Dezentralisierung. Vielfalt.

Der Ausweg? »Neue Bindungen«, die er »Ligaturen« nennt. Alle tieferen Bindungen sind zugunsten einer Welt der Optionen (des »Habens«, hätte Erich Fromm gesagt) gebrochen, haben zur »Anomie« geführt. Dahren-

dorf zitiert den amerikanischen Soziologen Robert McIver: »*Anomie bedeutet, den Geisteszustand von jemand, der seinen moralischen Wurzeln entrissen ist, der keine Maßstäbe mehr hat, sondern nur mehr unzusammenhängende Antriebe, der keinen Sinn für Kontinuität, für gewachsene Gruppen, für Obligationen mehr hat. Der anomische Mensch ist geistig steril geworden, nur auf sich selbst bezogen, niemandem verantwortlich.*« Ansätze für neue Bindungen sieht Dahrendorf bei Hans Küng und Jürgen Habermas. »*Einstweilen ist indes die Suche nach überdauernden, sinnstiftenden Bindungen deutlicher als deren Bildung. Die Mitglieder der Friedensbewegung, die sich umarmen; die Wohngemeinschaften, die Häuser ›instandbesetzen‹; die solidarischen Gruppen der alternativen Welt sind Beispiele.*«
Ob dieses Programm einer neuen, besseren Gesellschaft (das auch Außen-, Friedens- und Entwicklungspolitik einbezieht) zwingend unter dem Namen »Liberalismus« firmieren muss – darüber mag man streiten. Politische Etiketten sind in der Regel unscharf, damit sie besser Kampfzwecken dienen können. Jedenfalls ist Dahrendorfs Buch das Programm eines freien Landes – und damit das Gegenmodell einer autoritären Demokratie, auf die zu wir uns seit längerem wieder bewegen unter dem Druck der ökonomisch verursachten Unsicherheit. Liberalität, Fantasie und Wagemut – das zeigen die Wahlen – sind in diesem Lande, wenn's kritisch wird, nicht die Methoden der Wahl. Dahrendorf deutet das an – und in vielem liest sich sein Buch wie eine Kritik an der neuen Koalition, deren einer Partei er zugehört.

Wider die gängigen Phrasen

An einer Stelle nennt er den Wechsel einen »Machtwechsel der Ratlosigkeit«, und er beklagt »die gängigen Phrasen der Bonner Politik« – eine Ursache der Erstarrung sicher auch: »*Die Sprache der Politiker selbst wird zur Ursache der Entfremdung von den Bürgern. Das haben die Grünen begriffen. Ein Teil ihrer Attraktivität liegt in der unbefangenen Art, in der sie über die geheiligten Themen der Politik sprechen. Ihre Zeitungen liefern dafür Beispiele. Statt eine Gegendarstellung (nach dem Hamburgischen Pressegesetz von …) zu veröffentlichen, entschuldigen sie sich, wenn sie sich geirrt haben. Sie nennen Dreck Dreck, fadenscheinige Argumente fadenscheinige Argumente und Lügen Lügen. Welch ein Wunder! Die Leute nehmen ihnen das ab. Sie fangen auf einmal an zu verstehen, wovon die Rede ist.*«
Eine weitere Ursache der Entfremdung sei die fehlende Diskussions- und Konfliktbereitschaft. »*Eine gemeinsame politische Kultur […] müsste nicht zu jenem Gedränge in der politischen Mitte führen, das die heutige Auseinandersetzung so*

verunklärt und das zur Stärkung der außerparlamentarischen Kräfte beiträgt.« Das Wagnis, sich auf Dahrendorfs herausfordernden Entwurf einzulassen, könnte hilfreich sein.

(21.4.1983)

Ansgar Fürst

Dahrendorf predigt der FDP den Wandel
Noch keine neue Politik, aber ein neues »Makeup« –
Erfolg der Reformer bei den Wahlen

Der Beifall begeisterter Zustimmung, der dem scheidenden FDP-Vorsitzenden Mende versagt blieb, wurde am Dienstag in reichlichem Maße dem freidemokratischen Neuling Dahrendorf zuteil, der den Parteitagsdelegierten den berauschenden Trank kühner Zukunftsvisionen über die Möglichkeiten der kleinen liberalen Partei kredenzte. Mitgerissen von dem rhetorischen Brillantfeuerwerk des Professors, von den Kaskaden schön geschliffener Sentenzen und kühn zurechtgedrechselter Aphorismen seiner politischen Diagnose, applaudierte der Parteitag, gleichsam als sei hier die Initialzündung für eine liberale moralische Aufrüstung der von vielerlei Gegenwartsschwierigkeiten und Zukunftsängsten geplagten Partei gegeben worden.
Dem mitreißenden Schwung dieser Rhetorik erlagen nicht nur die Reformer, sondern auch die in ganz anderen Regionen angesiedelten Konservativen der Partei. Lag das daran, dass trotz der pointierten Sprache noch genug im Nebel des Unkonkreten blieb, oder waren wirklich alle von der euphorischen Grundstimmung der »liberalen Politik des Wandels« mitgerissen?
An griffigen Formulierungen und einprägsamen Slogans herrscht bei Dahrendorf kein Mangel. Erstarrte Verhältnisse in Bewegung zu bringen, die Herrschaft der Formeln über das politische Denken zu beenden, zum Wagnis des Wandels aufzufordern, eine neue Gesellschaftspolitik mit dem Ziel der Offenheit statt der Sicherheit einzuleiten – das sind Forderungen, die des Beifalls gewiss sein können. Und Sätze wie dieser: »Es ist nicht so, dass die Welt in Bewegung gesetzt ist und wir ihr traurig und etwas verlegen nachblicken müssen, sondern wir wollen die Welt in Bewegung bringen und in Bewegung halten« verleihen dem Applaudierenden Zuwachs an Kraft durch Selbstbestätigung.
Dahrendorf selbst hat das Gefühl dafür, wie zweischneidig die Komplimente sind, die er für »schöne« Reden und »brillante« Formulierungen einheimst. Denn nichts liegt näher als dies, dass er zwar freundlichen Beifall für Erbauungsreden erntet und nach außen hin zum Aushängeschild eines Stromlinien-Liberalismus wird, in der Partei jedoch alles beim alten bleibt. Kein

Wunder daher, dass einer der ersten Redner in der Diskussion die Delegierten ironisch fragt, ob ihr Beifall für Dahrendorf nun dem Inhalt oder den aphoristischen Formulierungen gegolten habe. Seine Frage: »Sind sich alle darüber im Klaren, dass dies einen Abschied von der bisherigen Politik der FDP bedeutet?« traf den Kern – eine Antwort erhielt er darauf allerdings nicht. Nach diesem Abschied von der bisherigen Politik der FDP ruft der »Anreger« Dahrendorf tatsächlich, aber es ist noch keineswegs gewiss, ob er sich dabei auch in Übereinstimmung mit dem neuen Vorsitzenden Scheel befindet, der vor diesem Parteitag beruhigend verlauten ließ, in Freiburg werde es wohl einen Führungswechsel, aber keinen Kurswechsel geben.

Wenn es nach Dahrendorf ginge, dann müsste sich die FDP ziemlich genau dort etablieren, wo sie die Reformer haben wollen: als Gegengewicht zu den beiden großen Parteien, denen Dahrendorf das Etikett »konservativ« und »Sekuritätsparteien« umgehängt wissen will. Das hört sich als Konzept für eine Partei, die sich nun einmal darauf einstellen muss, vorerst die Rolle der einzigen parlamentarischen Opposition zu spielen, nicht schlecht an. »Die Regierung zwingen, über Dinge zu sprechen, die sie nicht gerne hört«, das ist kein schlechter Vorsatz, wenn man weiß, was man will. Wie es jedoch um die Bereitschaft der FDP bestellt ist, kühn nach Dahrendorfs Rezept »das Ungesagte zu sagen«, das zeigte sich zum Beispiel bei den ängstlichen Bemühungen des Vorstandes, Gespräche mit der außerparlamentarischen Opposition am Rande des Parteitags möglichst zu unterbinden. Offensichtlich hatten sich jedoch nach dem für Dahrendorf erfolgreichen Intermezzo mit Dutschke vor der Tür des Parteitags die Meinungen der meisten FDP-Delegierten darüber gewandelt. Dahrendorf erhielt den größten Beifall während seiner Rede, als er mit dem Blick auf die aus innerparteilichen Gründen »schweren Herzens« verschobene Veranstaltung der Jungdemokraten die Bereitschaft zur unbequemen Diskussion forderte.

Dem Wagnis des Wandels, den Dahrendorf der Gesellschaft der Bundesrepublik verordnen möchte, wird offensichtlich zuerst einmal die FDP selbst ausgesetzt werden. Ermutigt durch Dahrendorfs Kritik an den Sammelsurium-Programmen der beiden »konservativen« Parteien, tauchte in der Diskussion die Frage auf, ob denn das Berliner Programm der FDP nicht auch ein solches Sammelsurium-Programm sei. Frau Hamm-Brücher, die sich nach einer Intervention für die vom Parteitag ausgesperrten SDS-Infiltranten die Anspielung gefallen lassen musste, »mobile Staatssekretärin in einer immobilen SPD-Regierung zu sein« (in Hessen nämlich), ging noch weiter und meinte, mit Parteiprogrammen herkömmlicher Art sei »kein Hund mehr hinter dem Ofen hervorzulocken«. Von der Sorge erfüllt, dass Dah-

rendorfs Plädoyer für eine neue liberale Politik in den Wind gesprochen sein könnte, forderte die zur Schutzpatronin des aufrührerischen Jungvolks avancierte streitbare Politikerin: Das Wagnis des Wandels beginnt bei uns selbst. Der Vorsitzende der Jungdemokraten, Baum, kritisierte die »geistige Infrastruktur der Partei«, die überwunden werden müsse, und der Delegierte Holl verlangte mit den Worten »hic Rhodus – hic salta«: Hier ist der Ort, wo die FDP über sich selbst Klarheit gewinnen muss.
Auf dem Weg ins »neoplastische Zeitalter«, das der bisherige Parteivorsitzende Mende um das Jahr 1980 heraufziehen sieht, und auf dem Weg zur Verwirklichung von Dahrendorfs kühnem Anspruch, dass die FDP die Bundesrepublik regieren und in eine offene Welt führen wolle, wird es für die Freien Demokraten zunächst einmal die größte Schwierigkeit sein, sich mit der zu solchem weitgespannten Vorhaben nötigen Wählerschaft zu versehen. Immerhin scheint die Ansicht derer, die behaupten, die FDP sei mit Rücksicht auf ihre mittelständisch orientierten und mehr bürgerlich-konservativ als radikal-liberal gestimmten Stammwähler zu vorsichtiger Zurückhaltung gegen alle weitgehenden reformerischen Impulse verurteilt, einen ersten Stoß erhalten zu haben. Nach den neuesten Untersuchungen über das Wählerverhalten hat sich die Zusammensetzung der FDP-Wähler seit der großen Koalition spürbar geändert. Der Anteil der Selbständigen, der Handwerker und Beamten ist beträchtlich zurückgegangen, der der Angestellten sprunghaft gestiegen. Schon bejubeln die Jungdemokraten den »Exodus der Krämer aus der Partei« und schon verkünden die Manager des Parteiapparats hoffnungsvoll: Sozial aufsteigende Schichten wählen FDP.
Der einzige Wandel in der FDP, der sich nach dem Freiburger Parteitag abzeichnet, betrifft vorerst weniger die Politik und das Programm, sondern mehr das Image und das Make-up der Partei. Mit Dahrendorf als Prediger des liberalen Wandels und dem neuen Vorsitzenden Scheel ist das Gesicht der FDP für die Erwartungen der auf eine neue Politik sinnenden und die Partei auf einen Platz links von der Mitte drängenden Reformer ansehnlicher geworden. Ihre am Dienstag ausgegebene Parole, durch die Wahl zum Präsidium die Nagelprobe darauf zu machen, ob die Partei bereit sei, Folgerungen aus Dahrendorfs Plädoyer für einen Reform-Liberalismus zu ziehen, blieb nicht ohne Erfolg. Bei der Wahl des neunköpfigen Präsidiums konnte die Reformergruppe, zum Teil in Kampfabstimmungen mehrerer Bewerber um die einzelnen Posten, alle ihre Kandidaten durchbringen.

(31.1.1968)

Bibliografie (Auszug)

- *Marx in Perspektive. Der Begriff des Gerechten im Denken von Karl Marx.* Dietz Verlag, Hannover [1953].
- *Industrie- und Betriebssoziologie.* Verlag Walter de Gruyter [= Sammlung Göschen 103], Berlin 1956.
- *Soziale Klassen und Klassenkonflikt in der industriellen Gesellschaft.* Verlag Ferdinand Enke, Stuttgart 1957.
- *Homo Sociologicus. Ein Versuch zur Geschichte, Bedeutung und Kritik der Kategorie der sozialen Rolle. Josef König zum 65. Geburtstag.* Westdeutscher Verlag Opladen 1958 [Verlag für Sozialwissenschaften, Wiesbaden ^{16}2006].
- *Sozialstruktur des Betriebes.* Verlag Gabler, Wiesbaden 1959.
- *Über den Ursprung der Ungleichheit unter den Menschen.* Verlag Mohr (Siebeck), Tübingen 1966.
- *Gesellschaft und Freiheit. Zur soziologischen Analyse der Gegenwart.* Verlag Piper, München 1961.
- *Die angewandte Aufklärung. Gesellschaft und Soziologie in Amerika.* Verlag Piper, München 1962.
- *Das Mitbestimmungsproblem in der deutschen Sozialforschung. Eine Kritik.* Soziologisches Seminar der Universität, Tübingen 1963 [= Studien und Berichte aus dem Soziologischen Seminar der Universität Tübingen: Studien 1].
- *Bildung ist Bürgerrecht. Plädoyer für eine aktive Bildungspolitik.* Nannen-Verlag 1965.
- *Gesellschaft und Demokratie in Deutschland.* Verlag Piper, München 1965.
- *Konflikt und Freiheit. Auf dem Weg zur Dienstklassengesellschaft.* Verlag Piper, München 1972.
- *Pfade aus Utopia. Arbeiten zur Theorie und Methode der Soziologie.* Verlag Piper, München ^{3}1974 [1. Aufl. 1967].
- *Lebenschancen. Anläufe zur sozialen und politischen Theorie.* Suhrkamp Verlag, Frankfurt a. M. 1979.
- *Die neue Freiheit. Überleben und Gerechtigkeit in einer veränderten Welt.* Suhrkamp Verlag, Frankfurt a. M. 1980.
- *Die Chancen der Krise. Über die Zukunft des Liberalismus.* DVA, Stuttgart 1983.
- *Reisen nach innen und außen. Aspekte der Zeit.* DVA, Stuttgart 1986.
- *Fragmente eines neuen Liberalismus.* DVA, Stuttgart 1987.
- *Betrachtungen über die Revolution in Europa.* DVA, Stuttgart 1990.

- *Der moderne soziale Konflikt. Essay zur Politik der Freiheit.* DVA, Stuttgart 1992.
- *Liberale und andere: Portraits.* DVA, Stuttgart 1994.
- *LSE. A History of the London School of Economics and Political Science. 1895–1995.* Oxford University Press, Oxford 1995.
- *Europäisches Tagebuch.* Steidl Verlag, Göttingen 1995.
- *Die Zukunft des Wohlfahrtsstaats.* Verlag Neue Kritik, Frankfurt a. M. 1996.
- *Liberal und unabhängig. Gerd Bucerius und seine Zeit.* Verlag C.H. Beck, München 2000.
- *Über Grenzen. Lebenserinnerungen.* Verlag C.H. Beck, München 2002.
- *Auf der Suche nach einer neuen Ordnung. Vorlesungen zur Politik der Freiheit im 21. Jahrhundert.* Verlag C.H. Beck, München 2003 [⁴2007].
- *Die Krisen der Demokratie. Ein Gespräch* [geführt mit dem italienischen Journalisten Antonio Polito]. Verlag C.H. Beck, München 2003.
- *Der Wiederbeginn der Geschichte. Vom Fall der Mauer zum Krieg im Irak. Reden und Aufsätze.* Verlag C.H. Beck, München 2004.
- *Engagierte Beobachter. Die Intellektuellen und die Versuchung der Zeit.* Passagen Verlag, Wien 2005.
- *Versuchungen der Unfreiheit. Die Intellektuellen in Zeiten der Prüfung.* Verlag C.H. Beck, München 2006.
- *Anfechtungen liberaler Demokratien. Festvortrag zum zehnjährigen Bestehen der Stiftung Bundespräsident-Theodor-Heuss-Haus. Stiftungsjubiläum.* Stuttgart 2006 [Hg. v. der Stiftung Bundespräsident-Theodor-Heuss-Haus. Red.: Thomas Hertfelder].
- *Gründungsideen und Entwicklungserfolge der Universität. Zum 40. Jahrestag der Universität Konstanz.* Universitäts-Verlag, Konstanz 2007 [= Konstanzer Universitätsreden 227].
- [Mit Ian Buruma u. a.] *Welche Freiheit. Plädoyers für eine offene Gesellschaft.* Hg. v. Ulrike Ackermann. Verlag Matthes & Seitz, Berlin 2007.
- [Mit Kurt Biedenkopf u. a.] *Klimawandel und Grundeinkommen. Die nicht zufällige Gleichzeitigkeit beider Themen und ein sozialökologisches Experiment.* Hg. v. Maik Hosang. Andreas Mascha Verlag, München 2008.

Bildnachweis

Bildblock

S. 1–2: dpa
S. 3: Rita Eggstein
S. 4: Thomas Kunz
S. 5–8: Ingo Schneider
S. 9–10: dpa